Christof Herrmann



# Wochenendtouren Franken

## Zwischen Altmühltal, Fichtelgebirge und Rhön

25 ausgewählte Touren

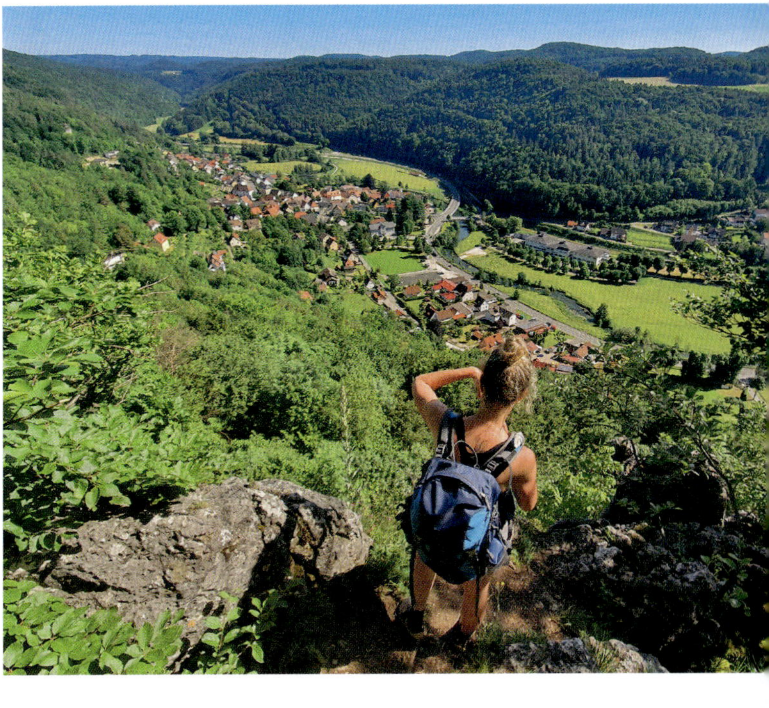

ROTHER BERGVERLAG

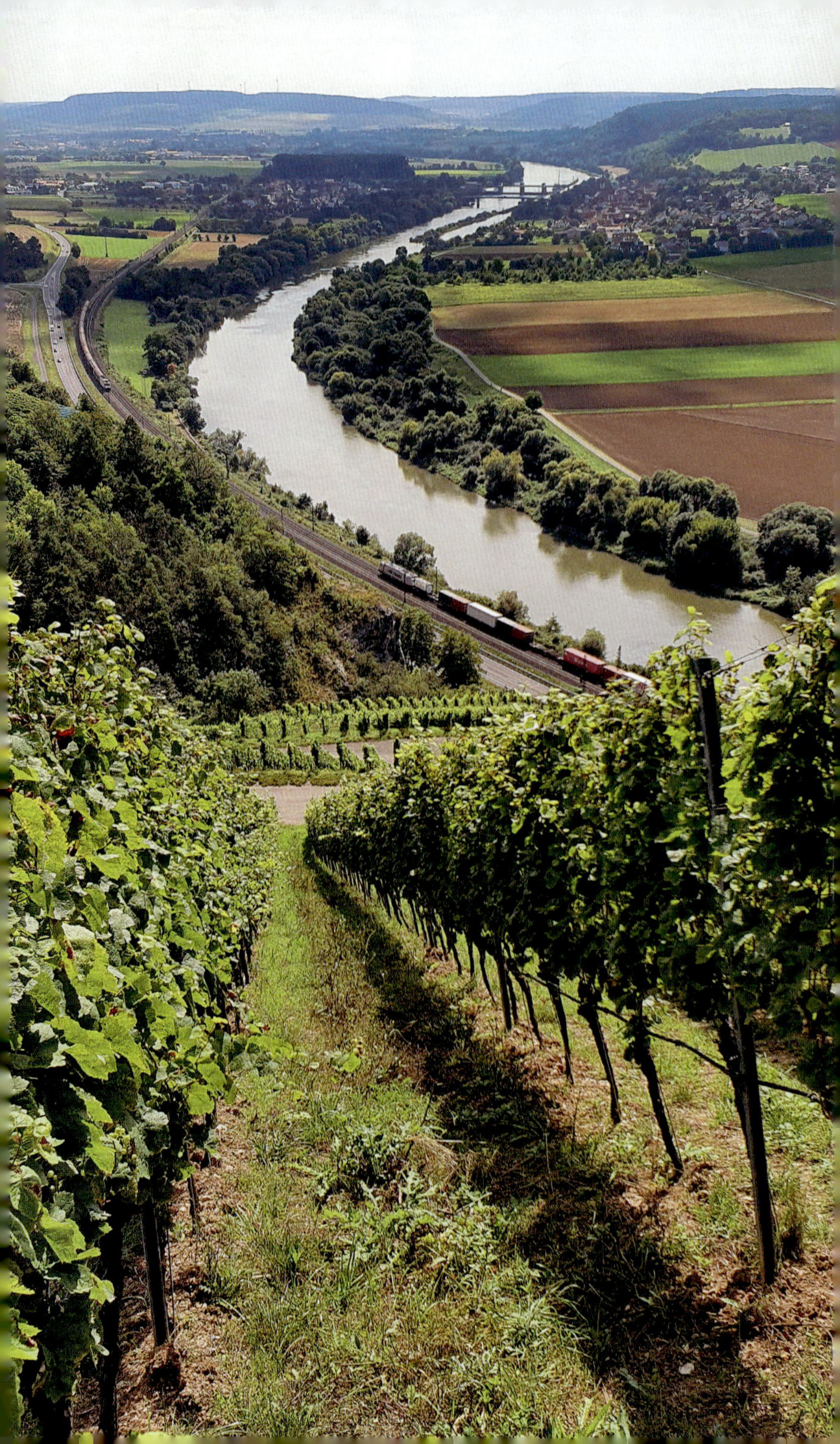

# Vorwort

»Franken ist wie ein Zauberschrank; immer neue Schubfächer tun sich auf und zeigen bunte, glänzende Kleinodien, und das hat kein Ende«, schrieb der Lyriker Karl Immermann im Jahr 1837. Die Kleinodien in den drei nördlichen bayerischen Regierungsbezirken Oberfranken, Mittelfranken und Unterfranken existieren noch heute. Am besten lassen sie sich beim Wandern erkunden. In diesem Buch stelle ich Ihnen 25 besonders schöne Erkundungstouren vor. Die Wanderungen haben eine Länge von zwei bis drei Tagen und führen durch 17 verschiedene Mittelgebirge und Regionen. Dabei zeigt sich, wie vielseitig und abwechslungsreich Franken ist: die höchsten Berge und größten Nadelwälder Frankens im Fichtelgebirge; rauschende Bäche und einsam gelegene Mühlen im Frankenwald; das Grüne Band und die Fränkische Krone im Coburger Land; die Basilika Vierzehnheiligen, der Staffelberg und kleine Brauereien im Obermainland; Burgen, Schlösser und mittelalterlich geprägte Städte in den Haßbergen; blühende Wiesen und weite Fernen in der Rhön; Weinberge und Heckenwirtschaften im Fränkischen Weinland; Höhlen, Kletterfelsen und Ruinen in der Fränkischen Schweiz; steile An- und Abstiege in prächtigen Laubwäldern auf der Hersbrucker Alb; Kiefernwälder, Sandstrände und Vogelbiotope im Fränkischen Seenland ...
Die Mehrtagestouren sind mit öffentlichen Verkehrsmitteln erreichbar. Manche Touren schließen aneinander an, sodass Sie bis zu fünf Tage am Stück den Alltag hinter sich lassen können. Fast alle Etappen können aber auch als Tagestouren unternommen werden.
Zu jeder Tour finden Sie umfangreiche Informationen zu Einkehr-, Übernachtungs- und Einkaufsmöglichkeiten, die Ihnen die Planung und Durchführung Ihrer kurzen Wanderurlaube erleichtern sollen. Soweit es im Rahmen dieses Wanderbuchs möglich ist, gehe ich in kurzen, grün hinterlegten Texten auf Sehens- und Wissenswertes am Wegesrand ein.
Mir haben die Planung der Wochenendtouren, das Wandern und Recherchieren unterwegs sowie das Schreiben des Buchs viel Freude bereitet. Die Auswahl der sechs Top-Wochenendtouren (Seite 6 und 7) fiel mir nicht leicht, denn alle vorgestellten Wanderungen führen durch reizvolle Landschaften und haben ihren eigenen Charakter und Charme. Ich hoffe, mein Herzblut ist zwischen den beiden Buchdeckeln zu spüren und animiert Sie, Frankens Kleinodien und Mittelgebirge zu entdecken.
Starten Sie mit viel Neugier, genießen Sie den Weg, kommen Sie gesund an und kehren Sie bereichert zurück!

Nürnberg, Januar 2023

Christof Herrmann

*Der Stettener Stein hoch über dem Main zählt in Fachkreisen zu den besten Weinlagen Frankens (Tour 12).*

# Inhalt

## Die Top-Wochenendtouren

### Auf dem Dach Frankens

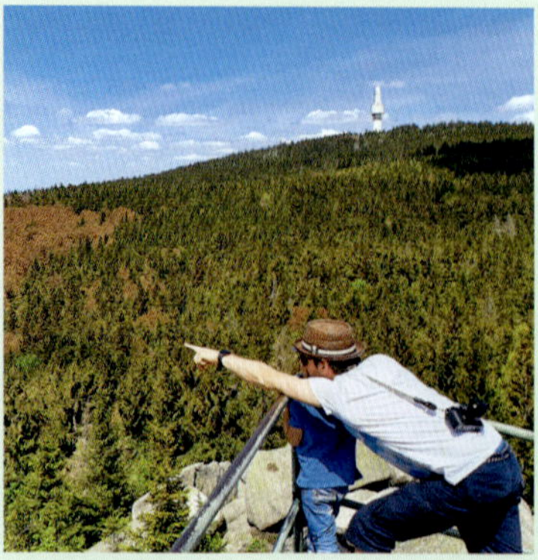

Kühlende Bergmischwälder, beeindruckende Felsformationen, spektakuläre Aussichten. Diese dreitägige Wanderung durch den Naturpark Fichtelgebirge und über Frankens höchsten Gipfel lässt Schweiß fließen, aber auch Wanderherzen höherschlagen. Übernachtet wird entweder in einsam gelegenen Berghütten oder in Gasthöfen und kleinen Hotels (*Wochenendtour 2, 3 Tage).*

### Im (be)rauschenden Frankenwald

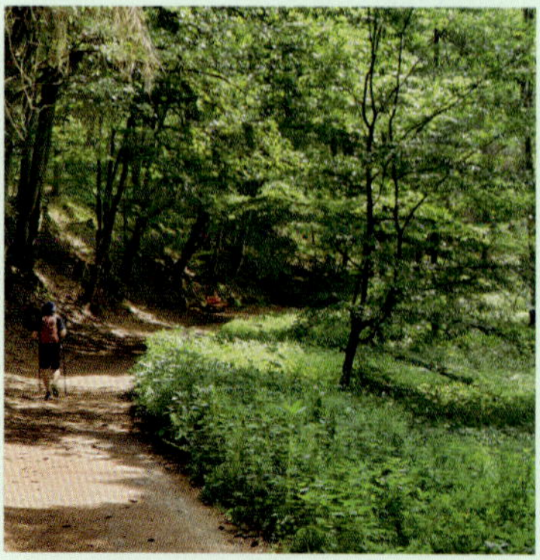

Zahlreiche Bäche und Flüsse, tief eingeschnittene Täler, alte Mühlen. Auf dieser Tour im südlichen Frankenwald geht es nicht hoch hinaus, sondern beschaulich zu. Sie können die landschaftlichen Kleinodien und interessanten Sehenswürdigkeiten am Wegesrand in Ruhe auf sich wirken lassen. In drei Tagen sind nur 43 Kilometer zu absolvieren *(Wochenendtour 4, 3 Tage).*

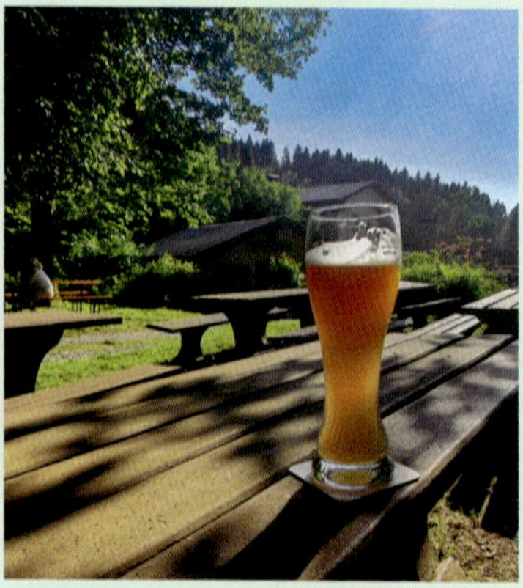

### Haßberge zum Verlieben

Ausgedehnte Mischwälder, alte Streuobstwiesen, aussichtsreiche Burgruinen, überraschende Stadtperlen. Die Haßberge sind weniger bekannt als manch anderes Mittelgebirge in Franken. Das ist zwar unverständlich, aber für Ruhesuchende auf dieser fordern-

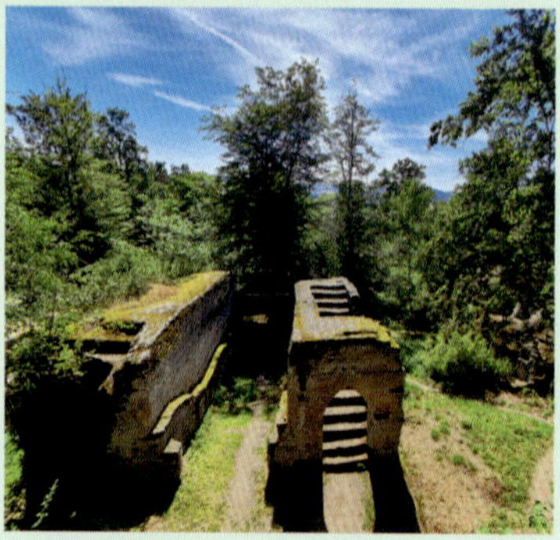

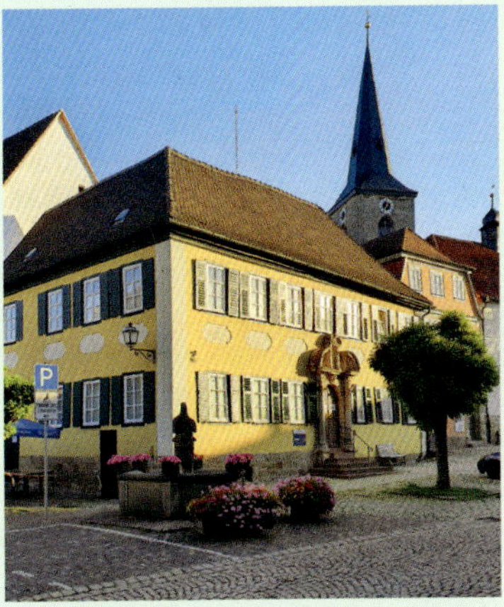

den Dreitagestour angenehm. In den Übernachtungsorten Seßlach und Königsberg haben Sie nach Einbruch der Dunkelheit die romantisch beleuchteten, mittelalterlichen Gassen fast für sich allein *(Wochenendtour 8, 3 Tage).*

**Im Land der offenen Fernen**

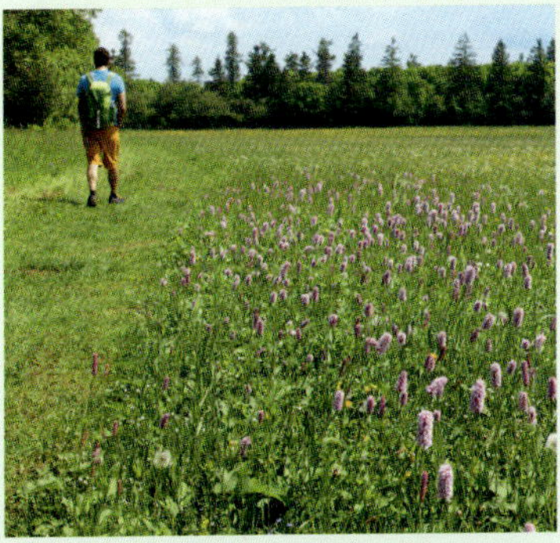

Blühende Wiesen, bedrohte Moore, berauschende Ausblicke. Wer dünn besiedelte Hochflächen mag, an Fauna und Flora interessiert ist und einen intakten Nachthimmel sehen möchte, sollte sich diese dreitägige Tour in der Rhön nicht entgehen lassen. Geschlafen wird in einem alten Jagdschloss und auf dem heiligen Berg der Franken (*Wochenendtour* 9, *3 Tage).*

**Im Herzen der Fränkischen Schweiz**
Gößweinstein, Riesenburg, Adlerstein, Oswaldhöhle, Ruine Neideck, Walberla. Das sind nur ein paar der landschaftlichen und kulturhistorischen Höhepunkte auf dieser dreitägigen Mittelgebirgswanderung. Erfreulich sind auch die drei Bäche mit Sinterstufen sowie die 13 (!) Biergärten und Bierkeller *(Wochenendtour 18, 3 Tage).*

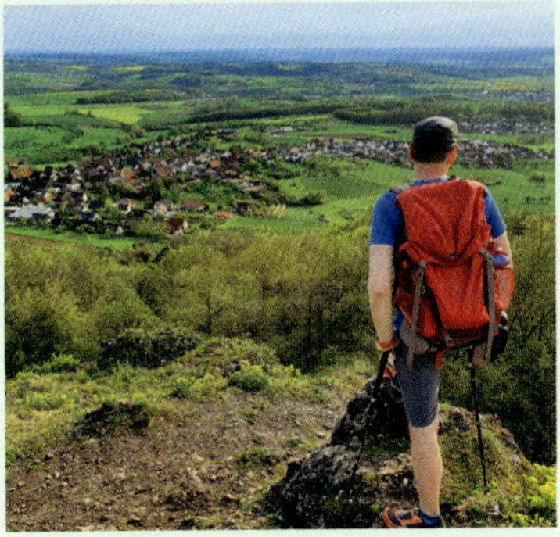

**Auf dem Frankenalb-Panoramaweg**
Alte Kulturrelikte, Felsen im Wald, naturbelassene Wege. Diese abwechslungsreiche Wanderung führt mit einigen steilen, aber selten langen An- und Abstiegen durch die südliche Hersbrucker Alb. Dabei bekommen Sie an allen drei Tagen den Happurger Stausee zu Gesicht. Das ist erfreulich, denn er liegt idyllisch am Fuße des Hohlen Felsen und der umliegenden Hügel *(Wochenendtour 19, 3 Tage).*

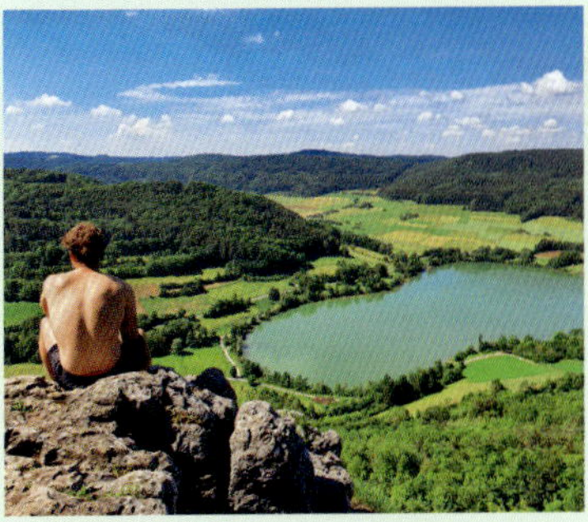

# Allgemeine Hinweise

## Tourenauswahl und -planung

Die Tabelle in der vorderen Umschlagklappe bietet einen ersten Überblick über die vorgestellten zwei- bis dreitägigen Wanderungen. In der Beschreibung und der Kurzinfo jeder Wochenendtour können Sie sich ein genaueres Bild über den Charakter und Anspruch machen. Fast immer ist eine individuelle Einteilung der Etappen möglich. Wer fit und schnell ist, kann schon mal einen kompletten Tag einsparen. Wer es lieber gemütlich angeht oder wenn Kinder dabei sind, bieten sich ein oder zwei zusätzliche Übernachtungen an. Langeweile wird auch dann nicht aufkommen.
Ich habe die Routen so gewählt, dass es am Wegesrand und an den Etappenorten genügend zu sehen oder tun gibt. Vieles konnte aus Platzgründen gar nicht beschrieben werden. Seien Sie also offen für eigene Entdeckungen und auch mutig, meine vorgeschlagene Route etwas zu ändern. Letztendlich möchte ich Sie mit diesem Buch zum Unterwegssein und Draußensein animieren.
Wandernovizen empfehle ich mit den einfachen Wochenendtouren 1, 5, 12, 15 und 22 anzufangen.
Wenn Sie mehr Zeit haben, können Sie auch zwei oder mehrere Touren nacheinander gehen. Das ist insbesondere dann sinnvoll, wenn Sie eine längere An- und Abreise haben. Wo welche Wochenendtouren direkt anschließen oder sich mit einer kurzen Zugfahrt verbinden lassen, habe ich in der Kurzinfo unter »Verlängerung« angegeben.

## Anforderungen

In der Kurzinfo der jeweiligen Wochenendtour habe ich die allgemeinen Anforderungen kurz beschrieben. Da das Empfinden individuell ausfällt, ist eine objektive Einschätzung schwierig. Auch können Regen, Hitze, Vereisung oder ein problematischer Wegzustand die Anforderungen erhöhen. Wir bewegen uns aber stets im Mittelgebirge, Hügelland oder in der Ebene, sodass keine alpine Gefahren auf uns lauern.
Die Schwierigkeitsgrade der Wanderungen in diesem Buch können Sie der Farbe der jeweiligen Tourennummer sowie der Übersicht in der vorderen Umschlagklappe entnehmen. Dabei werden die folgenden zwei Stufen unterschieden (schwierige, mit schwarzer Farbe gekennzeichnete Touren werden in diesem Wanderführer nicht vorgestellt):

**■ Leicht**
Wanderungen auf überwiegend gut ausgebauten und markierten Wegen ohne schwierige Passagen.

**■ Mittel**
Wanderungen auf Wegen und Steigen, die auf einigen Passagen Trittsicherheit, etwas Schwindelfreiheit und Orientierungsvermögen erfordern.

## Tourdaten und Gehzeiten

Bei jeder Wochenendtour sind sowohl für die gesamte Strecke als auch für jede Etappe die Weglänge in Kilometern, die Summe der Höhenmeter im Anstieg, die Summe der Höhenmeter im Abstieg sowie die reine Gehzeit angegeben. Pausen und sonstige Unterbrechungen sind bei den Zeitangaben also nicht berücksichtigt.
Bedenken Sie aber, dass Ihre tatsächliche Gehzeit auch vom individuellen Leistungsvermögen, der Tagesform,

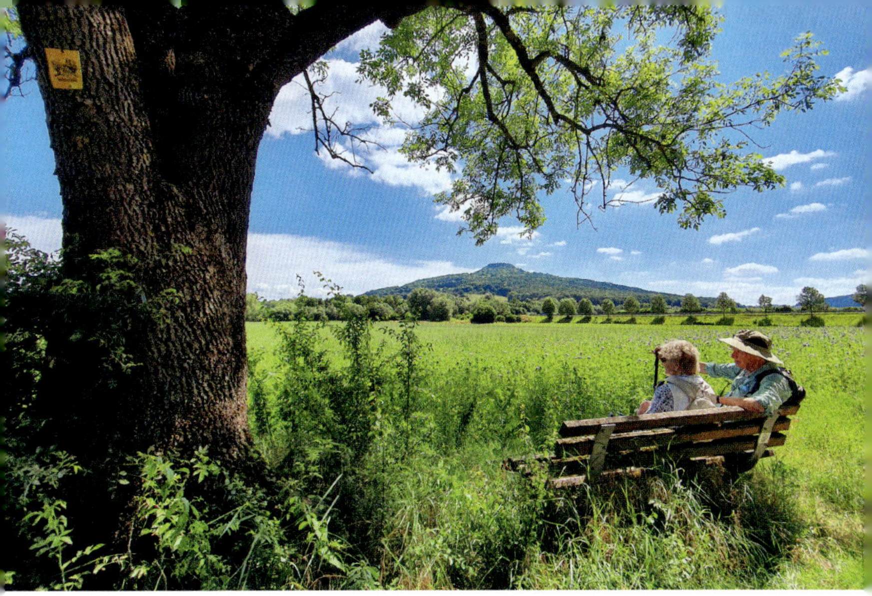

*Den Staffelberg muss man gesehen und bestiegen haben (Tour 6).*

den Witterungsbedingungen und anderen Faktoren abhängig ist. Die langen Etappen der Touren 8, 14, 16 und 21 können mit einer zusätzlichen Übernachtung entschärft werden.

## Beste Wanderzeit

Die vorgestellten Touren sind normalerweise von Frühjahr bis Herbst gut begehbar. Nach anhaltenden Regenfällen können manche Abschnitte allerdings schlammig sein und tagelang nicht austrocknen. An heißen Tagen sind Etappen mit schattenspendendem Wald angenehmer als solche im offenen Gelände.

Auch im Winter sind die Touren in der Ebene und den tieferen Lagen der Mittelgebirge mit entsprechender Ausrüstung und Erfahrung durchführbar, sofern sich Eisglätte und Schneefall in Grenzen halten und Sie eine Unterkunft finden. Eine Winterwanderung bei Nebel oder leichter Schneebedeckung kann zu einem mystischen Landschaftserlebnis werden.

## GPS-Tracks und Koordinaten der Ausgangspunkte

Zu diesem Wanderbuch stehen auf www.rother.de GPS-Tracks und Koordinaten der Ausgangspunkte zum kostenlosen Download bereit.
1. Auflage, Passwort: 329401pva
Sämtliche GPS-Daten wurden vom Autor im Gelände aufgezeichnet und danach auf einer digitalen Karte überarbeitet. Verlag und Autor haben die Tracks und Wegpunkte nach bestem Wissen und Gewissen überprüft. Dennoch können wir Fehler oder Abweichungen nicht ausschließen, außerdem können sich die Gegebenheiten vor Ort zwischenzeitlich verändert haben. GPS-Daten sind zwar eine hervorragende Planungs- und Navigationshilfe, erfordern aber nach wie vor sorgfältige Vorbereitung, eigene Orientierungsfähigkeit sowie Sachverstand in der Beurteilung der jeweiligen (Gelände-)Situation. Man sollte sich für die Orientierung auch niemals ausschließlich auf GPS-Gerät und -Daten verlassen.

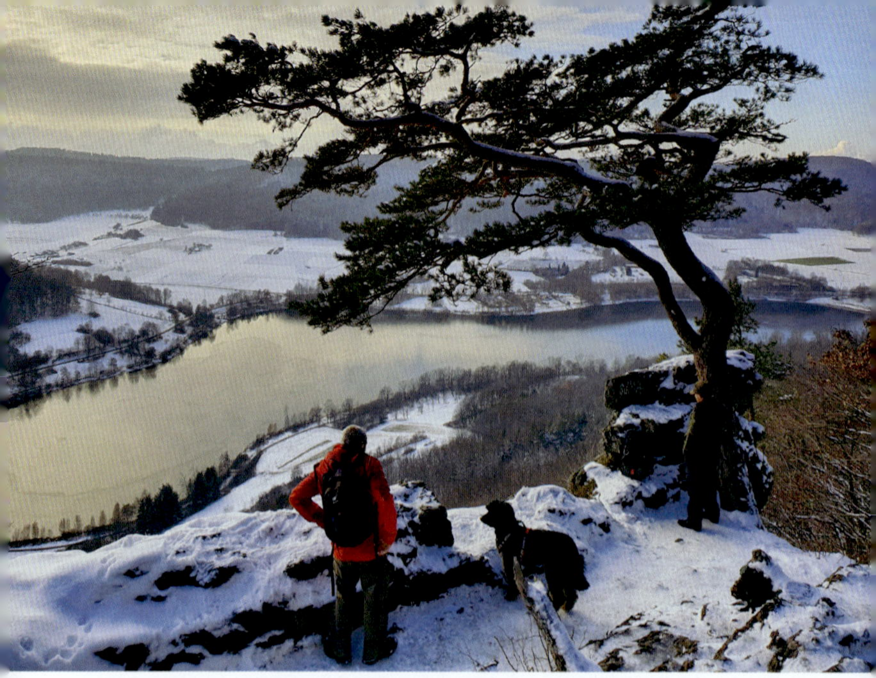

*Viele der Touren, wie hier im Bild Tour 19, können sogar im Winter gemacht werden.*

In den höher gelegenen Mittelgebirgen, v. a. im Fichtelgebirge, im Frankenwald und in der Rhön, ist im Winter mit einer geschlossenen Schneedecke zu rechnen. Winterwanderungen sind zwar möglich, aber kaum in dem Umfang und auch nicht auf den in diesem Buch vorgestellten Routen: Speziell in den Wintersportgebieten sind diese dann teilweise gar nicht mehr auszumachen. Prüfen Sie im Zweifel den Wetter- und Schneebericht (siehe Seite 17, Nützliche Webseiten, Adressen und Telefonnummern) oder erkundigen Sie sich bei der örtlichen Touristinformation.

Ich verzichte bewusst darauf, die beste Wanderzeit für die einzelnen Wochenendtouren anzugeben. Natürlich sind im Frühling die blühenden Wiesen in der Rhön und die Obstbaumblüte in der Fränkischen Schweiz besonders schön, stehen im Sommer die Felder im Obermainland und im Nürnberger Land in voller Kraft und begeistert im Herbst die Laubfärbung in den Weinbergen des Fränkischen Weinlands und in den Wäldern der Hersbrucker Schweiz. Aber Fauna und Flora, die Seen und Fließgewässer, Licht und Schatten sowie damit zusammenhängend der Charakter der Landschaften wechseln im Laufe des Jahres. Auf jeder Tour kann zu jeder Jahreszeit Reizvolles entdeckt werden – mal im Detail und mal im Gesamten. Wenn Sie die 25 Wochenendtouren je einmal im Frühling, Sommer, Herbst und Winter gehen würden (abzüglich der bei Schnee zu hoch gelegenen Touren), kämen Sie auf rund 95 Unternehmungen und 230 Tage.

## Ausrüstung

Abgesehen vom üblichen Schutz gegen Regen, Kälte, Wind und Sonne sind an die Ausrüstung keine außergewöhnlichen Anforderungen gestellt. Zumindest die Wanderschuhe und der Rucksack sollten sich schon auf längeren Spaziergängen oder Tagestouren bewährt haben. Für die langen und höhenmeterreichen Wochenendtouren 2, 3, 8, 14, 18, 19, 21 und 25 empfehle ich zur Entlastung des Bewegungsapparates, mit Trekkingstöcken zu gehen.

Grundsätzlich sollten Sie so viel wie nötig und so wenig wie möglich mitnehmen. Je besser Sie planen und die Gegebenheiten an der Route kennen (Wettervorhersage, Einkehrmöglichkeiten, Ausstattung der Unterkunft etc.), desto gezielter können Sie packen. Und je weniger mit muss, desto kleiner kann das Volumen des Rucksacks ausfallen, was auch wieder Gewicht spart. Packen Sie mithilfe einer digitalen Küchenwaage. Ein T-Shirt etwa kann nur 80 oder stolze 240 Gramm wiegen.

Mir reicht auf zwei- bis dreitägigen Wanderungen ein 20- oder 24-Liter-Rucksack. Gehen Sie zwei oder mehrere der Wochenendtouren hintereinander, können Sie Schmutzwäsche auch einfach mit etwas Shampoo per Hand oder über einen entsprechenden Service der Unterkunft waschen. Als Belohnung für den Mut zum Weglassen wartet Wanderspaß pur mit dem Fokus auf das Wesentliche: das Gehen, das Naturerlebnis und die Begegnungen.

## Anreise und Rückfahrt

Alle Wochenendtouren lassen sich mehr oder weniger bequem, umweltfreundlich und kostengünstig mit der Bahn und/oder dem Bus erreichen. In abgelegenen ländlichen Regionen ist der öffentliche Nahverkehr zuweilen eingeschränkt, was genaues Planen oder auch zeitiges Aufbrechen nötig machen kann. Eine zuverlässige Fahrplanauskunft für Züge, Busse und Ruftaxis finden Sie unter www.bahn.de und www.bayern-fahrplan.de. Start und Ziel der Wochenendtouren 6, 7, 14 bis 22 und 24 befinden sich im Verkehrsverbund Großraum Nürnberg (VGN). Auf www.vgn.de gibt es eine Fahrplanauskunft und weitere Infos, etwa zum TagesTicket Plus, mit dem bis zu 6 Personen (maximal zwei Erwachsene ab 18 Jahren) 1 Tag oder 1 Wochenende für 21,50 € (Stand 2022) beliebig oft im Gesamtraum des VGNs fahren können.

Die wenigsten der Wochenendtouren sind Rundtouren. Wenn Sie mit dem Pkw anreisen wollen, müssen Sie also nicht nur Zeit für die Parkplatzsuche einplanen, sondern sich auch überlegen, wie Sie am Ende der Wanderung zu Ihrem Fahrzeug zurückkehren. Oft ist es angenehmer, vor der Tour den Pkw am Ziel abzustellen und mit Bus und Bahn zum Start zu fahren.

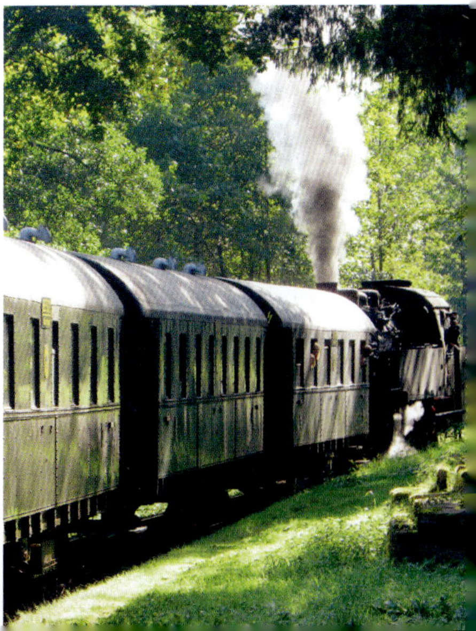

*Bei den Touren 4, 9, 17 und 18 können Sie mit historischen Zügen an- oder abreisen.*

## Auch als Tagestouren machbar

Die meisten der insgesamt 61 Etappen in diesem Buch können Sie auch als Tagestouren durchführen, da deren Etappenziele an den öffentlichen Nahverkehr angebunden sind.

## Orientierung und Wanderkarten

Die Touren in diesem Buch verlaufen nicht durch wegloses Gelände, sondern meist auf Pfaden und Wanderwegen. Wenn möglich, habe ich Forststraßen und asphaltierte Abschnitte vermieden. Vor allem außerhalb der Städte werden Sie meist auf markierten Routen wandern. Etwas Aufmerksamkeit ist trotzdem sinnvoll. Zum einen können Schildchen fehlen, zum anderen folgen Sie nur auf den Wochenendtouren 2, 16, 19, 24 und 25 auf kompletten Etappen der gleichen Markierung.

Die Wegbeschreibungen und Wanderkärtchen in diesem Buch helfen Ihnen bei der Orientierung auf den vorgeschlagenen Touren. Zusätzlich dazu können Sie die GPS-Tracks in eine entsprechende App auf Ihrem Smartphone oder auf ein GPS-Gerät laden. Wer es lieber analog mag, nimmt die guten alten Wanderkarten mit; die jeweils Passenden habe ich in der Kurzinfo jeder Tour aufgeführt. Für die Vorbereitung zu Hause empfehle ich die kostenlosen Online-Karten bayernatlas.de und hiking.waymarkedtrails.org.

## Verpflegung

Bei jeder der 25 Wochenendtouren habe ich empfehlenswerte Lokale und Unterkünfte sowie Supermärkte und Bäckereien am Weg und an den Etappenorten aufgeführt. So können Sie Ihre Wanderung planen und die Etappen ggf. individuell einteilen. Vor allem in größeren Städten gibt es darüber hinaus weitere Einkehr- und Übernachtungsmöglichkeiten.

Sind bei einem Lokal keine Ruhetage und Öffnungszeiten vermerkt, so hat es täglich mittags und abends geöffnet. An Feiertagen gelten in der Regel die Sonntagsöffnungszeiten. Die angegebenen Öffnungszeiten beziehen sich auf das Sommerhalb-

*Am Ludwig-Donau-Main-Kanal läuft es sich angenehm (Tour 21).*

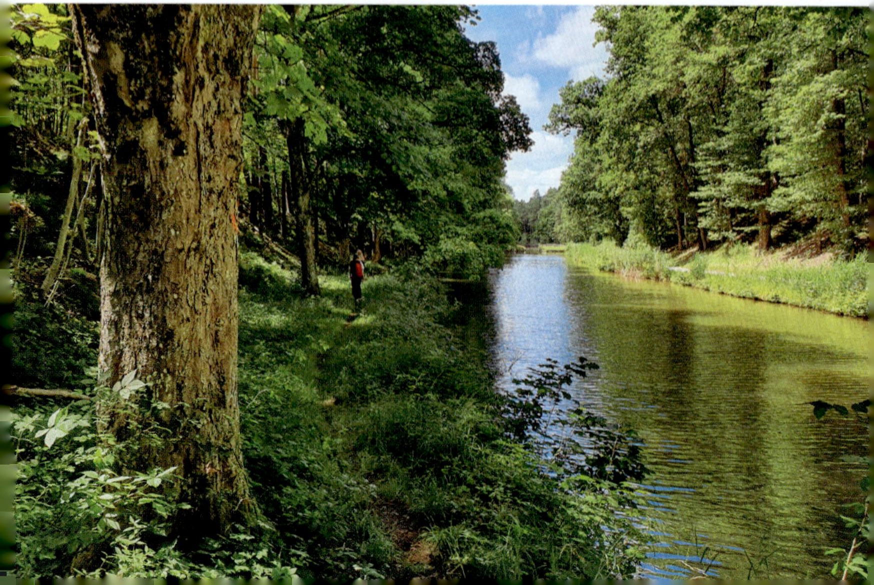

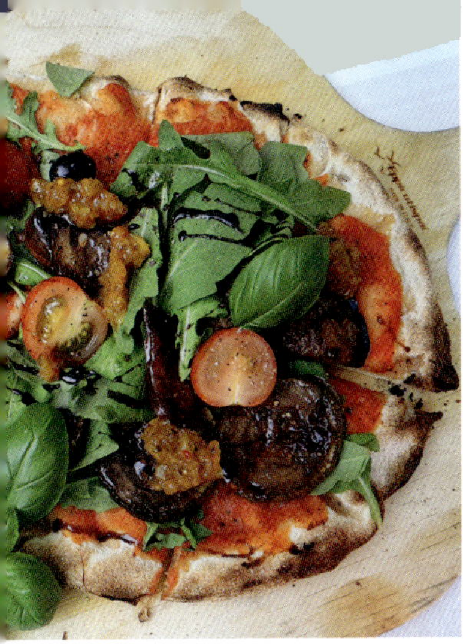

*Im Seßlacher Pörtnerhof wird Pinsa serviert (Tour 8).*

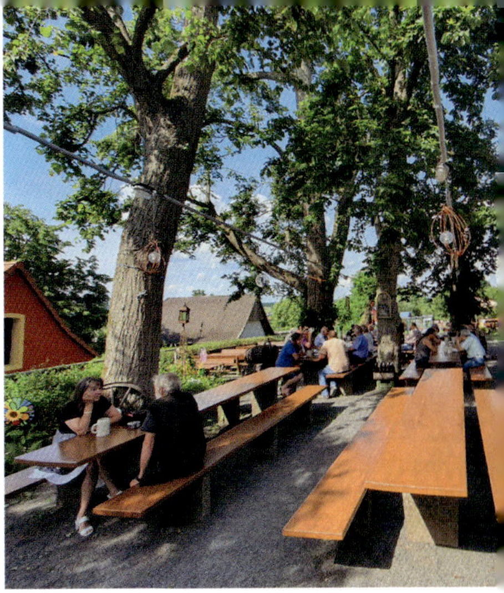

*Tourenausklang im Schwanakeller (Tour 15).*

jahr. Alle Angaben wurden von mir recherchiert und entsprechen dem Stand von Herbst 2022. Bitte beachten Sie, dass es Abweichungen geben kann und manche Betriebe auch Ferien machen oder im Winterhalbjahr nur eingeschränkt öffnen. Zudem haben reine Biergärten und Keller (siehe Kasten Seite 75) bei schlechtem Wetter meist geschlossen.

Tipp: Bevor Sie einen längeren Umweg zu einer Einkehrmöglichkeit machen, versichern Sie sich telefonisch (Angaben auf den Webseiten sind nicht immer aktuell!), ob sie auch wirklich offen ist.

Franken ist noch immer Fleischland. Typische Gerichte sind Schäufele (geschmorte Schweineschulter), Schweinebraten, Sauerbraten, Schlachtplatte, Bratwürste, Blaue Zipfel (in Essigsud gegarte Bratwurst) und Karpfen. Mindestens ein vegetarisches Essen befindet sich aber auf jeder Speisekarte. Da immer mehr Menschen (mich eingeschlossen) aus ethischen, ökologischen und/oder gesundheitlichen Gründen auf Tierliches verzichten, habe ich bei den Einkehrmöglichkeiten dazugeschrieben, wo es auch etwas Veganes gibt. Ansonsten kann man freundlich fragen oder sich ein paar Gemüsebeilagen zusammenstellen lassen.

## Übernachtung

Um Ihnen die Planung der Unterkunft zu vereinfachen, verwende ich folgende Preiskategorien für ein Doppelzimmer mit Frühstück: € (bis 50 Euro), €€ (51 bis 80 Euro), €€€ (ab 81 Euro).

Bitte beachten: In manchen Lokalen und Unterkünften ist keine Kartenzahlung möglich!

Die wenigsten werden eine Zeltausrüstung mitnehmen. Ein paar schön gelegene Campingplätze habe ich trotzdem aufgenommen. Manchmal werden dort auch Wohnwägen, Bungalows oder Schlaffässer zum Mieten angeboten.

Auf der Wochenendtour 15 können Sie wählen, ob sie in herkömmlichen Unterkünften oder auf einsam gelegenen Trekkingplätzen im Wald schlafen. Auf der Wochenendtour 2 liegen Berghütten an der Route (klären Sie vorab, ob Sie einen Hütten-

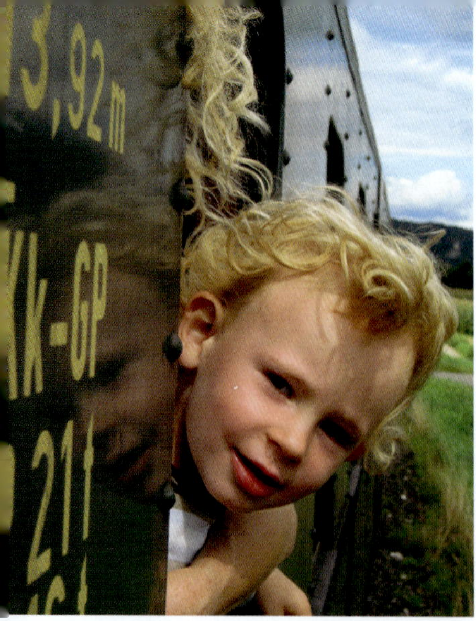

*Viele Kinder haben schon auf der Anreise Spaß.*

schlafsack benötigen oder Bettzeug gestellt wird).
In den Ferien und an Orten mit wenig Auswahl empfiehlt es sich zu reservieren. Manchmal wende ich einen kleinen Trick an, um doch frei und spontan bleiben zu können: Ich rufe am Vortrag oder am Morgen die Hotels, Pensionen und Gasthöfe an und frage, ob noch ausreichend Betten frei sind (oder schaue mir z. B. auf www.booking.com die Auslastung an). Trifft dies zu, starte ich ohne Reservierung und entscheide erst vor Ort, wo ich schlafe.

## Einkauf

Bitte bedenken Sie, dass auf dem Land das Warenangebot der aufgeführten Supermärkte und Bäckereien oft begrenzt ist und manche Geschäfte nur eingeschränkte Öffnungszeiten haben. Es ist sowieso eine gute Idee, stets ausreichend Wasser und Notproviant mitzunehmen.

## In entgegengesetzter Richtung wandern

Es ist möglich, die Wochenendtouren in entgegengesetzter Richtung zu gehen. Dann vertauschen sich natürlich die Auf- und Abstiege und wird die Orientierung anhand der Wegbeschreibungen in diesem Buch schwierig. Eine Wanderkarte oder der GPS-Track auf einem Smartphone oder GPS-Gerät leisten in diesem Fall unschätzbare Dienste.

## Wochenendtouren mit Kindern

In der vorderen Umschlagklappe und in den Kurzinfos habe ich mit einem entsprechenden Symbol angegeben, ob die Wochenendtour für Kinder geeignet ist. Unterwegs sollte es genügend zu sehen, entdecken und erleben geben. Auch für Übernachtungen auf Hütten (Wochenendtour 2) oder im Zelt (Wochenendtour 15) sind viele Kinder zu begeistern. Dann tragen sie sogar freiwillig einen Teil ihrer Ausrüstung. Letztendlich können aber nur Sie die Fitness, Interessen und Begeisterungsfähigkeit Ihrer Sprösslinge einschätzen. Erwägen Sie, lange Etappen abzukürzen oder mit einer Zwischenübernachtung zu entschärfen. Die Infos zu den Anforderungen, der Länge der Wegstrecke und den Höhenmetern helfen bei der Entscheidung.

## Preiskategorien und Abkürzungen

Preise je Doppelzimmer mit Frühstück:

| | |
|---|---|
| € | bis 50 Euro |
| €€ | 51 bis 80 Euro |
| €€€ | ab 81 Euro |

| | |
|---|---|
| Hm | Höhenmeter |
| A | Autobahn |
| B | Bundesstraße |
| St | Staatsstraße |

## Updates

Angaben in diesem Wanderbuch können sich im Laufe der Zeit ändern. Bitte berücksichtigen Sie dies bei der Planung und Durchführung Ihrer Tour. Selbstverständlich sammle ich aktuelle Informationen und freue mich über Updates, Ergänzungen und sonstige Anmerkungen. Schreiben Sie mir an leserzuschrift@rother.de und tragen Sie zur Verbesserung der nächsten Auflage bei.
Alle verfügbaren Korrekturen und Aktualisierungen zur vorliegenden Auflage sind auf www.rother.de/de/wochenendtouren-franken.html unter »Updates/Infos« zu finden.

## Nützliche Webseiten, Adressen und Telefonnummern

### Notruf

Euronotrufnummer: 112

### Der Autorenblog zum Buch

- www.einfachbewusst.de/wochenendtouren-franken

### Franken

- Tourismusverband Franken e. V., Pretzfelder Straße 15, 90425 Nürnberg, www.frankentourismus.de (hier finden Sie auch Infos, Links und Kontaktadressen zu den einzelnen Urlaubsgebieten und Mittelgebirgen Frankens), info@frankentourismus.de, Tel. +49 911 941510
- Infos und Links zu den Naturparks Altmühltal, Bayerische Rhön, Bergstraße-Odenwald, Fichtelgebirge, Frankenhöhe, Frankenwald, Fränkische Schweiz – Frankenjura, Haßberge, Spessart und Steigerwald: bayern.naturparke.de
- Bund Naturschutz in Bayern, Dr.-Johann-Maier-Str. 4, 93049 Regensburg, www.bund-naturschutz.de, info@bund-naturschutz.de, Tel. +49 941 297200
- Landesbund für Vogelschutz in Bayern, Eisvogelweg 1, 91161 Hilpoltstein, www.lbv.de, infoservice@lbv.de, Tel. +49 9174 477550
- Flussparadies Franken e. V.: www.flussparadies-franken.de

*Die einzige Einkaufsmöglichkeit in Rothenbühl (Tour 18).*

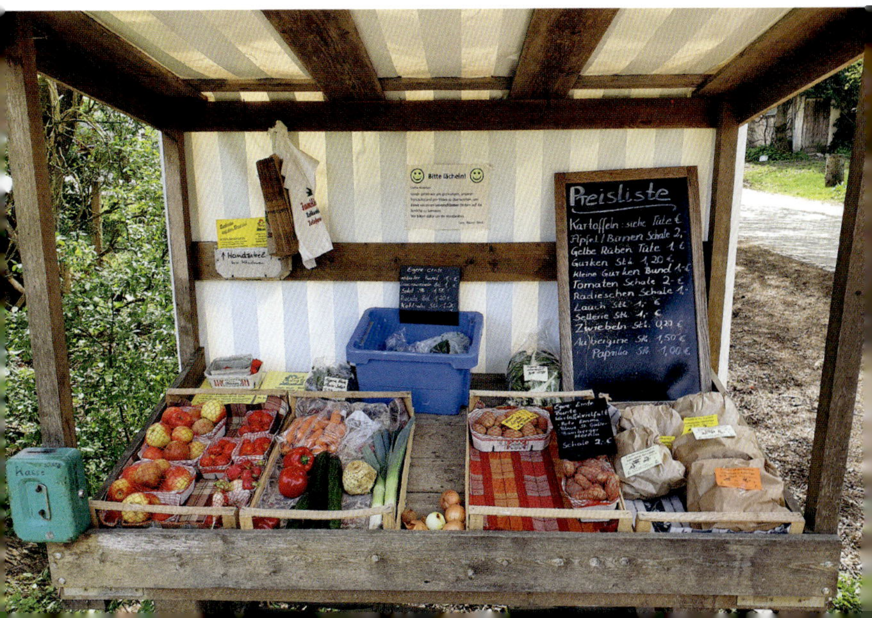

- Studio Franken des Bayerischen Rundfunks: www.br.de/franken
- Onlinedienst der Nürnberger Nachrichten und der Nürnberger Zeitung: www.nordbayern.de

## Wandervereine und Dachverband

- Fichtelgebirgsverein, Theresienstraße 2, 95632 Wunsiedel, www.fichtelgebirgsverein.de, info@fichtelgebirgsverein.de, Tel. +49 9232 700755
- Frankenwaldverein, Karlsgasse 7, 95119 Naila, www.frankenwaldverein.de, info@frankenwaldverein.de, Tel. +49 9282 3646
- Fränkischer Albverein, Heynestr. 41, 90443 Nürnberg, www.fraenkischer-albverein.de, info@fraenkischer-albverein.de, Tel. +49 911 429582
- Fränkische-Schweiz-Verein, Am Bürgerhaus 5, 91346 Streitberg, www.fsv-ev.de, hauptverein@fsv-ev.de, Tel. +49 9196 9989535
- Odenwaldklub, Prinzenbau im Staatspark Fürstenlager, 64625 Bensheim, www.odenwaldklub.de, info@odenwaldklub.de, Tel. +49 6251 855856
- Rhönklub, Peterstor 7, 36037 Fulda, www.rhoenklub.de, hauptvorstand@rhoenklub.de, Tel. +49 661 73488
- Spessartbund, Treibgasse 3, 63739 Aschaffenburg, spessartbund.de, info@spessartbund.de, Tel. +49 6021 15224
- Steigerwaldklub, Laubanger 1, 96152 Burghaslach, www.steigerwaldklub.de, info@steigerwaldklub.de, Tel. +49 9552 7468
- Deutscher Wanderverband, Kleine Rosenstraße 1–3, 34117 Kassel, www.wanderbares-deutschland.de und www.wanderverband.de, info@wanderverband.de, Tel. +49 561 938730

## Bierfranken

- www.bierland-franken.de
- www.franken-bierland.de

*Der »Seenländer« ist vorbildlich markiert (Tour 24).*

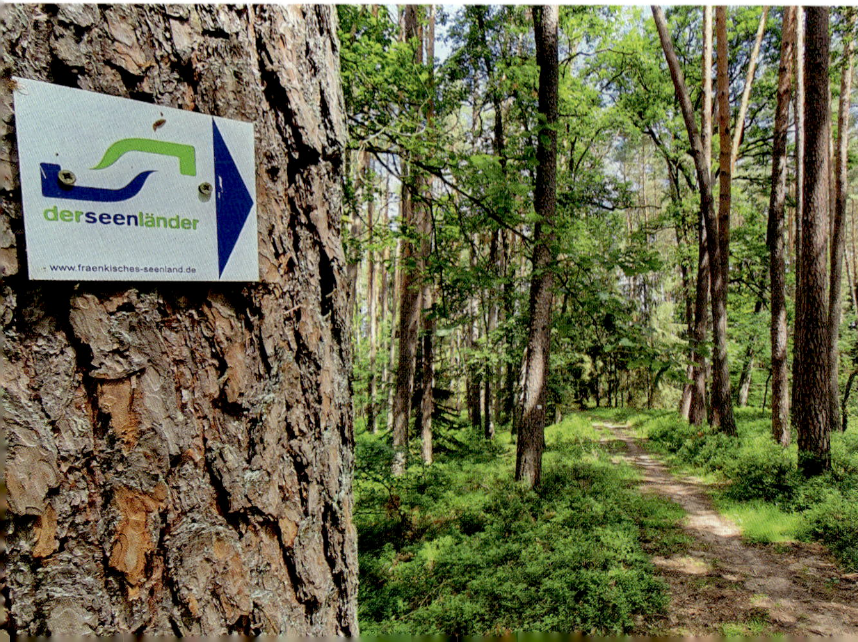

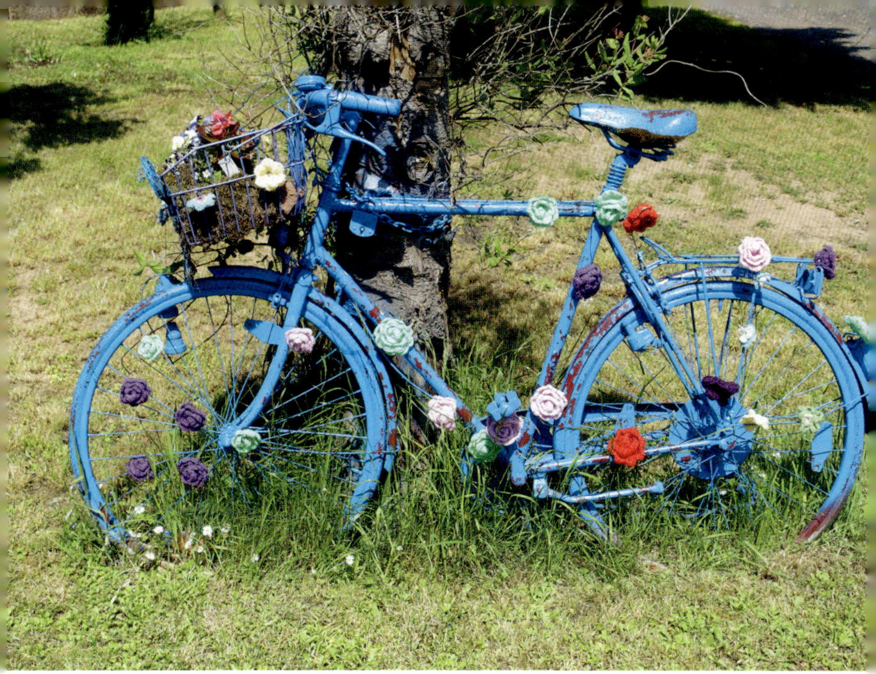

*Was am Wegesrand nicht alles steht (Tour 11).*

### Fränkisches Weinland

- www.fraenkisches-weinland.de
- www.frankenwein-aktuell.de
- www.fraenkischer-weinfestkalender.de

### Frankenwetter

- www.br.de/wetter
- www.dwd.de/bayern
- www.wetteronline.de/wetter/bayern
- wetterochs.de

### Literaturtipps

- »Biergartenwanderungen Franken« von Christof Herrmann und Helmut Herrmann, Heinrichs-Verlag, 2019
- »Biergartenwanderungen Fränkische Schweiz« von Christof Herrmann und Helmut Herrmann, Heinrichs-Verlag, 2021
- »Die schönsten Bierkeller und Biergärten in Franken« von Bastian Böttner und Markus Raupach, Nürnberger Presse, 2019
- »Franken«, Merian Magazin, 2022
- »Franken« von Ralf Nestmeyer, Michael Müller Verlag, 2021
- »Franken« von Roland Dusik, DuMont Reise-Taschenbuch, 2016
- »Franken aus der Luft« von Franz X. Bogner, Stürtz-Verlag, 2008
- »Fränkischer Gebirgsweg« von Christof Herrmann, Bergverlag Rother, 2021
- »Fränkische Wanderberge« von Gerhard Heimler, Bergverlag Rother, 2020
- »Fränkisch für Anfänger« von Bernd Regenauer, Langenscheidt, 2019
- »Handbuch der deutschen Kunstdenkmäler – Bayern I: Franken« von Georg Dehio, Deutscher Kunstverlag, 1999
- »Kleine Geschichte Frankens« von Anna Schiener, Pustet Verlag, 2019
- »Vom Glück des Wanderns – eine philosophische Wegbegleitung« von Albert Kitzler, Droemer HC, 2019

# Erlebnis Wochenendtour

Der Mensch geht, seit er steht, also seit fünf Millionen Jahren. Heute wissen wir, dass das Gehen nicht nur Fortbewegung, sondern als Spaziergang, Pilgern und Wandern auch Balsam für Körper, Geist und Seele ist. »Ich habe mir meine besten Gedanken ergangen und kenne keinen Kummer, den man nicht weggehen kann«, stellte der dänische Philosoph Søren Kierkegaard Mitte des 19. Jh. fest. Schon eine Tageswanderung in der Natur bietet uns Erholung vom Alltag mit seinen Terminen, Zielen und seiner Reizüberflutung.

Dieses Erlebnis wird noch gesteigert, wenn wir mehrere Tage am Stück unterwegs sind. Es muss keine wochenlange Pilgerwanderung oder Alpenüberquerung sein. Auch auf einer zwei- oder dreitägigen Wochenendtour können wir die Sorgen zu Hause lassen und wieder Kraft tanken. Die Einfachheit macht es uns einfach. Atmen, gehen, schauen, essen, duschen und schlafen – viel mehr gibt es nicht zu tun und viel mehr braucht es auch nicht auf so einer kurzen Weitwanderung.

Und selbst wenn der Rucksack drückt, die Beine schwer sind oder die Matratze im Hotel durchgelegen ist, bleiben uns die Landschaften, die Tier- und Pflanzenwelt, die Begegnungen und die Erfolgserlebnisse in Erinnerung.

Der Clou eines Kurzurlaubs in Form einer Wochenendtour – oder zweier Wochenendtouren hintereinander – liegt darin, dass wir am Ende der Etappe nicht müde nach Hause fahren müssen, sondern den Tag im Biergarten oder Gasthof ausklingen lassen können. Am Abend flanieren wir dann durch die fremde Stadt oder genießen die Stille auf dem Land. Anderntags haben wir die Wahl, ob wir ausschlafen oder die Morgenstunden nutzen, um bei klarer Sicht und frischer Luft die nächste Etappe anzugehen, während die Tagesausflügler noch auf der Autobahn sind oder im Zug sitzen.

*Gehen ist Balsam für Körper, Geist und Seele (Tour 2).*

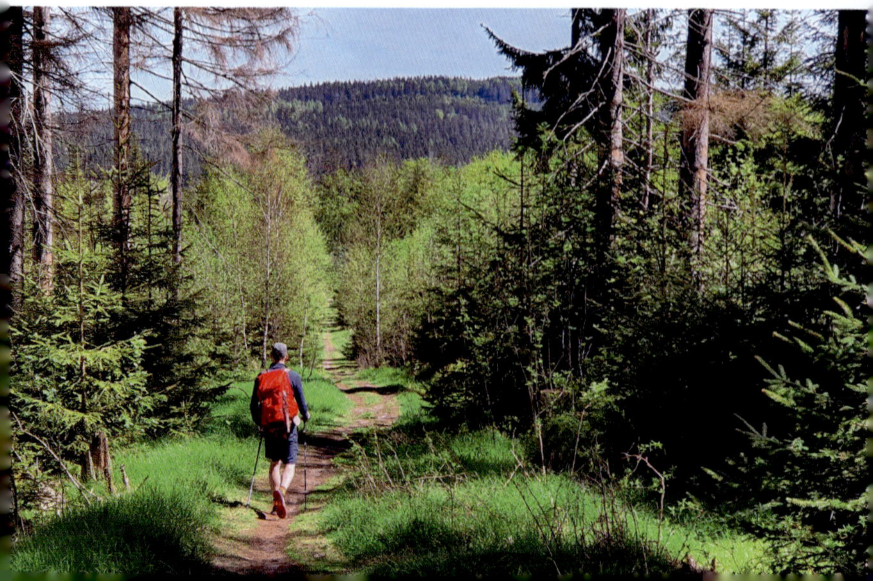

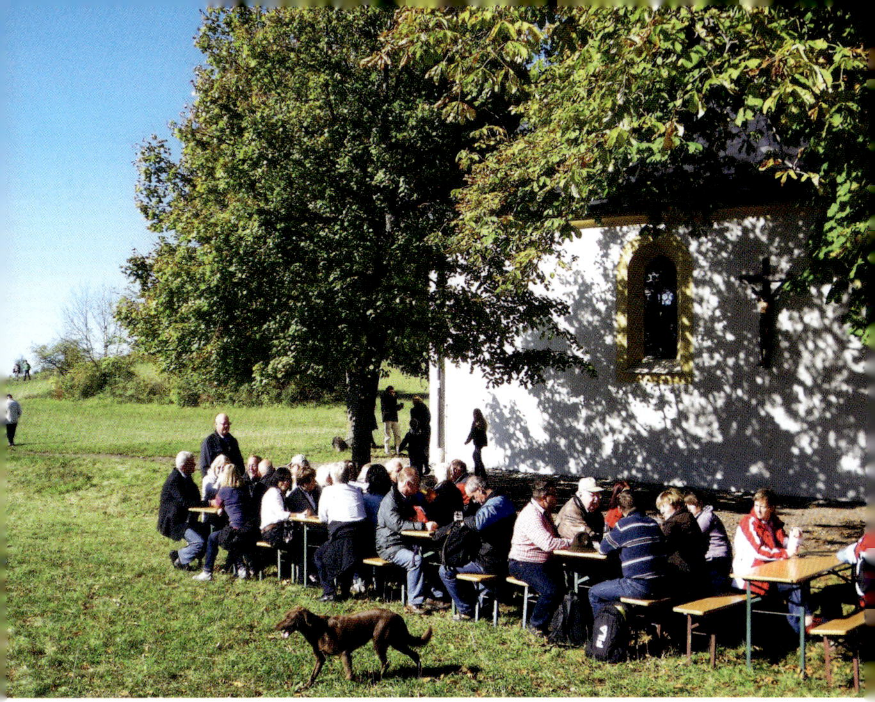

*Der Biergarten auf dem Staffelberg ist beliebt (Tour 6).*

## Franken, die Franken und deren Fränkisch

Franken liegt nördlich des »Weißwurstäquators«, grenzt noch nicht mal an die Donau. Wenn Sie durch das schöne Frankenland wandern, sollten Sie sich bewusst machen, dass Franken und Bayern Welten trennen. Kein gebürtiger Franke will als Bayer bezeichnet werden.

Dies ist historisch begründet. Im Frühmittelalter lebten Thüringer, Alamannen und die namensgebenden Franken in dem Gebiet. Ab Mitte des 9. Jh. entstand das Stammesherzogtum Franken, eines der fünf Stammesherzogtümer des Ostfränkischen Reiches. Im Jahr 1500 wurde durch Kaiser Maximilian I. das Gebiet in den Fränkischen Reichskreis eingeteilt, was entscheidend für die Bildung der fränkischen Identität war. Für Franken charakteristisch war im Mittelalter und in der frühen Neuzeit die Kleinstaaterei. Im Zuge der Napoleonischen Kriege verloren die Kleinstaaten ihre Eigenständigkeit und fielen 1803 – ohne dass sie gefragt wurden – an das Königreich Bayern. Daraus resultieren die bis heute andauernden Animositäten zwischen Franken und Bayern.

Deswegen zeichnet sich das Frankenland auch durch zahlreiche Traditionen und Besonderheiten aus. Statt Weiß-Blau weht die rot-weiße Frankenfahne. Das Wappen ist der Fränkische Rechen, der drei in Rot getauchte silberne Spitzen zeigt. Das Frankenlied von Joseph Victor von Scheffel und Valentin Eduard Becker aus dem 19. Jh. wird oft auch bei offiziellen Anlässen gesungen.

Die Franken gelten als eigensinnig, etwas spröde und reserviert, aber auch als bescheiden, umsichtig und hilfsbereit. Auf dem Internetportal der bayerischen Staatsregierung ist

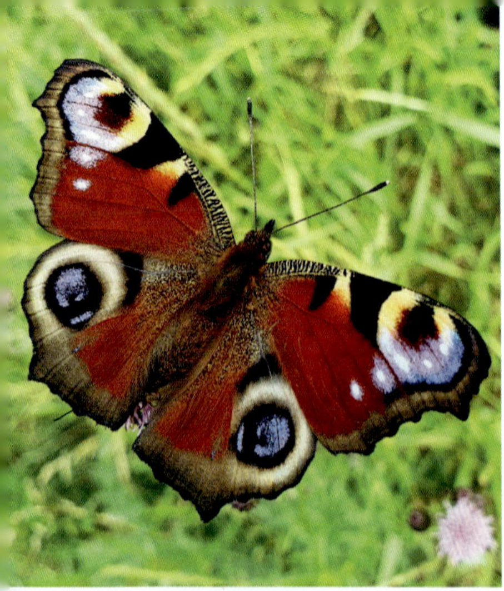

*Ein Tagpfauenauge.*

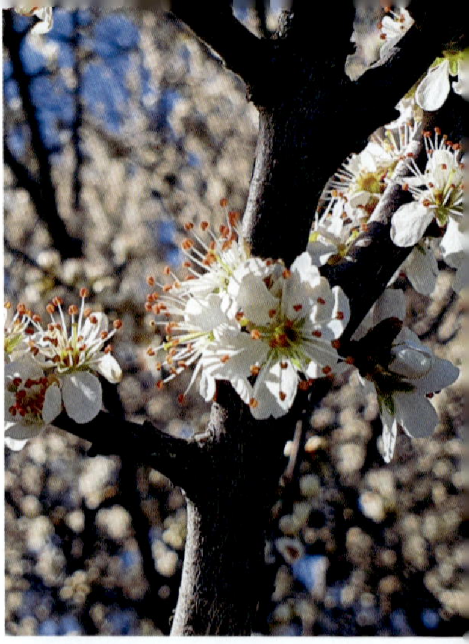

*Kirschblüten.*

über die »rund 4,1 Millionen Franken« zu lesen: »Ausgeprägter Gemeinschaftssinn, Organisationstalent, Heiterkeit und ein schnelles Auffassungsvermögen zeichnen diesen Stamm aus.«

Natürlich sind hier wie überall solche und solche Menschen anzutreffen. Dass der Lauf der Dinge aber eher mit unerschütterlichem Gleichmut ertragen wird, zeigt sich auch im fränkischen Dialekt, der mit dem rollenden R und den weichen Konsonanten fast schon musikalisch klingt. Ein paar Kostenproben: »Allmächd.« (Ausdruck sowohl der Begeisterung als auch der Bestürzung, »Oh Gott.«), »Ned schlechd.« (Antwort auf die Frage, wie es geschmeckt hat oder wie der Urlaub war), »Da hast fei an Dussl ghabd.« (»Da hast Du wirklich Glück gehabt.«), »Bassd scho.« (Antwort auf die Frage nach dem Befinden), »Wenich gschmipfd is gnouch globd.« (»Wenig geschimpft ist genug gelobt.«), »Sou a Gschmarri.« (»So ein Unsinn.«), »Woanders is a nedd anders.« (frei übersetzt: »In Franken ist es am schönsten.«), »Aber fei wergli ned.« (»Auf gar keinen Fall.«), »Hald dei Babbn.« (»Sei ruhig.«), »Ade.« (»Tschüss.«) ...

## Die 17 Mittelgebirge und Regionen Frankens

Franken besteht aus den drei nördlichen bayerischen Regierungsbezirken **Oberfranken**, **Mittelfranken** und **Unterfranken**. Aufgrund der kulturellen und sprachlichen Nähe werden auch kleine Teile angrenzender Regierungsbezirke und Bundesländer zu Franken gezählt, zum Beispiel der Nordwesten des oberbayerischen Landkreises Eichstätt und Tauberfranken in Baden-Württemberg. Die Vielfalt Nordbayerns zeigt sich auch darin, dass Franken in **17 Mittelgebirge und (Urlaubs-) Regionen** aufgeteilt werden kann. Jedes dieser Wandergebiete können Sie auf mindestens einer Wochenendtour kennenlernen.

Das **Fichtelgebirge** (Oberfranken, Wochenendtouren 1 und 2) liegt im Nordosten von Franken und hat eine Ausdehnung von 1600 km². Die größte Stadt ist Marktredwitz (17.000 Einwohner). Vor allem das Hohe Fichtelgebirge ist reich an

Wald, Gesteinsformationen, Quellen, Fließgewässern und Aussichten. Hier stehen auch die höchsten Berge Frankens, allen voran die Eintausender Schneeberg (1053 m) und Ochsenkopf (1024 m).

Nordwestlich des Fichtelgebirges liegt der **Frankenwald** (Oberfranken, Wochenendtouren 3 und 4). Sein höchster Punkt ist der Döbraberg (794 m). In der Kreisstadt Kronach leben 16.700 Menschen. Typisch für dieses 900 km² große Mittelgebirge sind neben den landwirtschaftlich genutzten Hochflächen vor allem die tief eingeschnittenen Täler, an deren Hänge Fichten stehen und in deren Gründe klares Wasser fließt und schöne Wiesen wachsen.

Westlich des Frankenwalds schließt sich das **Coburger Land** (Oberfranken, Wochenendtour 5) an. Die 600 km² große Region um Coburg (40.800 Einwohner) ist reich an Sehenswürdigkeiten wie dem Schloss Rosenau, der Veste Coburg oder den Altstädten von Seßlach und Bad Rodach.

Südlich des Frankenwalds und des Coburger Lands befindet sich das **Obermainland** (Oberfranken, Wochenendtouren 6 und 7), dessen Grenzen nicht genau festgelegt werden können. Die kleinteilige Kultur- und Hügellandschaft verläuft entlang des Oberlaufs des Mains zwischen Bayreuth (74.000 Einwohner) und Bamberg (76.700 Einwohner). Neben diesen und weiteren Städten sind das Kloster Banz, die Basilika Vierzehnheiligen und der Staffelberg beliebte Ausflugsziele.

Westlich des Coburger Lands und des Obermainlands liegen die **Haßberge** (Oberfranken und Unterfranken, Wochenendtour 8). Das bis zu 512 m hohe und 800 km² große Mittelgebirge wird von ausgedehnten Mischwäldern durchzogen und ist für seine zahlreichen Burgen, Ruinen, Schlösser und Fachwerkstädtchen bekannt. In der Kreisstadt Haßfurt sind 13.600 Menschen beheimatet.

Westlich der Haßberge schließt sich die **Rhön** (Wochenendtour 9)

*Die Ruine Hirschstein bietet einen Logenblick auf das Hohe Fichtelgebirge (Tour 1).*

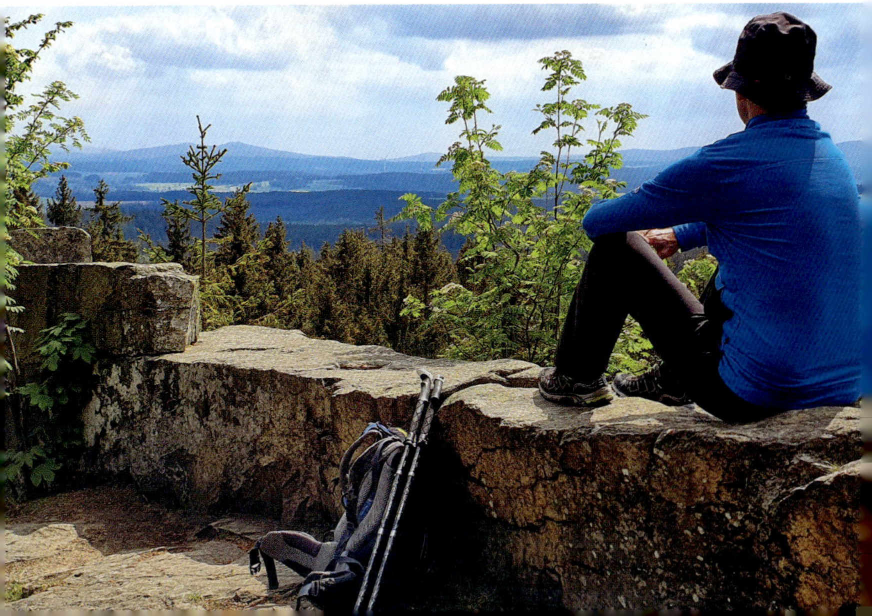

an. Das 2400 km² große Mittelgebirge liegt im Grenzgebiet von Unterfranken, Hessen und Thüringen und präsentiert sich vielgestaltig, dünn besiedelt und weitläufig. Markant im Kerngebiet sind die Kuppen vulkanischen Ursprungs sowie die Bergwiesen auf den Hochplateaus. Die Dammersfeldkuppe (928 m) ist die höchste Erhebung in Unterfranken, der höchste Berg der gesamten Rhön hingegen ist die Wasserkuppe (950 m) in Hessen.

Der bis zu 586 m hohe **Spessart** (Wochenendtour 10) befindet sich südlich der Rhön und wird von den größten zusammenhängenden Laubmischwäldern Deutschlands bedeckt. Das Mittelgebirge umfasst eine Fläche von 2400 km², davon gehören 1700 km² zu Unterfranken und 700 km² zu Hessen.

Südwestlich des Spessarts liegt der **Odenwald** (Wochenendtour 11). Die facettenreiche Mittelgebirgslandschaft erreicht eine Höhe von 627 m und ist 2.500 km² groß. Der Großteil befindet sich auf hessischem Boden, im Süden erstreckt sich der Odenwald nach Baden-Württemberg hinein, im Nordosten liegt ein kleiner waldreicher Teil in Unterfranken.

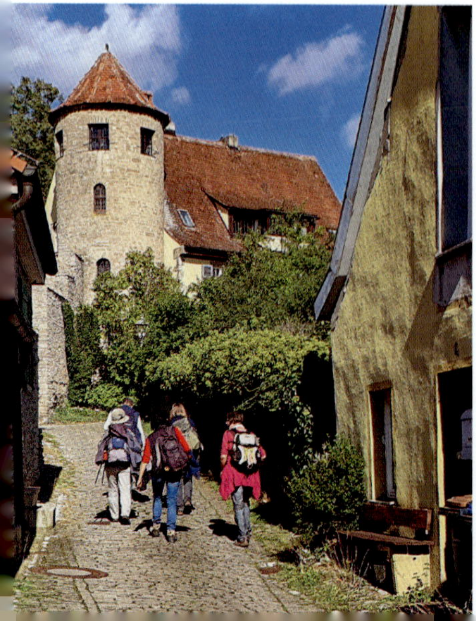

Die Grenzen des **Fränkischen Weinlands** (Wochenendtouren 12 bis 14) sind nicht eindeutig zu benennen. Für mich umfasst das Gebiet vor allem die unterfränkischen Weinbauregionen ohne Spessart, Steigerwald und Taubertal. Die größte Stadt ist Würzburg mit 127.000 Einwohnern.

Der dünn besiedelte **Steigerwald** (Wochenendtouren 14 und 15) liegt östlich des Fränkischen Weinlands und südlich der Haßberge. Auf einer Fläche von 1100 km² treffen in dem Mittelgebirge Unter-, Mittel- und Oberfranken aufeinander. So freut man sich am westlichen Trauf über Weinberge, auf der Hochfläche über Buchenwälder und kleinbäuerlich genutzte Flusstäler sowie im Osten über Brauereien und Bierkeller.

Östlich des Steigerwalds und südlich des Obermainlands schließt sich die 2000 km² große **Fränkische Schweiz** an (Oberfranken, Wochenendtouren 7 und 16 bis 18). Sie ist eine charakteristische Hügel- und Berglandschaft mit zahlreichen Felsformationen, Höhlen, Burgen und Ruinen sowie Kleinbrauereien und Bierkellern, was sie zu einem der beliebtesten Wander- und Klettergebiete Deutschlands gemacht hat. Die höchste Erhebung der »Fränkischen« ist mit 626 m der Kleine Kulm.

Südlich der Fränkischen Schweiz befindet sich die weniger besuchte **Hersbrucker Alb** (Wochenendtouren 19 und 20), oft Hersbrucker Schweiz genannt. Die abwechslungsreiche Mittelgebirgslandschaft liegt auf einer Fläche von 600 km² größtenteils in Mittelfranken, aber auch

*Sulzfeld am Main hat sein mittelalterliches Ortsbild bewahrt (Tour 13).*

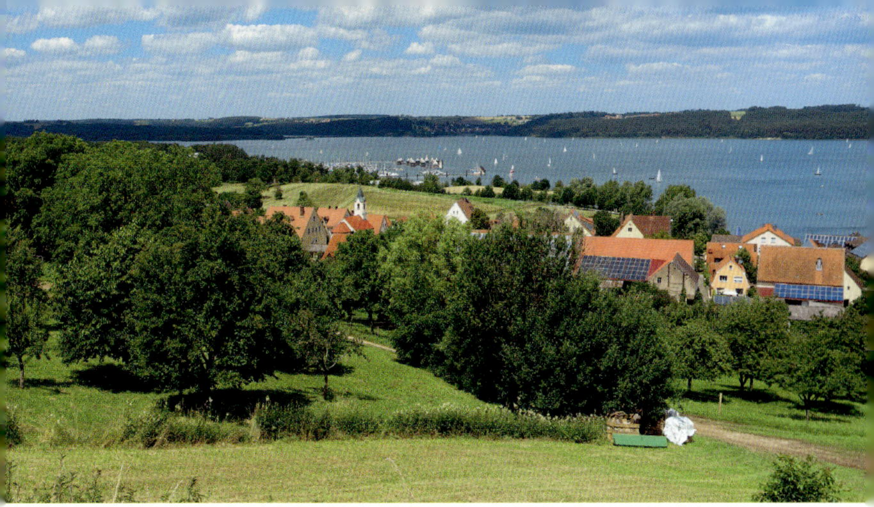

*Blick auf Ramsberg und den Großen Brombachsee (Tour 24).*

in Oberfranken und der Oberpfalz. Der höchste Berg ist mit 651 m der Ossinger, der Hauptort heißt Hersbruck (12.500 Einwohner). Zusammen mit der Fränkischen Schweiz bildet die Hersbrucker Alb die **Nördliche Fränkische Alb**.

Das 800 km² große **Nürnberger Land** (Mittelfranken, Wochenendtour 21) und **Nürnberg** (515.000 Einwohner) schließen sich westlich der Hersbrucker Alb an (die manchmal auch zum Nürnberger Land gezählt wird).

Die **Frankenhöhe** (Mittelfranken, Wochenendtour 22) liegt südlich des Steigerwalds, erreicht eine Höhe von 554 m und erstreckt sich auf 700 km². Der Höhenzug ist dünn besiedelt und sonnenverwöhnt und bietet ein breites Landschaftsbild mit Mischwäldern, Fließgewässern, Trockenbiotopen, Streuobstwiesen und Weinbergen.

Westlich der Frankenhöhe ist das **Liebliche Taubertal** (Wochenendtour 23) anzutreffen. Die bekannte Ferienlandschaft erstreckt sich links und rechts der 129 Kilometer langen Tauber vom mittelfränkischen Rothenburg ob der Tauber (11.200 Einwohner) durch Unterfranken und den fränkisch geprägten Nordosten Baden-Württembergs bis nach Wertheim am Main.

Südöstlich der Frankenhöhe und südlich von Nürnberg befindet sich das 700 km² große **Fränkische Seenland** (Mittelfranken, Wochenendtour 24). Der Große Brombachsee, der Altmühlsee und die anderen fünf Seen wurden Mitte der 1970er- bis Ende der 1990er-Jahre angelegt und geflutet. Seitdem hat sich das Seenland zu einer beliebten Urlaubs- und Freizeitregion entwickelt.

Der **Naturpark Altmühltal** (Wochenendtour 25) liegt südlich und südöstlich des Fränkischen Seenlands in den bayerischen Regierungsbezirken Mittelfranken, Oberbayern, Niederbayern, Schwaben und Oberpfalz. Im mittelfränkischen Teil hat Weißenburg mit 18.600 die meisten Einwohner. Die namensgebende Altmühl durchfließt den 3000 km² großen Naturpark, dessen Ausdehnung mit der Südlichen Frankenalb übereinstimmt. Typisch für diese Mittelgebirgslandschaft sind Buchenwälder, Trockenrasen, Wacholderheiden, Feuchtwiesen, Felsen, Karsthöhlen und Steinbrüche.

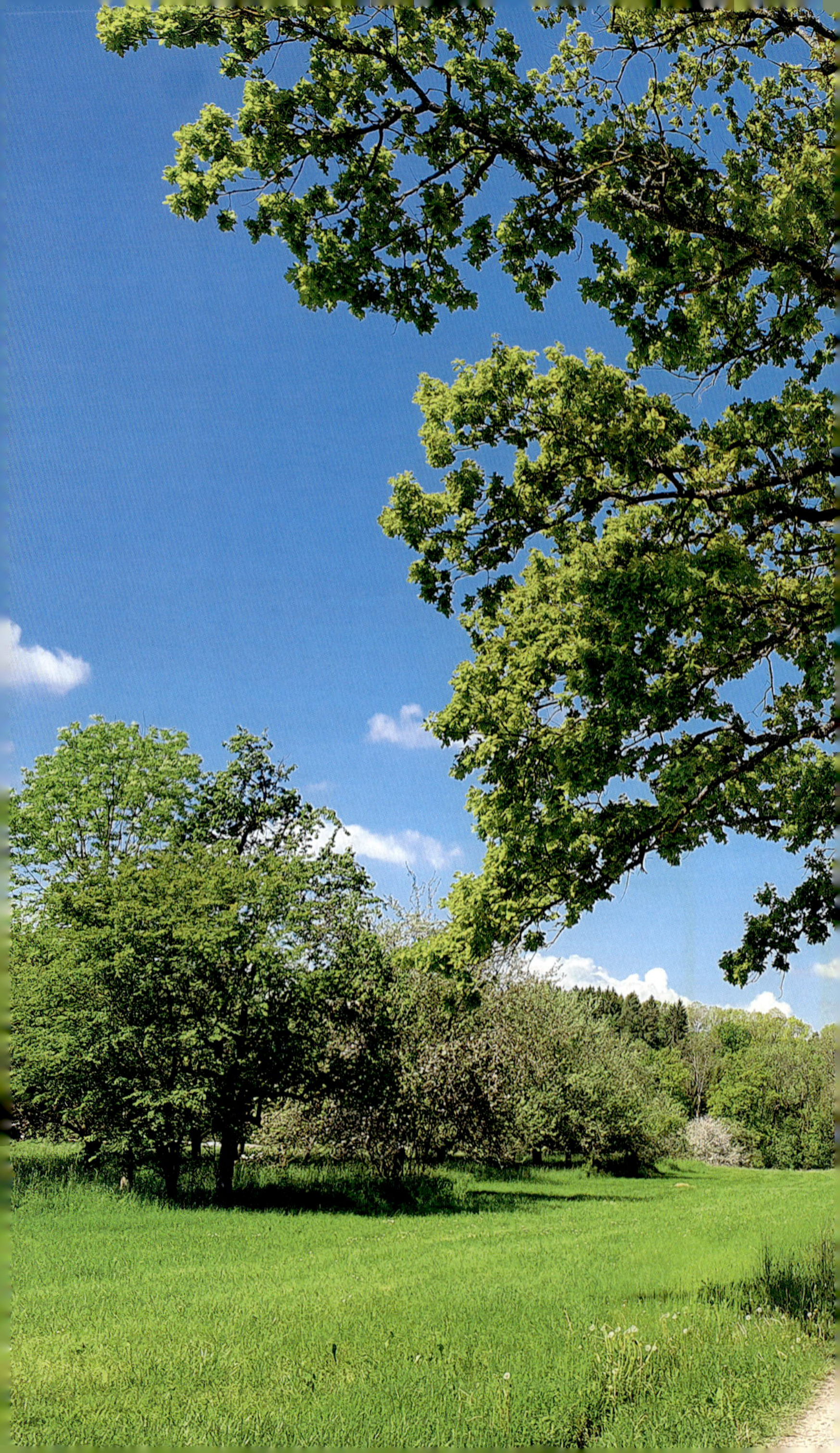

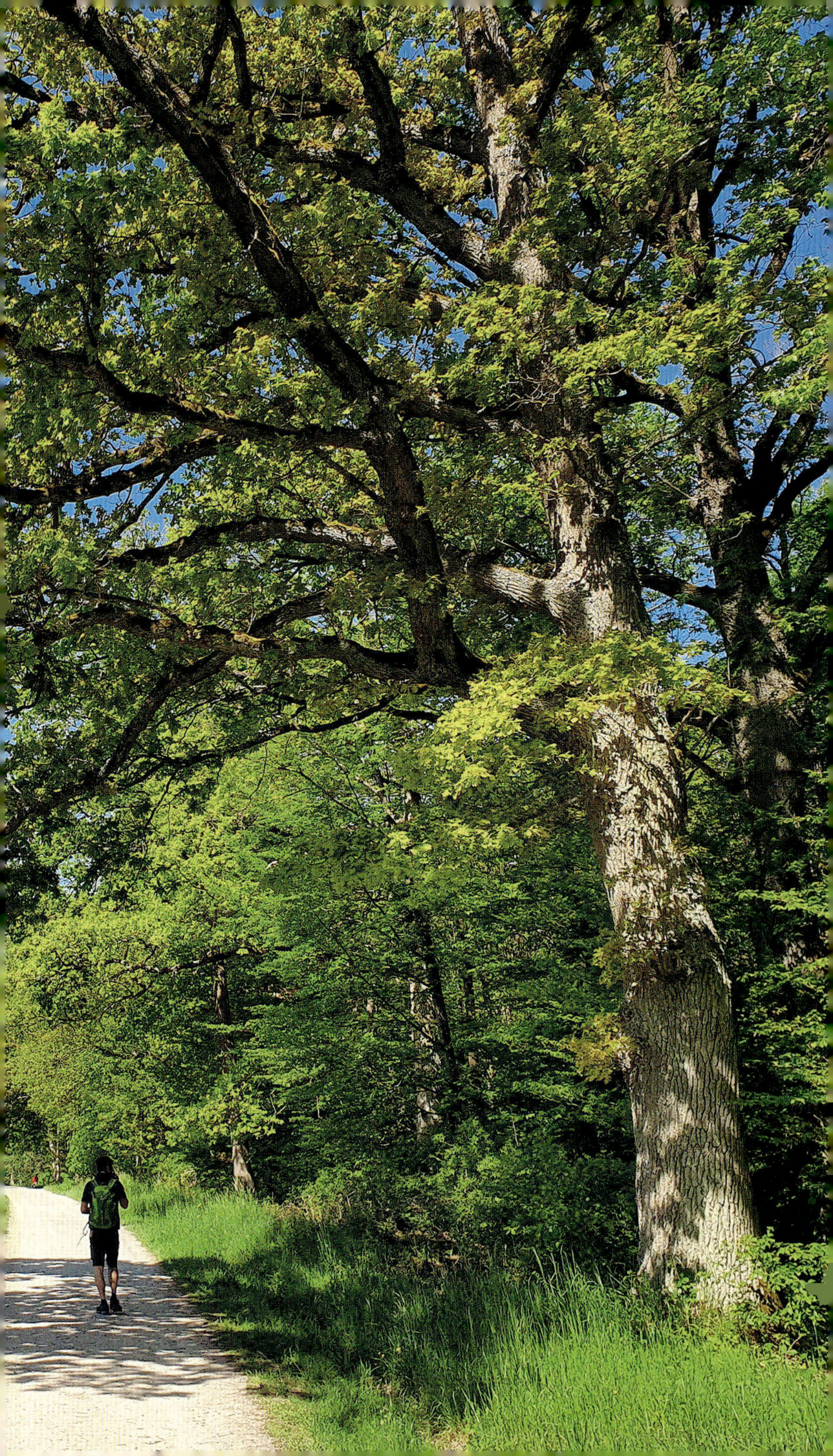

# 1 Über den Großen Kornberg ins Egertal

## Von Kirchenlamitz zur deutsch-tschechischen Grenze

2 Tage | 30,9 km | ↗590 m | ↘620 m

**_Ein wackelnder Felsen, weißes Gold und ein geschütztes Idyll_**

*Auf dieser Zweitageswanderung erleben wir die ganze Vielfalt des nordöstlichen Fichtelgebirges. Die erste Etappe führt über den bewaldeten Höhenrücken des Kornberg-Massivs. Von dessen höchstem Punkt, dem Großen Kornberg (827 m), und davor von der weniger besuchten Ruine Hirschstein ist das Hohe Fichtelgebirge mit seiner Hufeisenform und dem Dach Frankens perfekt zu überblicken (die meisten dieser Gipfel liegen auf der Route der Wochenendtour 2). Die Nacht verbringen wir in der alten Porzellanstadt Selb, wo das weiße Gold noch allgegenwärtig ist. Auf der zweiten Etappe geht es durch das idyllische, autofreie Egertal. Wer am Ziel in Hohenberg an der Eger noch Zeit und Kraft hat, steigt vom Burgplatz in zehn Minuten zum Fluss ab, der hier die deutsch-tschechische Grenze bildet. Links erreicht man nach 500 m die Hammermühle und das Nachbarland. Nach rechts hingegen sind es 500 m bis zur Carolinenquelle, wo wir unsere Flaschen mit dem kohlensäurehaltigen Heilwasser füllen können.*

**Ausgangspunkt:** Kirchenlamitz Ost, 559 m, Bahnhof.
**Endpunkt:** Hohenberg an der Eger, 524 m, Bushaltestelle Markt.
**ÖPNV:** Der Bahnhof Kirchenlamitz Ost hat Verbindungen in Richtung Weiden bzw. Oberkotzau, der Bahnhof Selb Stadt mit Hof. Busverbindungen zwischen Selb und Hohenberg an der Eger sowie zwischen Hohenberg a. d. E. und Bahnhof Schirnding (beide teils als Rufbusse, für die man sich anmelden muss).
**Eappendaten:**
**1. Tag:** 4.15 Std. 14,2 km ↑350 m ↓370 m.
**2. Tag:** 4.30 Std. 16,7 km ↑240 m ↓250 m.
**Anforderungen:** Überwiegend naturbelassene Pfade und breite Wald- und Talwege. Am ersten Tag ein langer, nicht besonders steiler Anstieg auf den Kornberg. Rund zwei Drittel im Schatten. Auch für den Hochsommer geeignet.
**Einkehr:** **1. Tag:** Das neue **Kornberghaus** (im Abstieg vom Großen Kornberg) wird wieder eröffnet, sobald ein Pächter gefunden ist (Info auf kornberg.bayern). **Vielitz:** Schade's Wohlfühlhotel (mit Terrasse), www.schades-wohlfuehlhotel.de, Tel. +49 9287 3922. **Selb:** Napoli Pizzeria (auch vegan), Mo abends geschlossen, Friedrich-Ebert-Str. 66, Tel. +49 9287 2161; Madame Nga (vietnamesische Küche), Mo Ruhetag, Schillerstr. 23, madame-nga.de, Tel. +49 9287 6659962; Rosenthal Casino (gehobene Küche, auch vegan), Do/So Ruhetag, sonst ab 17 Uhr, Kasinostr. 3, rosenthal-casino.de, Tel. +49 9287 8050. **2. Tag: Naturschutzgebiet Egertal:** Café-Pension Egerstau, Mo Ruhetag, www.pension-egerstau.de, Tel. +49 9233 3669. **Hohenberg an der Eger:** Gasthof zur Burg, Di/Mi Ruhetag, Mo ab 17 Uhr, Do–So ab 11.30 Uhr, Burgplatz 5, www.gasthof-zur-burg.com, Tel. +49 9233 9404; Geigel´s Gewölbe, eingeschränkte Öffnungszeiten siehe geigelsgewölbe.de, Im Winkel 10, Tel. +49 9233 7157383 oder +49 171 8336757.
**Übernachtung:** **1. Tag: Vielitz:** Schade's Wohlfühlhotel (€€€). Selb: Boutique Hotel (€€€), Ludwigstr. 22–24, www.boutique-hotel-selb.de, Tel. +49 9287 9568225; Hotel Schmidt (€€), Bahnhofstr. 19, www.hotel-selb.de, Tel. +49 9287 99160; Rosenthal Casino (€€€). **2. Tag: Naturschutzgebiet Egertal:** Café-Pension Egerstau (€€). **Hohen-**

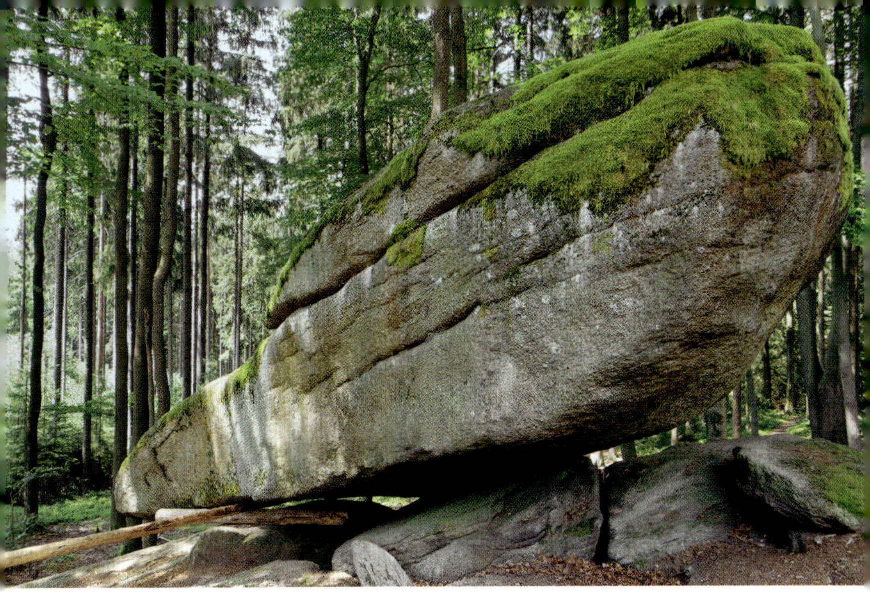

*Der Wackelstein lässt sich mit einem Ast als Hebel bewegen.*

**berg an der Eger:** Gasthof zur Burg (€€).
**Einkauf:** Supermarkt und Bäckerei in Selb, Supermarkt in Hohenberg a. d. E.
**Information: Selb:** Tourist-Information, Ludwigstr. 29, www.selb.de, Tel. +49 9287 956385.
**Verlängerung:** Machen Sie zunächst Wochenendtour 2 und fahren Sie dann in rund 30 Minuten mit der Bahn (umsteigen in Hof oder Oberkotzau) nach Kirchenlamitz Ost, dem Start dieser Zweitageswanderung.
**Karte:** 191 Fichtelgebirge (Kompass, 1:50.000, 2021), 0336 Fichtelgebirge (Freytag und Berndt und Artaria, 1:50.000, 2019) oder 52 Naturpark Fichtelgebirge (Fritsch, 1:50.000, 2016).

**1. Tag (Bahnhof Kirchenlamitz Ost–Selb):**
Vom Bahnhof **Kirchenlamitz Ost** ❶ folgen wir der Kornbergstraße 100 m Richtung Ortsmitte, wo wir links in die Dörflaser Straße abbiegen. Die Markierung des Fränkischen Gebirgswegs wird uns bis zum Großen Kornberg begleiten. Nach knapp 300 m verlassen wir die Dörflaser Straße rechts auf einen herrlichen Waldpfad. Der ansteigende Weg ist mit Heidelbeersträuchern gesäumt, kreuzt mehrfach Forststraßen und passiert schließlich die **Zigeunersteine** ❷.

## Felsen wie Kissen

Die Granitfelsengruppe **Zigeunersteine** ist ein gutes Beispiel für die **Wollsackverwitterung**. Durch physikalische und chemische Verwitterungsprozesse entstanden kantengerundete Gesteinsblöcke, die wie Kissen oder Wollsäcke aussehen und oft auch »übereinandergestapelt« auftreten. Der größte Zigeunerstein ist neun Meter lang, vier bis sieben Meter breit, zwei Meter hoch und wiegt 250 Tonnen. Ein Block mit dem Namen **Wackelstein** lässt sich mit einem dicken Ast als Hebel bewegen. Die Felsengruppe soll früher »Zigeunern« Zuflucht geboten haben. Im Dreißigjährigen Krieg fanden dort auch Menschen der Umgebung Schutz vor Angriffen.

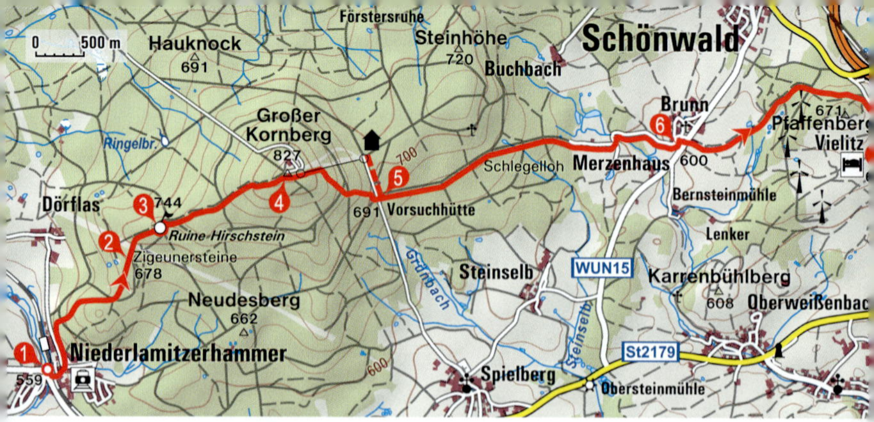


Bald erreichen wir die Granitfelsen, auf denen die **Ruine Hirschstein** ❸ steht. Der kurze Abstecher nach rechts zu der im 14. Jh. zerstörten Burg wird mit einer prächtigen Aussicht auf das Fichtelgebirgshufeisen belohnt, das auf der Wochenendtour 2 erwandert wird.

Der Fränkische Gebirgsweg führt kurz bergab und dann geradeaus wieder ansteigend bis auf den **Großen Kornberg** ❹, wo sich die Markierungen nach rechts verabschieden. Der 827 m hohe Gipfel ist von Weitem an dem ehemaligen Aufklärungsturm der Bundeswehr zu erkennen. Besteigen dürfen wir ihn nicht, die 1954 eingeweihte **Schönburgwarte** schon. Hinter dem Aussichtsturm wählen wir den mittleren Weg. Die Markierung »Weißes N auf rotem Grund« des Nordwegs führt uns steil hinab an ein Sträßchen bei der **Vorsuchhütte** ❺ und dann weiter bis zum heutigen Etappenziel.

Links wären es 350 m zum Kornberghaus (wird wieder eröffnet, sobald es einen Pächter gibt). Wir folgen dem Sträßchen ein paar Schritte nach rechts und verlassen es wieder links in eine Forststraße. Nach dem Wald zwischen Feldern weiter abwärts bis nach **Brunn** ❻.

Am Dorfrand wird die Kreisstraße WUN15 überquert. Zurück in der Flur geht es nach einer Scheune halblinks. Immer den Schildern des Nordwegs folgend wandern wir auf mehrere Windräder zu und dann auf angenehm weichem Boden durch ein Wäldchen. An seinem Ende an einer Straße rechts. 250 m später am Ortsschild von Vielitz halten wir uns links. Auf Asphalt geht es am Ortsrand von **Vielitz** ❼ entlang, danach auf einem Feldweg weiter.

Selb taucht zum ersten Mal vor uns auf. Die Markierungen bringen uns an eine Straße, auf der wir die A93 überqueren. Im Anschluss auf einem Fußweg kurz bergab und dann scharf rechts. Wir gelangen bei den ersten Häusern von Selb auf die Alte Rehauer Straße. An deren Ende biegen wir rechts in die Hofer Straße ein, die wir 50 m nach der Bahnunterführung links in die Geschwister-Scholl-Straße verlassen. Wenig später kommen wir durch einen Park und an einem Weiher vorbei. Dann bringt uns der Grafenmühlweg nach rechts bis zur

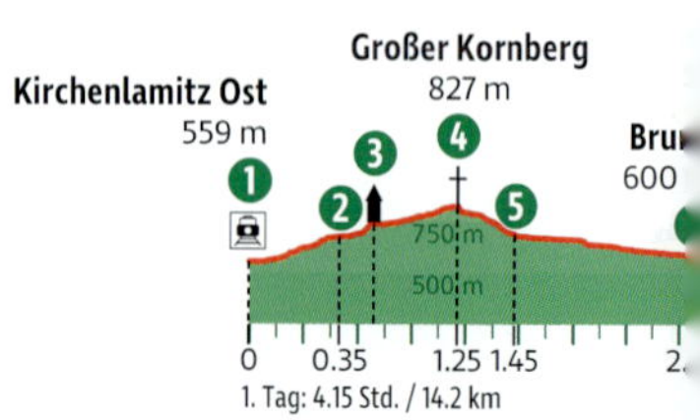

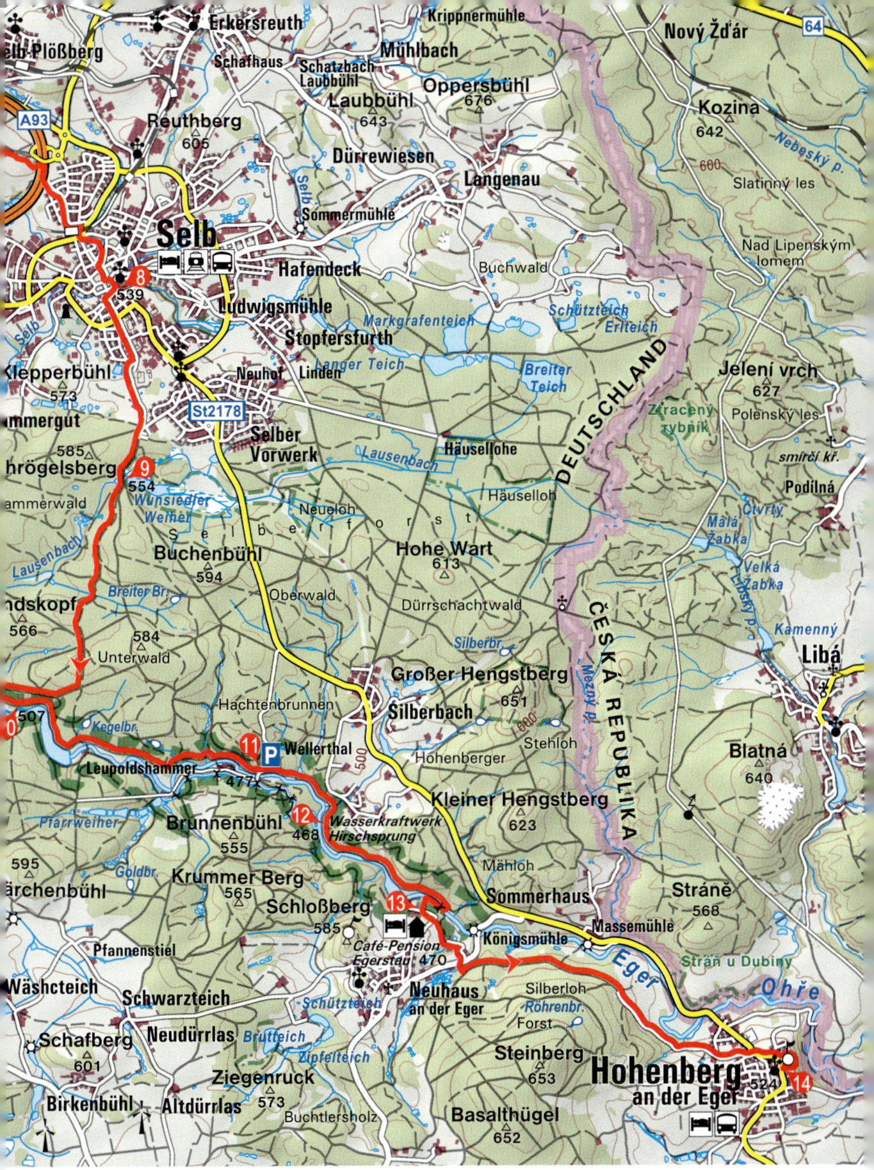

Erkersreuth
Krippnermühle
Nový Žďár
64
Selb-Plößberg
Schafhaus
Schatzbach
Laubbühl
Mühlbach
Oppersbühl
676
Laubbühl
643
Kozina
642
A93
Reuthberg
605
Dürrewiesen
Nebeský p.
600
Slatinný les
Langenau
Selb
Sommermühle
Selb
Nad Lipenským lomem
8
539
Hafendeck
Buchwald
Ludwigsmühle
Schützteich
Erlteich
Markgrafenteich
Stopfersfurth
Selb
Klepperbühl
Neuhof
Linden
Langer Teich
Breiter Teich
DEUTSCHLAND
Jelení vrch
573
627
St2178
Ztracený rybník
Polenský les
Selber Vorwerk
Häusellohe
585
Lausenbach
smírčí kř.
9
554
Podílná
Häusellohe
Wunsiedler Weiher
Neueloh
Čtvrtý
S e l b e r f o r s t
Malá Žabka
Buchenbühl
Hohe Wart
613
Lausenbach
594
Velká Žabka
Breiter Br.
Oberwald
Dürrschachtwald
Libský p.
566
584
Kamenný
Unterwald
Silberbr.
Libá
Großer Hengstberg
ČESKÁ REPUBLIKA
Mezný p.
651
Hachtenbrunnen
Silberbach
507
Kegelbr.
600
11
Wellerthal
Stehloh
Blatná
500
Hohenberger
640
Leupoldshammer
477
Kleiner Hengstberg
Pfarrweiher
Brunnenbühl
12
Wasserkraftwerk Hirschsprung
623
468
555
595
Mähloh
Goldbr.
Krummer Berg
565
Sommerhaus
Stráně
13
568
Schloßberg
Massemühle
585
Café-Pension Egerstau
470
Königsmühle
Pfannenstiel
Eger
Stráň u Dubiny
Ohře
Neuhaus an der Eger
Silberloh
Wäschteich
Schwarzteich
Schützteich
Röhrenbr.
Forst
Schafberg
Neudürrlas
Brutteich
Zipfelteich
Steinberg
601
653
Hohenberg an der Eger
524
14
Ziegenruck
Birkenbühl
Altdürrlas
573
Buchtlersholz
Basalthügel
652


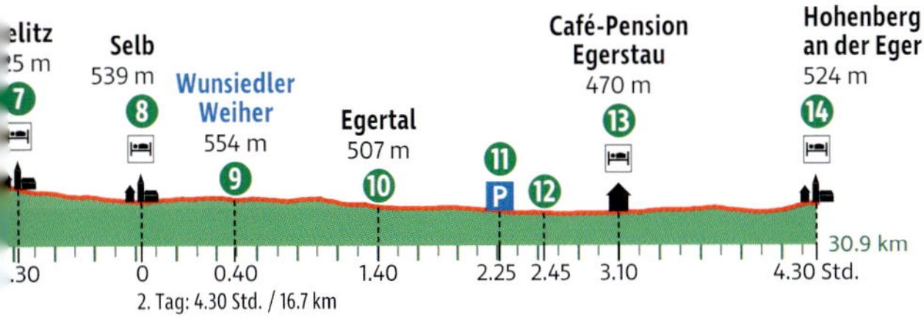

...litz
...5 m
7
Selb
539 m
8
Wunsiedler Weiher
554 m
9
Egertal
507 m
10
11
P
12
Café-Pension Egerstau
470 m
13
Hohenberg an der Eger
524 m
14
30.9 km
.30
0
0.40
1.40
2.25
2.45
3.10
4.30 Std.
2. Tag: 4.30 Std. / 16.7 km

## Selb und das Weiße Gold

**Porzellan**, auch **Weißes Gold** genannt, wird aus einem Gemisch von Kaolin, Feldspat und Quarz hergestellt. Der Wirtschaftszweig hat in unserem Land stark an Bedeutung verloren.

Das knapp 15.000 Einwohner zählende **Selb** ist aber immer noch das Zentrum der Porzellanindustrie in Deutschland. Die Unternehmen Hutschenreuther, Rosenthal und BHS Tabletop stellen fast die Hälfte der deutschen Produkte her. Das Weiße Gold ist in der Stadt allgegenwärtig. Es gibt zum Beispiel eine **Porzellangasse**, einen **Porzellanbrunnen** und ein **Porzellanglockenspiel**.

Das **Porzellanikon** in Selb und Hohenberg an der Eger gilt als das größte Museum seiner Art in Europa (Di–Do 10–17 Uhr, Werner-Schürer-Platz 1 in Selb, zu erreichen in 6 Min. vom Bhf. Selb-Stadt zum Bhf. Selb-Plößberg, bzw. Schirndinger Straße 48 in Hohenberg a. d. E., Tel. +49 9287 918000 bzw. +49 9233 77220, www.porzellanikon.org).

Poststraße, der wir links folgen. An deren Ende links in die Ludwigstraße und bei nächster Gelegenheit rechts durch die mit Porzellan geflieste Porzellangasse. Rechts sind es nur noch ein paar Schritte zum Porzellanbrunnen, dem Martin-Luther-Platz und dem Marktplatz von **Selb** ❽.

**2. Tag (Selb – Hohenberg):**
Vom Marktplatz in **Selb** ❽ gehen wir in östliche Richtung über den Martin-Luther-Platz. Auf Höhe der Stadtkirche St. Andreas rechts auf einem Fuß- und Radweg über den Selbbach. Wir kreuzen die Hohenberger Straße, folgen der Straße Schlossberg und biegen an deren Ende links in die Jahnstraße ein. Sie führt uns an der Jahnturnhalle und an um 1930 erbauten Wohnblöcken vorbei zum Schulzentrum. Nach den letzten Häusern von Selb, aber noch vor dem großen Sportplatz gehen wir rechts auf einem Fahrweg weiter. Dieser führt uns nach 700 m in den Wald.

Wir passieren den **Wunsiedler Weiher** ❾. Danach mit den Markierungen »Blauer Punkt« und »Zubringer Fränkischer Gebirgsweg« auf einer

*Wir folgen am zweiten Tag lange der (aufgestauten) Eger.*

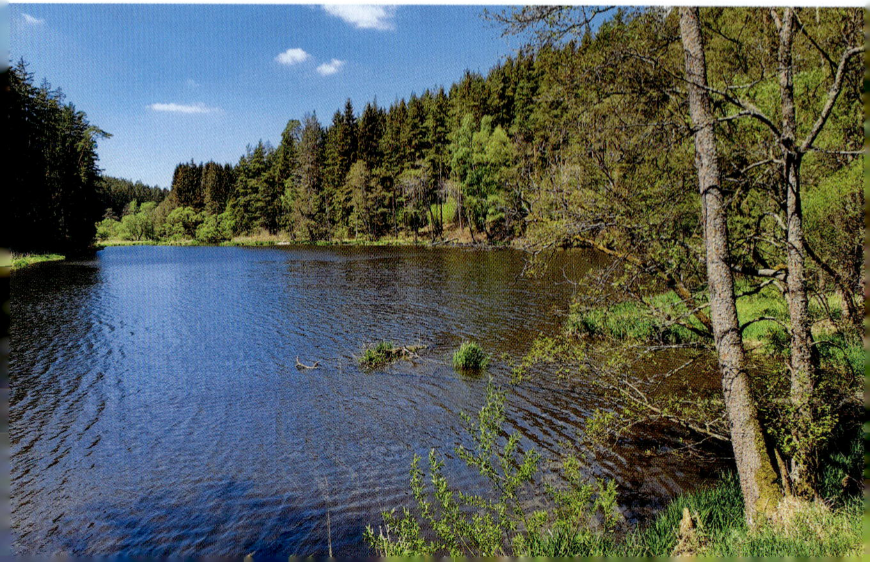

Forststraße rechts und 100 m danach halbrechts in einen schönen Waldweg. Er bringt uns über eine Forststraße und dann auf eine zweite, die wir nach 50 m wieder links verlassen. Am nächsten Waldsträßchen rechts weiter (würden wir den beiden Markierungen geradeaus folgen, kämen wir auch an die Eger). Nach knapp 1 km treffen wir auf den Fränkischen Gebirgsweg. Wir gehen mit den Markierungen nach links ins idyllische, autofreie **Egertal** ⑩ und bleiben auch die nächsten 6 km auf diesem Fernwanderweg.

Am Ende des aufgestauten Flusses wird das **Wasserkraftwerk Leopoldshammer** passiert. Wir bleiben stets links der Eger, kommen an einem **Wanderparkplatz** ⑪ vorbei, dann am **Wasserkraftwerk Hirschsprung** ⑫, wo Wasser aus einem Kanal in zwei Rohren den Hang hinabgeleitet wird.

Nach mehreren Felsformationen mit Wollsackverwitterung und dem zweiten Stausee wandern wir noch 400 m im Tal weiter. Dann überqueren wir auf einer Fußgängerbrücke die Eger und gehen auf der anderen Seite flussaufwärts. Der Fränkische Gebirgsweg verlässt uns gut 100 m später geradeaus. Wir halten uns hier links und können uns bis zum Etappenziel am Egerweg (»Schwarzes E auf gelbem Grund«) orientieren. Nach kurzem Anstieg links weiter; rechts wäre es ein Katzensprung zum **Café-Pension Egerstau** ⑬. Wenig später wird der **Dengler Hof** passiert. Wir überqueren die Kreisstraße WUN4 und folgen gut 100 m danach links der leicht ansteigenden Forststraße. Nach dem Waldstück eröffnet sich uns ein reizvoller Blick auf Hohenberg und die Erhebungen im Nachbarland Tschechien, die naturräumlich noch dem Fichtelgebirge zugeordnet sind.

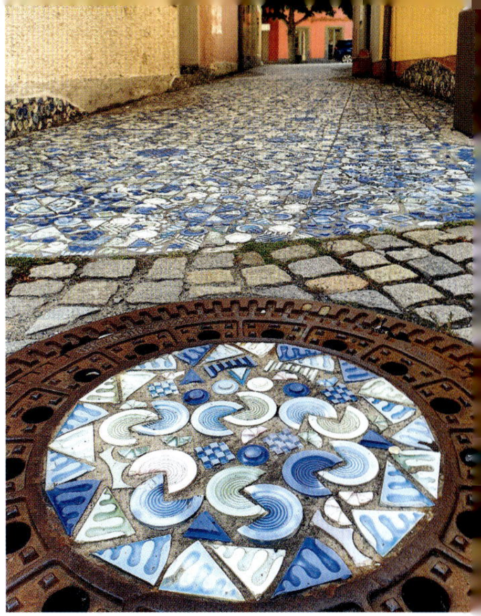

*Die Porzellangasse in Selb.*

Wir gehen auf Asphalt in die Stadt hinein und an der Selber Straße rechts bis zum Burgplatz. Die **Burg Hohenberg** liegt linker Hand, die Bushaltestelle Markt ein paar Schritte weiter auf der Ortsdurchgangsstraße von **Hohenberg an der Eger** ⑭.

## Flussidyll für Mensch und Tier

Das 2,6 km² große **Naturschutzgebiet Egertal bei Neuhaus** ist der landschaftliche Höhepunkt der zweiten Etappe. Für mehrere Kilometer folgen wir dem Lauf der Eger in Richtung Elbe. Immer wieder laden Bänke und Wiesen zu einer Pause ein. Zwar passieren wir einige Kraftwerke und ehemalige Hammerwerke, doch hält sich der Eingriff des Menschen in die Natur in Grenzen. Im Flussbett und am Wegrand sind Steine und Felsen aus Granit zu bewundern. An der aufgestauten Eger können Reiher, Schwäne, Stockenten, Tafelenten, Blesshühner und andere Wasservögel beobachtet werden.

# 2 Auf dem Dach Frankens

## Zu Kösseine, Nußhardt, Schneeberg und Waldstein

TOP

3 Tage | 50,2 km | ↗1460 m | ↘1500 m

***Tour mit Übernachtungen in Hotels oder einsam gelegenen Berghütten***

*Wer das Hohe Fichtelgebirge in seiner ganzen Pracht und Ausdehnung entdecken will, kommt am »Höhenweg« nicht vorbei. Er ist der älteste Wanderweg im Fichtelgebirge und führt hufeisenförmig über dessen wichtigste Gipfel, mit Ausnahme des Ochsenkopfs. Sie können sich im positiven Sinne auf einiges gefasst machen: das berühmte Luisenburg-Felsenlabyrinth, dichter Hochwald, Granitblockmeere wie auf der Kösseine und der Platte, den höchsten Punkt Frankens, beeindruckende Gesteinsformationen und Felsentürme wie auf dem Nußardt, dem Rudolfstein (der auch das Titelbild dieses Buchs ziert) und dem Großen Waldstein, grüne Wiesen, den Weißenstädter See, dazu Ausblicke weit über die Naturparkgrenzen hinaus. Ich habe die Etappen so eingeteilt, dass Sie in den einsam gelegenen Unterkunftshäusern des Fichtelgebirgsvereins schlafen. Reservieren Sie rechtzeitig Ihre Plätze im Seehaus und im Waldsteinhaus. Eine zusätzliche Übernachtung im Kösseinehaus bietet sich an, um die erste Etappe zu entschärfen und in Ruhe das Felsenlabyrinth zu besuchen. Als Alternativen zu den drei Berghütten gibt es Gasthöfe und Hotels in Luisenburg, Silberhaus und Weißenstadt.*

**Ausgangspunkt:** Wunsiedel, 545 m, Busbahnhof.
**Endpunkt:** Schwarzenbach an der Saale, 504 m, Bahnhof.
**ÖPNV:** Wunsiedel hat Busverbindungen mit Weißenstadt und den Bahnhöfen Marktredwitz, Hof, Schwarzenbach und Kirchenlamitz-Ost. Schwarzenbach an der Saale liegt an der Bahnstrecke Bamberg–Hof.
**Etappendaten:**
**1. Tag:** 6.15 Std., 19,6 km, ↑870 m, ↓490 m.
**2. Tag:** 4.30 Std., 15 km, ↑410 m, ↓500 m.
**3. Tag:** 4.15 Std., 15,6 km, ↑180 m, ↓510 m.
**Anforderungen:** Immer wieder längere Abschnitte auf naturbelassenen Steigen. Im Bereich der Ortschaften einige asphaltierte Passagen. Am ersten Tag ein langer und zwei kürzere Anstiege. Trittsicherheit nötig, Schwindelfreiheit vor allem auf dem Großen Waldstein (kann ausgelassen werden). Viel schattiger Wald. Auch für den Hochsommer geeignet. Alle drei Etappen folgen dem Höhenweg (Markierung »Weißes H auf rotem Grund«).
**Einkehr: 1. Tag: Wunsiedel:** Albergo & Trattoria Mamma Rosa, Breite Str. 7, Tel. +49 9232 1819004; Zboros Bistro (auch vegan), So/Mo Ruhetag, Do nur tagsüber, Breite Str. 5, www.zboros-bistro.de, Tel. +49 9232 2878. **Luisenburg:** Hotel & Berggasthof Waldlust (italienische Küche, auch vegan; mit Terrasse), Di Ruhetag, Mo und Mi–Fr nur abends, Sa/So ganztags, Tel. +49 9232 1819004; Luisenburg Resort (auch vegan; mit Terrasse), luisenburgresort.de, Tel. +49 9232 9155949 und +49 160 6939509. **Kösseine:** Das Kösseinehaus (mit Terrasse), Mo Ruhetag, Di 10–18 Uhr, Mi–Sa 10–22 Uhr, So 9–18 Uhr (warme Küche bis 17 bzw. 20.30 Uhr), www.das-koesseinehaus.de, Tel. +49 9232 2061. **Silberhaus:** Gasthof Silberhaus, Di/Mi Ruhetag, Mo nur bis 17 Uhr, www.silberhaus.eatbu.com, Tel. +49 9236 7059935. **Seehaus:** Seehaus Fichtelgebirge (mit Terrasse), Mo Ruhetag, Di–Sa 10 Uhr bis Hüttenruhe (warme Küche bis 18 Uhr), So 10–18 Uhr (warme Küche bis 17 Uhr), fgv-seehaus.de, Tel. +49 9272 222.
**2. Tag: Weißenstadt:** Gasthof zum

Deutschen Haus, Mi Ruhetag, Marktplatz 8, www.gasthof-deutscheshaus.de, Tel. +49 9253 9543760; Hotel Zum Waldstein (Balkanküche), Di Ruhetag, Mi–Mo ab 17.30 Uhr, So auch mittags, Kirchenlamitzer Str. 8, Tel. +49 9253 9549574. **Waldsteinhaus** (auch vegan; mit Terrasse), Mo/Di Ruhetag, So nur bis 17 Uhr, www.waldsteinhaus.de, Tel. +49 9257 264.
**3. Tag: Hallerstein:** Turnerheim Haisla (mit Biergarten), Mo Ruhetag, Di–Fr ab 14.30 Uhr, Sa ab 11 Uhr, So ab 9 Uhr, www.turnverein-hallerstein.de unter »Haisla«, Tel. +49 9284 7293. **Schwarzenbach an der Saale:** Polka Cafe (auch vegan), Öffnungszeiten siehe polkacafe.business.site, Kirchberg 3, Tel. +49 173 2531182; Pizzeria Fausto, Mo Ruhetag, Ludwigstr. 5, Tel. +49 9284 1499.
**Übernachtung: 1. Tag: Wunsiedel:** Albergo & Trattoria Mamma Rosa (€€€). **Luisenburg:** Hotel & Berggasthof Waldlust (€€€); Luisenburg Resort (€€€). **Kösseine:** Das Kösseinehaus (Doppel- und Mehrbettzimmer; €€). **Silberhaus:** Gasthof Silberhaus (€€). **Seehaus:** Seehaus Fichtelgebirge (Doppel-, Mehrbettzimmer und Lager; €€).
**2. Tag: Weißenstadt:** Hotel Zum Waldstein (€€€); Campingplatz Stadtbad, Badstr. 91, camping-weissenstadt.de, Tel. +49 9253 288 und +49 170 2362572. **Waldsteinhaus** (Doppel- und Mehrbettzimmer; €€).
**3. Tag: Schwarzenbach an der Saale:** Hotel Jean Paul (€€€), Ludwigstr. 13, www.hoteljeanpaul.de, Tel. +49 9284 9493140.
**Einkauf:** Supermarkt und Bäckerei in Wunsiedel und Weißenstadt, Bäckerei mit Tante-Emma-Laden in Hallerstein, Supermarkt und Bäckerei in Schwarzenbach a. d. S.
**Information: Wunsiedel:** Tourist-Information, Jean-Paul-Str. 5, www.wunsiedel.de, Tel. +49 9232 602162. **Weißenstadt:** Kur- & Tourist-Information, Wunsiedler Str. 4, www.weissenstadt.de, Tel. +49 9253 95030. **Schwarzenbach an der Saale:** Tourismuskoordination Nördliches Fichtelgebirge, Bahnhofstr. 2 a, www.noerdliches-fichtelgebirge.de, Tel. +49 9284 933493.
**Tipps:** 1. Die erste Etappe lässt sich mit einer Übernachtung im exponiert gelegenen Kösseinehaus in zwei entspannte Tage aufteilen.
2. Siebenquell GesundZeitResort am Weißenstädter See, ein modernes Thermalbad mit 1500 m2 großer Wasserfläche, einer weitläufigen Saunalandschaft und Hotel (1 km links des Wegs, Thermenallee 1, 12–22 Uhr, www.siebenquell.com, Tel. +49 9253 95460 3020).
3. Das Erika-Fuchs-Haus – Museum für Comic und Sprachkunst in Schwarzenbach a. d. S. würdigt das Schaffen von Erika Fuchs. Sie verbrachte einen großen Teil ihres Lebens in der Stadt, war von 1951 bis 1988 Übersetzerin und Chefredakteurin des Micky-Maus-Magazins und hat bis heute Einfluss auf unseren alltäglichen Sprachgebrauch (Bahnhofstr. 12, Di–So 10–18 Uhr, www.erika-fuchs.de, Tel. +49 9284 9498120).
**Hinweis:** Als Tagestouren bieten sich die Abschnitte von Wunsiedel nach Silberhaus, von Silberhaus nach Weißenstadt und von Weißenstadt nach Schwarzenbach a. d. S. an.
**Verlängerung:** Kirchenlamitz Ost (Start von Wochenendtour 1), ist in rund 30 Minuten mit der Bahn (umsteigen in Hof oder Oberkotzau) zu erreichen. Ähnlich lang dauert die Zugfahrt von Schwarzenbach a. d. S. nach Marktschorgast (Ziel von Wochenendtour 4); Sie müssten dann aber eine der beiden Touren in entgegengesetzte Richtung gehen.
**Karte:** 191 Fichtelgebirge (Kompass, 1:50.000, 2021) oder 52 Naturpark Fichtelgebirge (Fritsch, 1:50.000, 2016).

**1. Tag (Wunsiedel – Seehaus):**
Vom Busbahnhof in **Wunsiedel** ❶ folgen wir der Straße Am Bahnhof in westliche Richtung und biegen nach gut 100 m links in die Sechsämterlandstraße ab. Diese und die Alte Landgerichtsstraße führen uns immer geradeaus bis an den Mühl-

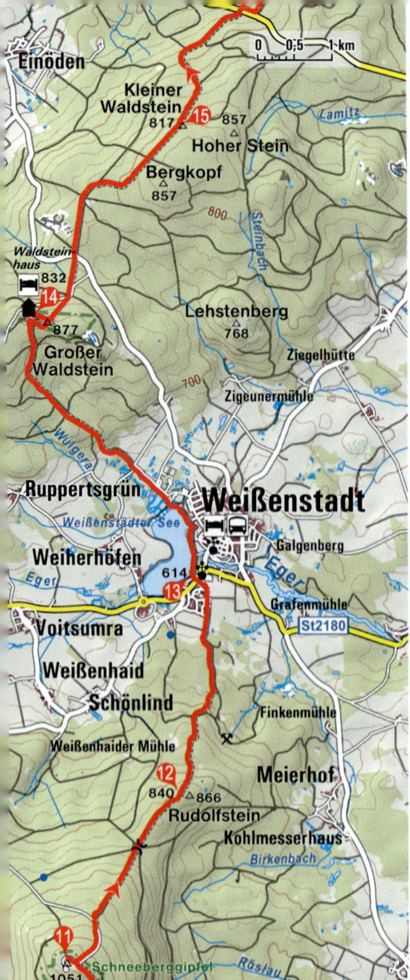


graben. Die Markierung »Weißes H auf rotem Grund« des Höhenwegs taucht auf und leitet uns auf allen drei Etappen zuverlässig durch das Hohe Fichtelgebirge. Ein Brückchen führt über den Mühlgraben, auf der anderen Seite halten wir uns rechts. Nach dem Eisweiher überqueren wir die Röslau und gelangen an die Luisenburgstraße, der wir nach rechts auf einem Geh- und Radweg stetig bergan folgen. Beim Berggasthof Waldlust verlassen wir die Straße geradeaus auf einem breiten Weg. Dieser führt uns zum Luisenburg Resort und an den Eingang des lohnenswerten **Felsenlabyrinths** von **Luisenburg** ❷.

Wir behalten die Richtung bei und biegen am Ende des Asphalts links in eine Forststraße ab. Sie wird nach gut 100 m wieder rechts auf einem Waldweg verlassen. Im weiteren Anstieg kommen wir an den Felsformationen des **Großen** und des **Kleinen Habersteins** vorbei. Ab dem Brünnerl sind es nur noch ein paar Minuten zum Gipfel der **Kösseine** ❸, 939 m (siehe Kasten Seite 36).

Wir kehren zum Brünnerl zurück und folgen dem Höhenweg nun in west-

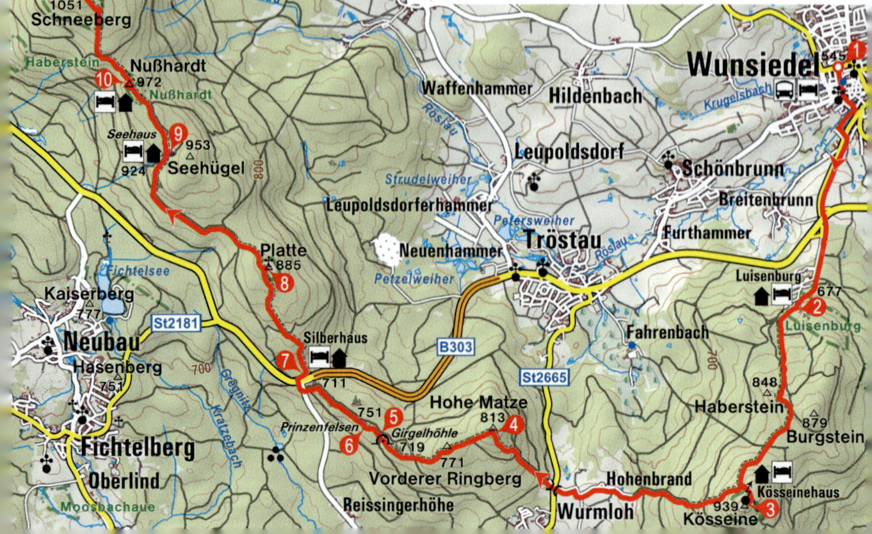

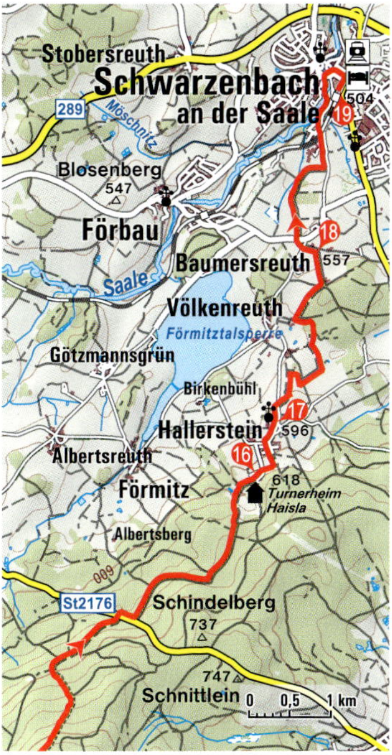


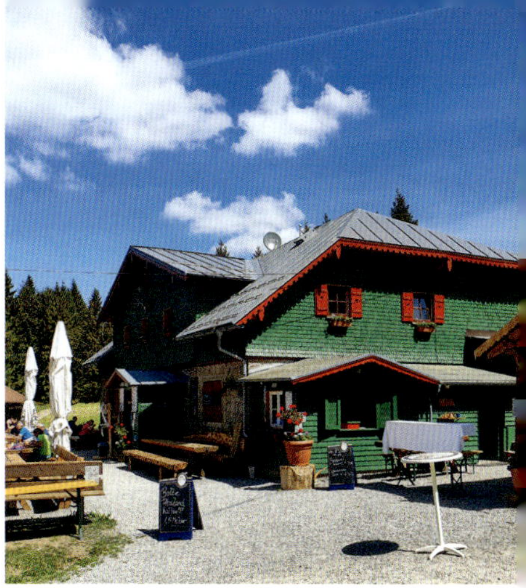

*Schon Goethe kam 1785 am Seehaus vorbei.*

liche Richtung. Die Markierung führt uns zunächst durch Wald, dann im offenen Gelände auf asphaltiertem Weg bergab bis an die St2665 am Wurmlohpass. Auf der anderen Seite steigen wir bald wieder auf Waldwegen bergan bis zur **Hohen Matze** ❹, 813 m.

Im nächsten Abstieg passieren wir den **Totenkopffelsen** und die **Girgelhöhle** ❺, eine etwas links der Route gelegene Höhle mit kleinem Felsenlabyrinth. Eine Forststraße bringt uns an die **Prinzenfelsen** ❻, einer Ansammlung beeindruckender Granitfelstürme, danach zum **Silberhaus** ❼ an der B303.

Wir unterqueren die große Straße und wandern auf einem Waldweg

## Feiern seit 1665, Felsenlabyrinth seit 1790

Die **Luisenburg-Festspiele** (www.luisenburg-aktuell.de) finden jeden Sommer etwa von Ende Mai bis Ende August im ältesten Freilichttheater Deutschlands statt. Bereits im Jahr 1665 feierten die Wunsiedler Lateinschüler ihr Sommerfest vor der Felsenkulisse. Auf einer großen Gesteinsplatte wurden selbst verfasste Stücke aufgeführt. Im Laufe der Jahrhunderte gewannen die Festspiele an Bedeutung. Mittlerweile kommen jährlich rund 140.000 Zuschauer zu den zahlreichen Veranstaltungen. Neben klassischem Theater und Kindertheater werden auch zeitgenössische Stücke, Konzerte und Kabarett gezeigt.

Unmittelbar an die Bühne grenzt das **Luisenburg-Felsenlabyrinth** (im Sommerhalbjahr täglich geöffnet, Tel. +49 9232 602162 und +49 9232 5673). Das Labyrinth wurde ab 1790 durch Einebnen von Schluchten und Austrocknen von Sümpfen begehbar gemacht. Eine botanische Rarität ist das Leuchtmoos, das in Felsspalten wächst und je nach Lichteinfall leuchtet. Für den lohnenden Rundweg über den Kreuzfelsen am höchsten Punkt sollte man zwei Stunden einkalkulieren.

## Eine blaue Gesteinsrarität

Die **Kösseine** ist mit 939 m die höchste Erhebung des gleichnamigen Bergmassivs. Über die Kösseine verläuft die **Europäische Wasserscheide** zwischen Nordsee und Schwarzem Meer sowie die Grenze zwischen Oberfranken und der Oberpfalz. Das große Granit-Blockmeer im Gipfelbereich steht unter Naturschutz. Bekannt ist der Berg auch aufgrund des **Kösseine-Granits**, dessen blaue bis blaugraue Färbung in Europa einzigartig ist und der seit vielen Jahrhunderten im Steingewerbe geschätzt wird. Verwendet wurde Kösseine-Granit zum Beispiel am Hauptbahnhof in München und an der Börse in Zürich. So weit müssen wir aber nicht reisen, schließlich bestehen auch das **Kösseinehaus** und der **Kösseineturm** auf dem Gipfel aus diesem besonderen Gestein.

bergwärts. Eine Forststraße wird erreicht, der wir links folgen. Bereits nach wenigen Metern verlassen wir sie nach rechts. Ein steiler, steiniger Pfad bringt uns hinauf zur **Platte ❽**, 885 m. Dort oben blickt man auf ein gewaltiges Granittrümmerfeld. Die Fernsicht reicht in das Wunsiedler Becken, auf die Kösseine, den Steinwald, den Waldstein und den Kornberg, an klaren Tagen bis ins Erzgebirge und zum Kaiserwald.

Ein schöner, aber steiniger Waldpfad führt uns bergab zu einer Forststraße. Hier halten wir uns rechts, wenig später an einer Gabelung links. Wir bleiben für gut 1 km auf der Forststraße. Dann geht es rechts auf einem Steig zum **Seehaus ❾**, unserem Etappenziel, empor.

**2. Tag (Seehaus – Waldsteinhaus):**
Wir verlassen das **Seehaus ❾** in nördliche Richtung. An einer geschotterten Forststraße halten wir uns links. Wo diese scharf rechts abbiegt, wandern wir geradeaus weiter. Nach einem kurzen Anstieg wird der **Nußhardt ❿**, 972 m, erreicht (siehe Kasten Seite 38). Zu dem besteigbaren Gipfelfelsen ist es nur ein Katzensprung.

Wir klettern wieder von der Aussichtsplattform herunter und folgen dem Höhenweg nach links. An einer Schotterstraße halten wir uns links, knapp 100 m später verlassen wir sie nach rechts. Nach längerem Anstieg wird ein asphaltierter Fahrweg erreicht. Nun sind es nur noch ein paar Meter zum **Schneeberg ⓫**, dem mit 1051 m höchsten Berg des Fichtelgebirges und Frankens.

Nach dem Gipfelabstecher folgen wir knapp 600 m dem asphaltierten Fahrweg abwärts. Dann geht es rechts auf einem Waldweg weiter, kurz danach abermals rechts auf einer Forststraße. Das beeindruckende **Felsenensemble Drei Brüder** wird passiert.

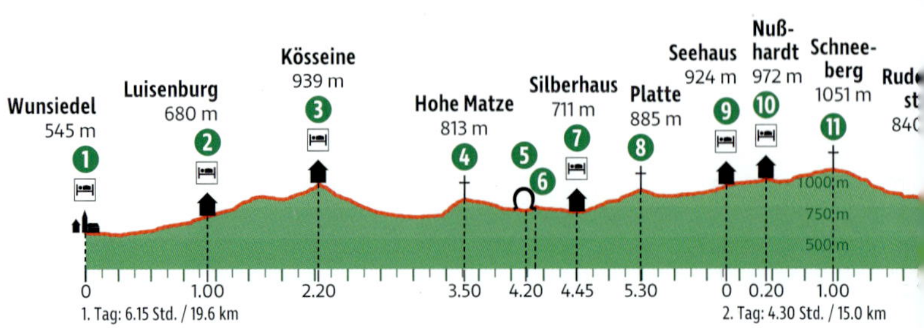

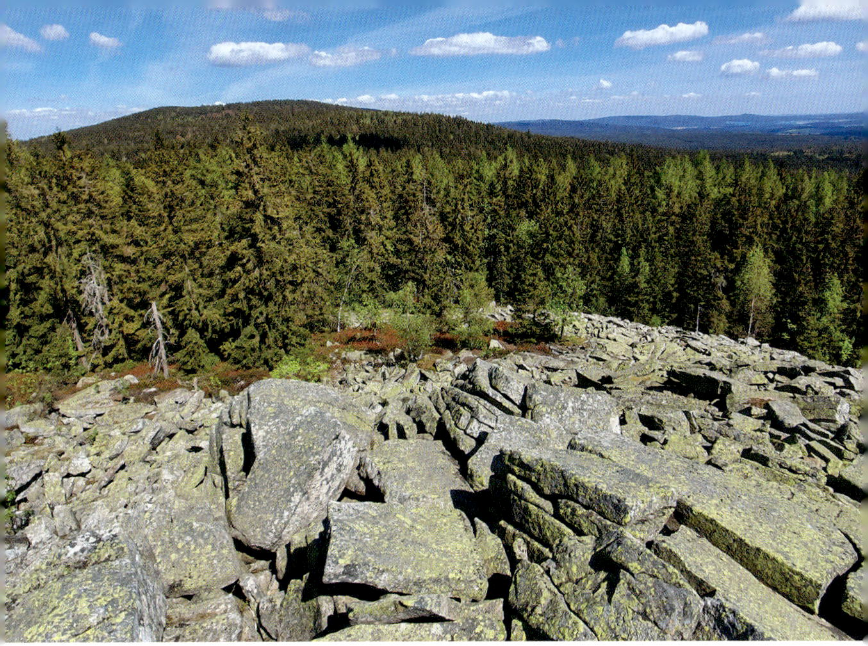

*Blick von der Platte.*

Im Gipfelbereich des **Rudolfsteins ⓬**, 840 m, stehen weitere durch Wollsackverwitterung (siehe Wochenendtour 1, Kasten Seite 27) geschichtete Felstürme aus Zinngranit, die ein geschütztes Naturdenkmal bilden. Die höchste Felsformation (866 m) kann auf einer Treppe bestiegen werden. Dort habe ich das Titelfoto dieses Wanderbuchs aufgenommen.

Wir steigen die Treppen wieder hinab und folgen dem Höhenweg nach links. Es geht auf Waldwegen und Forststraßen stetig in nördliche Richtung abwärts. Kurz nach dem Wanderparkplatz Lederer/Rudolfstein wird offenes Gelände erreicht. Wir bleiben für 550 m auf dem Sträßchen und verlassen es am Ortsrand von Weißenstadt geradeaus auf einem Wiesenweg. Zwischen einem Friedhof und historischen Felsenkellern gelangen wir zur St2180 (rund 1 km links befindet sich das Siebenquell GesundZeitResort, siehe Tipps). Auf der anderen Straßenseite kommen wir an den **Weißenstädter See** bei **Weißenstadt ⓭**.

Der Uferweg führt uns rechts am See entlang (das Zentrum von Wei-

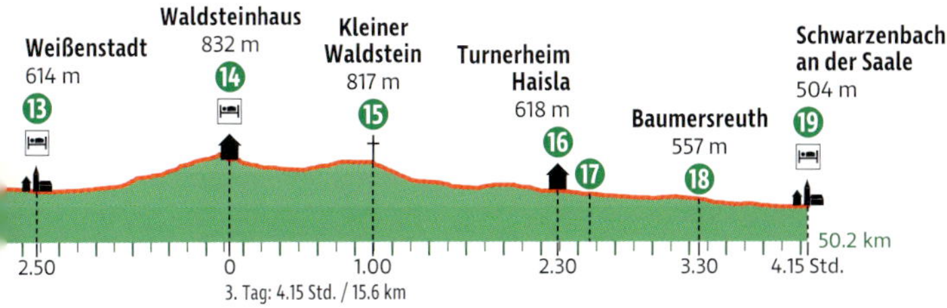

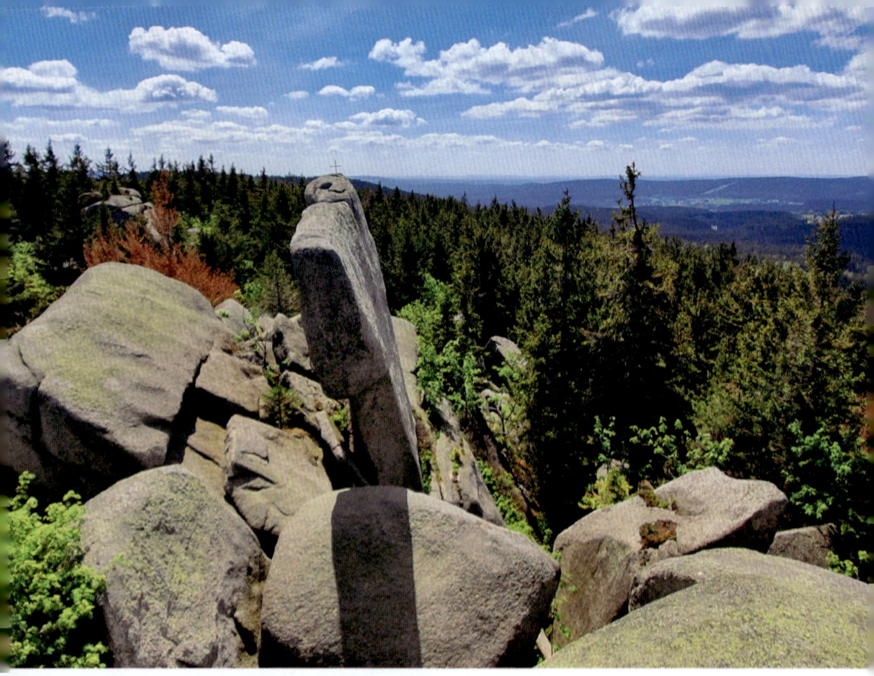

*Blockmeer im Gipfelbereich des Nußhardt.*

ßenstadt liegt rechter Hand) bis an sein nördliches Ende. Dort halten wir uns an einer Gablung rechts und gehen zwischen Hecken durch den Campingplatz. Danach leiten uns die Markierungen des Höhenwegs zurück in den Wald. Wir wandern auf schönen Wegen und Forststraßen stetig bergan. Wenige Schritte vor dem Tagesziel machen wir noch einen kleinen Umweg über den Großen Waldstein: Wir halten uns rechts, 200 m später links. Nach weiteren 100 m verlässt uns an einem Sattel im Wald der Höhenweg geradeaus. Rechts befindet sich der Waagstein. Links windet sich ein spektakulärer Steig mit Steinstufen und Eisentreppen hinauf zur **Schüssel**, dem höchsten Felsen des **Großen Waldsteins**.
Zurück am Sattel geht es scharf rechts an der Felswand weiter. Wir

## »Das vortrefflichste Granitgebäude«

Der **Nußhardt** ist mit 972 m der dritthöchste Berg im Fichtelgebirge. Auf dem Aussichtsfelsen befinden sich schüsselförmige Vertiefungen im Granit, sogenannte Druidenschüsseln. Früher hielt man diese für Opferschüsseln heidnischer Kulthandlungen. Heute wissen wir, dass es Verwitterungen im Granit sind.
Am 1. Juli 1785 stieg **Johann Wolfgang von Goethe** auf den Nußhardt. Goethes Reisebegleiter **Karl Ludwig von Knebel** notierte Folgendes: »Das vortrefflichste Granitgebäude von breiten, größeren und kleineren, horizontalen Massen, mit dazwischen vorkommenden senkrechten Spaltungen zeigt sich daselbst, und mag vielleicht nur von den auf dem Rudolphstein übertroffen werden, zu dem wir uns aber nicht mehr hinzuwagten, weil heftige Gewitter die Hälfte des Himmels belagert hielten, und uns den weiten Heimweg hätten versperren können.«

## Ein Berg zum Verweilen und Verlieben

Es gibt Berge im Fichtelgebirge, die höher und mehr besucht sind als der 877 m hohe **Große Waldstein**. Dafür punktet er mit mehreren Hinguckern. Der **Bärenfang** ist ein spätmittelalterliches Gebäude aus Granitquadern, in das Bären gelockt wurden. Ein Mechanismus löste durch das Ziehen am Köder die Falltüren. Die Bären wurden dann von den Markgrafen bei Hetzjagden getötet oder auf Jahrmärkten zur Schau gestellt.

Das **Waldsteinhaus** ist ein ganzjährig bewirtschaftetes Unterkunftshaus des Fichtelgebirgsvereins mit 27 Betten. Gleich gegenüber erhebt sich eine gewaltige Felswand, auf der die **Ruine Waldsteinburg**, auch Rotes Schloss und Westburg genannt, thront. Vor der Burgpforte befindet sich der **Teufelstisch**, ein Felsmassiv mit ovaler Platte. Auf der Platte kann man tiefe Löcher erkennen, die der Sage nach von eisernen Karten herrühren, mit denen der Teufel zusammen mit Kobolden und Geistern gespielt hat. Vielleicht handelt es sich bei diesen Löchern aber auch nur um die Spuren eines Pavillons, der hier im 19. Jh. stand.

Unterhalb des Schüsselfelsens befinden sich die **Mauerreste der Ostburg** und die **Ruine der Kapelle**. Beide Bauwerke wurden ursprünglich um 1150 errichtet.

Den Aufstieg zur **Schüssel**, dem höchsten Felsen des Großen Waldsteins, sollten wir uns nicht entgehen lassen. Weder die windige Besteigungsanlage noch die Rundsicht vom Pavillon wird man so schnell vergessen.

passieren den Teufelstisch und den Eingang zur Ruine Waldsteinburg und erreichen das **Waldsteinhaus** ⓮.

**3. Tag (Waldsteinhaus – Schwarzenbach):**
Wir kehren vom **Waldsteinhaus** ⓮ auf bereits bekannter Route zurück zu dem Sattel zwischen dem Waagstein und dem Großen Waldstein. Ab hier folgen wir wieder den Markierungen des Höhenwegs. Nach einem steilen Abstieg zwischen Heidelbeersträuchern wird eine Straße bei einem Wanderparkplatz überquert. Es geht wieder bergauf, zunächst auf einer Forststraße, nach einer Lichtung auf einem Waldweg. Mit dem **Kleinen Waldstein** ⓯, 817 m, haben wir das letzte Felsmassiv unserer Wochenendtour erreicht.

Ein Wanderweg und eine Forststraße führen uns hinab an eine Straße, der wir rechts folgen. Nach 200 m biegen wir links ab. Wir wandern noch-

*Einer der Drei Brüder.*

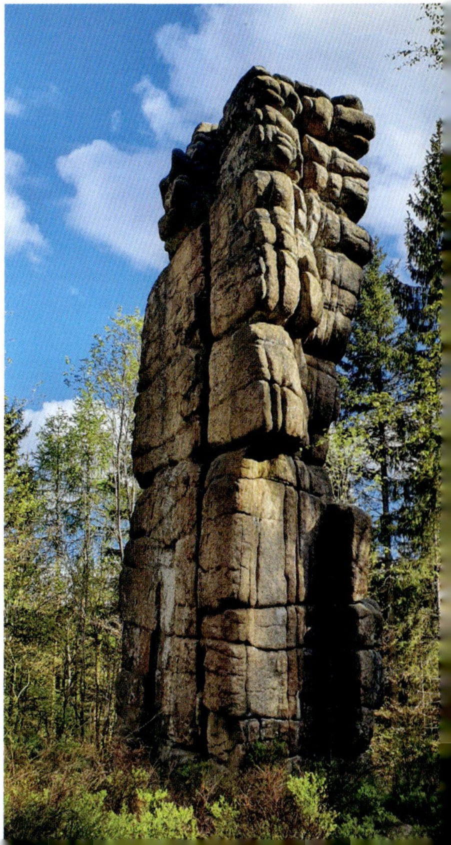

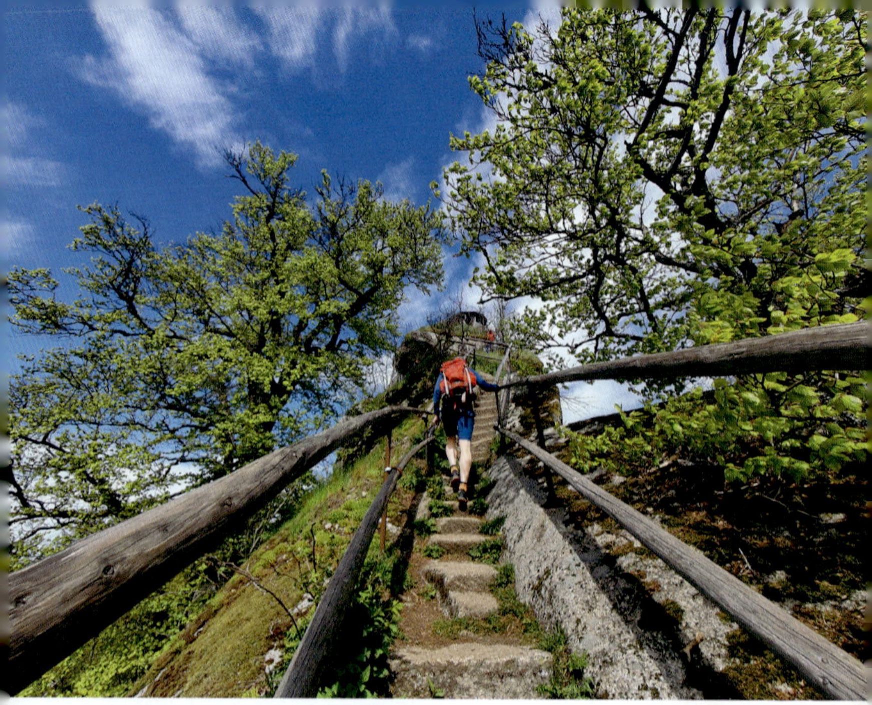

*Spektakulärer Aufstieg zur Schüssel.*

mal längere Zeit durch Wald, ehe wir am Waldrand das **Turnerheim Haisla ⑯** passieren. Der ruhige Biergarten bietet sich für eine Einkehr an.
250 m danach biegen wir links ab und durchqueren auf Asphalt **Hallerstein ⑰**. In dem noch recht ursprünglichen Dorf gibt es eine Kirche, eine Schlossruine und zahlreiche Häuser im Baustil des frühen 19. Jh.
Nach dem Ort geht es rechts in die Flur. 550 m später halten wir uns erneut rechts, an einem breiteren Weg abermals rechts. Wir verlassen diesen gleich wieder nach links. Bei der nächsten Gelegenheit ebenfalls nach links. Der Weg führt ein letztes Mal in ein Waldstück hinein. Nach wenigen Minuten gelangen wir nach links an den Waldrand, dem wir nach rechts folgen. Ein Sträßchen bringt uns links an die ersten Gebäude der Streusiedlung **Baumersreuth ⑱**.
Hier halten wir uns links und überqueren bald die nach Baumersreuth führende Landstraße. Ein Fahrweg führt uns weiter talwärts, dann in einer Rechtskurve an eine Straße. Dieser folgen wir links nach Schwarzenbach hinein. 400 m nach der Bahnunterführung biegen wir links in einen Schotterweg ein. Er bringt uns am Fluss entlang bis an die Saalebrücke in Schwarzenbach.
Auf der anderen Flussseite befinden sich der Marktplatz mit dem ehemaligen Schloss und der Kirchberg mit der St.-Gumbertus-Kirche. Ab der Brücke führt nach rechts die Bahnhofsstraße zum Erika-Fuchs-Haus – Museum für Comic und Sprachkunst (siehe Tipps) und zum Bahnhof von **Schwarzenbach an der Saale ⑲**.

*Auf dem Großen Waldstein stehen gewaltige Felsen mit Wollsackverwitterung.*

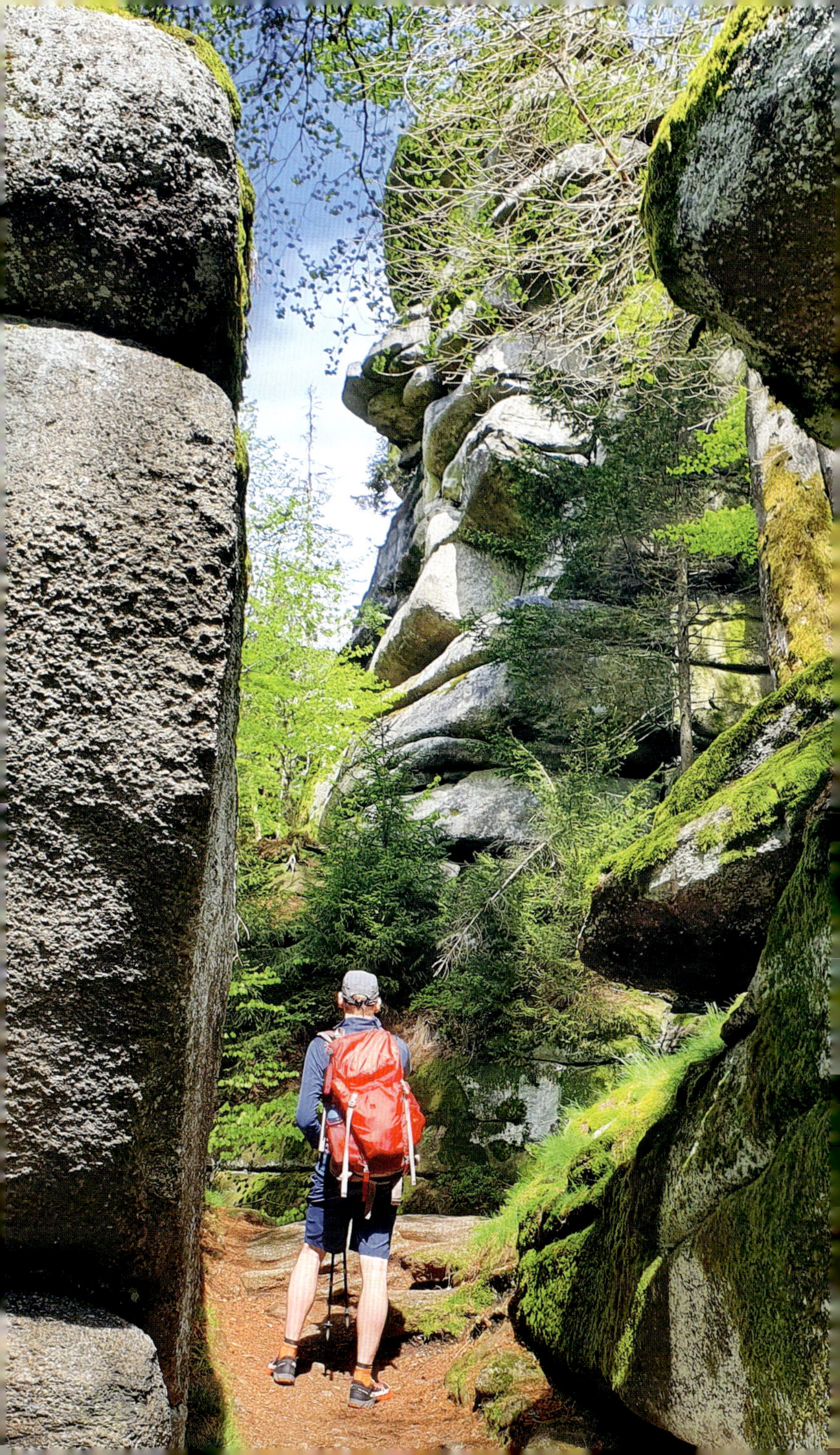

# 3 Ins Höllental und auf den Döbraberg

## Von Bad Steben über die Bischofsmühle nach Presseck

3 Tage | 52,4 km | ↗1280 m | ↘1190 m

### *Wo es keine Berge, aber Täler gibt*

*Was für ein besonderes Mittelgebirge: »Im Frankenwald gibt es keine Berge, da gibt es Täler«, sagt man. Obwohl einige Erhebungen die 700-Meter-Marke knacken, fehlen markante Gipfel. Der höchste Punkt ist mit 794 m der Döbraberg. Auf ihm stehen ein Aussichtsturm und eine Radarstation und im Winter ist auf der Skipiste und den Langlaufloipen einiges los. Aber ein »gescheiter« Berg ist er nicht – und er wird passenderweise oft nur Döbra genannt. Statt Gipfel gibt es im Frankenwald wellige Hochflächen, auf denen Fichten wachsen, Kühe grasen und der Wind über die Felder weht. Diese Hochflächen sind zerschnitten von zahlreichen schmalen Tälern (auch Kerbtäler oder V-Täler genannt). Deren steile, teils felsige Hänge sind dicht bewaldet. In den Gründen rauschen Bäche und wachsen oft naturbelassene Wiesen. Das bekannteste Beispiel dafür und eine der Hauptattraktionen im Naturpark Frankenwald ist das Höllental. Das alles und noch viel mehr erfahren, oder besser gesagt, erwandern Sie auf dieser dreitägigen Tour.*

**Ausgangspunkt:** Bad Steben, 562 m, Bahnhof.
**Endpunkt:** Presseck, 642 m, Bushaltstelle Ortsmitte.
**ÖPNV:** Bad Steben, Marxgrün und Naila liegen an der Bahnstrecke Hof–Bad Steben. Schwarzenbach am Wald (1,2 km Abstecher) hat Busverbindungen mit den Bahnhöfen Bad Steben und Naila, Presseck mit den Bahnhöfen Helmbrechts, Untersteinach und Kulmbach.
**Etappendaten:**
**1. Tag:** 6.00 Std., 21,3 km, ↑430 m, ↓480 m.
**2. Tag:** 4.00 Std., 14,2 km, ↑330 m, ↓290 m.
**3. Tag:** 5.00 Std., 16,9 km, ↑520 m, ↓420 m.
**Anforderungen:** Überwiegend Steige, breite Feldwege und Forststraßen. Auf dem Felsenpfad im Höllental sind etwas Trittsicherheit und Schwindelfreiheit nützlich. Mehrere An- und Abstiege, die jedoch meist moderat ausfallen. Viel schattiger Wald und daher auch im Hochsommer machbar.
**Einkehr: 1. Tag: Bad Steben:** Pizzeria Da Carmelo (auch vegan), Peuntstr. 1, Mi Ruhetag, Do ab 17 Uhr, Fr–Di 11.30–14 Uhr und ab 17 Uhr, www.pizzeria-dacarmelo.de, Tel. +49 9288 8135; Kaminstube (mit Terrasse), Mo Ruhetag, Di–Do ab 16 Uhr, Fr–So ab 15 Uhr, Hemplastr. 1 a, kaminstube-bad-steben.de, Tel. +49 174 2064307. **Lichtenberg:** Restaurant Harmonie (Slow Food, auch vegan; mit Biergarten), Mo/Di Ruhe-

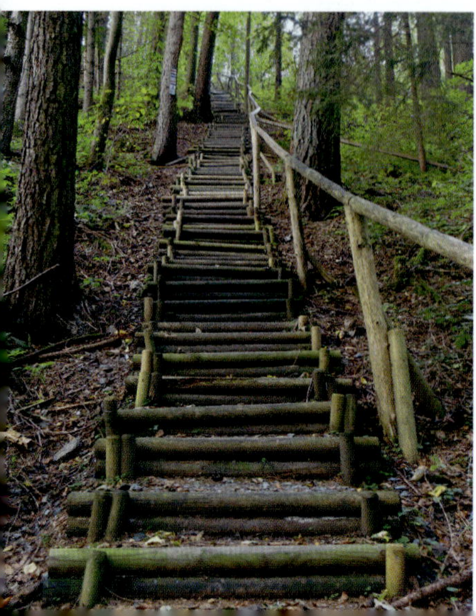

*Schöner Stufenweg hinab ins Tal der Wilden Rodach.*

tag, Mi–Sa ab 17 Uhr, So 11.30–15 Uhr, Schloßberg 2, www.harmonie-lichtenberg.com, Tel. +49 9288 246. **Hölle:** Café Alte Liebe (mit Garten), Sa/So 13–18 Uhr, Humboldtstr. 22, Tel. +49 175 7922412. **Marxgrün:** Pizzeria Da Renato (auch vegan), Öffnungszeiten siehe www.darenato.de, Nailaer Str. 28, Tel. +49 9282 984574. **Naila:** Hotel und Restaurant Grüner Baum, Do Ruhetag, Marktplatz 5, www.gruener-baum-naila.de, Tel. +49 9282 963950; Ristorante La Traviata (auch vegan), Sa/So Ruhetag, Mo–Fr ab 17 Uhr, Philipp-Heckel-Str. 2, Tel. +49 9282 3500.

**2. Tag: Culmitz:** Landgasthof Zur Mühle (mit Biergarten), Mo Ruhetag, Di–Sa ab 16.30 Uhr, So 11–15 Uhr, www.muehle-culmitz.de, Tel. +49 9282 6361. **Schwarzenbach am Wald** (1,2 km Abstecher kurz vor Kleindöbra): Landgasthaus Döbraberg, Mo Ruhetag, Di/Mi abends, Do–So auch mittags, Zeppelinstr. 4, landgasthausdobraberg.business.site, Tel. +49 9289 9644625; Restaurant Delphi (griechische Küche), Mo/Di Ruhetag, Mi–Sa abends, So auch mittags, Nordstr. 17, Tel. +49 9289 3539984. **Bischofsmühle:** Gasthof Bischofsmühle (auch vegan), Mo–Mi Ruhetag, www.gasthof-bischofsmuehle.de, Tel. +49 9289 367.

**3. Tag: Elbersreuth:** Gasthaus Bodenschatz, Öffnungszeiten unter Tel. +49 9222 1341. **Köstenberg:** Gasthof Pension Frankenwald, Öffnungszeiten unter Tel. +49 9222 247. **Presseck:** Pressecker Hof, Mo Ruhetag, Helmbrechtser Str. 2, www.pressecker-hof.de, Tel. +49 9222 303; Gasthof Schwarzes Ross, Mo/Di Ruhetag, Wallenfelser Str. 20, www.schwarzes-ross-presseck.de, Tel. +49 9222 329.

**Übernachtung: 1. Tag: Bad Steben:** Haus am Kurpark (€€€), Wenzstr. 3, www.haus-amkurpark.de, Tel. +49 9288 97230; Villa Siegfried, Hemplastr. 7, villasiegfried.com, Tel. +49 9288 1607, €€€. **Lichtenberg:** Burghotel (€€€), Schloßberg 1, www.burghotel-keller.de, Tel. +49 9288 5151. **Naila:** Hotel und Restaurant Grüner Baum (€€); GleisEins (€€€), Bahnhofsplatz 1, www.gleis1-naila.de, Tel. +49 9282 9322524.

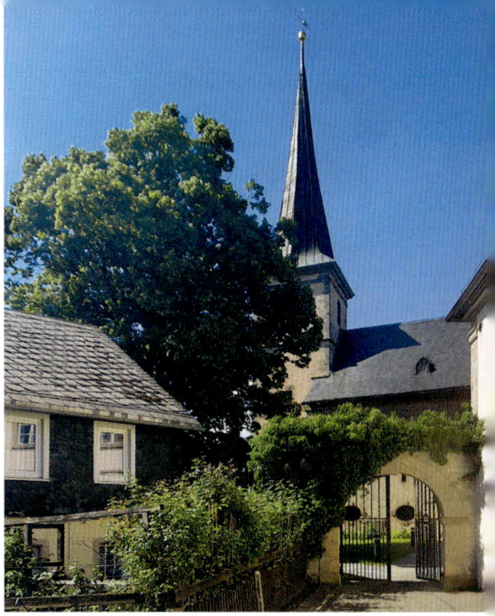

*Pfarrkirche Zur Heiligen Dreifaltigkeit in Presseck.*

**2. Tag: Culmitz:** Landgasthof Zur Mühle (€€). **Schwarzenbach am Wald** (1,2 km Abstecher kurz vor Kleindöbra): Landgasthaus Döbraberg (€€). **Döbraberg:** Trekkingplatz (€), Info/Buchung auf www.frankenwald-tourismus.de (»Draußen – Trekking«). **Bischofsmühle:** Gasthof Bischofsmühle (€€€).

**3. Tag: Köstenberg:** Gasthof Pension Frankenwald (€€). **Presseck:** Pressecker Hof (€€); Gasthof Schwarzes Ross (€€).

**Einkauf:** Supermarkt und Bäckerei in Bad Steben, Bäckerei in Lichtenberg und Marxgrün, Supermarkt und Bäckerei in Naila und Schwarzenbach am Wald (1,2 km Abstecher), Bäckerei in Presseck.

**Information: Bad Steben:** Tourist-Information, Badstr. 31, www.bad-steben.de, Tel. +49 9288 7470. **Naila:** Tourist Information, Bahnhofsplatz 1, www.selbitztal.de, Tel. +49 9282 6829.

**Verlängerung:** Sie können in Presseck die zweite und dritte Etappe der Wochenendtour 4 anschließen (oder deren erste Etappe in entgegengesetzte Richtung gehen).

**Karte:** UK50-4 Naturpark Frankenwald (Landesamt für Digitalisierung, Breitband und Vermessung Bayern, 1:50.000, 2020) oder 51 Naturpark Frankenwald (Fritsch, 1:50.000, 2016).

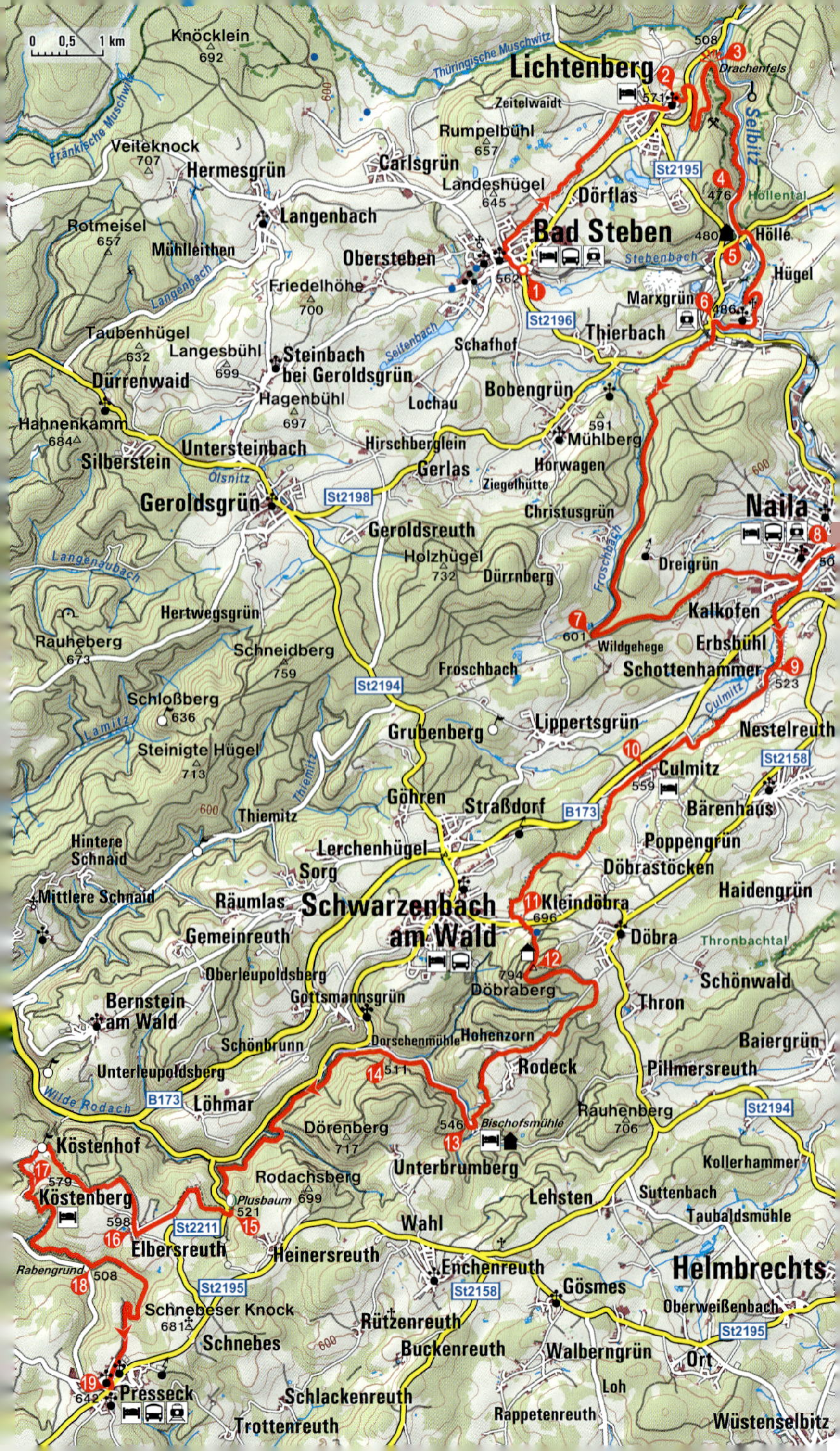

0 0,5 1 km
Lichtenberg
Bad Steben
Naila
Schwarzenbach am Wald
Helmbrechts
Presseck
Geroldsgrün
Köstenberg
Köstenhof
Drachenfels
Höllental
Selbitz
Thüringische Muschwitz
Fränkische Muschwitz
St2195
St2196
St2198
St2194
St2158
St2211
B173

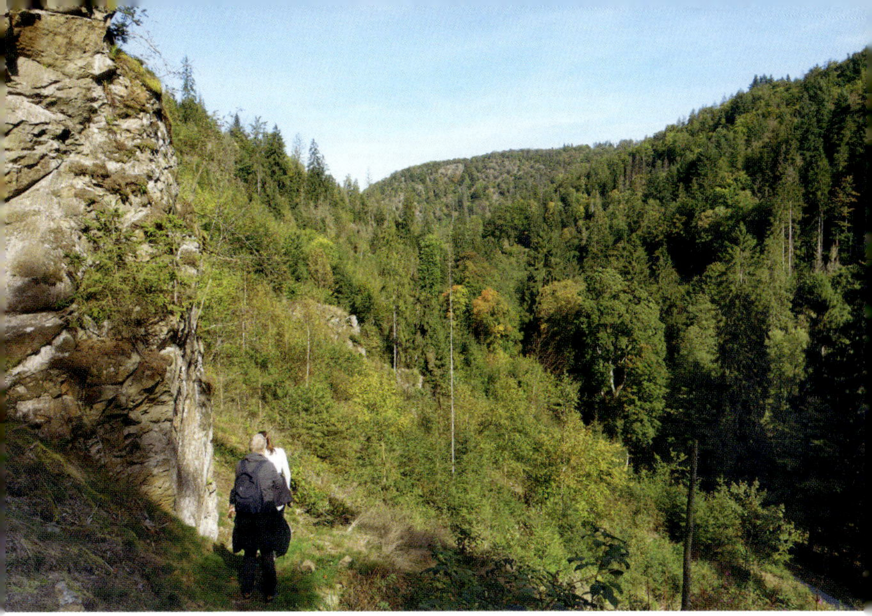

*Auf dem Felsenpfad über dem Höllental.*

## Bayerns höchstgelegenes Staatsbad

**Bad Steben** hat rund 3.400 Einwohner und liegt auf einer Höhe von 578 m. Mit seinen 1444 erstmals erwähnten **Heilwasserquellen** ist es damit das höchstgelegene bayerische Staatsbad. Wenn Sie am Vortrag anreisen, können Sie durch den weitläufigen **Kurpark** mit seiner **Säulenwandelhalle** und dem **Klenzebau** flanieren und die Wasserwelten, das Saunaland und den Wellness-Dome der **Therme Bad Steben** besuchen (Badstr. 31, 10–22 Uhr, Wasserwelten bereits ab 9 Uhr, www.therme-bad-steben.de, Tel. +49 9288 9600).

**1. Tag (Bad Steben – Naila):**

Wir gehen vom Bahnhof in **Bad Steben ❶** in Richtung Therme, folgen der Bahnhofsstraße rechts ansteigend, dann geradeaus der Hauptstraße. Bei erster Gelegenheit rechts in die Straße Pfaffensteig (wer zum Kurpark und zur Therme möchte, bleibt auf der Hauptstraße), nach der Feuerwehr rechts auf dem Pfaffensteig weiter. Auf den nächsten 4 km achten wir auf die Markierung »Blauer Balken« des Humboldtwegs. Sie führt uns aus Bad Steben hinaus, über eine der im Frankenwald typischen welligen Hochflächen und nach Lichtenberg hinein. Wir überqueren etwas nach rechts versetzt die Ortsdurchgangsstraße und steigen auf dem gekrümmten Straßenmarkt (hier und in den angrenzenden Gassen stammen viele Gebäude noch aus dem Mittelalter) der Altstadt hinauf zur **Burgruine** von **Lichtenberg ❷**. Die erhöhte Lage bietet eine Aussicht auf die nördlich gelegenen Erhebungen und Täler in der thüringisch-oberfränkischen Grenzregion.

Wir verlassen die Ruine in östliche Richtung. Es geht im Wald abwärts, über eine Straße und über einen ersten rauschenden Bach, den Lohbach. Der Humboldtweg biegt hier links

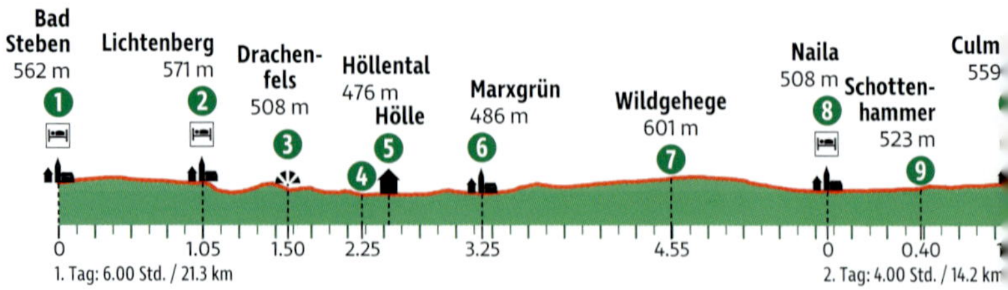


ab. Wir halten uns rechts, befinden uns nun auf dem Drachenfels-Weg und bleiben 400 m neben dem Rauschen. Dann führt uns die Markierung nach scharf links und über eine Kuppe im Wald zum **Kesselfels** und zum **Drachenfels** ❸. Beide bieten Ausblicke auf das wildromantische Höllental mit seiner dichten Bewaldung und den felsigen Hängen.

Gut 200 m nach dem Drachenfels behalten wir die Richtung bei und wechseln auf den Felsenpfad. Er führt uns abwechslungsreich an Felsformationen und Aussichtspunkten vorbei und schließlich hinab ins **Höllental** ❹.

Wir wandern nach rechts unweit der Selbitz auf dem breiten Weg weiter. Bis hinter Marxgrün leiten uns die Schildchen des Frankenwegs durch die Landschaft. In **Hölle** ❺ wird eine größere Straße erreicht. Wir folgen ihr nach links (gleich wieder rechts in die Dr.-Fritz-Wiede-Straße kann man einen Abstecher zu den Sauerbrunnen machen, deren Wasser als Höllensprudel vermarktet wird) über die Selbitz. Auf der anderen Flussseite rechts in die Straße Birkenweg. Der Frankenweg führt uns durch das Tal, in ein Wohngebiet, an einem Friedhof vorbei, wieder über die Selbitz und nach **Marxgrün** ❻ hinein, wo die Bad Stebener Straße, die Lichtenberger Straße und die Nailaer Straße zusammentreffen.

Wir gehen auf der Nailaer Straße über den Froschbach, dann rechts in die Frankenwaldstraße und nach Unterquerung der Bahngleise rechts

## Himmlisches Tal in Gefahr

Das unter Naturschutz stehende, stark bewaldete **Höllental** verläuft auf 3,8 Kilometern zwischen Blechschmidtenhammer und Hölle und wird von der **Selbitz** durchflossen. Es zählt mit seinen glucksenden Quellen, rauschenden Bächen, ausgefallenen Felsformationen und der reichen Fauna und Flora zu den beliebtesten Ausflugszielen im Frankenwald. Zahlreiche Aussichtspunkte laden zum Verweilen und Picknicken ein. Von dort kann man sonn- und feiertags auch die rund 35 Meter hohe Fontäne am Wasserkraftwerk bestaunen.

**Blechschmidtenhammer** verdankt seine Entstehung einem Hammerwerk, in dem Blech geschmiedet wurde. Erst mit Eröffnung der **Höllentalbahn** zwischen Blankenstein in Thüringen und Marxgrün in Bayern im Jahr 1901 entwickelte sich der Tourismus. Seit 1945 ist die Strecke stillgelegt. Naturschützer sind gegen die Reaktivierung, da die Deutsche Bahn nicht nur einen regionalen Personenverkehr plant, sondern auch Güterzüge durch das schmale Tal fahren sollen.

Die ökologisch ebenfalls umstrittene **Höllentalbrücke** wird wohl nicht mehr zu verhindern sein. Sie soll auf 1030 Metern das Höllental überspannen und als **längste Fußgänger-Hängebrücke der Welt** Touristen in die strukturschwache Region locken (weitere Infos auf frankenwald-bruecke.de).

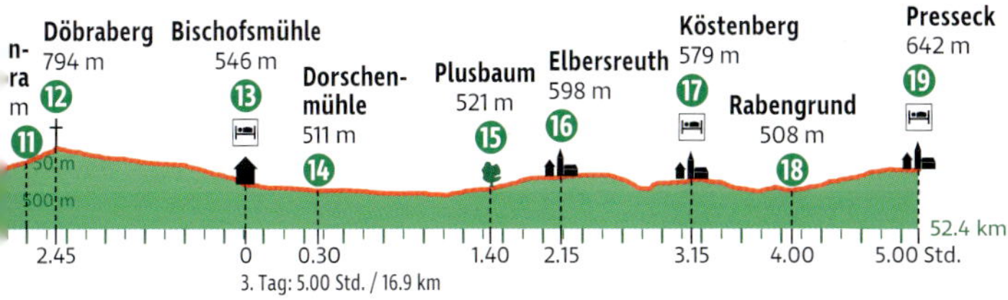


aus den Ort hinaus. Auf weiteren 2,2 km geben die Wegzeichen meist im Wald die Richtung vor, ehe sich der Frankenweg nach rechts über den Froschbach verabschiedet. Wir bleiben auf der Forststraße, wandern längere Zeit im naturbelassenen Bachgrund und neben Heidelbeersträuchern und bemoosten Böden bis vor ein **Wildgehege 7**.
Wir halten uns links. Mehrere Markierungen (auch wieder die des Frankenwegs) leiten uns durch den Wald, dann in die Flur und hinab ins Gewerbegebiet Naila West. Dort bleiben wir auf der Straße Zum Kugelfang. An deren Ende auf der Kronacher Straße ortseinwärts. Diese mündet in die Hauptstraße, die uns links zum Marktplatz in **Naila 8** bringt. Hier befinden sich die Stadtpfarrkirche, das Rathaus und das Hotel Grüner Baum.

**2. Tag (Naila – Bischofsmühle):**
Vom Ortszentrum in **Naila 8** geht es auf der Route der Voretappe zurück an die Kronacher Straße. Wir verlassen sie 100 m vor der Straße Zum Kugelfang nach links auf einem breiten Weg. Nach der Bebauung kommen mehrere Wegzeichen dazu.

*Auf den Steigen im Höllental ist etwas Trittsicherheit gefragt.*

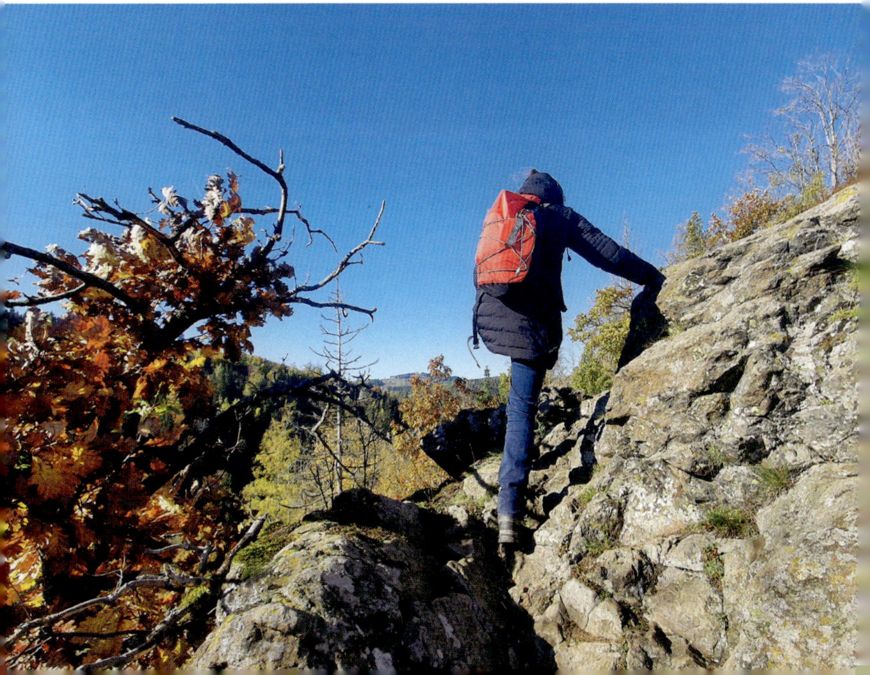

Wir halten uns links und bleiben bis ans Tagesziel auf dem Frankenwaldsteig. Die B173 wird unter-, das Flüsschen Culmitz über- und der Weiler **Schottenhammer ⑨** durchquert.

Bei den letzten Häusern wandern wir nach rechts in die Flur hinaus. Im nächsten Weiler geht es auf Asphalt rechts über die Culmitz, gleich danach links. Wir gelangen auf ein Sträßchen, das uns nach **Culmitz ⑩** führt.

350 m nach dem Dorf verlassen wir das Sträßchen nach links auf einem breiten Feldweg. Die Markierungen führen uns durch Wald, an Fischteichen vorbei und hinauf an einen Radweg. Wer nach Schwarzenbach am Wald möchte, hält sich hier rechts. Auf der Hauptroute erreichen wir geradeaus in wenigen Minuten **Kleindöbra ⑪**.

Wir kreuzen im Dorf die St2194 und steigen in 15 Minuten zum **Döbraberg ⑫** auf. Er ist mit 794 m die höchste Erhebung im Frankenwald. Auf dem Aussichtsturm wird die 800-m-Höhenlinie locker überschritten.

Der Abstieg erfolgt auf dem Frankenwaldsteig, an dessen Markierungen wir uns bis zum Tagesziel orientieren. Die Straße von Döbra nach Rodeck wird zweimal überquert. Kurz darauf gelangen wir auf einem Sträßchen bis vor den Weiler Hohenzorn. Dort links auf einem Feldweg weiter und im Wald abwärts bis zum Burgstall Radeck. Ein schöner Stufenweg bringt uns ins Tal der Wilden Rodach. Nach links ist es nur noch ein Katzensprung bis zur **Bischofsmühle ⑬**.

**3. Tag (Bischofsmühle – Presseck):**
Wir verlassen die **Bischofsmühle ⑬** in nördliche Richtung, folgen also der Wilden Rodach abwärts. Die Markierung »DÖ 71« des Heiners-

*An der Selbitz herbstelt es.*

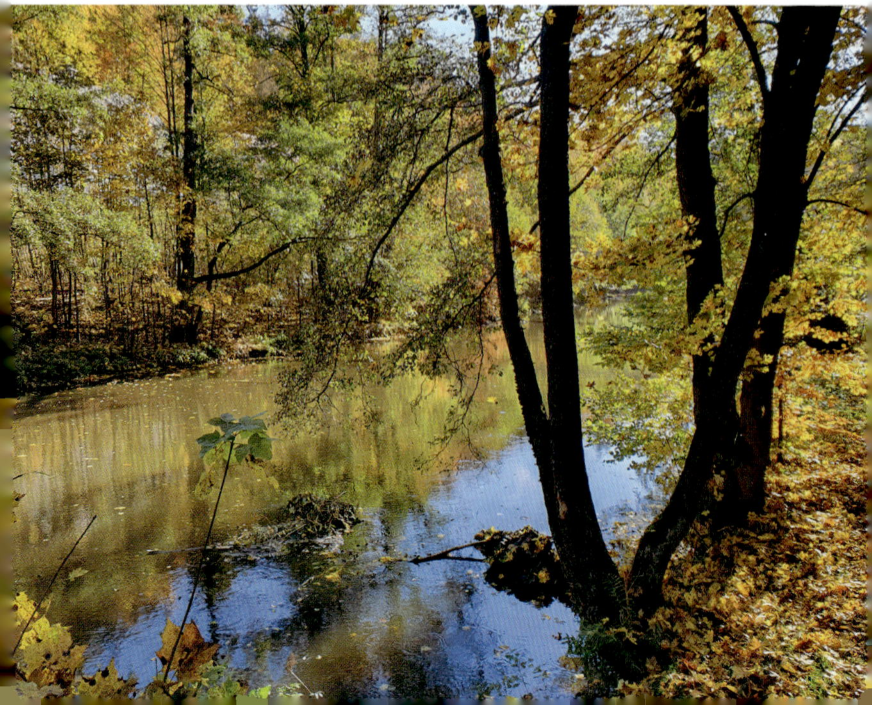

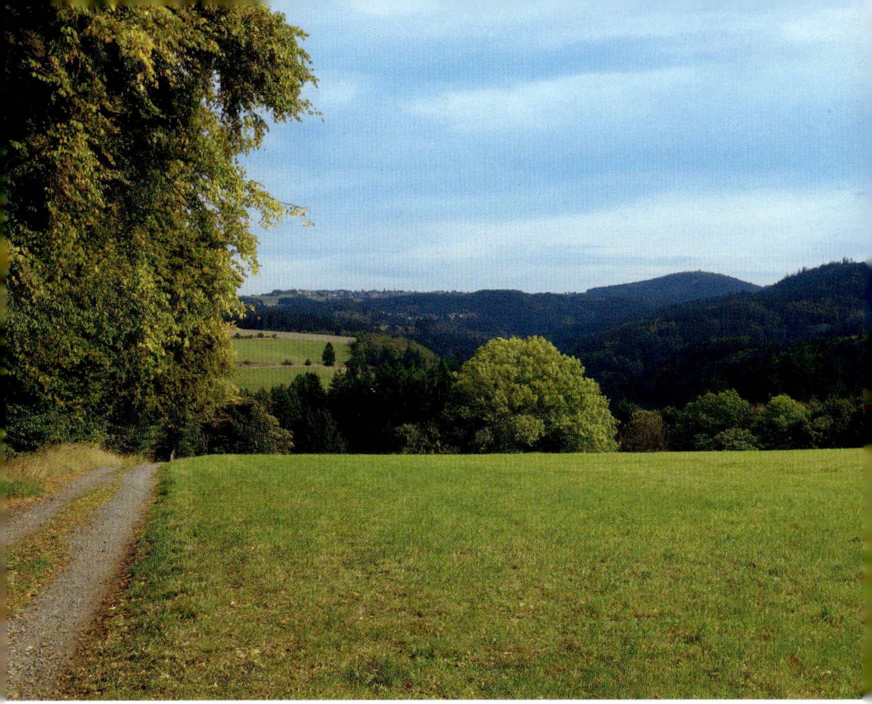

*Im Blick zurück ist der Döbraberg zu erkennen.*

reuther Schlösserwegs gibt bis Elbersreuth die Route vor. Zwischen der **Dorschenmühle ⑭** und der **Rauschenhammermühle** taucht auf der anderen Flussseite in Sichtweite eine Straße auf, die jedoch wenig befahren ist. Nach insgesamt knapp 5,5 km im Tal der Wilden Rodach schwenkt unsere Forststraße nach links und bringt uns zum **Plusbaum ⑮**. Die über 50 m hohe Douglasie hat eine besonders schlanke Form und kurze Äste.

Die St2211 wird überquert. Wir wandern im Wald, dann über eine Lichtung bergan. Im Blick zurück ist der Döbraberg zu erkennen. Ein Sträßchen führt uns vom Weiler Wustuben nach **Elbersreuth ⑯** hinein.

Bis zum Tourenziel folgen wir nun dem Frankenwaldsteig. In der Dorfmitte geht es rechts auf die Ortsdurchgangsstraße, die wir noch vor den letzten Häusern nach rechts auf einem Feldweg verlassen. Die Markierungen führen uns durch Wald und Flur in die beschaulichen Dörfer Köstenhof und **Köstenberg ⑰**.

Hinter Köstenberg laden Sitz- und Liegemöglichkeiten zum Rasten und In-die-Ferne-Gucken ein. Zurück im Wald steigen wir am Flemersbach steil abwärts. Hier gibt es Archaeocyathen. Keine Sorge, das sind 520 Millionen Jahre alte, nur wenige Millimeter große Versteinerungen. Wir wandern oberhalb des Köstenbachs bis in den **Rabengrund ⑱**.

Auch dieses »Gründla« hat für Geologen, Pflanzenfreunde und Tierliebhaber einiges zu bieten. Es bringt uns wieder zurück ins offene Gelände der Hochfläche. Das Tagesziel taucht vor unseren Augen auf. Ab dem Ortsrand folgen wir der Fabrikstraße bis zum Marktplatz in **Presseck ⑲** (siehe auch Wochenendtour 4, Seite 54, Ende erster Tag).

# 4 Im (be)rauschenden Frankenwald

## Über Presseck und Marienweiher nach Marktschorgast

TOP | 3 Tage | 43,7 km | ↗1090 m | ↘940 m

***Bäche und Flüsse, Mühlen und Eisenhämmer, Dörfer und Hochflächen***
*Zwei Drittel dieser Wochenendtour verlaufen durch die schmalen, tief eingeschnittenen Täler des südlichen Frankenwaldes (siehe auch Einleitung zur Wochenendtour 3). Irgendwo rauscht, tröpfelt, blubbert oder zischt es fast immer. Der Reihe nach wandern wir neben oder oberhalb der Unteren Steinach, dem Schlackenmühlbach, dem Großen Rehbach, dem Kleinen Rehbach, dem Großen Koserbach, der Koser und der Schorgast. Dort haben sich viele alte Mühlen und Eisenhämmer erhalten (ich habe insgesamt 13 gezählt), auch wenn die meisten nicht mehr in Betrieb sind und zum Beispiel als Wohnraum genutzt werden. Mit am malerischsten liegt die Hübnersmühle. Die Erfreulichste für uns Wanderleute ist die Kleinrehmühle, die mit ihrem Biergarten zum Verweilen verführt. Aufgrund des Holzreichtums gab es im Frankenwald zahlreiche Sägemühlen. Die vielen Wasserläufe boten zudem beste Voraussetzungen für die Flößerei. Vom Mittelalter bis in die erste Hälfte des 20. Jh. versorgten die Flößer das Main- und Rheingebiet mit Holz. Sogar Amsterdam steht zum Teil auf Pfählen aus dem Frankenwald.*

**Ausgangspunkt:** Stadtsteinach, 351 m, Bushaltestelle Marktplatz.
**Endpunkt:** Marktschorgast, 505 m, Bahnhof.
**ÖPNV:** Busverbindungen (am Wochenende eingeschränkt, teilweise mit Umsteigen) gibt es von Stadtsteinach, Presseck, Marktleugast, Marienweiher und Wirsberg zu den Bahnhöfen in Kulmbach, Untersteinach und Marktschorgast an der Bahnstrecke Bamberg–Hof.
**Etappendaten:**
**1. Tag:** 4.45 Std., 14,4 km, ↑570 m, ↓280 m.
**2. Tag:** 4.15 Std., 15,4 km, ↑240 m, ↓380 m.
**3. Tag:** 4.00 Std., 13,9 km, ↑280 m, ↓280 m.
**Anforderungen:** Überwiegend naturbelassene Waldpfade und breite Talwege. Im Bereich des Forstmeistersprungs können etwas Trittsicherheit und Schwindelfreiheit nicht schaden. Pro Etappe ein längerer, aber moderater Anstieg. Mehr Schatten als offene Flächen. Auch für heiße Tage geeignet.
**Einkehr: 1. Tag: Stadtsteinach:** Landhotel Lindenhof, Öffnungszeiten siehe www.landhotel-lindenhof-stadtsteinach.de, Alte Pressecker Str. 49, Tel. +49 9225 3759978. **Steinachtal:** Waldschänke (mit Biergarten), Mo–Mi Ruhetag, Do–So 11–17 Uhr, Tel. +49 9225 2669888. **Presseck:** Pressecker Hof, Mo Ruhetag, Helmbrechtser Str. 2, www.pressecker-hof.de, Tel. +49 9222 303; Gasthof Schwarzes Ross, Mo/Di Ruhetag, Wallenfelser Str. 20, www.schwarzes-ross-presseck.de, Tel. +49 9222 329.
**2. Tag: Kleinrehmühle:** Ausflugsgaststätte Kleinrehmühle (mit Biergarten), Mo/Di Ruhetag, Mi–So 9–18 Uhr, kleinrehmuehle.de, Tel. +49 9255 7565. **Marktleugast:** Kneipe Hotel Sacher (mit Außenplätzen), Di/Mi Ruhetag, Do–Mo ab 17 Uhr, Marktstr. 49, Tel. +49 160 2451696. **Marienweiher:** Gasthaus zum Adler, Öffnungszeiten unter Tel. +49 09255 276; Gasthof Zwei Linden, Di/Do Ruhetag, Mo/Mi/Fr/Sa ab 17 Uhr, So 11–14 Uhr, gasthof-zweilinden-marienweiher.de, Tel. +49 9255 243.
**3. Tag: Wirsberg:** Restaurant Alexander Herrmann by Tobias Bätz (gehobene Küche, 2 Michelin Sterne), Mo/Di Ruhetag, Mi–Sa Menüstart 18 Uhr,

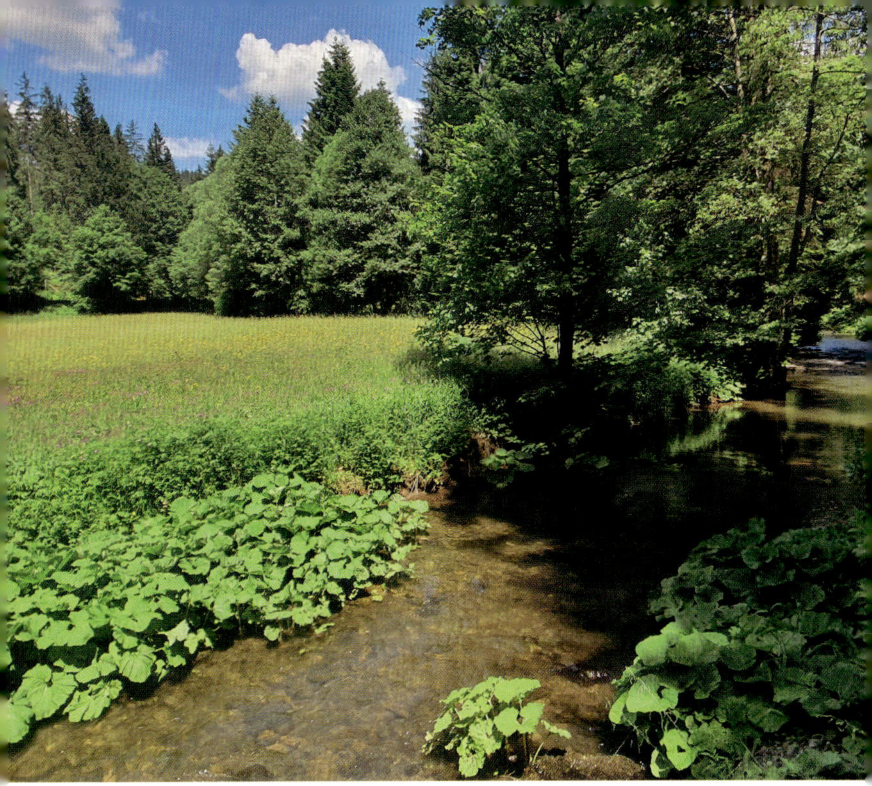

*Im malerischen Grund der Unteren Steinach.*

Marktplatz 11, herrmanns-posthotel.de/gourmet-restaurant, Tel. +49 9227 2080; Hotel-Gasthof Hereth (mit Terrasse), Mi Ruhetag, Do–Di ab 17.30 Uhr, So auch mittags, Hauptstr. 15, hotel-gasthof-hereth.de, Tel. +49 9227 94190. **Marktschorgast:** Landgasthof Drei Kronen, Mo/Mi Ruhetag, Di und Fr 11–18 Uhr, Do 11–20 Uhr, Sa/So 11–13.30 Uhr, Marktplatz 13–15, Tel. +49 9227 7061.

**Übernachtung: 1. Tag: Stadtsteinach:** Landhotel Lindenhof (€€€); Camping (mit Bistro, auch Hütten und Schlaffässer), Badstr. 5, www.camping-stadtsteinach.de, Tel. +49 9225 800394. **Presseck:** Pressecker Hof (€€); Gasthof Schwarzes Ross (€€).

**2. Tag: Marienweiher:** Gasthof Zwei Linden, €€.

**3. Tag: Wirsberg:** Posthotel (€€€), Marktplatz 11, herrmanns-posthotel.de, Tel. +49 9227 2080; Hotel-Gasthof Hereth (€€€). **Marktschorgast:** Landgasthof Drei Kronen (€€).

**Einkauf:** Supermarkt und Bäckerei in Stadtsteinach, Bäckerei in Presseck. Supermarkt und Bäckerei in Marktleugast und Wirsberg, Bäckerei in Marktschorgast.

**Information: Stadtsteinach:** Tourist-info, Marktplatz 8, www.stadtsteinach.de, Tel. +49 9225 957824. **Wirsberg:** Gäste-Information, Sessenreuther Str. 2, www.wirsberg.de, Tel. +49 9227 93220.

**Verlängerung:** Die Zugfahrt zwischen Marktschorgast und Schwarzenbach an der Saale (Ende von Wochenendtour 2) dauert etwa 30 Min. Sie müssten dann aber eine der beiden Touren in entgegengesetzte Richtung gehen.

**Karte:** UK50-4 Naturpark Frankenwald (Landesamt für Digitalisierung, Breitband und Vermessung Bayern, 1:50.000, 2020) oder 51 Naturpark Frankenwald (Fritsch, 1:50.000, 2016).

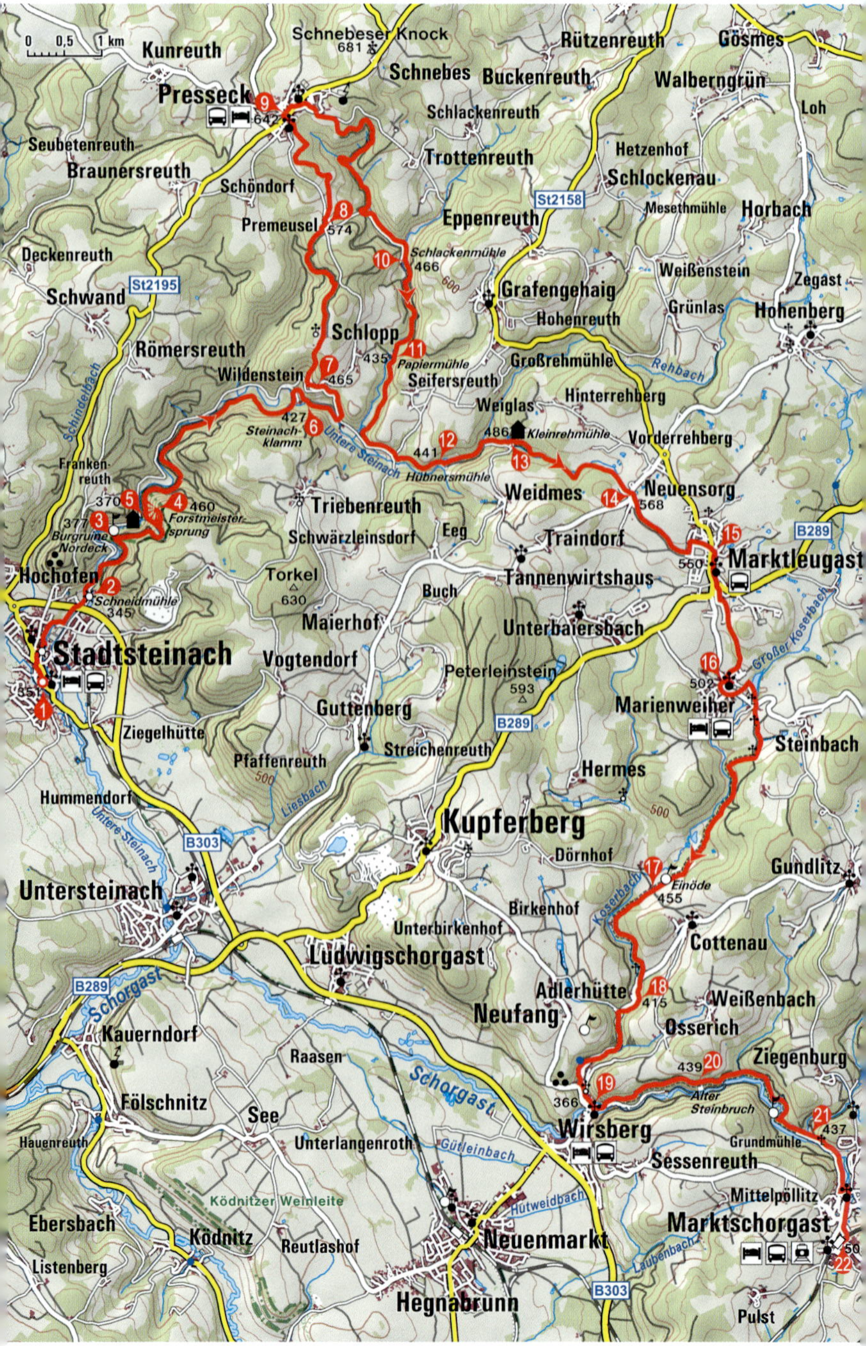
0
0,5
1 km
Kunreuth
Schnebeser Knock
681
Schnebes
Rützenreuth
Gösmes
Buckenreuth
Walberngrün
Presseck
642
Schlackenreuth
Loh
Seubetenreuth
Trottenreuth
Braunersreuth
Hetzenhof
Schöndorf
Schlockenau
St2158
Premeusel
574
Eppenreuth
Mesethmühle
Horbach
Deckenreuth
Schlackenmühle
466
600
Weißenstein
Zegast
Schwand
St2195
Grafengehaig
Grünlas
Hohenberg
Schlopp
Hohenreuth
Römersreuth
435
Papiermühle
Großrehmühle
Rehbach
Wildenstein
465
Seifersreuth
Hinterrehberg
427
Weiglas
Steinach-
klamm
486
Kleinrehmühle
Vorderrehberg
Untere Steinach
441
Hübnersmühle
Schindelbach
Franken-
reuth
Weidmes
Neuensorg
568
370
460
Forstmeister-
sprung
Triebenreuth
377
Burgruine
Nordeck
Schwärzleinsdorf
Eeg
Traindorf
B289
Marktleugast
560
Hochofen
Torkel
630
Tannenwirtshaus
Schneidmühle
345
Buch
Maierhof
Unterbaiersbach
Stadtsteinach
Vogtendorf
Großer Koserbach
357
Peterleinstein
593
502
Guttenberg
Marienweiher
Ziegelhütte
B289
Steinbach
Streichenreuth
Pfaffenreuth
500
Hermes
Liesbach
Hummendorf
500
Untere Steinach
B303
Kupferberg
Dörnhof
Gundlitz
Einöde
455
Untersteinach
Koserbach
Birkenhof
Cottenau
Unterbirkenhof
Ludwigschorgast
Adlerhütte
415
Weißenbach
B289
Schorgast
Neufang
Osserich
Kauerndorf
439
Ziegenburg
Raasen
Schorgast
366
Alter
Steinbruch
Fölschnitz
See
Wirsberg
437
Hauenreuth
Unterlangenroth
Gütleinbach
Grundmühle
Sessenreuth
Ködnitzer Weinleite
Hutweidbach
Mittelpöllitz
Ebersbach
Ködnitz
Reutlashof
Neuenmarkt
Marktschorgast
Laubenbach
50
Listenberg
B303
Hegnabrunn
Pulst

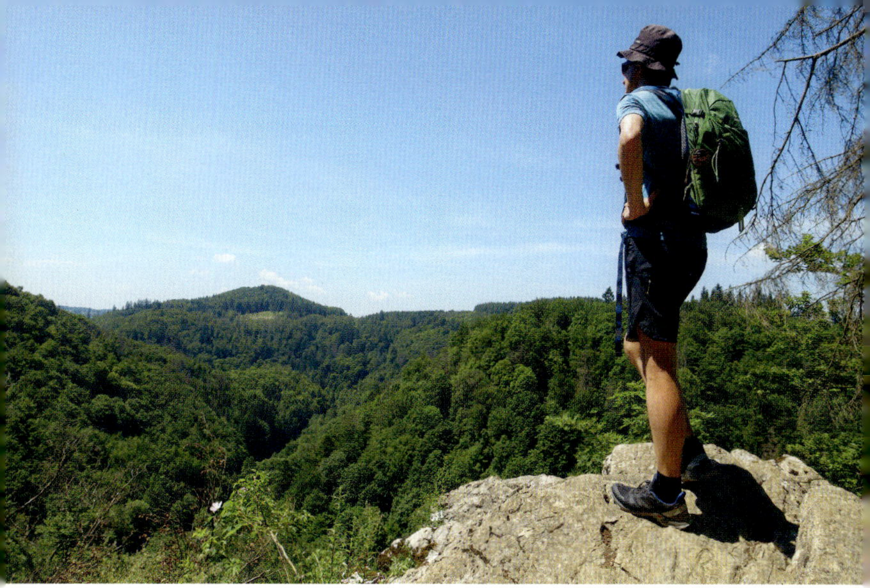

*Vom Forstmeistersprung blickt man ins Steinachtal.*

**1. Tag (Stadtsteinach – Presseck):** Vom Marktplatz in **Stadtsteinach ❶** folgen wir der Hauptstraße in nördliche Richtung. Nach 200 m halten wir uns rechts. Vor der Kunstmühle wird die Straße Dammweg nach rechts verlassen. Es geht über den Mühlbach und an diesem entlang. Am Parkplatz der Sportplätze gelangen wir an die Untere Steinach, der wir flussaufwärts zunächst auf einem Fußgängerweg, dann auf einem Sträßchen folgen. Die Ortsumgehungsstraße wird unterquert, die **Schneidmühle ❷** passiert und der Fluss überquert.

Direkt im Anschluss biegen wir rechts auf einen Steig in den Wald ab. Wir kommen an einen breiten Kieselweg, der uns vor die **Burgruine Nordeck ❸** bringt.

Der Kieselweg führt uns weitere 600 m bergan. Nach einer Rechtskurve müssen wir aufpassen und links auf einen unmarkierten Waldpfad abbiegen. Es geht durch ein Bachbett, am steilen Hang entlang und dann kurz hinauf zum **Forstmeistersprung ❹**. Auf dem Felsen steht eine Bank und hat man einen schönen Blick ins Steinachtal und auf die bewaldeten Berghänge.

Wir kehren zurück bis vor das Bachbett und steigen rechts auf einem Pfad steil ins **Steinachtal ❺** ab. Links sind es nur 200 m zum Biergarten der Waldschänke. Unser Weg überquert aber nicht den Fluss, sondern folgt ihm rechts auf einem Fahrweg. Bis zum Etappenziel orientieren wir uns an der Markierung »Nordeck-Weg 7«. Nach knapp 4 km überqueren wir die Untere Steinach und wandern auf Asphalt durch die Einöde Waffenhammer und durch die **Steinachklamm ❻**. 450 m nach der Klamm gelangen wir an ein Sträßchen, dem wir links bergan nach **Wildenstein ❼** folgen.

Wir steigen durch das Dorf und anschließend im Wald weiter steil bergan. Oben angelangt führt uns der Nordeck-Weg 7 über offenes Gelände. Gut zu sehen sind hier die für den Frankenwald typischen welligen Hochflächen, die von zahlreichen

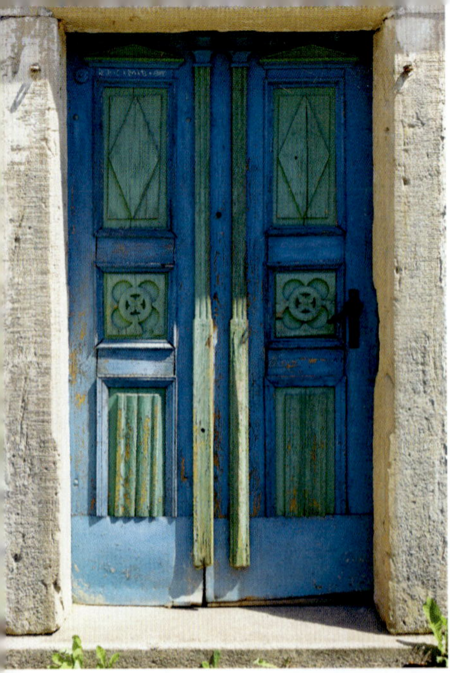

*In Premeusel gibt es einiges zu entdecken.*

V-Tälern zerschnitten sind. In der Ferne ist das Fichtelgebirge auszumachen. Nach einem weiteren Wäldchen kommen wir an eine Landstraße. Wir verlassen sie gleich wieder nach rechts und erreichen **Premeusel ❽**, wo manche Häuser Schiefer auf den Dächern oder an den Fassaden tragen.
Zwischen dem letzten Haus und einer Scheune geht es rechts über ein Grundstück und in die Flur hinaus. Nach etwa 150 m verlassen wir bei einem Busch den breiten Weg geradeaus auf einen schmäleren, manchmal zugewachsenen Weg zwischen zwei Feldern. 2021 hat an dieser Stelle die Markierung gefehlt. Wir wandern am Waldrand entlang, dann durch ein Waldstück und nach **Presseck ❾** hinein. Am Marktplatz ist viel Schiefer verbaut und dort steht auch eine der ältesten Kirchen des Frankenwaldes, die evangelische Kirche Zur Heiligen Dreifaltigkeit. Im Inneren sind die Fresken von 1517 und das schön bemalte Holztonnengewölbe von 1650 hervorzuheben.

**2. Tag (Presseck – Marienweiher):** In **Presseck ❾** gehen wir mit Blick auf die Kirche auf der Ortsdurchgangsstraße (Helmbrechtser Straße) nach rechts, an der Straße Lautengrundweg ebenfalls rechts. Bis ins Steinbachtal begleitet uns die Markierung des Nordwaldwegs. Bevor die Straße eine Linkskurve macht, biegen wir rechts auf einen Feldweg ab. Im Wald geht es auf Forststraßen bergab, immer dem Nordwaldweg folgend. Ein Sträßchen bringt uns an die **Schlackenmühle ❿**, die links umgangen wird. Wir wandern durch das beschauliche Tal, über Wiesen und durch Wäldchen, meist unweit des Schlackenmühlbachs. Schließlich kommen wir an der **Papiermühle ⓫** vorbei und gelangen gut 1 km danach ins Steinachtal.
Hier halten wir uns links, folgen dem Sträßchen und dem Großen Rehbach (so heißt der rechte Oberlauf der Unteren Steinach) durch das Tal. Der Frankenwaldsteig weist uns bis

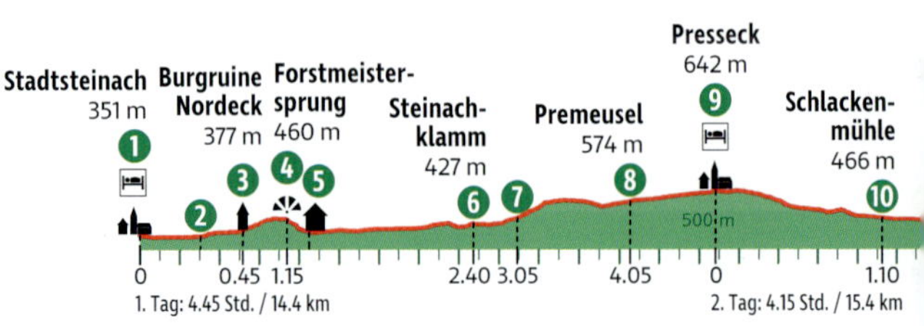

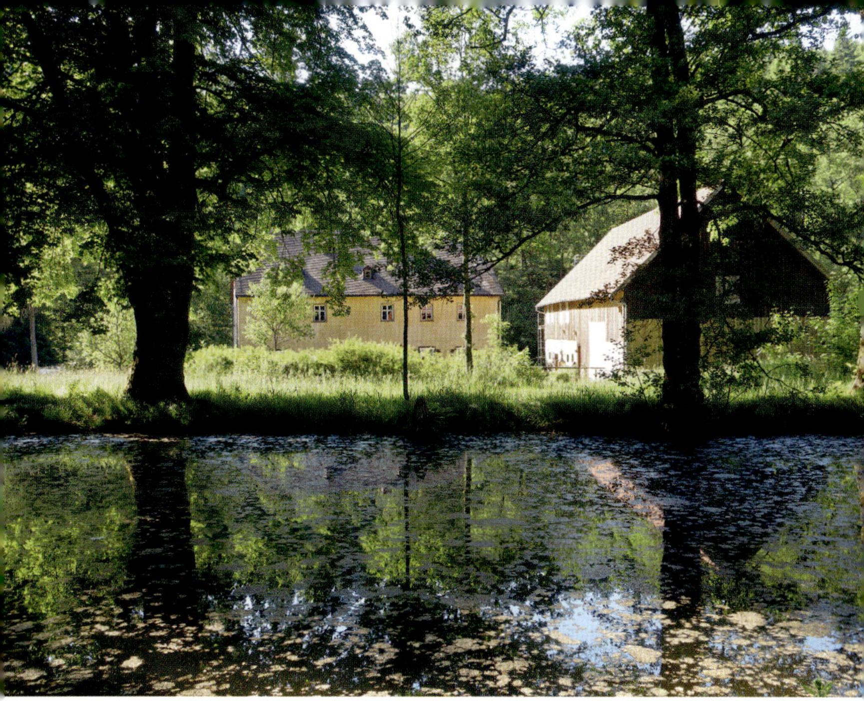

*Die Hübnersmühle ist besonders fotogen.*

Marktleugast die Richtung. Nach 700 m wird das Sträßchen nach links auf einen Weg verlassen. Wir überqueren den Bach, passieren die **Hübnersmühle ⑫** und erreichen auf Asphalt den Weiler **Guttenberger Hammer**. Die ortsansässige Werkzeug-Fabrik Krumpholz existiert seit 1799 und ist der letzte noch in Betrieb befindliche Eisenhammer des Frankenwaldes. Bis 1947 trieb die Wasserkraft direkt die Schmiedehämmer an, heute wird sie zur Stromerzeugung mit zwei Turbinen genutzt.

Zur **Kleinrehmühle ⑬** sind es nur noch ein paar Minuten. In dem Biergarten am Kleinen Rehbach lässt es sich aushalten und die Zeit vergessen.

Wir steigen im Wald am Bach empor und erreichen auf offenem Gelände **Neuensorg ⑭**. An der Ortsdurchgangsstraße gehen wir ein paar Schritte nach rechts, dann links in die Friedrichstraße. Der Frankenwaldsteig führt uns mit weiten Ausblicken auf die typische Frankenwaldlandschaft wie auch zum Fichtelgebirge und zur Fränkischen Schweiz über

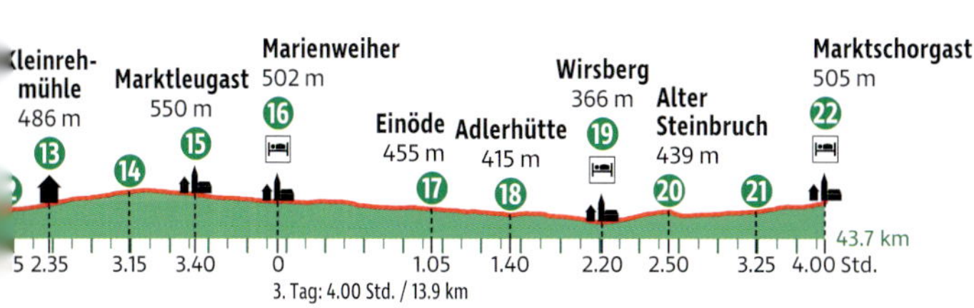

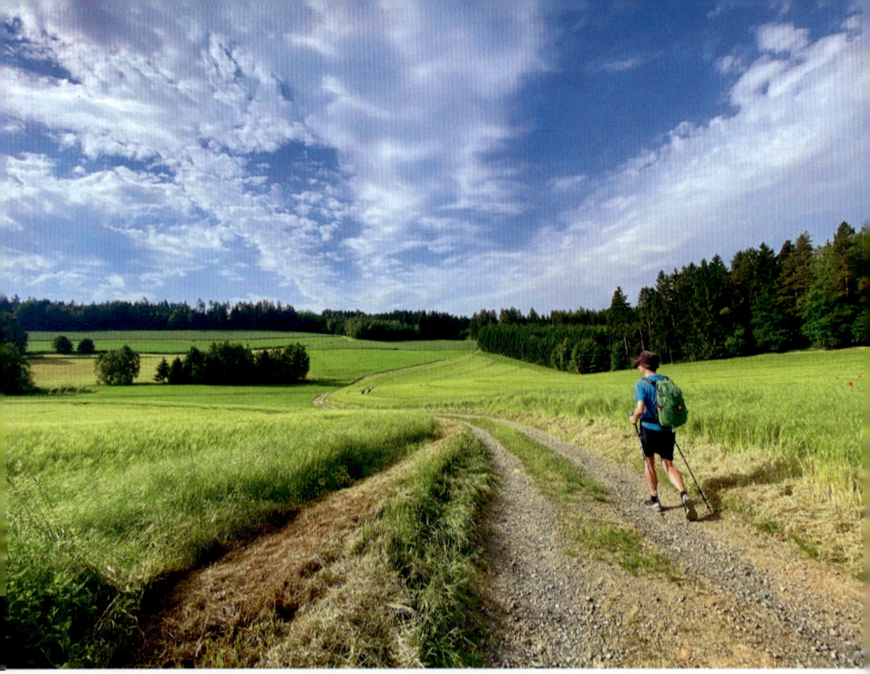

*Für den Frankenwald typische Hochfläche hinter Marienweiher.*

eine Anhöhe. An der Helmbrechtser Straße in **Marktleugast ⑮** verschwindet die Markierung.
Wir biegen rechts ab und gehen mit der Jakobsmuschel als Wegzeichen auf der Marktstraße und der Kulmbacher Straße weiter. Letztere verlassen wir nach 50 m links in die Straße Unterer Anger. Ein Geh- und Radweg bringt uns zum Franziskanerkloster und zur Wallfahrtsbasilika in **Marienweiher ⑯**.

**3. Tag (Marienweiher – Marktschorgast):**
Die Jakobswegmuschel führt uns in östliche Richtung aus dem Wallfahrtsort **Marienweiher ⑯** hinaus.

## Eine eisenbahngeschichtliche Berühmtheit

Am **Bahnhof Marktschorgast** befindet sich das bergseitige Ende der **Schiefen Ebene**, die am **Bahnhof Neuenmarkt-Wirsberg** startet. Das damals einmalige und kühne Bauprojekt wurde zwischen 1844 und 1848 umgesetzt. Die Bahntrasse überwindet auf 6,8 Kilometern bei einer Neigung von 1:40 (2,5 %) knapp 158 Höhenmeter. Wenn Sie mit einem Regional-Express in Richtung Lichtenfels fahren, sind Sie auf der Schiefen Ebene unterwegs. Einen besseren Einblick hat man auf dem 9 Kilometer langen **Lehrpfad**, der die Steilstrecke begleitet. Deren Geschichte wird an mehreren Infotafeln erläutert. Am Fuß der Schiefen Ebene, im ehemaligen Betriebswerk des Bahnhofs Neuenmarkt-Wirsberg, können im **Deutschen Dampflokomotiv-Museum** die schwarzen Giganten hautnah erlebt werden (Birkenstr. 5, Di–So 10–17 Uhr, www.dampflokmuseum.de, Tel. +49 9227 5700). An manchen Sommerwochenenden finden **Sonderfahrten** mit dampflokbespannten Zügen auf der eisenbahngeschichtlich berühmten Strecke statt.

Bei einem Sportplatz geht es kurz an die Kreisstraße KU27 und zwischen Feldern zum **Kemnather Kreuz**. Die Muschel verschwindet hier. Wir biegen rechts in den Wald ab und wandern auf dem FrankenwaldSteigla Achatzmühlen-Weg bergab zum Großen Koserbach und an diesem weiter bis zur Einöde namens **Einöde ⑰**.

Wir behalten die Richtung bei, bleiben also in dem (be)rauschenden Tal, dessen Fließgewässer nun Koser(bach) heißt. Bis nach Wirsberg orientieren wir uns an dem Dr.-Margerie-Weg (KU14). Die **Schlackenmühle** wird passiert. Bald danach gelangen wir an die Kreisstraße KU1, die uns abwärts über die Koser und in den Weiler **Adlerhütte ⑱** bringt.

Knapp 200 m nach der Koserüberquerung geht es rechts auf einem breiten Weg weiter, kurz am Holbach empor und dann links auf einem Brückchen über den Bach. Wir wandern auf Waldpfaden am Hang entlang, bis wir bei den ersten Häusern von Wirsberg wieder an die Talstraße gelangen. Sie führt direkt nach **Wirsberg ⑲** hinein. Wir überqueren die Schorgast auf einer alten Sandsteinbrücke und biegen unmittelbar danach links auf einen Fußweg ab. Nach 200 m kann man die Mündung der Koser in die Schorgast sehen. Kurz danach gehen wir nach links über den Fluss, an der Talstraße rechts und nach knapp 100 m links in den Wald hinein. Wir kommen oberhalb des **Alten Steinbruchs ⑳** vorbei, behalten ohne Markierung die Richtung bei und steigen wieder ins Schorgasttal ab. Dort wandern wir auf einem breiten Weg am Fluss entlang zur **Grundmühle ㉑**.

Nun gehen wir auf Asphalt nach Marktschorgast hinein. Am Ende der Grundmühlstraße unweit der katholischen Pfarrkirche biegen wir rechts auf den langgestreckten Marktplatz ab. Zum Bahnhof von **Marktschorgast ㉒** sind es geradeaus nur noch ein paar Minuten.

*Kleiner Stunt am Großen Koserbach.*

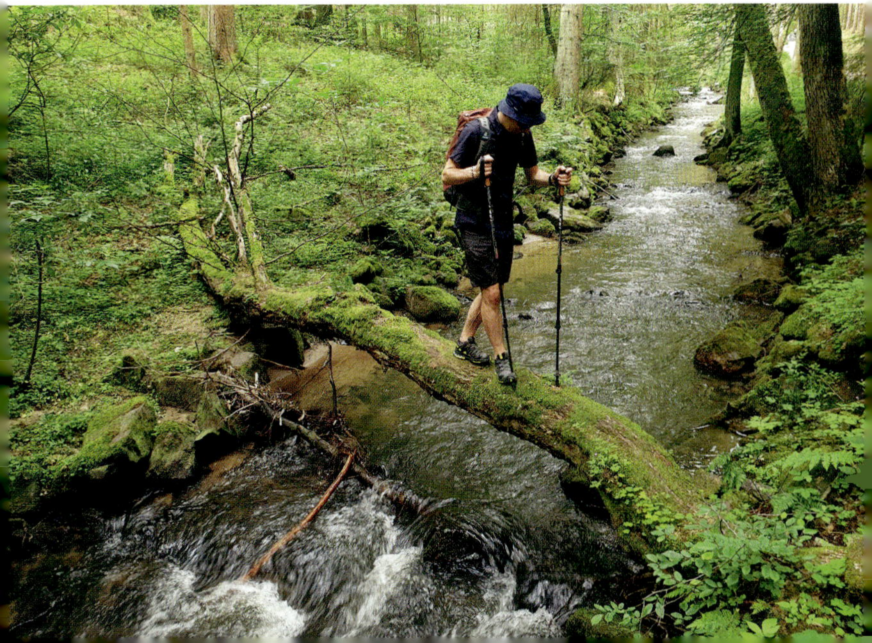

# 5 Im ehemaligen Grenzland

## Von Thüringen über das Grüne Band ins Coburger Land

2 Tage | 31 km | ↗ 600 m | ↘ 700 m

***Die Alte Mühle, Schloss Rosenau und die Veste Coburg***

*31 km und 600 Aufstiegshöhenmeter – wer fit ist und nicht trödelt, kann diese Wochenendtour in einem Rutsch schaffen. Aber lassen wir uns lieber zwei oder gar drei Tage Zeit. Es gibt so viel zu entdecken: Unser Startort Sonneberg liegt im fränkisch geprägten Süden Thüringens am Fuße des Thüringer Schiefergebirges und des Frankenwaldes. Die Innenstadt überrascht mit Architektur der Jahre 1840 bis 1930, darunter zahlreiche Villen, Wohn- und Geschäftshäuser, Schulen und aufgegebene Spielzeugfabriken. Hinter Sonneberg stehen wir plötzlich an der ehemaligen innerdeutschen Grenze, die heute als Grünes Band äußerst wichtig für den Umwelt- und Artenschutz ist. Nach neun Kilometern auf dem früheren Todes- und heutigen Lebensstreifen erreichen wir das Coburger Land, wo wir im Hotel Alte Mühle die Nacht verbringen. Auf der zweiten Etappe geht es durch den Park Rosenau, einem weitläufigen Landschaftsgarten im englischen Stil mit einem neugotischen Schloss. Die Terrasse des im historischen Teehaus untergebrachten Parkrestaurants sowie zwei Biergärten in Rödental laden zu einer Rast oder auch mehreren Rasten ein. Nur rosten sollten wir nicht, denn nach dem Ortsende geht es im Wald bergan. Am höchsten Punkt steht die Veste Coburg. Sie zählt nicht nur zu den größten Burganlagen Deutschlands, sondern beherbergt auch mehrere Kunstsammlungen von internationalem Rang.*

**Ausgangspunkt:** Sonneberg (Thüringen), 387 m, Bahnhof.
**Endpunkt:** Coburg, 292 m, Bahnhof.
**ÖPNV:** Coburg, Rödental und Sonneberg liegen an der Bahnstrecke Nürnberg–Sonneberg (Franken-Thüringen-Express). Oberwohlsbach hat Busverbindungen mit Rödental und Coburg.
**Etappendaten:**
**1. Tag:** 5.30 Std., 19,4 km, ↑380 m, ↓450 m.
**2. Tag:** 3.15 Std., 11,6 km, ↑220 m, ↓250 m.
**Anforderungen:** Meist Feld- und Kolonnenwege und Forststraßen. Im Itztal und im Bereich der Städte auch einige asphaltierte Abschnitte. Etwas mehr offenes Gelände als Schatten. Am Grünen Band drei knackige An- und Abstiege, hier ist auch Orientierungsvermögen gefragt. Nehmen Sie eine detaillierte Wanderkarte mit und/oder laden Sie den GPS-Track auf Ihr Smartphone oder ein GPS-Gerät. Auf der zweiten Etappe ein langer moderater Anstieg zur Veste Coburg.
**Einkehr: 1. Tag: Sonneberg:** Amrit Masala (indische Küche, auch vegan), Mo

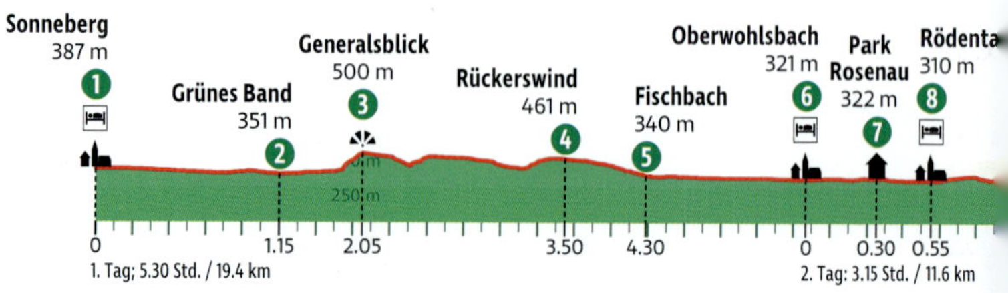

Ruhetag, Bismarckstr. 37, www.amritmasalaindischestandoorirestaurant.de, Tel. +49 3675 4209950; Kesselhaus, Mo Ruhetag, Di–Fr und So ab 11 Uhr, Sa ab 15 Uhr, Cuno-Hoffmeister-Str. 5, www.kesselhaus-sonneberg.de, Tel. +49 3675 4263502. **Oberwohlsbach:** Hotel & Restaurant Alte Mühle (gehobene Küche, auch vegan), So/Mo Ruhetag (kleine Karte für Hausgäste), Di–Sa ab 18 Uhr, Mühlgarten 5, www.alte-muehle-hotel.com, Tel. +49 9563 72380.

**2. Tag: Park Rosenau:** Parkrestaurant (mit Terrasse), Mo/Di Ruhetag, Mi–So ab 11.30 Uhr, Rosenau 4, www.parkrestaurant-rosenau.de, Tel. +49 9563 1242. **Rödental:** Der Grosch (Brauereigasthof, auch vegan; Biergarten), Oeslauerstr. 115, der-grosch.de, Tel. +49 9563 7500; Biergarten in der Domäne Röslau, meist ab 14 oder 16 Uhr, Kronacher Str. 2; Gasthof Sauerteig, Mo nur abends, So nur mittags, sonst mittags und abends, Oeslauer Str. 100, www.gasthof-sauerteig.de, Tel. +49 9563 1220. **Coburg:** Burgschänke (mit Außenplätzen an der Veste), Mo/Di Ruhetag, Mi–So 11–18 Uhr, www.burgschaenke-veste-coburg.de, Tel. +49 9561 2343194; Hopfen & Malz (auch vegan), So/Mo Ruhetag, Di–Sa ab 17 Uhr, Oberer Bürglaß 12, www.hopfenundmalz-coburg.de, Tel. +49 9561 2480225; Prinzengarten (Biergarten), ab 11 Uhr, Theaterplatz 13; Café M (auch vegan), So Ruhetag, Mo–Fr 9.30–18.30 Uhr, Sa 9.30–17.30 Uhr, Judengasse 8, cafem-coburg.de, Tel. +49 9561 795133; Ganesha (indische Küche, auch vegan), Heiligkreuzstr. 8, www.restaurantganeshacoburg.de, Tel. +49 956151 11155.

**Übernachtung: 1. Tag: Sonneberg:** Spielzeug-Hotel Sonneberg (€€€), Wiesenstr. 4, www.spielzeughotel-sonneberg.de, Tel. +49 3675 4204999; Pension am Piko-Platz (€€), Köppelsdorfer Str. 28, Tel. +49 178 6146634. **Oberwohlsbach:** Hotel & Restaurant Alte Mühle (€€€).

**2. Tag: Rödental:** Der Grosch (€€€); Gasthof Sauerteig (€€€). **Coburg:** Hotel Goldene Traube (€€€), Am Viktoriabrunnen 2, www.dormero.de/hotel-coburg, Tel. +49 9561 8760; Hotel The Square (€€), Ketschengasse 1, www.thesquare.de, Tel. +49 9561 7058520; Villa Victoria (€€€), Ketschendorfer Str. 2, www.hotel-villa-victoria.de, Tel. +49 9561 7953790.

**Einkauf:** Supermarkt und Bäckerei in Sonneberg, Rödental und Coburg.

**Information: Sonneberg:** Touristinformation, Bahnhofsplatz 3, sonneberg-tourismus.de, Tel. +49 3675 702711. **Coburg:** Tourist-Information, Herrngasse 4, www.coburgmarketing.de, Tel. +49 9561 898000.

**Karte:** UK50-3 Coburger Land, Oberes Maintal, Bamberg (Landesamt für Digitalisierung, Breitband und Vermessung Bayern, 1:50.000, 2021) oder 813 Östlicher Thüringer Wald (Kompass, 1:50.000, 2021).

**Tipp:** In Sonneberg, im 18. und 19. Jh. einer der bedeutendsten Standorte der Spielzeugherstellung in Europa, können sich Groß und Klein für das Deutsche Spielzeugmuseum begeistern (Beethovenstraße 10, Di–So 10–17 Uhr, www.deutschesspielzeugmuseum.de, Tel. +49 3675 42263427). Es existiert bereits seit 1901 und ist damit das älteste seiner Art in Deutschland. In einem Gebäude im neubarocken Stil und einem modernen Erweiterungsbau wird eine Auswahl aus dem rund 100.000 Objekte umfassenden Fundus gezeigt, darunter auch wertvolle Raritäten wie die Schaubilder »Thüringer Kirmes« und »Gulliver in Liliput«, die ersten Käthe-Kruse-Puppen sowie antikes Spielzeug aus Ägypten, Griechenland und Rom.

**Verlängerung:** Der Start der Wochenendtour 6 (Lichtenfels) ist ab Coburg mit der Bahn in rund 20 Minuten erreichbar.

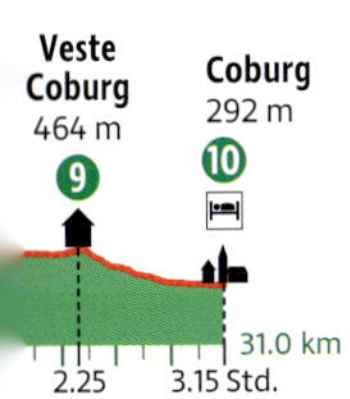

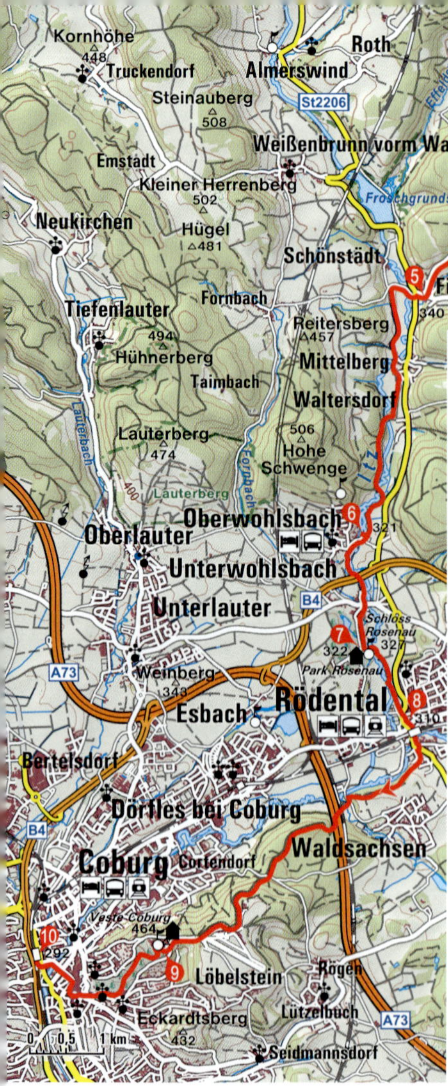

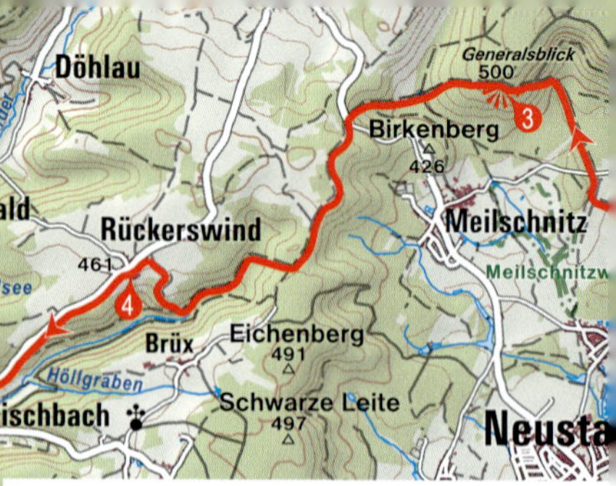

**1. Tag (Sonneberg – Oberwohlsbach):**

Wir treten aus dem Bahnhof **Sonneberg ❶**, überqueren den Bahnhofsplatz und folgen der Bahnhofsstraße durch das Zentrum. Nach 650 m geht es links in den Stadtpark hinein. Wir verlassen die kleine Grünanlage halblinks zur Gustav-König-Straße hin, der wir links folgen. Knapp 400 m später gehen wir rechts in die Bismarckstraße und vor dem Flüsschen Röthen links auf einen Weg. An der Ernst-Moritz-Arndt-Straße halten wir uns rechts. Wir queren die Röthen und biegen nach 150 m links auf einen Fahrweg ab. Ein schmaler Tunnel führt uns auf die andere Seite der Bahngleise. Es geht ein paar Schritte geradeaus, dann auf einem Geh-und Radweg links, unter der B89 hindurch und rechts auf Asphalt weiter. Wir gelangen an die Kreisstraße 12, folgen dieser links und verlassen sie nach 350 m rechts auf einen zuweilen etwas zugewachsenen Waldpfad. Ein breiterer Weg führt uns links ins **Grüne Band ❷**, die ehemalige innerdeutsche Grenze.

Wir gehen geradeaus weiter und bleiben immer auf thüringischer Seite. Am Kolonnenweg rechts und über eine Landstraße hinweg. Nach einem steilen Anstieg mit schönen Ausblicken zurück kann man rechts einen kurzen Abstecher zum **Generalsblick ❸** machen.

Danach wandern wir auf dem Grünen Band weiter, das auch sporadisch markiert und mit Tafeln erläutert ist. Nach einem steilen Abstieg kreuzen wir im nächsten Anstieg eine Kreisstraße. Es geht wieder hinab, dann in einer Rechtskurve vom Grenzgebiet weg (der Kolonnenweg ist hier zu stark zugewachsen) und ansteigend aus dem Nadelwald hinaus. Oben gelangen wir an eine Landstraße, die uns links nach **Rückerswind ❹**

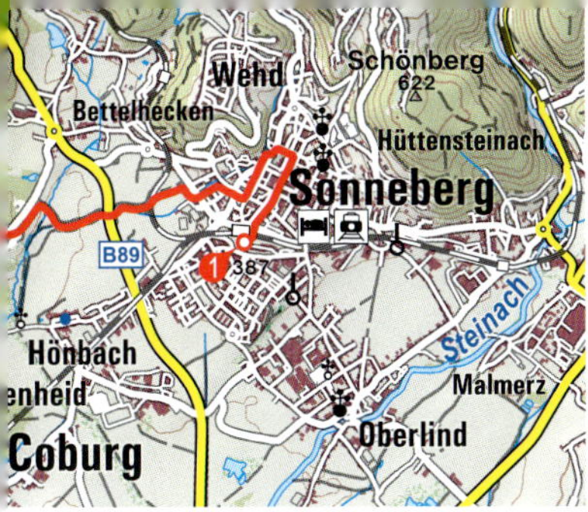


bringt. Nach dem Ort folgen wir der Straße abwärts, über das Grüne Band und die thüringisch-bayerische Grenze und ins oberfränkische **Fischbach** ❺ hinein.

Wir halten uns im Ort rechts, an der großen Talstraße links und schlagen nach wenigen Schritten rechts die Straße in Richtung Fornbach ein. Die Itz wird überquert. 400 m später geht es links auf einem Geh- und Radweg weiter. Wir bleiben knapp 4 km im Itzgrund, dürfen also nicht links zur Talstraße und den Ortschaften abdriften. Kurz vor dem Fußballplatz des 1. FC Oberwohlsbach biegen wir rechts ab und erreichen das Hotel & Restaurant Alte Mühle in **Oberwohlsbach** ❻.

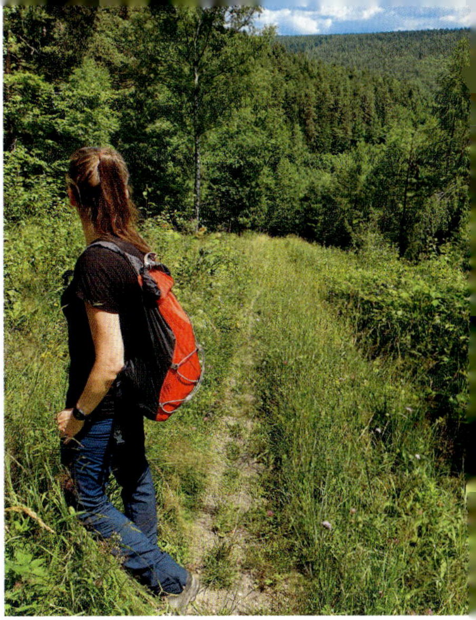

*Auf dem Grünen Band.*

**2. Tag (Oberwohlsbach – Coburg):** Von der Alten Mühle in **Oberwohlsbach** ❻ gehen wir auf der Straße Mühlgarten und der Lauterburgstraße in den Ort hinein. Wo Letztere eine Rechtskurve macht, verlassen wir Oberwohlsbach geradeaus auf einem Weg. Nach Unterquerung der B4 wird Unterwohlsbach erreicht.

## Vom Todesstreifen zum Lebensraum

Deutschland war fast 40 Jahre lang geteilt. Die **innerdeutsche Grenze** wurde mit Mauern, Stacheldraht, Selbstschussanlagen, Wachtürmen und Grenzposten streng bewacht. Gleichzeitig konnte die Natur eine Atempause machen: Der Todesstreifen wurde zum Lebensraum für über **1200 Tier- und Pflanzenarten der Roten Liste**, also Arten, die vom Aussterben bedroht sind. Luchs, Wildkatze, Fischotter, Mopsfledermaus, Würfelnatter, Braunkehlchen, Frauenschuh, Trollblume, Flammen-Adonisröschen, Moorveilchen und Tide-Wasserfenchel sind einige davon. Gleich nach dem Mauerfall initiierten der oberfränkische Geoökologe **Kai Frobel** und der **Bund Naturschutz in Bayern** das Projekt **Grünes Band Deutschland**. Der zwischen 50 und 200 Meter breite Grünstreifen sollte als Naturraum erhalten bleiben. Heute zieht sich das Grüne Band als Kette von Biotopen auf **1393 Kilometern** von der Ostsee bis zur bayerisch-tschechischen Grenze. Rund 170 Kilometer sind durch Landwirtschaft, Straßenbau und Siedlungen stark beeinträchtigt. Der Bund für Umwelt und Naturschutz Deutschland und der Bund Naturschutz in Bayern versuchen, möglichst viele dieser Lücken zu schließen, beispielsweise durch den Kauf von Grundstücken. Weitere Informationen auf www.bund-naturschutz.de/gruenesband.

## Königin Victorias heimliches Zuhause

Der **Park Rosenau** ist ein weitläufiger, nach englischem Vorbild angelegter Landschaftsgarten. Nehmen Sie sich etwas Zeit, es gibt so viel zu entdecken: den Schwanenteich, eine **Felsengrotte** mit Wasserfall, alten Baumbestand und historische Bänke, das **Teehaus** (das heute als Parkrestaurant genutzt wird), die ehemalige **Orangerie** (in der das **Europäische Museum für Modernes Glas** untergebracht ist) sowie das **Schloss Rosenau** selbst (Besichtigung im Rahmen einer Führung). Es diente den Coburger Herzögen als Sommerresidenz. **Prinz Albert** wurde hier 1819 geboren. Er heiratete 1840 die britische **Königin Victoria**, die in ihrem Tagebuch vom Schloss und dem Park schwärmte: »Wäre ich nicht, was ich bin, so wäre hier mein wahres Zuhause.« Weitere Informationen auf www.schloesser-coburg.de.

Auf der Rosenauer Straße gehen wir geradewegs zum und dann durch den **Park Rosenau** ❼.
Rund 200 m nach rechts befindet sich das Parkrestaurant. Wir wenden uns aber nach links hinauf zum **Schloss Rosenau**. Von dort steigen wir auf einem Stufenweg hinab an die Itz, der wir nach rechts folgen. Nach den Beachvolleyballplätzen und bei einem Bolzplatz überqueren wir links auf einem Brückchen den Fluss, an der Schalkauer Straße kommen wir rechts nach **Rödental** ❽ hinein.
Wir gehen geradeaus über den Lindenplatz und den Bahnhofsplatz (rechts befindet sich der Brauereigasthof Grosch), dann auf der Kronacher Straße über die Gleise (rechts lohnt der Abstecher zur aufwendig sanierten Domäne Oeslau, in der es auch einen Biergarten gibt) und den Fluss Röden. Bei nächster Gelegenheit rechts und gleich wieder links in die Straße Höhnleite. Nach dem letzten Haus gehen wir auf einem Pfad weiter. Wir können uns bis zur Veste Coburg an der Markierung »Roter Punkt« des Carl-Escher-Wegs orientieren. Sie leitet uns kurz abwärts, unter die A73 hindurch und in den Wald hinein. Rund 2,5 km wandern wir moderat

*Der Biergarten der Domäne Röslau in Rödental.*

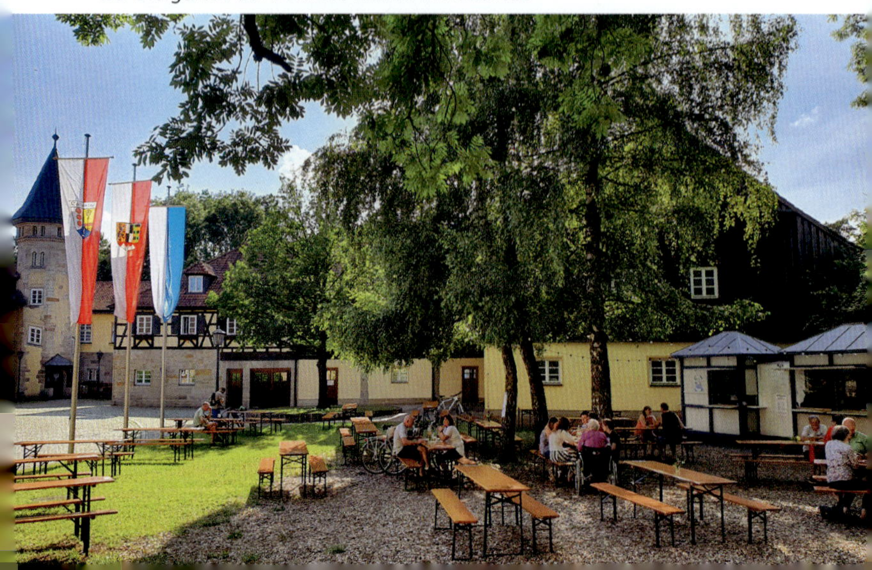

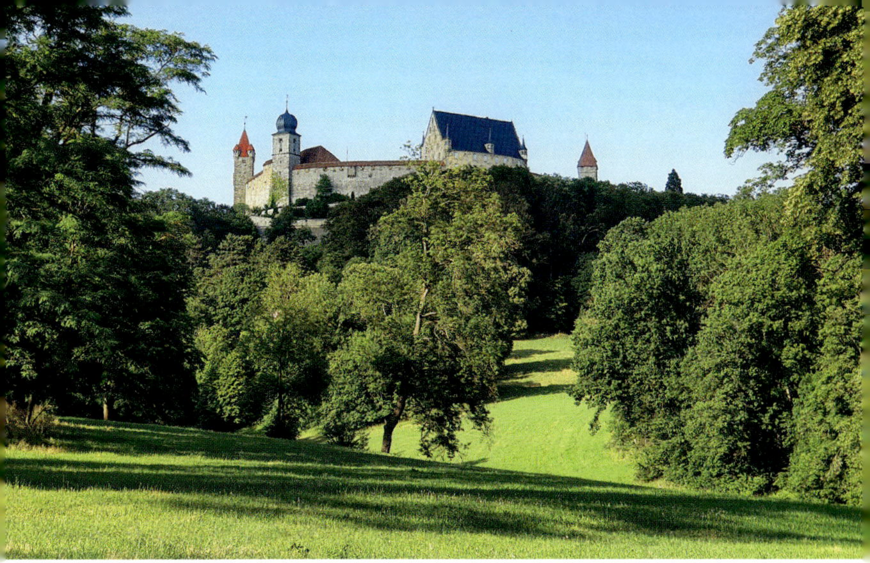

*Vom Hofgarten aus ist der Blick zur Veste Coburg besonders schön.*

bergan. Dann verlassen wir den Wald und gelangen auf einem Sträßchen vor die **Veste Coburg** ⑨.
Am äußeren Tor der Veste wählen wir bei der Burgschänke den Fußweg in Richtung Stadt. Es geht über Stufen, dann auf dem Hauptweg durch den **Hofgarten**. An dessen südwestlichem Ausgang erreichen wir über die Arkaden den Schlossplatz. Vorbei am Schloss Ehrenburg und durch die Herrngasse kommen wir zum **Marktplatz** mit dem Rathaus, dem Stadthaus, dem Prinz-Albert-Denkmal und der Hof-Apotheke. Wir biegen rechts in die Spitalgasse ein, vor dem Spitaltor halten wir uns links. Die Mohrenstraße führt zur Lossaustraße, auf dieser nach rechts gelangen wir zum Bahnhof **Coburg** ⑩.

## Die Fränkische Krone, die niemals erobert wurde

Die **Veste Coburg** steht auf einem nach drei Seiten abfallenden Dolomitfelsen und überragt Coburg um 170 Meter. Sie zählt zu den größten und am besten erhaltenen mittelalterlichen Burganlagen Deutschlands. Mit einer Ausdehnung von 260 mal 135 Metern, den mächtigen Bastionen und den spitzen Türmen hat sie sich den Beinamen **Fränkische Krone** redlich verdient. Die ältesten Teile stammen aus der Zeit um 1200. Im Spätmittelalter wurde ein dreifacher Mauerring hochgezogen, im 16. Jh. erfolgte der Ausbau zur Landesfestung. Die Burg wurde niemals erobert. Im Dreißigjährigen Krieg konnten 800 Verteidiger bis zu 8000 Belagerer monatelang in Schach halten, ehe sie durch einen Verrat doch in kaiserliche Hände fiel.
Heute zählen das Kupferstichkabinett sowie die Waffen- und Gläsersammlung der **Kunstsammlungen der Veste Coburg** (9.30–17 Uhr, veste.kunstsammlungen-coburg.de, Tel. +49 9561 8790) zu den bedeutendsten ihrer Art in Europa. Auch die ausgestellten Kutschen und Schlitten, historische Waffen, Skulpturen und Gemälde (von Lucas Cranach dmr Älteren, Lucas Cranach dem Jüngerne, Albrecht Dürer, Matthias Grünewald, Hans Holbein dem Jüngeren, Tilman Riemenschneider u. a.) sowie die Lutherstube (Luther lebte 1530 mehr als fünf Monate auf der Veste) sind sehenswert.

# 6 Durch den Gottesgarten

## Von Lichtenfels über Loffeld nach Ebensfeld

2 Tage | 29,2 km | ↗780 m | ↘790 m

***Vierzehnheiligen, der Staffelberg und ein Kranz aus 21 Linden***

*Als Gottesgarten wird im Obermainland der Landstrich von Lichtenfels über Bad Staffelstein bis Ebensfeld bezeichnet. Der Name soll auf Joseph Victor von Scheffel zurückgehen. In seinem 1859 verfassten Frankenlied heißt es: »Wallfahrer ziehen durch das Tal – Mit fliegenden Standarten – Hell grüßt ihr doppelter Choral – Den weiten Gottesgarten«. Auf dieser Zweitageswanderung lernen wir diesen Gottesgarten kennen – auf unterschiedliche Weisen. Wer gerne in die Weite schaut, wird die Ausblicke vom Viktor-von-Scheffel-Blick, vom Spitzberg, vom Staffelberg, von der Küpser Linde und vom Veitsberg göttlich finden. Naturfreunde können sich auf den Höhen und in den Wäldern auf eine himmlische Ruhe freuen (wenn es nicht gerade ein sonniger Sonntag auf dem Staffelbergplateau ist). Wer an eine höhere Macht glaubt, spürt ihre Anwesenheit vielleicht vor und in den Gotteshäusern, allen voran der berühmten Basilika Vierzehnheiligen, aber auch der Adelgundiskapelle und der Veitskapelle. Und Bierliebhaber werden sich in den Biergärten, auf den Bierkellern (siehe auch Wochenendtour 7, Kasten Seite 75) und in den Brauereigasthöfen in Vierzehnheiligen, am Staffelberg, in Loffeld, Stublang sowie Ebensfeld wie Gott in Bierfranken fühlen.*

*Die Basilika Vierzehnheiligen im Gottesgarten.*

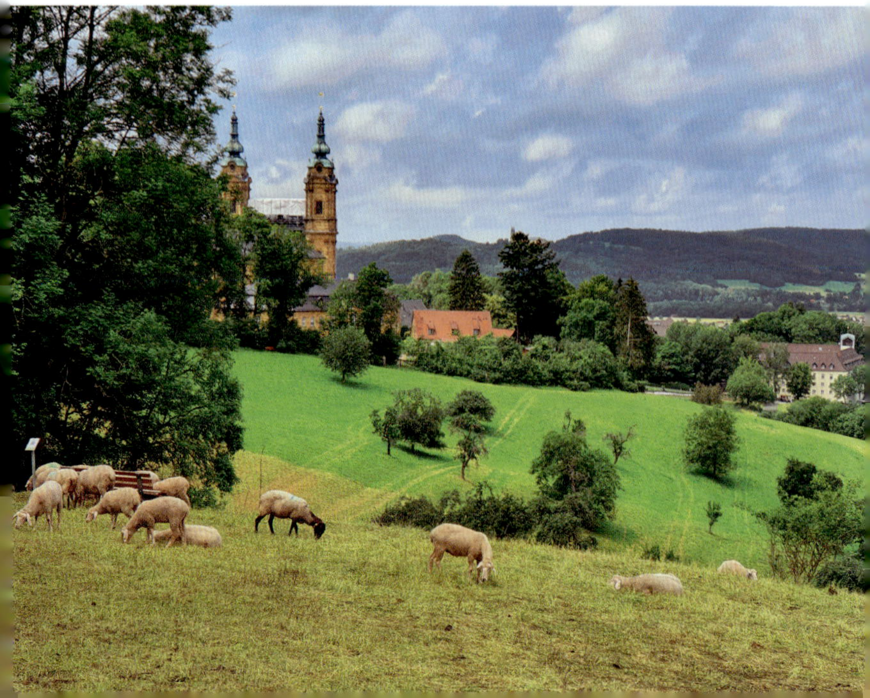

**Ausgangspunkt:** Lichtenfels, 263 m, Bahnhof.
**Endpunkt:** Ebensfeld, 252 m, Bahnhof.
**ÖPNV:** Lichtenfels, Bad Staffelstein (Variante) und Ebensfeld liegen an der Bahnstrecke Bamberg–Hof. Horsdorf, Loffeld und Stublang haben Busverbindungen (teilweise als Rufbusse, für die man sich anmelden muss) mit Lichtenfels und Bad Staffelstein.
**Etappendaten:**
**1. Tag:** 4.45 Std., 15,3 km, ↑490 m, ↓460 m.
**2. Tag:** 4.00 Std., 13,9 km, ↑290 m, ↓330 m.
**Anforderungen:** Meist bequem zu gehende Feldwege, Naturpfade und Forststraßen. Vor dem Viktor-von-Scheffel-Blick und vor allem an der kurzen Kletterpassage (diese kann umgangen werden) zum Alten Staffelberg sind etwas Trittsicherheit und Schwindelfreiheit nötig. Insgesamt drei längere, eher moderate Anstiege und zwei steile Abstiege. Mehr offenes als schattiges Gelände.
**Einkehr: 1. Tag: Lichtenfels:** Cafe Moritz (auch vegan; Café und Kneipe), Marktplatz 9, Mo/So 9–18 Uhr, Di–Sa 8–22 Uhr, www.cafemoritz.de, Tel. +49 9571 9487880; Namaste (indische Küche, auch vegan), Mo Ruhetag, Coburger Str. 18, Tel. +49 9571 9493876. **Vierzehnheiligen:** Bräustüberl und Biergarten der Brauerei Trunk, Öffnungszeiten siehe brauerei-trunk.de, Tel. +49 9571 3488. **Staffelberg:** Staffelberg-Klause (mit Biergarten), Di Ruhetag, Tel. +49 9573 5437. **Bad Staffelstein** (Variante): Gaststätte Am Stadtturm (auch vegan), Öffnungszeiten siehe www.amstadtturm.de, Angerstr. 7, Tel. +49 9573 239260; Casa Vecchia (auch vegan; mit Außenplätzen), Mo–Sa mittags und abends, So nur abends, Bahnhofstr. 37, www.casa-vecchia-staffelstein.de, Tel. +49 9573 9689810; Traditionsgasthof Grüner Baum (mit Biergarten), Bamberger Str. 33, Öffnungszeiten siehe www.gruener-baum-badstaffelstein.de, Tel. +49 9573 293. **Horsdorf:** Alte Mühle (auch vegan; mit Garten), Di Ruhetag, Mo und Mi–Sa ab 16 Uhr, So ab 11 Uhr, Horsdorf 10, www.alte-muehle-horsdorf.de, Tel. +49 9573 34774. **Loffeld:** Bräustübl Staffelberg-Bräu (mit Außenplätzen), Mo Ruhetag, Mühlteich 7, www.staffelberg-braeu.de, Tel. +49 9573 5925.
**2. Tag: Stublang:** Brauereigasthof Hennemann, Mo/Di Ruhetag, Am Dorfbrunnen 13, www.gasthof-hennemann.de, Tel. +49 9573 96100; Brauereigasthof Dinkel, Mi/Do Ruhetag, Frauendorfer Str. 18, www.dinkel-stublang.de, Tel. +49 9573 6424. **Dittersbrunn** (500 m Abstecher): Gasthaus Zum Veitsberg, Mo Ruhetag, Di–Fr ab 17 Uhr, Sa ab 14 Uhr, So ab 10 Uhr, gasthaus-zum-veitsberg.de, Tel. +49 9573 6419. **Ebensfeld:** Engelhardt's Keller (auch vegan; Biergarten), Mo Ruhetag, Di–Sa ab 16 Uhr, So ab 10 Uhr, Kellerstr. 50, www.engelhardts-keller.de, Tel. +49 9573 1543; Brauereigasthof Zum Schwan, So/Mo Ruhetag, Di–Sa ab 16 Uhr, Hauptstr. 46, Tel. +49 9573 3301190.
**Übernachtung: 1. Tag: Lichtenfels:** Stadthotel (€€€), Bamberger Str. 30, www.stadthotel-lichtenfels.de, Tel. +49 9571 92530. **Vierzehnheiligen:** Bildungshäuser Vierzehnheiligen (€€), bildungshaeuser-vierzehnheiligen.de, Tel. +49 9571 9260. **Bad Staffelstein** (Variante): Traditionsgasthof Grüner Baum (€€€); Pension Edeltraud (€€), Johann-Dientzenhofer-Str. 5, www.pension-edeltraud.de, Tel. +49 9573 5822; Hotel Garni Vierjahreszeiten (€€€), Annaberger Str. 1, www.vierjahreszeiten-staffelstein.de, Tel. +49 9573 6838. **Horsdorf:** Alte Mühle (€€). **Loffeld:** Gästezimmer Staffelberg-Bräu (€€); Pension Lindner (€€), Mühlteich 6, Tel. +49 9573 340780.
**2. Tag: Stublang:** Brauereigasthof Hennemann (€€); Brauereigasthof Dinkel (€€). **Ebensfeld:** Pension Veitsberg (€€), Prächtinger Str. 14–16, www.pension-veitsberg.de, Tel. +49 9573 6400; Zeltplatz am Badesee, Badweg 1, www.ebensfeld.de unter »Leben & Wohnen«, Tel. +49 9573 960822.
**Einkauf:** Supermarkt und Bäckerei in Lichtenfels, Bad Staffelstein (Variante) und Ebensfeld.
**Information: Lichtenfels:** Tourist-Information, Bamberger Str. 3 a, www.tourismus-lichtenfels.de, Tel. +49 9571

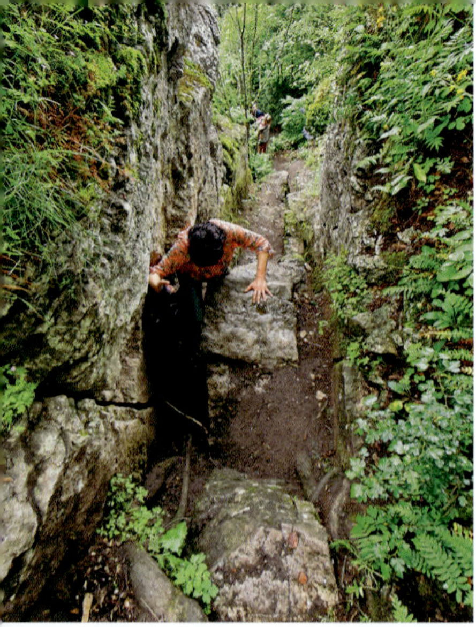

*Kleine Kletterei im Anstieg zum Alten Staffelberg.*

795101. **Bad Staffelstein:** Kur & Tourismus Service, Bahnhofstr. 1, www.bad-staffelstein.de, Tel. +49 9573 33120.
**Tipp:** In Ebensfeld gibt es einen gepflegten Badesee mit sanitären Anlagen, Imbiss und kleinem Zeltplatz (im Sommerhalbjahr 8–21 Uhr, 800 m nördlich des Bahnhofs, siehe auch Übernachtung).
**Variante:** Sie können auch in Bad Staffelstein übernachten. Dazu entweder direkt vom Staffelberg auf dem 7-Flüsse-Wanderweg absteigen oder zunächst auf der Hauptroute bleiben und knapp 150 m vor der St2204 rechts den Horsdorfer Weg mit der Markierung »Blaue Raute« wählen. In der Kleinstadt gibt es so viel zu sehen und tun, dass sich ein Ruhetag anbietet: Der Marktplatz mit dem Rathaus, ein dreigeschossiges Fachwerkhaus vom Ende des 17. Jh.; die Obermain Therme (Am Kurpark 1, tägl. ab 8 Uhr und mindestens bis 21 Uhr, www.obermaintherme.de, Tel. +49 9573 96190) mit Bayerns wärmster und stärkster Thermalsole, 25 Innen- und Außenbecken und einer großzügigen Saunalandschaft; der Kurpark mit den beiden Gradierwerken; die am Park anschließenden Seen und Mainauen …
**Verlängerung:** In Ebensfeld schließt Wochenendtour 7 an. Außerdem ist der Start dieser Zweitageswanderung in 20 Minuten mit der Bahn aus Coburg, dem Ende der Wochenendtour 5, zu erreichen.
**Karte:** UK50-3 Coburger Land, Oberes Maintal, Bamberg (Landesamt für Digitalisierung, Breitband und Vermessung Bayern, 1:50.000, 2021) oder 165 Nördliche Fränkische Schweiz (Kompass, 1:50.000, 2021).

**1. Tag (Lichtenfels – Loffeld):**
Wir starten am Bahnhof **Lichtenfels ①**, überqueren den Bahnhofsplatz und an einer Ampel die Conrad-Wagner-Straße und folgen der Bahnhofsstraße geradeaus. An deren Ende geht es links durch das Bamberger Tor in die Altstadt. Wenig später befinden wir uns auf dem Marktplatz von Lichtenfels. Die wichtigsten Sehenswürdigkeiten sind das barocke Rathaus, der größte Präsentkorb der Welt (Lichtenfels gilt als Deutsche Korbstadt), die katholische Stadtpfarrkirche Mariä Himmelfahrt, die beiden Stadttore sowie das erhöht stehende Stadtschloss.

Zwischen Marktplatz und Kirchplatz biegen wir rechts in das Sträßchen Knopsberg ab. Dann nach links (geradeaus sind es nur wenige Schritte zum Stadtschloss) auf der Stadtknechtsgasse und rechts auf der Langheimer Straße weiter. Nach knapp 400 m

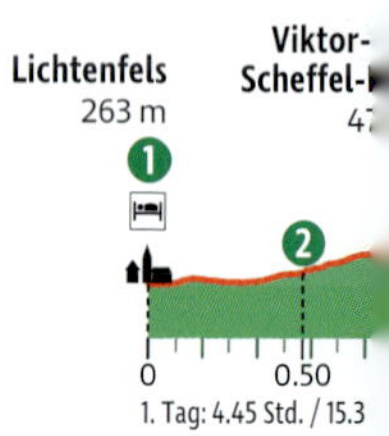

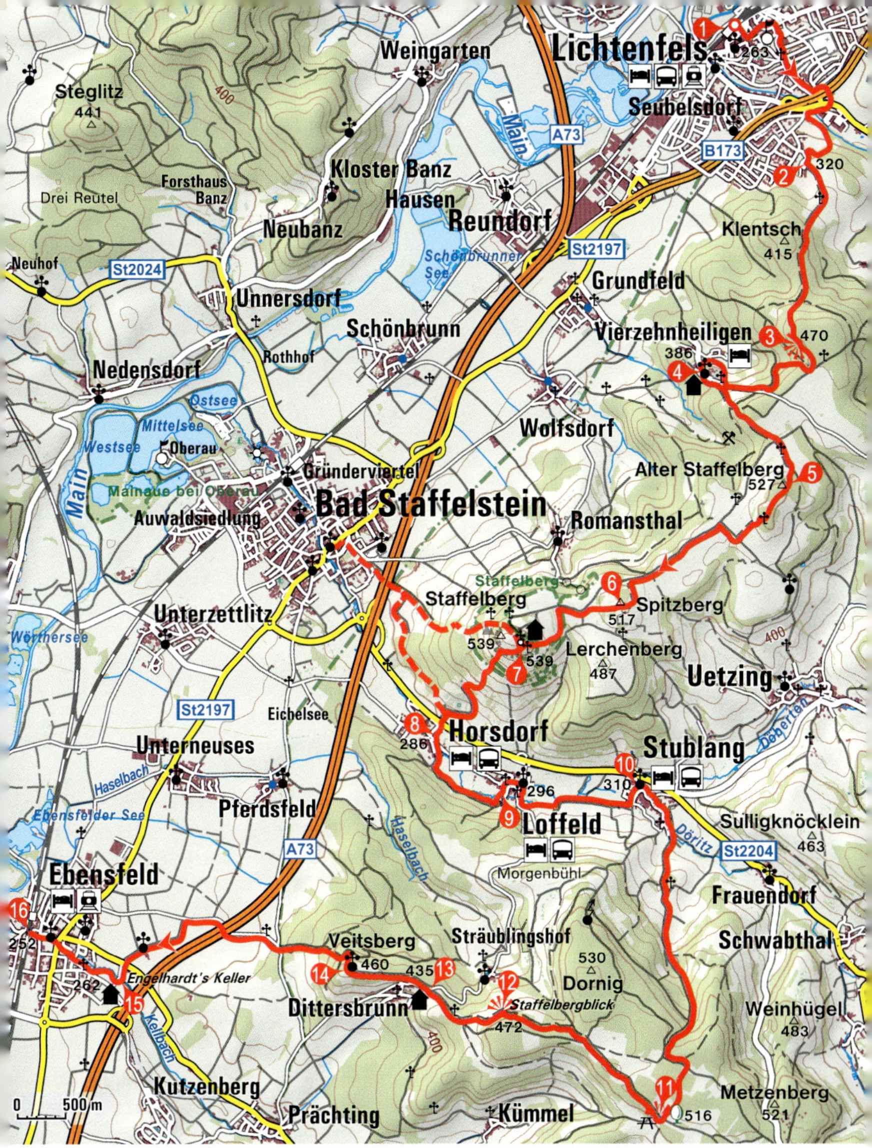
Lichtenfels
263
Seubelsdorf
B173
A73
320
Weingarten
Main
Steglitz
441
400
Kloster Banz
Forsthaus Banz
Drei Reutel
Hausen
Reundorf
Neubanz
Klentsch
415
Neuhof
St2024
St2197
Schönbrunner See
Grundfeld
Unnersdorf
Schönbrunn
Vierzehnheiligen
386
470
Rothhof
Nedensdorf
Ostsee
Mittelsee
Westsee
Oberau
Gründerviertel
Wolfsdorf
Alter Staffelberg
527
Main
Mainaue bei Oberau
Auwaldsiedlung
Bad Staffelstein
Romansthal
Staffelberg
Staffelberg
Spitzberg
517
539
539
Lerchenberg
487
Unterzettlitz
Wörthersee
400
Uetzing
Eichelsee
St2197
286
Horsdorf
Stublang
Doberten
Unterneuses
310
296
Haselbach
Pferdsfeld
Loffeld
Sulligknöcklein
463
Ebensfelder See
A73
Haselbach
Döritz
St2204
Morgenbühl
Ebensfeld
Frauendorf
Sträublingshof
Schwabthal
252
Veitsberg
460
435
530
Dornig
262
Engelhardt's Keller
Dittersbrunn
Staffelbergblick
472
Weinhügel
483
Kellbach
400
Kutzenberg
Metzenberg
521
0
500 m
Prächting
Kümmel
516
1
2
3
4
5
6
7
8
9
10
11
12
13
14
15
16

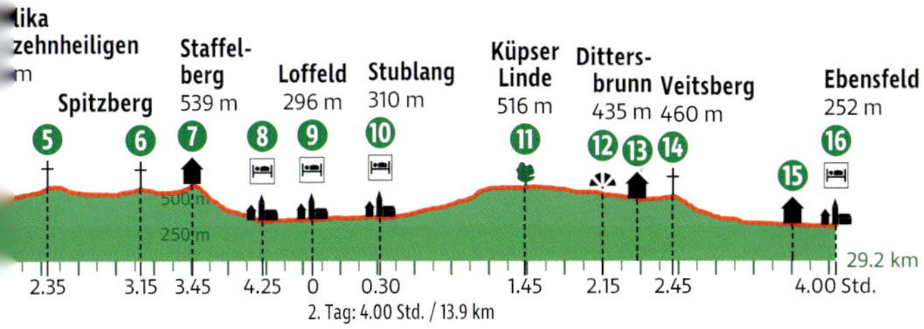
…zehnheiligen
Spitzberg
Staffel-berg
539 m
Loffeld
296 m
Stublang
310 m
Küpser Linde
516 m
Ditters-brunn
435 m
Veitsberg
460 m
Ebensfeld
252 m
5
6
7
8
9
10
11
12
13
14
15
16
500 m
250 m
29.2 km
2.35
3.15
3.45
4.25
0
0.30
1.45
2.15
2.45
4.00 Std.
2. Tag: 4.00 Std. / 13.9 km

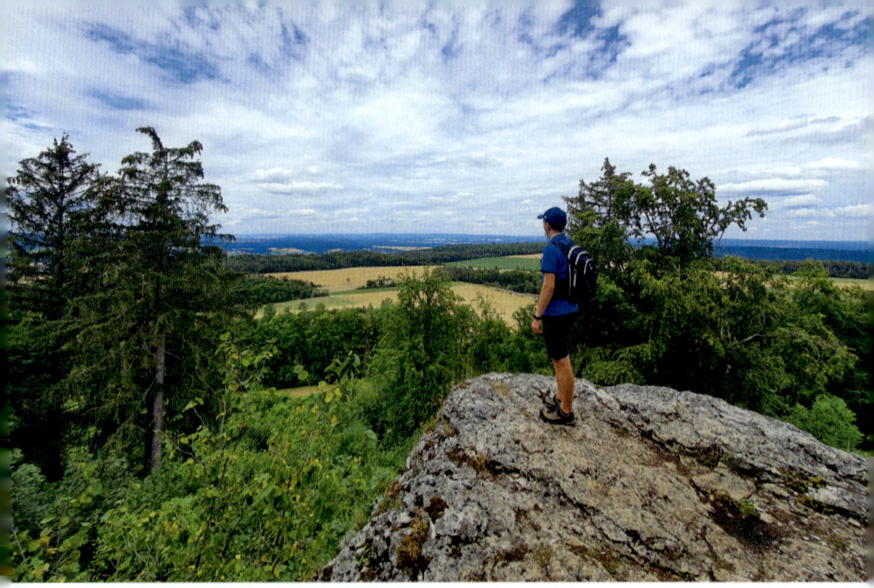

*Der Aufstieg auf den Alten Staffelberg lohnt sich.*

folgen wir nicht dem Straßenverlauf nach halbrechts, sondern bleiben auf der Langheimer Straße. An deren Ende auf einem Geh- und Radweg links, kurz darauf rechts. Nach Unterquerung der B173 und der St2203 halten wir uns rechts. Bis kurz vor dem Alten Staffelberg orientieren wir uns am Gottesgartenweg Süd (Markierung »blaue Kirchensilhouette auf gelbem Grund«).

Die Markierung führt über den Leuchsenbach, nach links von der Staatsstraße weg und am Wald entlang zum **BRK-Wohn- und Pflegeheim** ❷ am Stadtrand von Lichtenfels.

Es geht stetig bergan, zunächst im offenen Gelände, dann durch Wald, bis wir vom **Viktor-von-Scheffel-Blick** ❸ eine prächtige Aussicht auf Vierzehnheiligen, den Staffelberg, Staffelstein und das Maintal genießen. 200 m danach halten wir uns an einer Wegkreuzung rechts. Der Gottesgartenweg Süd leitet uns sicher hinab bis vor den Garten des Franziskanerklosters Vierzehnheiligen. Hier nicht links zur nahen Brauerei, sondern rechts am Garten entlang. Nach 250 m führt uns ein Stufenweg scharf links hinauf vor die **Basilika Vierzehnheiligen** ❹.

Von der beeindruckenden Wallfahrtskirche steigen wir kurz auf Asphalt zu dem **Biergarten**, dem **Bräustüberl** und der **Brauerei Trunk**

## Berühmtes Pilgerziel und Perle des Barocks

Die **Basilika Vierzehnheiligen** ist ein weithin sichtbares Wahrzeichen im Obermainland und eine der bekanntesten Wallfahrtskirchen Deutschlands. Erbaut wurde sie 1743 bis 1772 nach den Plänen des renommierten Barock- und Rokokoarchitekten **Balthasar Neumann** (geboren 1687 in Eger/Böhmen), der jedoch bereits 1753 in Würzburg verstarb. Die Fassade gilt als eine der imposantesten des **Barock**. Das lichtdurchflutete Innere ist ein Glanzstück des **Rokoko**. Hervorzuheben ist der freistehende Gnadenaltar mit den Vierzehn Nothelfern in der Mitte des Langhauses.

## »Die Lande um den Main zu unseren Füßen«

Der 539 m hohe **Staffelberg** ragt mit seinen weithin sichtbaren Kalkfelsen steil aus dem eher lieblichen Obermainland heraus. Erste Besiedlungen gab es bereits in der Jungsteinzeit vor 7000 Jahren. Die **Kelten** lebten von um 450 v. Chr. bis um 30 v. Chr. auf dem 340 mal 120 Meter große Plateau und bauten es zu einem **Oppidum**, einer stark befestigten Siedlung, aus. Die längst zerfallenen Wehrmauern sind am Rand der Hochfläche noch gut zu erkennen. Im Abstieg in Richtung Staffelstein wurde in den letzten Jahren bei Ausgrabungen ein keltisches **Zangentor** entdeckt, das mit einer Breite von 7,10 Metern, einer Länge von 6,60 Metern und einer Höhe von 12,50 Metern die Erwartungen der Archäologen weit übertraf. Es soll in den nächsten Jahren rekonstruiert und der Öffentlichkeit zugänglich gemacht werden. Seit 1654 steht auf dem Staffelberg die **Adelgundiskapelle**. Daneben wohnten von 1696 bis 1929 Eremiten. Gleich nach der Aufgabe der **Einsiedelei** wurde die Klause zu einer kleinen **Wirtschaft** mit schönem **Biergarten** umgebaut. Schön ist auch die Aussicht ins Tal und über das Frankenland. Der Dichter und Schriftsteller **Joseph Victor von Scheffel** (1826–1886) huldigte ihr und dem damaligen Einsiedler Ivo Hennemann (der wohl mit Veit gemeint ist) 1859 in seinem berühmten **Frankenlied**: »Zum heil'gen Veit von Staffelstein komm' ich emporgestiegen, – Und seh' die Lande um den Main zu meinen Füßen liegen: – Von Bamberg bis zum Grabfeldgau umrahmen Berg' und Hügel – Die breite stromdurchglänzte Au – ich wollt', mir wüchsen Flügel.«

auf. Nach dieser biegen wir rechts auf einen Schotterweg ab. Es geht bergan, bis nach einem Waldstück eine Hochfläche erreicht wird. Auf ihr erheben sich der Alte Staffelberg, der Spitzberg und der Staffelberg, dazwischen erstrecken sich Wiesen und Felder. Unsere Markierung verlässt uns hier nach rechts auf einen Kieselweg (folgen Sie ihr weiter, wenn Sie sich die folgende kleine Kletterei nicht zutrauen). Wir wählen den Feldweg geradeaus, halten uns nach 300 m rechts und steigen in einem Wäldchen in einem schmalen Durchgang zwischen Felsen auf den **Alten Staffelberg ❺**, 520 m.

Eine Ruhebank mit schönem Ausblick wird passiert. Gut 100 m danach verlassen wir den Pfad und gehen rechts am Berghang fast weglos steil abwärts. Am Waldrand wenden wir uns nach links und gelangen bei einem Hochstand an einen Wiesenweg. Dieser bringt uns an einen breiten Feldweg, dem wir nach rechts folgen. Er mündet in den Kieselweg von vorhin. Hier halten wir uns links. Nach 1,2 km verlassen wir den Kieselweg nach links und erklimmen in einer Rechtskurve den **Spitzberg ❻**, 510 m.

Auf der anderen Seite des Berges zurück an den Kieselweg. 400 m später

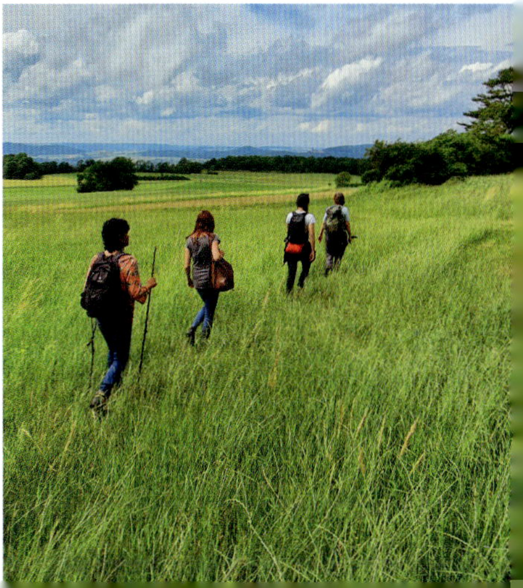

*Auf dem Staffelbergplateau.*

## Früher Höhenburg, heute Europarekord

Der 460 m hohe **Ansberg** wird im Volksmund **Veitsberg** genannt. Über den Resten einer ehemaligen mittelalterlichen Höhenburg erbaute der Bamberger Maurermeister Andreas Rheinthaler zwischen 1717 und 1719 die **Kapelle St. Veit**. Sie ist dem heiligen Vitus (Veit), einem der 14 Nothelfer, geweiht und kann für kirchliche Trauungen genutzt werden. Umgeben ist die Veitskapelle von **21 Linden**, die vor über 200 Jahren gepflanzt wurden und den **ältesten und größten Lindenkranz Europas** bilden. Spektakulär ist auch der Ausblick auf das Maintal, die angrenzenden Mittelgebirge und unsere gestrige Wegstrecke über das Staffelbergplateau.

biegen wir links in einen etwas schmäleren Weg ab und wandern mit der Markierung des Keltenwegs L in einer Rechtskurve zum **Staffelberg 7**, 539 m, hinauf (siehe Kasten Seite 69). Nach dem Abstecher rechts zu den Gipfel- und Aussichtsfelsen gehen wir von der Adelgundiskapelle nach Südwesten zur Abbruchkante des Staffelbergs und steigen an dessen Südhang ab. Bis Horsdorf folgen wir der Markierung »Rote Raute«. Vor dem Ortsrand wird die St2204 vorsichtig überquert. Wenig später stehen wir in **Horsdorf 8** vor der Lauter. Hier halten wir uns kurz links und überqueren bei nächster Gelegenheit das Flüsschen. Die Markierung »Gelber Punkt« führt uns aus Loffeld hinaus, am Waldrand durchs Lautertal und zu unserem Tagesziel, dem Brauereigasthof Staffelberg-Bräu in **Loffeld 9**.

**2. Tag (Loffeld – Ebensfeld):**
Vom Brauereigasthof in **Loffeld 9** gehen wir bis vor die Lauter, dort rechts und an der nächsten Straße, dem Dornigweg, erneut rechts. 150 m nach den letzten Häusern verlassen wir den Asphalt links auf einen Feldweg. 50 m später geradeaus auf einen Wiesenweg weiter. Dieser

*Auf dem Engelhardt's Keller kann man die Zweitageswanderung gut ausklingen lassen.*

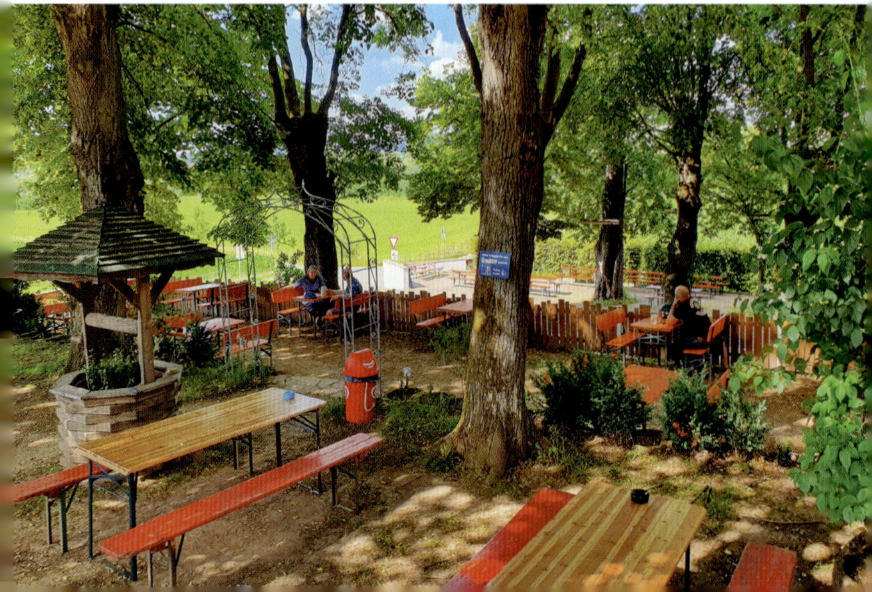

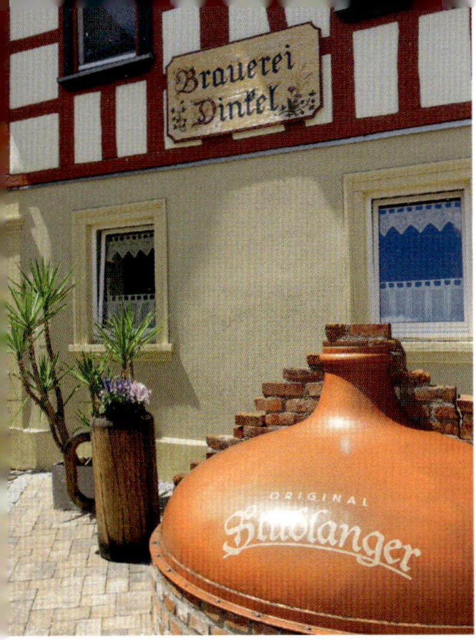


*Die Brauerei Dinkel in Stublang.*

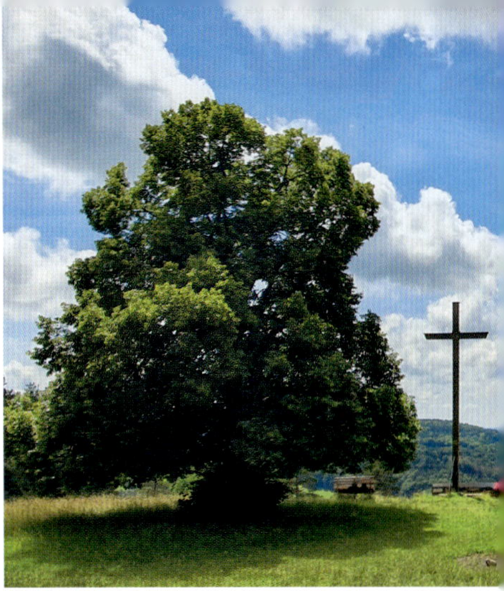

*Die Küpser Linde.*

mündet in einen Feldweg, an dem wir uns links halten. Auf Höhe des nächsten Orts links und auf Asphalt nach **Stublang ⑩** hinein.

Vor der Döritz halten wir uns rechts. Die beiden Brauereigasthöfe und mehrere Häuser mit Fachwerk werden passiert. Immer neben dem Bach geht es aus dem Ort hinaus. Wir wandern auf einem Fahrweg durch die Flur, dann im Wald bergan. An einer Gabelung wählen wir die linke, steil ansteigende Forststraße. Sie mündet fast am höchsten Punkt in eine weitere Forststraße, an der wir uns links halten. Nach 350 m an einer Lichtung rechts in einen schmalen Weg. Dieser wird bald etwas breiter und führt uns zur **Küpser Linde ⑪**. Bänke, Tische und die schöne Aussicht laden zum Pausieren ein.

Von Stublang kommend, die Linde(n) vor unseren Augen, gehen wir rechts weiter, also nach Nordwesten. Ein breiter Weg führt uns 1 km über die Hochfläche. Dann behalten wir an einer Gabelung in der Flur die Richtung bei. Die Markierung des Keltenwegs E leitet uns bis zum Veitsberg durch die Natur. Wir gelangen in einen Wald und biegen nach 200 m links auf einen Weg ab. Zurück im offenen Gelände werden wir mit einem **Staffelbergblick ⑫** überrascht. Auch der Alte Staffelberg und der Spitzberg sind gut zu erkennen.

Wir bleiben auf dem Keltenweg E, kreuzen die Straße nach **Dittersbrunn ⑬** (siehe Einkehr) und erreichen nach kurzem Anstieg den **Veitsberg ⑭**, 460 m.

Wir steigen auf der anderen Seite des Bergs wieder ab. Die Markierung »Weiße 8 auf rotem Grund« des Veitsberg Höhenwegs führt uns nun bis ans Tourenziel. Es geht zunächst im Wald, danach zwischen Feldern bergab. Nach der Unterquerung der A73 ist es nicht mehr weit bis zum **Engelhardt's Keller ⑮**, der etwas abseits der Route liegt.

Immer am Kellbach entlang gelangen wir in den Ortsbereich von Ebensfeld und passieren das Ebensfelder Brauhaus.

An der Hauptstraße links, über den Bach und gleich wieder rechts. Knapp 350 m später haben wir es schon geschafft und stehen am Bahnhof **Ebensfeld ⑯**.

# 7 Im Bierland Oberfranken

## Über die Hohe Metze und die Giechburg nach Memmelsdorf

2 Tage | 39 km | ↗ 860 m | ↘ 850 m

***Sechs Brauereien, fünf Bierkeller, vier Biergärten***

*Lassen Sie sich von den beiden »bierigen« Überschriften nicht täuschen. Auf den Bierkellern und in den Biergärten gibt es auch Kaffee, Cola & Co und die 39 Kilometer geizen nicht mit weiteren Reizen. Zu nennen sind die Ausblicke von der Küpser Linde, der Hohen Metze und der Giechburg über das Maintal. Der Weiße Lahma, ein 0,1 km² kleines Biotop aus Trocken- und Halbtrockenrasen, Säumen und Kiefern, in dem Silberdisteln, Orchideen, Wildbienen, Bläulinge und andere gefährdete Pflanzen und Tiere einen Lebensraum finden. Die auf einem Felsen errichtete Wallfahrtskirche Gügel. Ein plötzlich im Laubmischwald auftauchender Brunnen mit köstlichem Quellwasser und Getränken im Trog (um welche Art von Getränken es sich handelt, verrate ich lieber nicht). Schloss Seehof, ein prunkvolles ehemaliges Lustschloss der Bamberger Fürstbischöfe, das von einem Park und Weihern umgeben ist. Ab der Giechburg wandeln wir übrigens durch die sogenannte Fränkische Toskana. Der Name weckt Assoziationen. Gemeinsamkeiten sind unterwegs aber nur mit Fantasie zu finden – oder nach zwei, drei Seidla.*

**Ausgangspunkt:** Ebensfeld, 254 m, Bahnhof.
**Endpunkt:** Memmelsdorf, 261 m, Bushaltestelle Markt.
**ÖPNV:** Ebensfeld liegt an der Bahnstrecke Bamberg–Hof. Scheßlitz und Memmelsdorf haben Busverbindungen mit Bamberg.
**Etappendaten:**
**1. Tag:** 5.45 Std., 20,3 km, ↑400 m, ↓340 m.
**2. Tag:** 5.30 Std., 18,7 km, ↑460 m, ↓510 m.
**Anforderungen:** Bequem zu gehende Feldwege, Naturpfade und Forststraßen. An beiden Tagen je ein längerer, aber moderater An- und Abstieg. Etwas mehr freies Gelände als Schatten. Aufgrund der zahlreichen Biergärten und Einkehrmöglichkeiten auch im Hochsommer geeignet.
**Einkehr:** **1. Tag:** **Ebensfeld:** Engelhardt's Keller (auch vegan; Biergarten), Mo Ruhetag, Di–Sa ab 16 Uhr, So ab 10 Uhr, Kellerstr. 50, www.engelhardts-keller.de, Tel. +49 9573 1543; Brauereigasthof Zum Schwan, So/Mo Ruhetag, Di–Sa ab 16 Uhr, Hauptstr. 46, Tel. +49 9573 3301190. **Prächting:** Landgasthof Hummel (mit Biergarten), Mo/Di Ruhetag, Mi–Sa ab 16 Uhr, So ab 11 Uhr, landgasthof-hummel.de, Tel. +49 9573 3033. **Burgellern:** Hotel Schloss Burgellern (auch vegan; mit Garten), Öffnungszeiten siehe www.burgellern.de, Tel. +49 9542 5559990. **Scheßlitz:** Hotel Gasthof Krapp, Mo–Mi Ruhetag, Do–Sa ab 17 Uhr, So 11–14 Uhr, Oberend 3, www.hotelkrapp.de, Tel. +49 9542 8066; Ristorante da Peppo (auch vegan), Di Ruhetag, Oberend 4, www.da-peppo.de, Tel. +49 9542 1547; Gasthof Goldener Anker, Mo Ruhetag, Hauptstr. 31, www.goldener-anker.net, Tel. +49 9542 1606; Brauereigasthof Drei Kronen, Mi/Do Ruhetag, Fr–Di ab 17 Uhr, Hauptstr. 39,

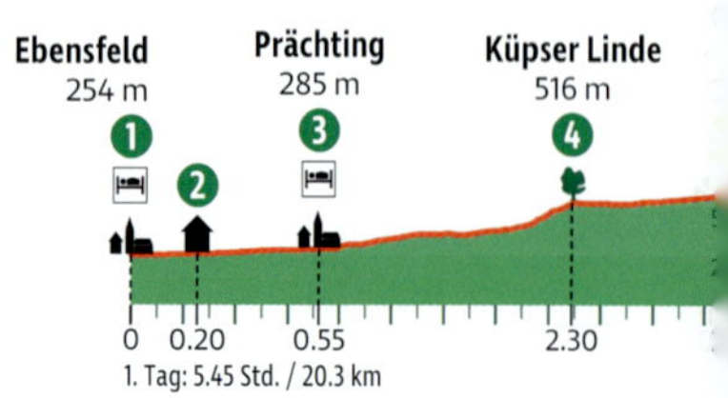

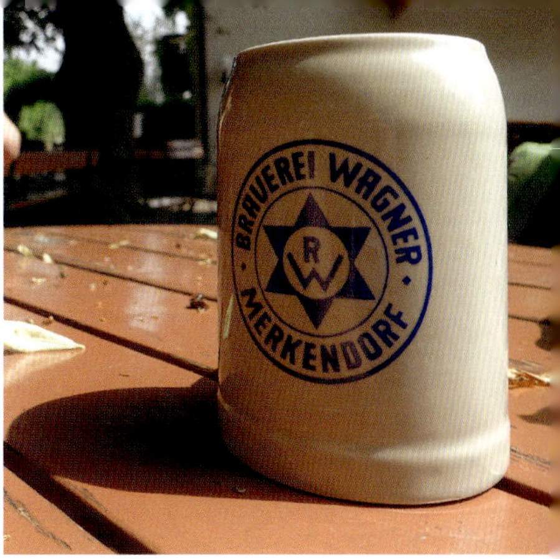


*In Prächting gibts Wagner-Bier.*

Tel. +49 9542 1564; Schwanenkeller (mit Biergarten), Di Ruhetag, Mi–Mo ab 16 Uhr, Windischlettener Str. 12, Tel. +49 9542 6979938.
**2. Tag: Giechburg:** Gaststätte Giechburg (mit Außenbereich im Burghof), Mo/Di Ruhetag, Mi–So 10–18 Uhr, www.giechburg-gaststaette.de, Tel. +49 9542 424. **Schammelsdorf:** Brauereigasthof Knoblach (mit Biergarten), Mo Ruhetag, Di–Fr ab 15 Uhr, Sa ab 11 Uhr, So 11–15 Uhr, Tel. +49 9505 267; Rungnapha (thailändische Küche; mit Garten), So/Mo Ruhetag, Di–Sa ab 17 Uhr, www.rungnapha.de, Tel. +49 9505 807600. **Meedensdorf:** Gasthaus Hoh (auch vegan; mit Biergarten), Mo/Di Ruhetag, Mi–Sa ab 16 Uhr, So ab 14 Uhr, www.gasthaus-hoh.de, Tel. +49 9505 1443. **Drosendorf** (2 km Abstecher): Brauerei & Wirtshaus Göller (mit Biergarten), Mo/Di Ruhetag, Scheßlitzer Str. 7, goeller-brauerei.de, Tel. +49 9505 1745. **Memmelsdorf:** Höhnskeller (Biergarten), Mi Ruhetag, Do–Di ab 16 Uhr, Meedensdorfer Str. 9, Tel. +49 951 406140; Brauereigasthof Drei Kronen (auch vegan), Hauptstr. 19, www.drei-kronen.de, Tel. +49 951 944330; Brauereigasthof Höhn (auch vegan; mit Hofgarten), Hauptstr. 11, hotel-gasthof-hoehn.de, Tel. +49 951 406140; Restaurant Cafè Schloss Seehof (auch vegan; mit Garten), Mo Ruhetag, Di–So 9–18 Uhr, www.schloss-seehof.com, Tel. +49 951 4071640.

**Übernachtung: 1. Tag: Ebensfeld:** Pension Veitsberg (€€), Prächtinger Str. 14–16, www.pension-veitsberg.de, Tel. +49 9573 6400; Zeltplatz am Badesee, Badweg 1, www.ebensfeld.de unter »Leben & Wohnen«, Tel. +49 9573 960822. **Prächting:** Landgasthof Hummel (€€). **Burgellern:** Hotel Schloss Burgellern (€€€). **Scheßlitz:** Hotel Gasthof Krapp (€€€).
**2. Tag: Giechburg:** Gaststätte Giechburg (€€). **Memmelsdorf:** Brauereigasthof Drei Kronen (€€€); Brauereigasthof Höhn (€€€).

**Einkauf:** Supermarkt und Bäckerei in Ebensfeld, Scheßlitz und Memmelsdorf.

**Information: Litzendorf:** Tourismusbüro Fränkische Toskana, Am Wehr 3, www.fraenkische-toskana.com, Tel. +49 9505 8064106.

**Tipp:** In Ebensfeld gibt es einen Badesee (siehe Wochenendtour 6), in Scheßlitz ein viel gelobtes Freibad (Windischlettener Str. 5, ca. Mai–Sept. 8–20 Uhr, Tel. +49 9542 8116).

**Verlängerung:** Machen Sie erst die Wochenendtour 6 und danach diese hier.

**Karte:** UK50-3 Coburger Land, Oberes Maintal, Bamberg (Landesamt für Digitalisierung, Breitband und Vermessung Bayern, 1:50.000, 2021) oder 165 Nördliche Fränkische Schweiz (Kompass, 1:50.000, 2021).

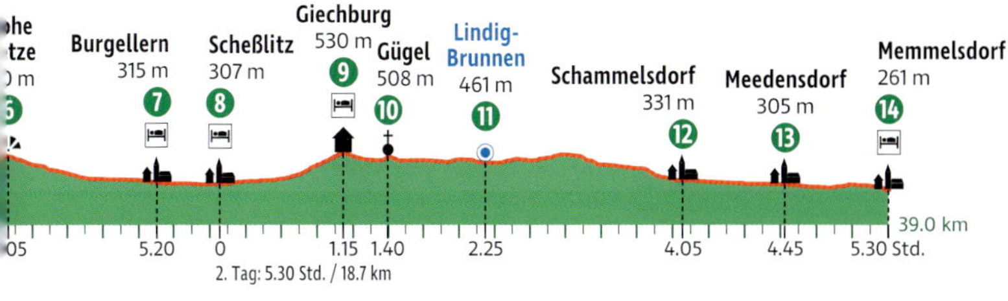

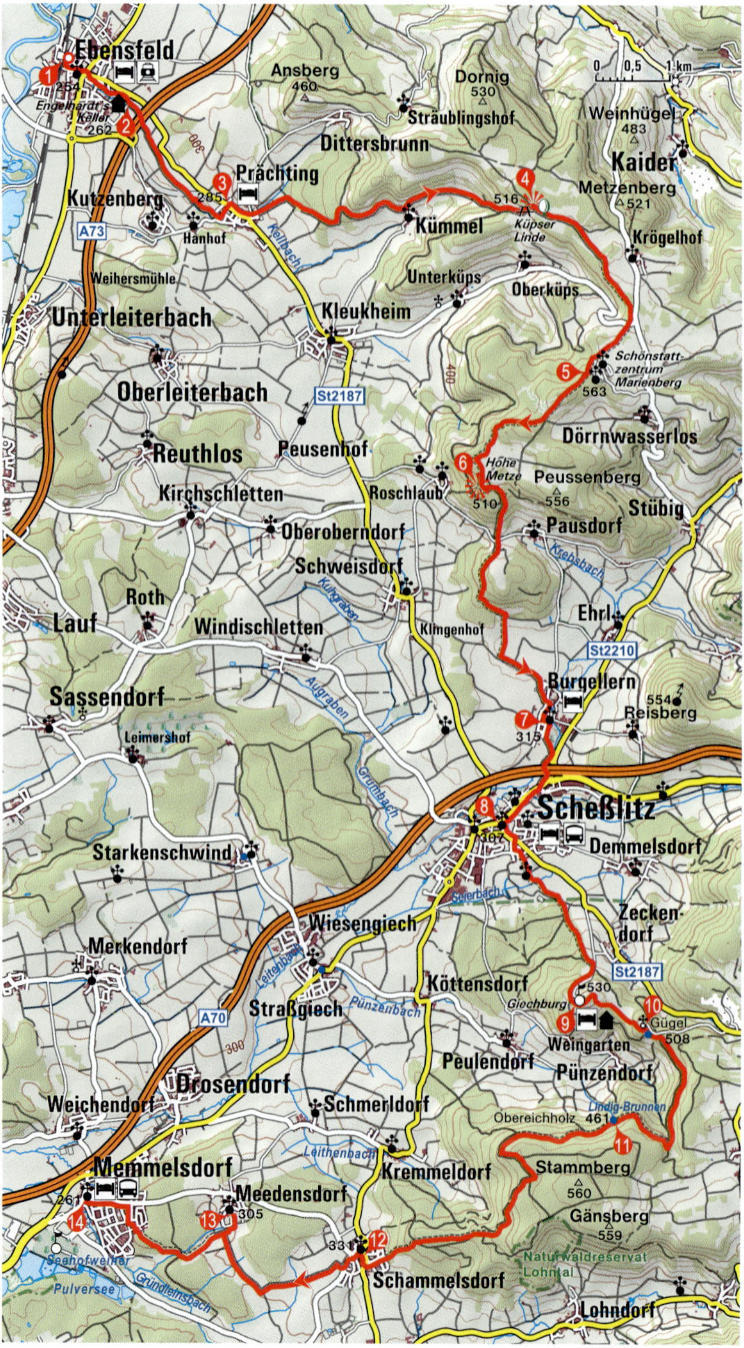
Ebensfeld
254
Engelhardt's Keller
262
Ansberg
460
Dornig
530
Sträublingshof
Dittersbrunn
0 0,5 1 km
Weinhügel
483
Kaider
Metzenberg
521
Prächting
285
Kützenberg
A73
Hanhof
Kümmel
516
Küpser Linde
Krögelhof
Kellbach
Weihersmühle
Unterküps
Oberküps
Unterleiterbach
Kleukheim
Schönstatt-zentrum Marienberg
563
Oberleiterbach
St2187
Dörrnwasserlos
Reuthlos
Peusenhof
Höhe Metze
Peussenberg
556
510
Kirchschletten
Roschlaub
Stübig
Oberoberndorf
Pausdorf
Schweisdorf
Krebsbach
Kuhgraben
Roth
Lauf
Windischletten
Klingenhof
Ehrl
St2210
Burgellern
554
Reisberg
Sassendorf
315
Leimershof
Aurgraben
Grünbach
Scheßlitz
307
Demmelsdorf
Starkenschwind
Zeckendorf
Wiesengiech
Merkendorf
Köttensdorf
St2187
530
Giechburg
Gügel
508
Straßgiech
Pünzenbach
A70
300
Weingarten
Peulendorf
Pünzendorf
Drosendorf
Weichendorf
Schmerldorf
Lindig-Brunnen
Obereichholz
461
Leithenbach
Memmelsdorf
Kremmeldorf
Stammberg
560
Meedensdorf
305
Gänsberg
559
331
Seehofweiher
Naturwaldreservat Lohntal
Pulversee
Gründleinsbach
Schammelsdorf
Lohndorf

## In Franken geht man auf den Keller

Rund **300 Brauereien** gibt es in Franken, so viele wie nirgendwo sonst in Deutschland. Die meisten davon finden sich in Oberfranken – in und um Bamberg, Forchheim und Bayreuth sowie in der Fränkischen Schweiz. Mit rund **70 Kleinbrauereien** ist **»die Fränkische«** wohl die Region mit der höchsten Brauereidichte der Welt. Die Gemeinde Aufseß hat vier Brauereien auf nicht mal 1300 Einwohner und erhielt dafür einen Eintrag ins Guinness-Buch der Rekorde.
Im Sommer geht man in (Ober)franken nicht nur in den Biergarten, sondern am liebsten **»auf den Keller«**. Anfang des 19. Jh. wurde das Volksgetränk Wein mehr und mehr durch Bier ersetzt. Da es damals noch keine elektrischen Kühlanlagen gab, lagerten die Brauereien das Bier im Sommerhalbjahr in kühlen Kellern am Berg. Irgendein geschäftstüchtiger Brauer kam auf die Idee, den Gerstensaft gleich vor Ort, meist über dem Keller auszuschenken. Daraus entstand die Redewendung »auf den Keller (gehen)«. Da viele der Bierkeller idyllisch gelegen sind, etwa unter **schattenspendenden Kastanienbäumen**, konnte sich diese hyggelige Tradition bis heute bewahren.
Klassisch wird ein **Kellerbier** getrunken. Es kommt vom Fass, ist ungefiltert und kohlensäurearm, schmeckt oft leicht würzig und ist ziemlich süffig. Der halbe Liter wird als **»Seidla«** bezeichnet. Wem ein Seidla zu wenig war und ein zweites zu viel wäre, der gönnt sich einen **»Schnitt«**. Dabei wird das Glas noch mal gut zur Hälfte gefüllt. In der Regel werden Brotzeiten, oft auch warme Fleischgerichte angeboten. Zuweilen kriegen sogar vegan lebende Personen etwas (siehe Hinweis »auch vegan« unter Einkehr) oder man darf wie früher seine eigene Brotzeit mitbringen, solange man etwas zu trinken bestellt. Für alle gilt: »Brachd werd fei niggs.« (»Gebracht wird nichts«, also: Selbstbedienung).
Auf dieser zweitägigen Wanderung durch das Obermainland und die Fränkische Schweiz bis an die Stadtgrenze Bambergs haben wir Gelegenheit, fünf Keller zu besuchen, nämlich den Engelhardt's Keller in Ebensfeld, den Schwanenkeller in Scheßlitz, das Gasthaus Hoh in Meedensdorf, das Wirtshaus Göller in Drosendorf (Abstecher) und den Höhnskeller in Memmelsdorf. Die Wochenendtour 6 führt uns zum Biergarten der Brauerei Trunk in Vierzehnheiligen und zum Engelhardt's Keller in Ebensfeld. Der Herrmann-Keller und der Max-Keller in Ampferbach und der Schwanakeller in Burgebrach liegen an der Route der Wochenendtour 15. Und auf der Wochenendtour 18 können wir im Schwanenbräu-Biergarten in Ebermannstadt, im Pretzfelder Keller (Abstecher) und im Lindenkeller (Abstecher) die Zeit vergessen. Siehe auch »Literaturtipps« Seite 17 und »Nützliche Webseiten, Adressen und Telefonnummern« Seite 16.

**1. Tag (Ebensfeld – Scheßlitz):**
Vom Bahnhof **Ebensfeld ❶** gehen wir in Richtung der Pfarrkirche Mariä Verkündigung ein paar Schritte auf der Bahnhofsstraße, dann auf einem Weg neben dem Kellbach. Unsere Markierung ist bis kurz vor dem Landgasthof Hummel die »Weiße 8 auf rotem Grund«. An der Hauptstraße halten wir uns links, überqueren den Bach und biegen dann scharf rechts in die Straße Oberer Kellbachdamm ein. Das Ebensfelder Brauhaus wird passiert.
Es geht am Kellbach entlang, aus Ebensfeld hinaus und zum **Engelhardt's Keller ❷**, der etwas rechts des Weges liegt. Wir behalten die Richtung und die Markierung (sie führt aber auch links weg, da es ein Rundweg ist) bei. Der Weg führt unter der A73 hindurch und unweit des Bachs durch die Flur bis an den Ortsrand von Prächting. Hier biegen wir

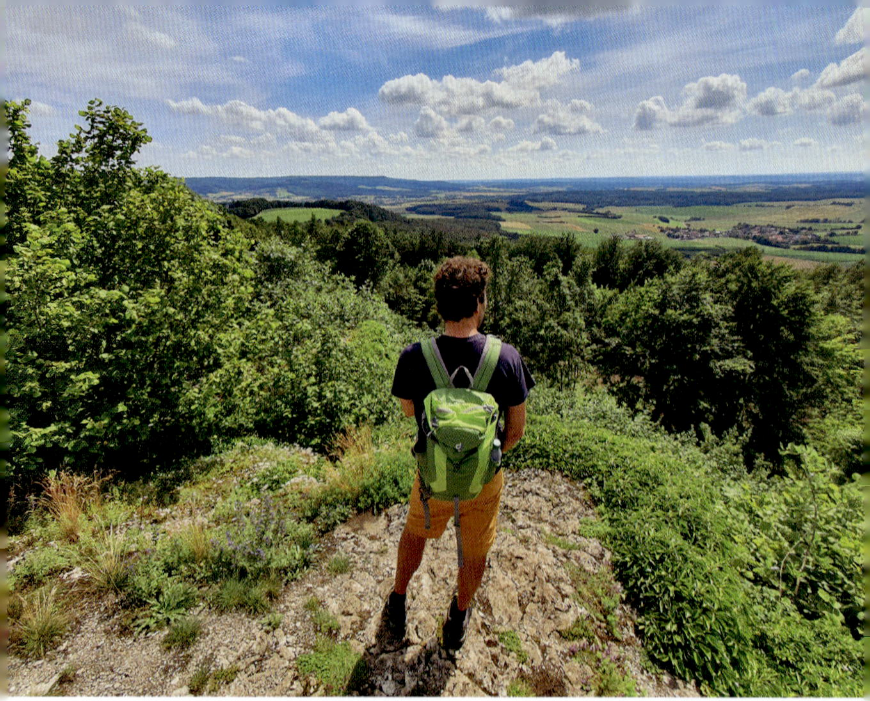

*Blick von der Hohen Metze ins Maintal, in die Haßberge und den Steigerwald.*

links ohne Markierung in die Straße Hummelsweg ab und stehen flugs vor dem Landgasthof Hummel in **Prächting ❸**.

An der Prächtinger Hauptstraße gehen wir rechts weiter und verlassen sie nach 300 m geradeaus in die Straße Holzweg. Ein Bolzplatz wird passiert. Am Waldrand rechts. Wir steigen an diesem und durch zwei kurze Waldstücke leicht, dann auf 200 m im Wald steil bergan. An einer Forststraße rechts und bald wandern wir zwischen Feldern mit schönen Ausblicken auf das Vorland und den Trauf der Fränkischen Alb bis an den Ortsrand von **Kümmel**. Wir halten uns links und wählen die Markierung »Weiße 8 auf rotem Grund« des Veitsberg-Höhenwegs hinauf zur **Küpser Linde ❹**.

Wir folgen dem breiten Weg nach rechts. Bis zum Tagesziel geben uns die Markierungen des Frankenwegs und des Main-Donau-Wegs die Richtung vor. Nach 2 km durch Flur und Wald wird eine Landstraße erreicht. Wir gehen rechts und verlassen sie gleich wieder nach rechts in eine weitere Landstraße. Nach wenigen Schritten links auf einem Wiesenpfad weiter. Wir kommen an einem Eingang zum **Schönstattzentrum Marienberg ❺**, wenig später am **Biotop Weißer Lahma** vorbei. Dort müssen wir aufpassen, da die Markierungen versteckt angebracht sind. Es geht 50 m auf einer Forststraße geradeaus, dann rechts auf einem Waldpfad weiter. Von der **Hohen Metze ❻** genießt man wieder schöne Ausblicke ins Maintal und darüber hinaus.

Im anschließenden Abstieg von der Alb nach Burgellern verlieren wir gut 200 Höhenmeter. An der Straße Pausdorfer Weg rechts, an deren Ende links über den Kirchplatz zum Schloss von **Burgellern ❼**.

Wir folgen den Schildchen des Frankenwegs und des Main-Donau-Wegs auf der Schloßstraße aus dem Ort hinaus, dann auf einem Weg unter die A70 hindurch und an die Straße Oberend. Diese führt direkt zur Pfarrkirche St. Kilian im Zentrum von **Scheßlitz ❽**.

**2. Tag (Scheßlitz – Memmelsdorf):** Von der Pfarrkirche St. Kilian in **Scheßlitz ❽** gehen wir auf der Wilhelm-Spengler-Straße in Richtung Süden. Bis zur Wallfahrtskirche Gügel folgen wir wieder dem Frankenweg und dem Main-Donau-Weg. Wir biegen links in die Straße Altenbach ab, rechts in den Gügelweg, links in die Straße Am Kreuzschleifer und rechts in den Andechsweg. Nach dem Asphalt wandern wir zwischen Feldern in einen Bachgrund und dann durch Wald bergan bis an ein Sträßchen. Dieses führt uns vor die **Giechburg ❾**. Der kurze Abstecher zur Ruine lohnt nicht nur wegen der schönen Aussicht.

Wir wandern über Magerrasen und auf einem reizvollen Wiesenweg abwärts und im Wald kurz bergan zum **Gügel ❿**. Die Wallfahrtskirche steht auf einem Felsen, dessen Wand Teil des Kirchturms ist. Von der Kapelle im Untergeschoss gelangt man über eine Wendeltreppe durch einen in den Fels gehauenen Gang nach oben in die Kirche.

Wir folgen unseren beiden Markierungen noch für 200 m und verlassen sie dann an einer Wegspinne rechts auf einer Forststraße. Gut 1,5 km begleitet uns nun die »Rote Raute« durch Buchenmischwald und an Felsen vorbei. Nach einem kurzen steilen Anstieg biegen wir ohne Markierung scharf rechts ab.

Am **Lindig-Brunnen ⓫** warten frisches Quellwasser und Getränke aus der Flasche auf durstige Wanderleute. Nach knapp 1,5 km wird eine

*Der kurze Abstecher zur Giechburg lohnt sich.*

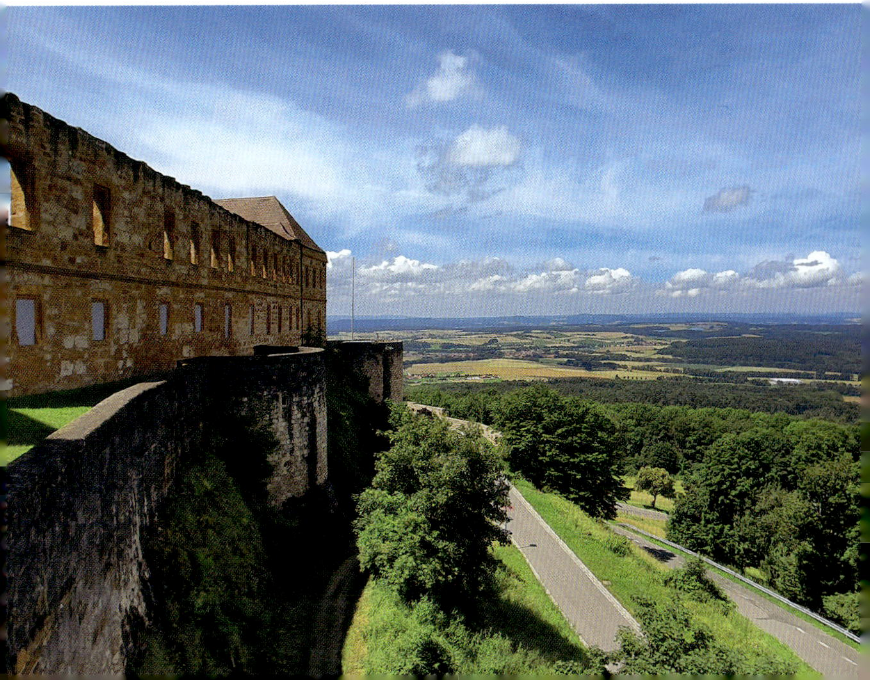

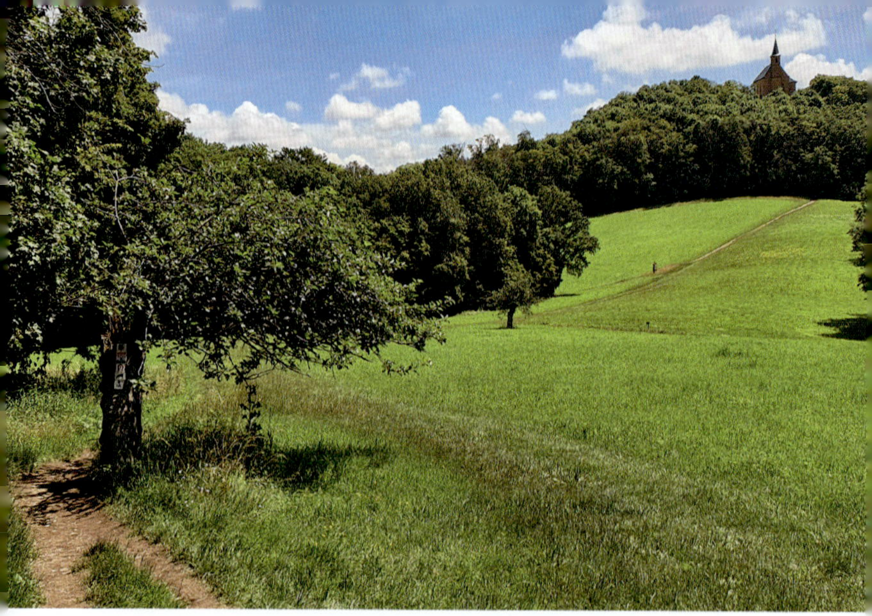

*Die Wallfahrtskirche Gügel spitzt bereits hervor.*

geschotterte Forststraße erreicht. Hier gehen wir links bergan weiter. Nach einer Linkskurve und dem Anstieg gelangen wir halbrechts auf eine weitere Forststraße, an einer Kreuzung biegen wir rechts in das nächste unasphaltierte Waldsträßchen ein. 500 m später an einer Gablung weiter abwärts. Wir passieren die Stammberg-Quelle. Knapp 300 m nach der Quelle müssen wir in einer Rechtskurve aufpassen und die Forststraße nach halblinks auf einem zuweilen leicht zugewachsenen Pfad verlassen. Dieser führt uns geradeaus erst eben, dann bergab bis zu den ersten Häusern von Schammelsdorf. Die Straße Dickengarten mündet in die Litzendorfer Straße, der wir rechts zum Brauereigasthof Knoblach in **Schammelsdorf ⑫** folgen.

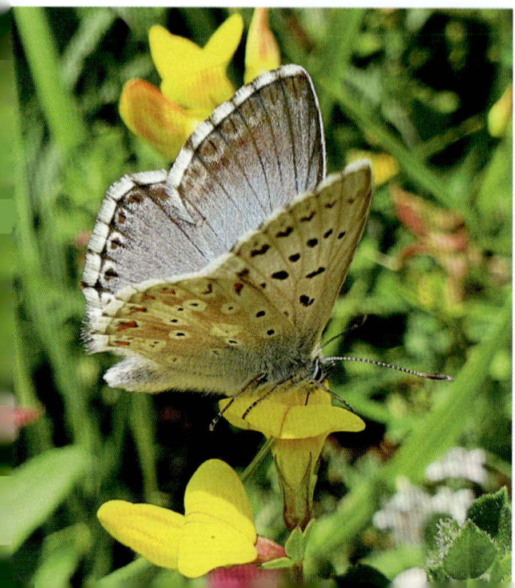

Wir halten uns an der Straße nach Memmelsdorf links, biegen noch im Ort rechts in die Meedensdorfer Straße ab und gleich wieder links auf einen asphaltierten Fahrweg. Zwischen Feld und Flur geht es in einen Bachgrund hinab, danach unter einer Hochspannungsleitung rechts. Am Ortsrand von Meedensdorf werden ein Fußballplatz und das Gemeinschaftshaus erreicht. Wir gehen rechts und nach 100 m links über einen Parkplatz zum Gasthaus und Biergarten Hoh in **Meedensdorf ⑬**. Wer auch noch das Brauereiwirts-

*Ein Bläuling beim Nektarsaugen.*

haus Göller in Drosendorf mitnehmen möchte (4 km hin und zurück), folgt dem 13-Brauereien-Weg in nördliche Richtung.

Vom Gasthaus zurück zum Fußballplatz und Gemeinschaftshaus. Hier halten wir uns rechts und wandern auf einem anfangs befestigten Weg in die Flur hinaus, dann am Waldrand entlang. An einem Waldeck geht es rechts in den Wald hinein, kurz abwärts und auf einer Forststraße wieder bergan. Wir verlassen sie nach 100 m links auf einen breiten Weg. 200 m danach halten wir uns halbrechts. In Memmelsdorf folgen wir der Ringstraße ein paar Schritte nach links, biegen rechts in die Hans-Gick-Straße ab, dann links in die Hohensteinstraße und gleich wieder rechts in die Straße Am hohen Kreuz. Die größere Meedensdorfer Straße führt uns nach links am Höhnskeller vorbei und ins Zentrum von **Memmelsdorf** **14** mit der Bushaltestelle »Memmelsdorf Markt«. Wenn Sie dem Straßenverlauf folgen, taucht bald schon das prachtvolle Schloss Seehof vor Ihren Augen auf.

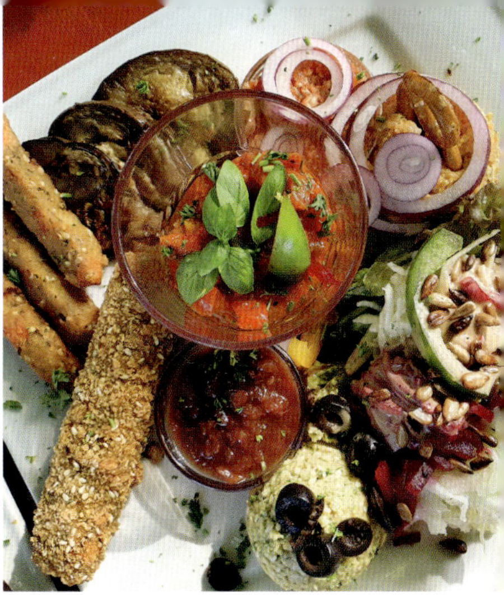

*Veganer Brotzeitteller im Biergarten Hoh in Meedensdorf.*

*Tourenausklang auf dem Höhnskeller.*

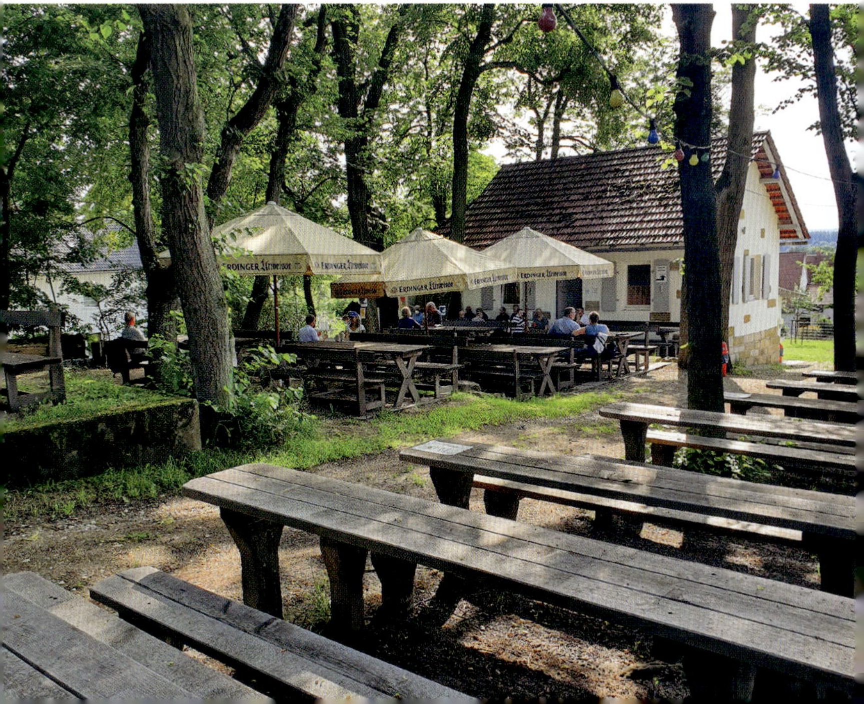

# 8 Rundtour in den Haßbergen

## Nach Seßlach, Königsberg in Bayern und Ebern

TOP | 3 Tage | 75 km | ↗1600 m | ↘1600 m

***Ausgedehnte Laubwälder, ehemalige Burgen, ruhige Stadtperlen***

*Die Haßberge sind weniger bekannt als manch andere Mittelgebirge in Franken. Unterwegs begegnet uns nur selten jemand und auch in den vom Mittelalter geprägten Etappenorten Seßlach, Königsberg und Ebern hält sich der Besucherandrang in Grenzen. Die Landschaft zeigt sich vielgestaltig und ursprünglich. In den höheren Lagen wandern wir durch ausgedehnte Laubmischwälder, in denen oft Spuren von Hirschen, Rehen, Wildschweinen und anderen Tieren zu erkennen sind. In den Tälern und um die Dörfer herum prägen Äcker, Wiesen, Obstgärten und Bachauen das offene Land. Auffallend ist, wie viele Schlösser und Burgruinen es heute noch in den Haßbergen gibt. In fast jedem Dorf steht ein schön renovierter Herrensitz. Viele Bergkuppen zieren Reste mittelalterlicher Festungen. Die Burg Rotenhan wurde gar aus dem Sandsteinfelsen herausgehauen, ist damit eine Rarität und mit dem Gütesiegel »Bayerns schönste Geotope« ausgezeichnet. Das schönste Panorama hingegen genießen wir von der Ruine Bramberg. Zu sehen sind Steigerwald, Rhön, Obermainland, Fränkische Schweiz, Thüringer Wald, Fichtelgebirge und mehr.*

**Ausgangspunkt:** Ebern, 268 m, Bahnhof.

**ÖPNV:** Ebern liegt an der Bahnstrecke Breitengüßbach–Ebern. Seßlach hat Busverbindungen mit dem Bahnhof Coburg, Königsberg in Bayern mit dem Bahnhof Haßfurt.

**Etappendaten:**

**1. Tag:** 5.30 Std., 19,1 km, ↑380 m, ↓380 m.
**2. Tag:** 8.30 Std., 30,9 km, ↑660 m, ↓650 m.
**3. Tag:** 7.15 Std., 25 km, ↑560 m, ↓570 m.

**Anforderungen:** Bequem zu gehende Waldpfade, Forststraßen und Feldwege. Im Bereich der Städte einige asphaltierte Abschnitte. Zahlreiche, auch etwas steilere und längere An- und Abstiege. Mehr Schatten als freies Gelände. Aufgrund der Länge der zweiten und dritten Etappe eher nicht für heiße Tage geeignet.

**Einkehr: 1. Tag: Ebern:** Veracruz (mexikanische Küche), Mo Ruhetag, Di–So ab 17 Uhr, im Sommer Mi/So schon ab 11 Uhr, Marktplatz 18, www.veracruz-ebern.de, Tel. +49 9531 944914; Gasthof Frankenstuben, Öffnungszeiten siehe www.gasthof-frankenstuben.de, Klein-Nürnberg 20, Tel. +49 9531 8430. **Heilgersdorf:** Brauerei & Gastwirtschaft Scharpf, Di Ruhetag, Mo und Mi–Fr ab 17 Uhr, Sa/So ab 16 Uhr (Bierverkauf meist auch tagsüber), www.scharpf-heilgersdorf.de, Tel. +49 9569 1232. **Seßlach:** Pörtnerhof (mediterrane Küche, auch vegan; mit Innenhof), Öffnungszeiten siehe www.poertnerhof-sesslach.de, mindestens aber Fr–So ab 17 Uhr, Luitpoldstr. 15, Tel. +49 9569 1886900; Landgasthof Roter Ochse (mit Innenhof), Mo/Do Ruhetag, Flenderstr. 95, www.roter-ochse-sesslach.de, Tel. +49 9569 1220; Gasthaus Reinwand (mit Außenbereich), Mi Ruhetag, Maximiliansplatz 99, www.gasthof-reinwand.de, Tel. +49 9569 304.

**2. Tag: Altenstein:** Schwimmbadgaststätte U-Boot, Öffnungszeiten telefonisch erfragen, Am Schwimmbad 2, Tel. +49 160 7267766. **Pfaffendorf:** Gasthof Zur Sonne (mit Biergarten), Öffnungszeiten telefonisch erfragen, Pfaffendorfer Hauptstr. 20, Tel. +49 9535 241. **Königsberg in Bayern:** Hotel Goldner Stern, Mo Ruhetag, Marktplatz 6, www.

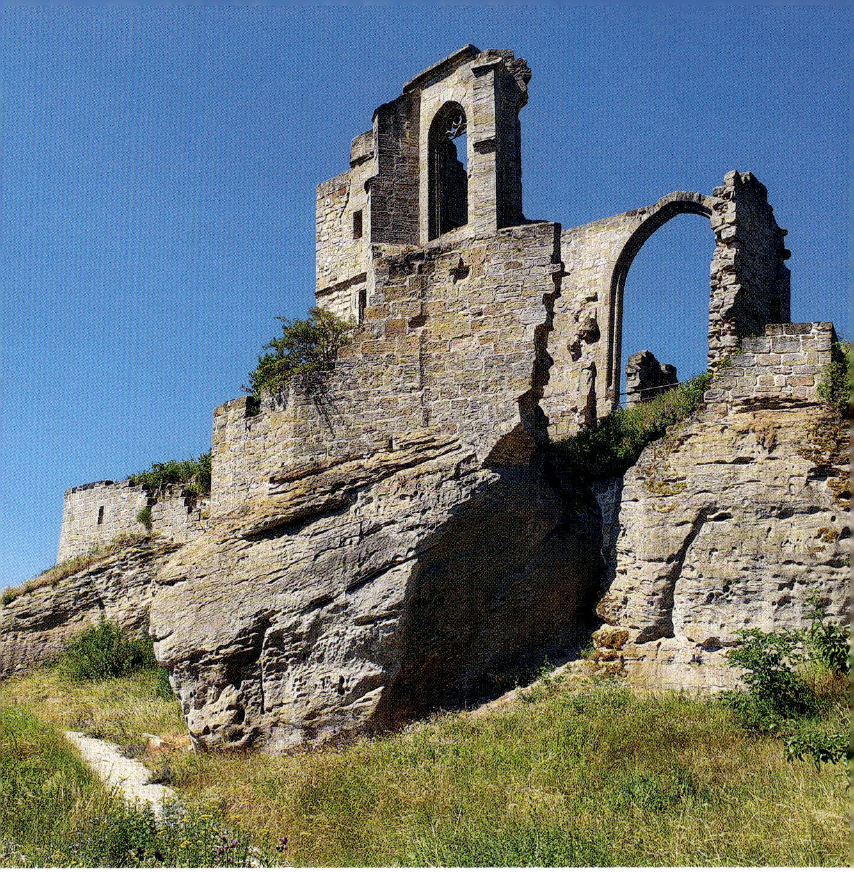

*Die auf Sandsteinfelsen erbaute Ruine Altenstein.*

goldnerstern.com, Tel. +49 9525 92210; Café Eiring Herrenschenke (auch vegan), Mo Ruhetag, Fr nur abends, Marienstr. 3, www.herrenschenke.de, Tel. +49 9525 92320; Schlossberg Gaststätte (auch vegan; mit Außenplätzen im Burghof), Di Ruhetag, Mo ab 14 Uhr, Mi–So ab 11 Uhr, www.schlossberg-koenigsberg.de, Tel. +49 9525 981944. Das Marktplätzchen (Café und Galerie, mit Außenplätzen), Fr–So 14.15–18 Uhr, Marienstr. 4, www.markt-plaetzchen.de, Tel. +49 171 263 8153.

**3. Tag: Ebern:** siehe 1. Tag.

**Übernachtung: 1. Tag: Ebern:** Pension Bauer (€€), Zentstr. 13, www.pension-bauer.de, Tel. +49 9531 239; Gasthof Frankenstuben (€€). **Seßlach:** Pörtnerhof (€€€); Landgasthof Roter Ochse (€€€); Fränkische Landherberge (€€), Hans-Reiser-Str. 33, www.fraenkische-landherberge.de, Tel. +49 9569 92270.

**2. Tag: Pfaffendorf:** Gasthof Zur Sonne (€€). **Königsberg in Bayern:** Hotel Goldner Stern (€€€); Café Eiring Herrenschenke (€€).

**3. Tag: Ebern:** siehe 1. Tag.

**Einkauf:** Supermarkt und Bäckerei in Ebern, Seßlach und Königsberg.

**Information: Ebern:** Tourist-Information, Ritter-von-Schmitt-Str. 8, www.ebern.de, Tel. +49 9531 62914. **Seßlach:** Tourist-Information, Luitpoldstr. 3, www.sesslach.de, Tel. +49 9659 1885566.

**Karte:** UK50-2 Naturpark Haßberge (Landesamt für Digitalisierung, Breitband und Vermessung Bayern, 1:50.000, 2020).

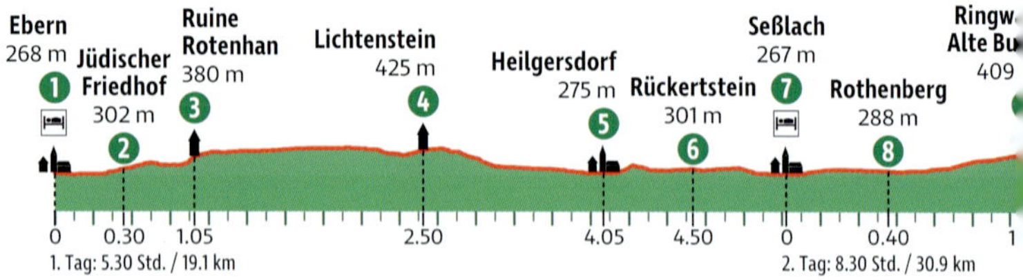


**1. Tag (Ebern – Seßlach):**
Vom Bahnhof **Ebern** ❶ gehen wir zur nahen Stadtmauer. Von »Frankens schönstem Kegelspiel«, den acht Türmen der Stadtbefestigung und dem Kirchenturm in der Mitte, stehen noch sechs »Kegel«.

Wir schlüpfen durch einen Durchgang in die Altstadt. Auf der Rittergasse nach rechts, direkt vor der katholischen Pfarrkirche St. Laurentius auf einem Fußweg links bis an die Spitaltorstraße. Links ginge es zum Marktplatz, zum historischen Rathaus und zum 43 m hohen Grauturm. Wir halten uns rechts und verlassen auf der Kapellenstraße die Altstadt. Die Markierung »Grüner Turm« des Burgen- und Schlösserwanderwegs kommt dazu und leitet uns bis nach Lichtenstein. Ein kleiner und ein großer Kreisverkehr werden überquert. Knapp 350 m danach rechts, an Gewerbegebäuden vorbei und in den Wald hinein. Im Anstieg passieren wir den nicht zugänglichen, aber einsehbaren **Jüdischen Friedhof** ❷.

Bald danach geht es links weiter. Wir wandern knapp 200 m am Waldrand oberhalb von Eyrichshof entlang und dann wieder durch Wald. An einer Straße gehen wir kurz rechts bergauf und bei einem Rastplatz mit Infotafeln links zur **Ruine Rotenhan** ❸, einem echten Unikat aus Sandstein.

Unser Weiterweg schlängelt sich durch den Wald. An einer Forst-

*Die Burg Rotenhan wurde aus dem Sandsteinfelsen herausgehauen.*

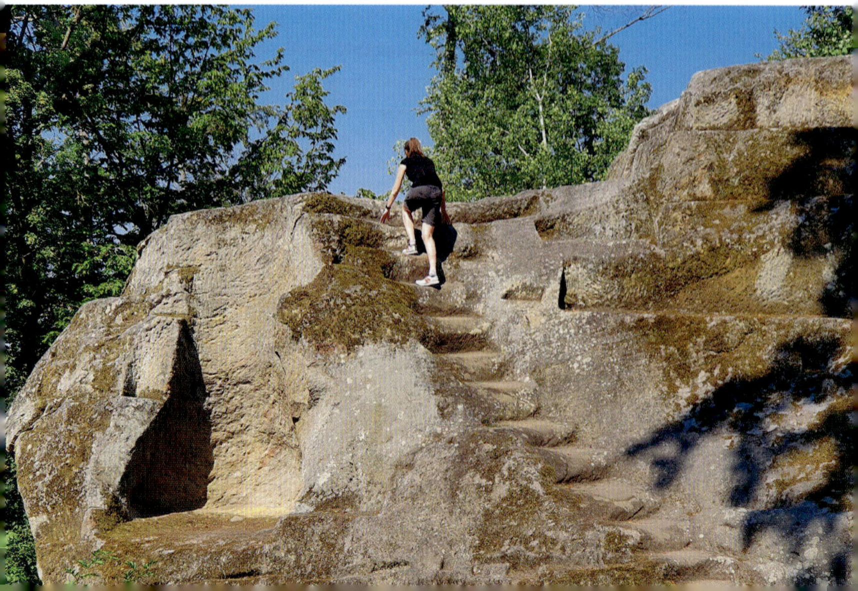

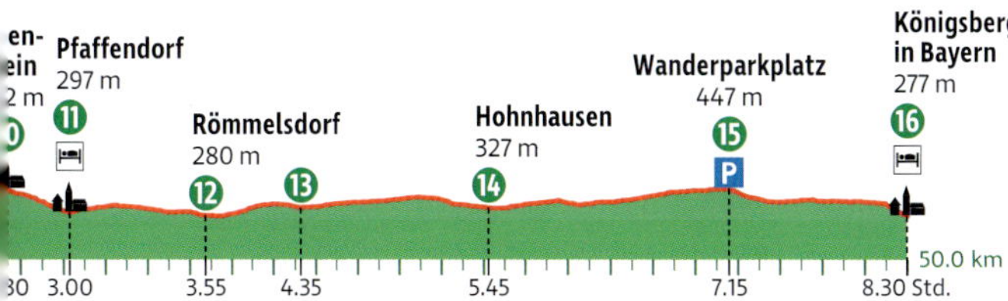


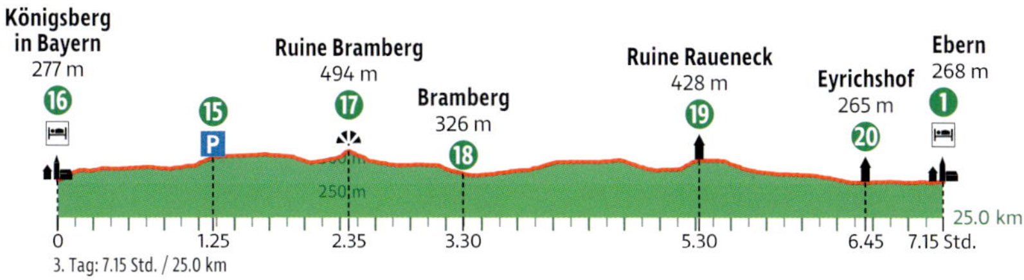


straße halten wir uns links. Dann folgen wir längere Zeit dem Waldrand. Dabei eröffnen sich Ausblicke ins Obermainland und ins Coburger Land. Bei guter Sicht sind u. a. das Kloster Banz, Vierzehnheiligen, der Alte Staffelberg, der Spitzberg und der Staffelberg auszumachen (siehe Wochenendtour 6).

Wir kreuzen eine Straße. Nach einem Waldstück geht es links auf einem Fahrweg weiter. Nach 700 m erneut links, bei der nächsten Gelegenheit rechts. Zwei Straßen werden kurz hintereinander überquert. Der Burgen- und Schlösserweg führt uns in einer weiten Rechtskurve und an einem kleinen Felsenlabyrinth vorbei nach **Lichtenstein 4**. Die Ruine der Nordburg liegt gleich rechts. An deren Eingang kann man Getränke in Selbstbedienung kaufen. Die Südburg ist die einzige noch bewohnte mittelalterliche Burganlage im Eberner Land und ist nicht zu besichtigen (am Tor kann man aber einen Blick erhaschen).

An der Ortsdurchgangsstraße verlässt uns die Markierung »Grüner Turm« nach links. Wir gehen geradeaus und an einer Gabelung beim Friedhof links. Nach der Ortschaft wandern wir durch Wald und zwischen Feldern zu den ersten Häusern von Heilgersdorf. Ab hier führt uns die Markierung »Gelber Balken« bis kurz vors Tagesziel. An der Bischwinder Straße rechts und an der Hauptstraße links. Die Brauerei und Gaststätte Scharpf und die evangelische Kirche in **Heilgersdorf 5** werden passiert. Rechts könnte man einen Abstecher zum nahen Schloss machen. Die Hauptstraße führt uns über den Fluss Alster. Direkt danach halten wir uns rechts.

Wir verlassen Heilgersdorf und steigen im Wald kurz bergan. Oben links auf einem Fahrweg weiter. Im offenen Gelände wird eine Straße gekreuzt. Im nächsten Waldstück kommen wir am **Rückertstein 6** vorbei. Wenig später gelangen wir an einen asphaltierten Geh- und Radweg. Wir könnten hier der Markierung »Gelber Balken« nach rechts folgen. Schöner ist es aber, noch rund 150 m geradeaus zu gehen, dann rechts in einem Waldstück zu verschwinden und an dessen Ende rechts durch die Flur zum Geh- und Radweg zurückzukehren.

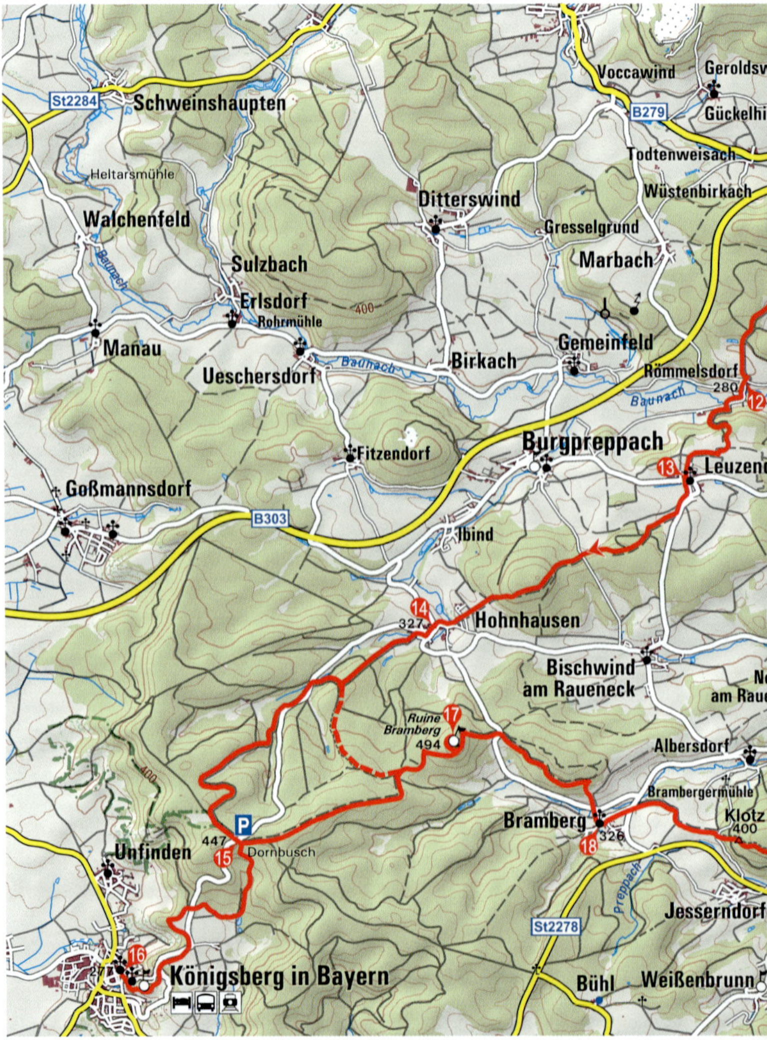


Dieser bringt uns an eine Straße, die uns wiederum an einen Kreisverkehr führt. Hier wählen wir die Straße zur bereits sichtbaren Altstadt von Seßlach. Die Rodach wird auf zwei Brücken überquert. Wir gehen durch das Rothenberger Tor und weiter bis zum Maximiliansplatz in **Seßlach** ❼ (nähere Informationen zur Stadt siehe Kasten Seite 86).

**2. Tag (Seßlach – Königsberg in Bayern):**

Vom Maximiliansplatz in **Seßlach** ❼ kehren wir auf der gestrigen Route zum asphaltierten Geh- und Radweg zurück. Die Markierung »Blauer Helm« des Amtsbotenwegs (siehe Kasten Seite 88) führt uns die gesamte Etappe durch die Haßberge. Wir verlassen den Geh- und Radweg bei erster Gelegen-

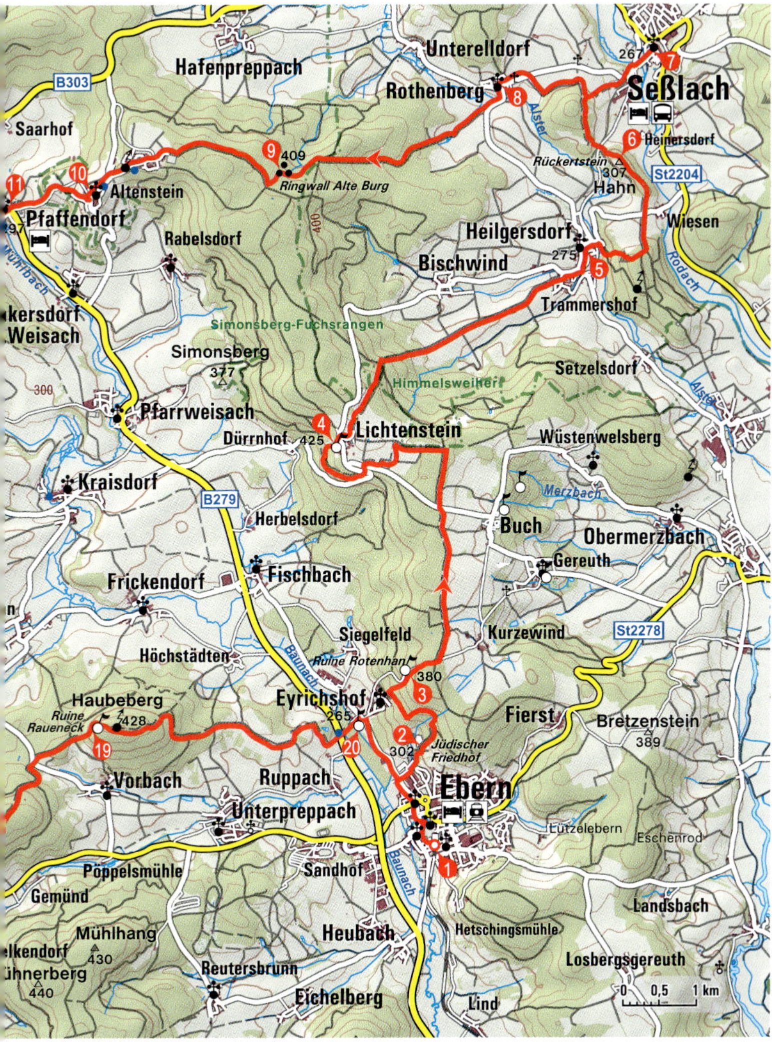


heit nach rechts, gehen am Waldrand entlang und halten uns an der von Seßlach kommenden Straße links.

In **Rothenberg 8** folgen wir links der Straße in Richtung Heilgersdorf. Gut 200 m nach einem Bolzplatz biegen wir links auf einem Fahrweg ab. Er führt anfangs sanft, im Wald dann steiler bergan. Wir gelangen an eine weitere Forststraße. Hier geht es geradeaus auf einem weichen Pfad durch schönen Mischwald weiter. Rund 50 m nach einer Infotafel kann man rechts auf einem kaum sichtbaren Trampelpfad einen kurzen Abstecher zum **Ringwall Alte Burg 9** machen. An einer Forststraßenkreuzung halten wir uns rechts. In **Altenstein 10** kommen wir am Freibad und an der auf Sandsteinfelsen erbauten

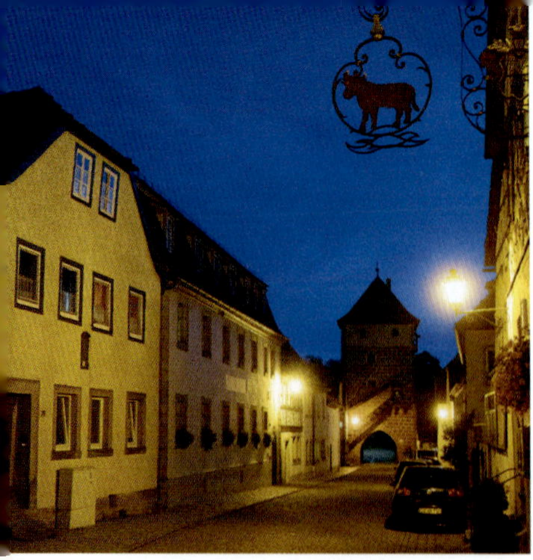

*Abendstimmung in Seßlach.*

**Ruine Altenstein** (im Sommerhalbjahr Mi–So 10–17 Uhr) vorbei. Nach der Ruine geht es rechts auf der Pfaffendorfer Gasse weiter.
Wir steigen ins Weisachtal ab, kreuzen in **Pfaffendorf** ⑪ die Hauptstraße und passieren das Schloss. Über den nächsten bewaldeten Hügel gelangen wir nach **Römmelsdorf** ⑫. Am Ortsende wird die Baunach überquert. Knapp 250 m später verlassen wir die Straße nach links und wandern – gut auf die Markierungen des Amtsbotenwegs achtend – hinüber nach **Leutzendorf** ⑬. Auch hier befinden sich eine Kirche und ein Schloss. Am Ortsende biegen wir rechts in einen Feldweg ab. Es folgt ein längerer, schöner Abschnitt durch Wald.
In **Hohnhausen** ⑭ gehen wir an der Ortsdurchgangsstraße links und bei den letzten Häusern (50 m weiter geradeaus befindet sich ein kleiner Badeweiher) rechts auf ein Sträßchen. Wir verlassen es an einer Gabelung nach links. Im Wald überqueren wir eine Forststraße und halten uns an der nächsten rechts. Eine Straße wird erreicht. Wir folgen ihr für 400 m (meist auf einem Weg parallel daneben) und überqueren sie dann. Es geht auf einem Fahrweg weiter, der uns nach gut 500 m rechts über eine langgestreckte Lichtung führt. Am

## Die stille Perle im Coburger Land

Das 800 erstmals urkundlich erwähnte Städtchen **Seßlach** hat knapp 4000 Einwohner und liegt am nordöstlichen Fuß der Haßberge im Coburger Land. Es begeistert mit einem fast autofreien, bestens erhaltenen **mittelalterlichen Zentrum**, das komplett von einer **Stadtmauer** mit auffallenden **Toren und Türmen** umgeben ist. Kein Wunder, dass hier Szenen für die Spielfilme »Luther« (2003), »Der Räuber Hotzenplotz« (2006) und »Die Seelen im Feuer« (2014) gedreht wurden.
Dass Seßlach vom Tourismus weitgehend verschont geblieben ist und man die Gassen nach Einbruch der Dunkelheit meist nur mit den Katzen teilen muss, überrascht dann aber doch. Allein die zahlreichen, **liebevoll restaurierten Fachwerkhäuser** sind einen Besuch wert. Einen genaueren Blick lohnen das **Rathaus** am Marktplatz, die spätgotische, barockisierte **Stadtpfarrkirche**, das **Hohe Haus** und das ehemalige fürstbischöfliche **Amtsgericht** (hier schrieb Friedrich Rückert sein erstes Gedicht) am Maximiliansplatz sowie der alte **Getreidespeicher** des Würzburger Juliusspitals und das historische **Amtsmagazin** in der Luitpoldstraße.
Für manch einen ist ein anderes Gebäude das wichtigste: In der Pfarrgasse steht ein noch aktives **Gemeindebrauhaus**. Seit 1335 dürfen die Seßlacher ihr eigenes Bier brauen. An den Fasstagen werden zwei weltweit einmalige Straßenschilder mit der Aufschrift »Frei nur für Bierabholer« aufgestellt. Von den jährlich 1400 Hektolitern gehen 60 % an Privatleute und 40 % an die beiden Gasthöfe Roter Ochse und Reinwand (weitere Infos und Termine der Brau- und Fasstage unter www.sesslach.de).

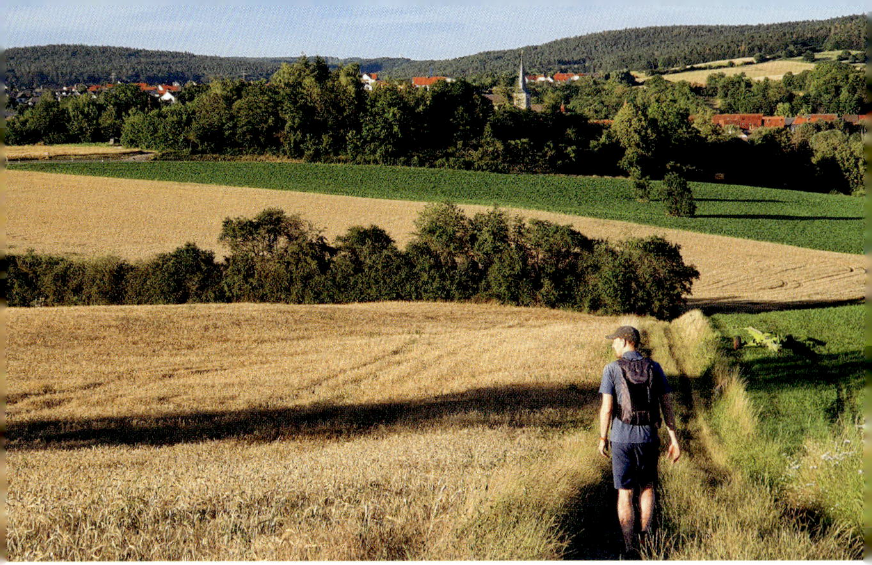

*Durch die Flur nach Seßlach.*

höchsten Punkt im Wald gelangen wir bei einem **Wanderparkplatz ⑮** wieder an die Straße.

Auf der anderen Seite wählen wir halbrechts den schmalen Weg. Nach dem Wald gehen wir rechts an dessen Rand entlang. Wir überqueren die Straße zweimal und folgen ihr ab einem Wanderparkplatz gut 100 m. Dann halten wir uns leicht rechts und passieren das Ortsschild von Königsberg. Bei nächster Gelegenheit leicht links halten. Ein Sträßchen führt uns vor die **Burg Königsberg**. Der kurze Abstecher lohnt sich schon wegen der Aussicht.

Im Abstieg kann man links durch ein kleines Tor treten und auf den Weinberg blicken. Die Straßen Schloßberg und Salzmarkt führen uns hi-

*Die Altstadt von Königsberg steht als Ganzes unter Denkmalschutz.*

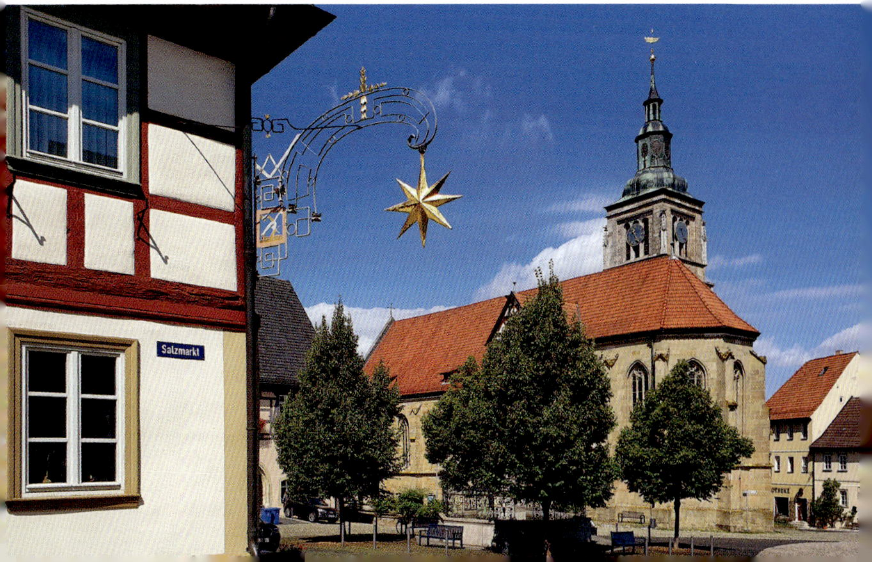

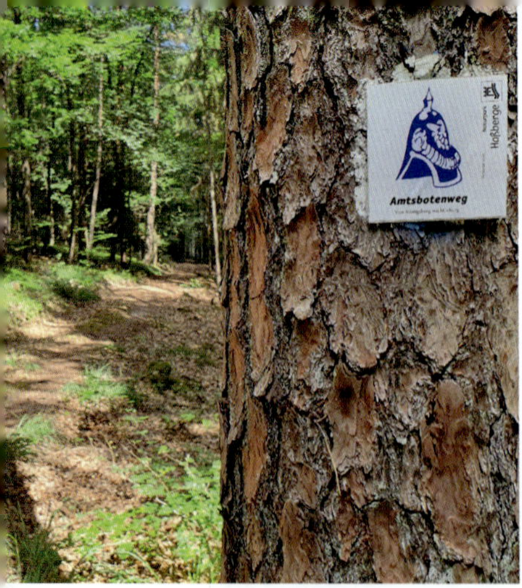


*Immer dem Amtsbotenweg nach.*

nab zum Marktplatz in **Königsberg in Bayern ⑯**. Die mittelalterlich-romantische Altstadt mit den verwinkelten Gassen, zahlreichen bestens erhaltenen Fachwerkhäusern, dem Regiomontanushaus, der Marienkirche und den Stadttoren steht als Ganzes unter Denkmalschutz.

**3. Tag (Königsberg in Bayern – Ebern):**

Wir kehren vom Marktplatz in **Königsberg in Bayern ⑯** auf der Route des Vortages bis an die Straße bei dem **Wanderparkplatz ⑮** zurück.

Wir könnten hier die Straße überqueren und schon der zuverlässig gesetzten Markierung »Grüner Turm« folgen (zusätzliche 3 km bzw. 45 Minuten). Auf der schnelleren Hauptroute biegen wir an der Straße rechts in eine Forststraße ab. Nach 130 m links in einen breiten unmarkierten Weg. Auf diesem bleiben wir für 2 km. Wenn der Weg beginnt, undeutlicher zu werden, müssen wir aufpassen und links auf einen Trampelpfad abbiegen. Dieser bringt uns hinab an eine Forststraße, der wir nach rechts folgen. Bis Eyrichshof begleitet uns nun die Markierung »Grüner Turm« des Burgen- und Schlösserwanderwegs. Wir verlassen wenig später die Forststraße nach rechts und steigen zur **Ruine Bramberg ⑰** auf. Sie steht auf dem Gipfel eines erloschenen Vulkankegels und bietet Ausblicke auf die angrenzenden Mittelgebirge und sogar darüber hinaus.

Im Weiterweg wird im Wald eine Straße überquert. Wieder in offenem Gelände kreuzen wir den Asphalt abermals und erreichen das Dorf **Bramberg ⑱**. Wir biegen links in die Straße Zur Rohrwiese ab. Nach dem Ort wandern wir durch die Flur und bald wieder in den Wald hinein. Die Markierungen führen uns auf herrlichen Waldwegen an Gesteinsformationen, Heidelbeersträuchern und Rastplätzen vorbei bis zur **Ruine Raueneck ⑲**.

Wir steigen auf einer Forststraße und dann auf Feldwegen ab. Die B279 wird unterquert, anschließend die Baunach und der Mühlbach über-

## Auf Spuren der Amtsboten

Auf der anstrengenden zweiten Etappe (die mit einer zusätzlichen Übernachtung in Pfaffendorf entschärft werden kann) folgen wir zumeist den zuverlässig gesetzten Markierungen des **Amtsbotenwegs**. Königsberg gehörte von 1826 bis 1920 zum Herzogtum Sachsen-Coburg und Gotha. Damals wurde zum Überbringen wichtiger Botschaften der **Amtsbote** eingesetzt. Mindestens zweimal pro Woche musste dieser zu Fuß die **50 Kilometer** von der **Enklave Königsberg** über Seßlach in die **Residenzstadt Coburg** zurücklegen. Auch Bäuerinnen und Handwerker nutzten diesen Weg, um nach Coburg zu gelangen und dort ihre Erzeugnisse oder Leistungen anzubieten.

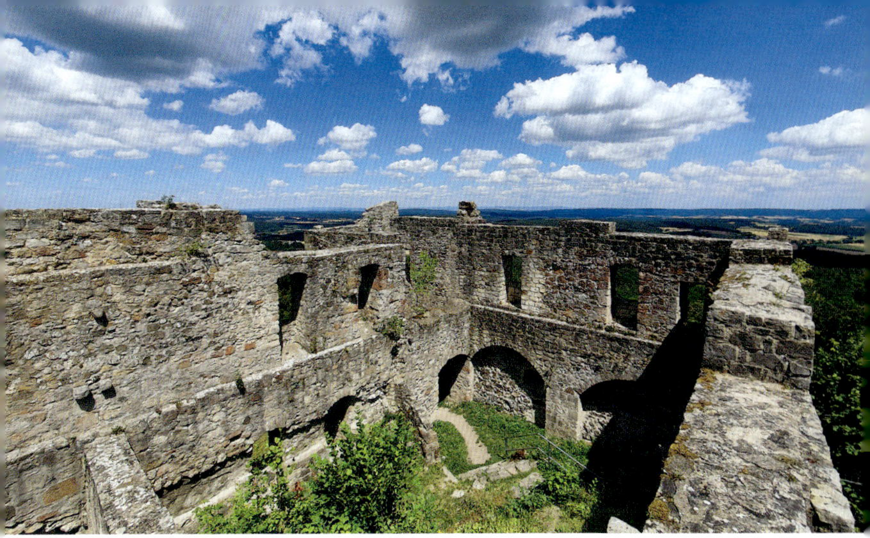

*Die Ruine Bramberg steht auf dem Gipfel eines erloschenen Vulkans.*

quert. An der Juliusallee in **Eyrichshof** ⑳ biegen wir rechts ab. Nach knapp 100 m befindet sich rechter Hand das **Schloss Eyrichshof**.
Wir halten uns links und kurz danach auf einem Geh- und Radweg rechts (der Burgen- und Schlösserwanderweg verlässt uns hier). Zurück auf der Straße passieren wir einen großen und einen kleinen Kreisverkehr. Unmittelbar danach gehen wir links an der Stadtmauer entlang (geradeaus wäre es ein Katzensprung in die Eberner Altstadt). Wir erreichen nach wenigen Minuten den Bahnhof **Ebern** ❶.

*Die Stadtbefestigung in Ebern mit einem von acht Türmen.*

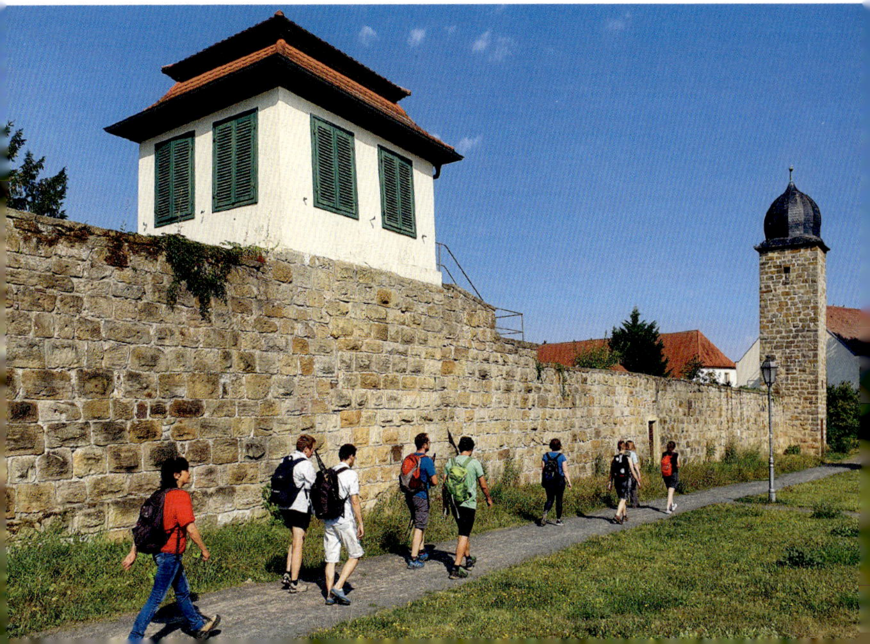

# 9 Auf der Hohen Rhön
## Über den Kreuzberg an die Fränkische Saale

TOP | 3 Tage | 63,9 km | ↗1420 m | ↘1600 m

***Blühende Wiesen und bedrohte Moore im Land der offenen Fernen***
*Wussten Sie, dass der Frankenwein, das Rhönrad und die Bionade in der Rhön erfunden wurden? In Hammelburg ist Weinbau seit 777 urkundlich nachgewiesen, Otto Feick aus Schönau an der Brend meldete 1925 das runde Sportgerät zum Patent an und Dieter Leipold entwickelte 1994 in Ostheim vor der Rhön das Erfrischungsgetränk. Interessanter als diese Trivia dürfte für uns Wandersleute die Feststellung sein, dass man in der Rhön vorzüglich wandern kann. Gut die Hälfte der drei Tage verbringen wir in der Hohen Rhön. Bekannt ist das Plateau für seine Bergwiesen und Borstgrasrasen, für den Artenreichtum an Blüten, Kräutern und Schmetterlingen, für die beiden Hochmoore und für die unvergesslichen Ausblicke. Diese reichen von der Hohen Rhön über die vulkanischen Relikte der Kuppenrhön bis zu benachbarten Mittelgebirgen wie dem Thüringer Wald, dem Vogelsberg und dem Spessart. Hier oben versteht man schnell, warum die Rhön als »Land der offenen Fernen« bezeichnet wird. Wir befinden uns auf dieser Tour überwiegend in Unterfranken, am Stirnberg und am Roten Moor für ein paar Kilometer in Hessen. Und wenn wir vom Schwarzen Moor den kurzen Abstecher zum Grünen Band (siehe Wochenendtour 5, Kasten Seite 61) an der bayerisch-thüringischen Grenze machen, dann wird aus der Dreitageswanderung auch eine Dreiländerwanderung.*

**Ausgangspunkt:** Fladungen, 410 m, Bushaltestelle Rathaus.
**Endpunkt:** Bad Neustadt an der Saale, 232 m, Bahnhof.
**ÖPNV:** Fladungen hat Busverbindungen mit dem Bahnhof Mellrichstadt. Von dort und vom Tourenziel Bad Neustadt an der Saale fahren Züge in Richtung Würzburg und Erfurt. Mit den Hochrhönbussen (Infos und Fahrpläne auf www.hochrhoenbus.de) gelangt man im Sommerhalbjahr ab Fladungen oder Bad Neustadt zu den Haltestellen Schwarzes Moor, Holzberghof und Kreuzberg (teilweise mit Umsteigen und als Rufbusse, für die man sich anmelden muss). An ausgesuchten Tagen können Sie ab Mellrichstadt auch mit dem historischen Rhön-Zügle im Dampf- oder Dieselbetrieb nach Fladungen fahren (Infos und Fahrplan auf freilandmuseum-fladungen.de).
**Etappendaten:**
**1. Tag:** 6.30 Std., 22,2 km, ↑640 m, ↓280 m.
**2. Tag:** 5.45 Std., 19,3 km, ↑640 m, ↓550 m.
**3. Tag:** 6.00 Std., 22,4 km, ↑140 m, ↓770 m.
**Anforderungen:** Unschwierige, oft naturbelassene Wege über Wiesen und durch Wald. Am ersten Tag ein langer Anstieg, am zweiten Tag drei An- und zwei Abstiege, am dritten Tag ein langer Abstieg (alle An- und Abstiege sind selten steil). Bis zum Kreuzberg mehr offenes Gelände, danach viel schattiger Wald.
**Einkehr: 1. Tag: Fladungen:** Gasthof Krone, Di/Mi Ruhetag, Obere Pforte 1, krone-fladungen.de, Tel. +49 9778 74836710; Restaurant & Café Sonnentau (auch vegan), Wurmbergstr. 1, www.sonnentau.com, Tel. +49 9778 9122875. **Schwarzes Moor:** Kiosk am Schwarzen Moor (auch vegan), 10–19 Uhr, Tel. +49 9778 7488922; Berggasthof & Hotel Sennhütte (750 m abseits der Route; auch vegan), Mo Ruhetag, Di–Do, Sa und So ab 12 Uhr, Fr ab 15 Uhr, sennhuette-rhoen.de, Tel. +49 9778 91010. **Jagdschloss Holzberghof** (auch ve-

gan; mit Terrasse), www.holzberghof.de, Tel. +49 9772 1207.
**2. Tag: Rotes Moor:** NABU-Haus am Roten Moor, Mo/Di Ruhetag, Mi–So 11–17 Uhr, www.nabuhausamrotenmoor.de, Tel. +49 9772 930517. **Oberweißenbrunn:** Gasthof Pension Mühlengrund, Di/Mi Ruhetag, Mühlengrund 3, zum-muehlengrund.de, Tel. +49 9772 445. **Kreuzberg:** Gasthof Roth (im Anstieg), Mi/Do Ruhetag, Fr–Di ab 17 Uhr, So auch 11.30–14.30 Uhr, www.berggasthof-roth.de, Tel. +49 9772 1245; Klostergaststätte (mit Außenbereich), 11–20 Uhr, kloster-kreuzberg.de, Tel. +49 9772 91240; Berggasthof Elisäus, Mo–Fr ab 17 Uhr, Sa ab 13.30 Uhr, So ab 9.30 Uhr, kloster-kreuzberg.de, Tel. +49 9772 91240.
**3. Tag: Gemündener Hütte** (mit Außenplätzen), Öffnungszeiten siehe www.gemuendener-huette.de, Tel. +49 9772 9302890. **Neustädter Haus:** Stand Herbst 2022 war die Wanderhütte geschlossen; ob sie wieder offen ist, erfahren Sie über den Rhönklub (siehe »Wandervereine und Dachverband«, S. 16). **Burgwallbach:** Gasthof Zur Linde, Mo/Di Ruhetag, Mi–Sa ab 17 Uhr, So auch mittags, Kreuzbergstr. 47, www.zurlinde-rhoen.de, Tel. +49 9775 277. **Bad Neustadt an der Saale:** Einfach wir (Burger und Steaks, aber auch vegan), So Ruhetag, Mo–Sa ab 16 Uhr, Marktplatz 22–26, www.einfachwir-nes.de, Tel. +49 9771 6868788; Moon Sushi Bar (asiatische Küche, auch vegan), Di Ruhetag, Marktplatz 35, www.moon-sushibar.de, Tel. +49 9771 6863733; Fränkischer Hof (auch vegan; mit Innenhof), Mi/Do Ruhetag, Spörleinstr. 3, hotelfraenkischerhof.de, Tel. +49 9771 61070.
**Übernachtung: 1. Tag: Fladungen:** Pension Link (€€€), Flurstr. 6, www.pension-link-fladungen.de, Tel. +49 9778 7141; Wohlfühlhotel Sonnentau (€€€); Gasthof Krone (€€€). **Schwarzes Moor:** Berggasthof & Hotel Sennhütte (750 m abseits der Route; €€€). **Jagdschloss Holzberghof** (€€).
**2. Tag: Oberweißenbrunn:** Gasthof Pension Mühlengrund (€€). **Kreuzberg:** Gasthof Roth (im Anstieg; €€); Klosterpension (€€€); Berggasthof Elisäus (€€€).
**3. Tag: Neustädter Haus** (siehe Hinweis unter »Einkehr«). **Burgwallbach:**

*Wir verlassen die Altstadt von Fladungen durch einen Durchlass in der Stadtmauer.*

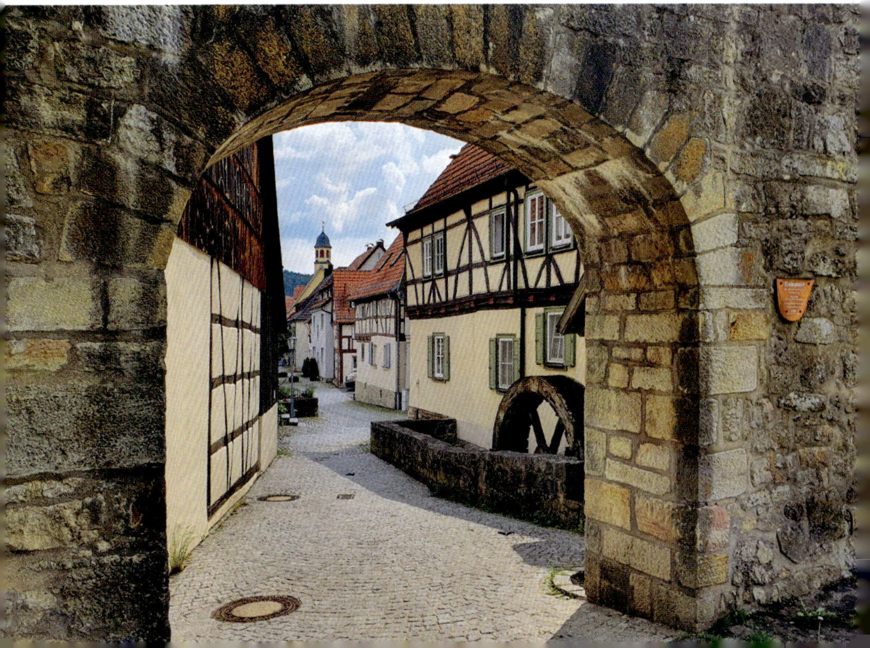

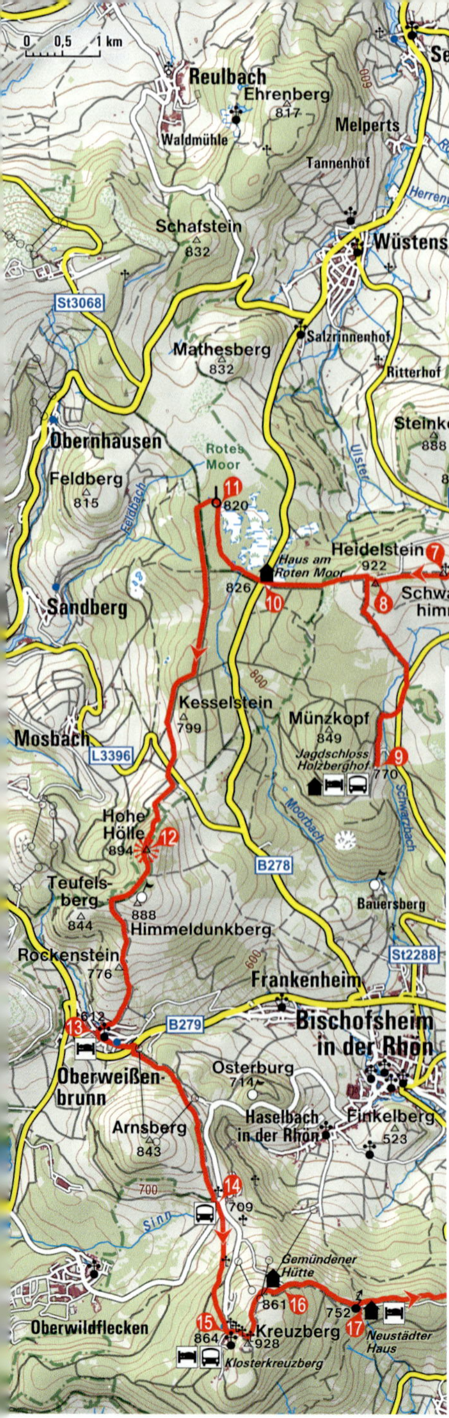
0 0,5 1 km
Reulbach
Ehrenberg
817
Waldmühle
Seiferts
St2287
Melperts
Tannenhof
Querenberg
805
786
781
Schwarzes Moor
Röhlichsgraben
Herrenwasser
Eisgraben
St2288
Schafstein
832
Wüstensachsen
St3068
829
Huckel
Hillenberg
Stirnberg
902
Großes Moor
Salzrinnenhof
Mathesberg
832
Ritterhof
Thüringer Hütte
Steinkopf
719
Obernhausen
Steinkopf
888
Ilmenberg
787
Rotes Moor
Ulster
Oberhauleite
809
Feldberg
815
Feldbach
827
820
Heidelstein
922
Haus am Roten Moor
913
St2286
Gangolf
736
Gangolfsberg
Sandberg
826
Schwabenhimmel
Maihügel
775
800
Kesselstein
799
Münzkopf
849
Mosbach
L3396
Jagdschloss Holzberghof
770
Schwarzbach
Moorbach
Hohe Hölle
894
B278
Teufelsberg
844
888
Himmeldunkberg
Bauersberg
Rockenstein
776
St2288
Frankenheim
612
B279
Bischofsheim in der Rhön
Oberweißenbrunn
Osterburg
714
Arnsberg
843
Haselbach in der Rhön
Finkelberg
523
700
709
Sinn
Gemündener Hütte
861
752
Oberwildflecken
864
Kreuzberg
928
Neustädter Haus
Klosterkreuzberg

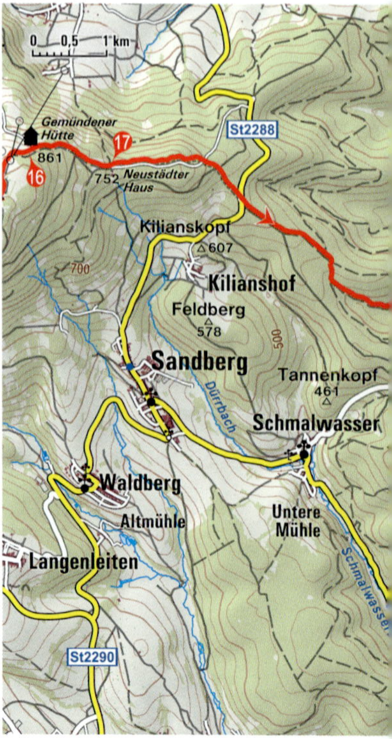
0 0,5 1 km
Gemündener Hütte
861
St2288
752
Neustädter Haus
Kilianskopf
607
700
Kilianshof
Feldberg
578
500
Sandberg
Tannenkopf
461
Dürrbach
Schmalwasser
Waldberg
Altmühle
Untere Mühle
Langenleiten
St2290

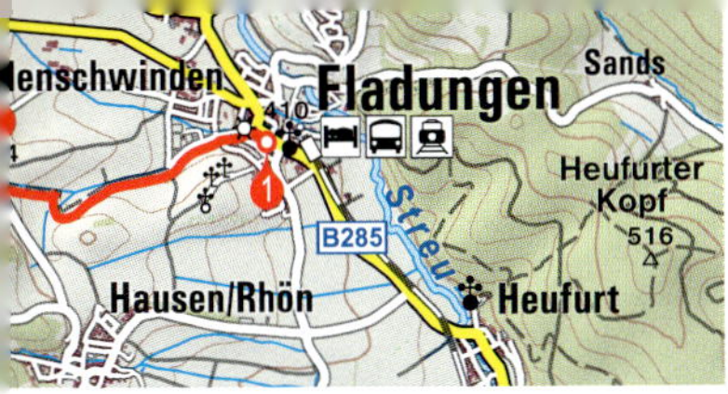


Gasthof Zur Linde (€€€). **Bad Neustadt an der Saale:** Fränkischer Hof (€€€); Hotel Café Rhönperle (€€€), Spörleinstr. 18, rhoenperle.de, Tel. +49 9771 62820.

**Einkauf:** Supermarkt und Bäckerei in Fladungen, Tante-Emma-Laden mit Bäckerei in Oberweißenbrunn, Supermarkt und Bäckerei in Bad Neustadt.

**Information: Fladungen:** Tourist Information, Marktplatz 1, www.fladungen-rhoen.de, Tel. +49 9778 919111. **Schwarzes Moor:** Infostelle Biosphaerenreservat Rhön, www.biosphaerenreservat-rhoen.de, Tel. +49 9774 910231 (siehe Kasten Seite 96). **Rotes Moor:** NABU-Haus, www.nabuhausamrotenmoor.de, Tel. +49 9772 930517. **Kreuzberg:** Infostelle im Bruder-Franz-Haus, Kreuzberg 1, www.bruder-franz-haus.de, Tel. +49 9772 932853. **Bad Neustadt an der Saale:** Tourismus und Stadtmarketing, An der Stadthalle 4, www.bad-neustadt-erleben.de, Tel. +49 9771 6310310.

**Tipp:** Wenn Sie am Abend der zweiten Etappe noch Kraft haben, empfehle ich folgenden Rundweg mit Einkehrmöglichkeit, Ausblicken und der Chance, nach Sonnenuntergang einen dunklen Sternenhimmel zu sehen: Kloster – Kreuzberg – Gemündener Hütte – Gasthof Roth – Kloster (1.30 Std., 4,5 km, 200 m Auf- und 200 m Abstieg).

**Karte:** UK50-1 Naturpark Bayerische Rhön (Landesamt für Digitalisierung, Breitband und Vermessung Bayern, 1:50.000, 2020) oder 462 Die Hochrhön (Kompass, 1:25.000, 2020).

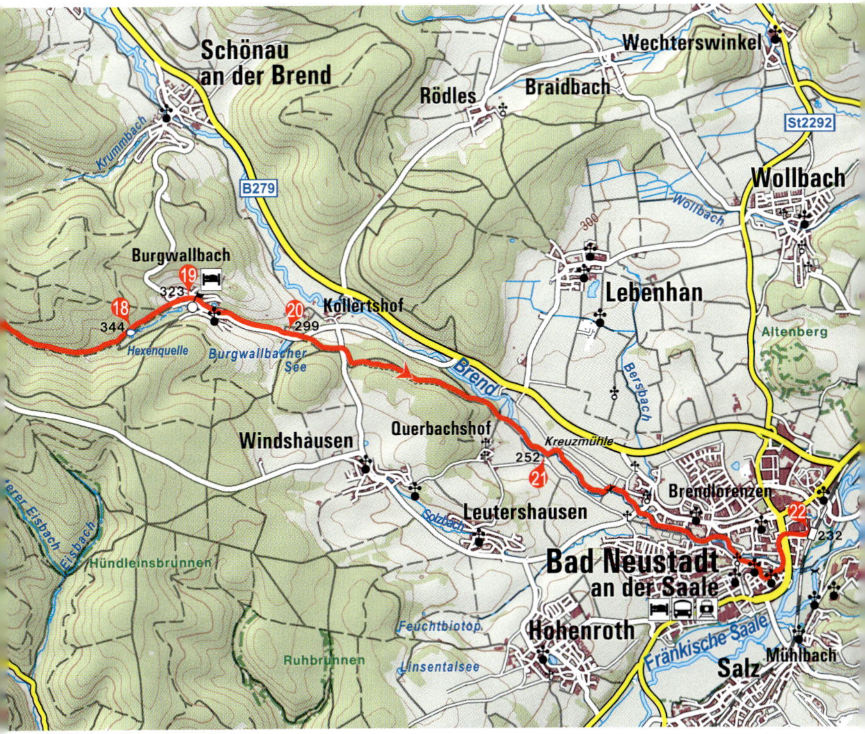

**1. Tag (Fladungen – Jagdschloss Holzberghof):**

Vom Marktplatz in **Fladungen ➊** folgen wir der Ludwigstraße nach Westen und biegen links in die Gasse Obere Pforte ab. Die Altstadt wird durch einen Durchlass in der Stadtmauer verlassen. Wir behalten die Richtung bei und orientieren uns bis zum nächsten Ort an den Markierungen der Europäischen Fernwanderwege E3 und E6. Es geht am Freibad und an Sportplätzen vorbei, dann durch Feld und Flur bis an die Kreisstraße NES27 in **Rüdenschwinden ➋**.

Hier biegen wir links in die Berghofstraße ab. Nach der Kirche rechts und bei den letzten Häusern geradeaus in die Flur zurück. Bis zum Schwarzen Moor gibt das Wegzeichen »Rotes M« der Museumstour die Richtung vor. Wir wandern auf schönen Wiesenpfaden und schattigen Waldwegen stetig bergan. Auf der Hohen Rhön angelangt, werden die Hochrhönstraße

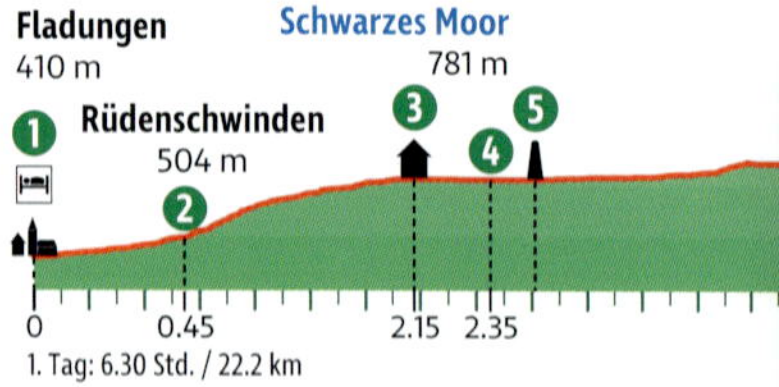


(St2288) und die St2287 gekreuzt. Wenige Schritte später stehen wir vor dem **Infozentrum und Kiosk am Schwarzen Moor ➌**. Wenn Sie den ehemaligen Grenzturm und die bayerisch-thüringische Grenze besuchen wollen, folgen Sie weiterhin gut 1 km dem »Roten M«.

Wir kehren auf die andere Seite der St2287 zurück und halten uns an einem Fahrweg rechts, der uns an den Einstieg des Lehrpfads bringt. Auf diesem gehen wir durch das **Schwarze Moor ➍**. Zahlreiche Tafeln informieren über dieses einmalige

*Die Abende und Nächte auf der Hohen Rhön sind oft unvergesslich.*

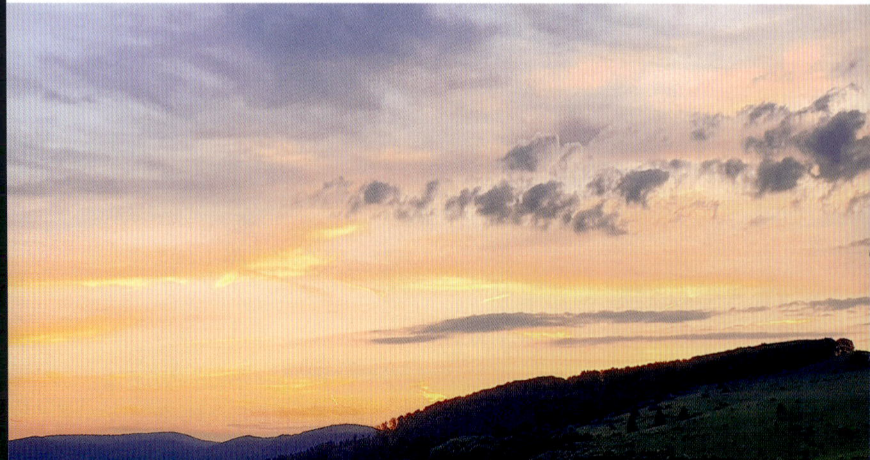

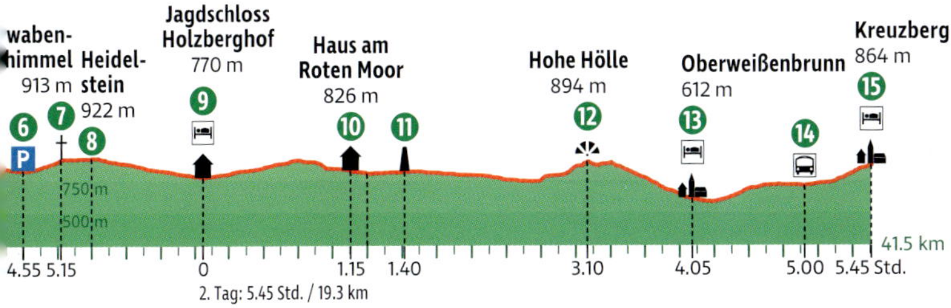


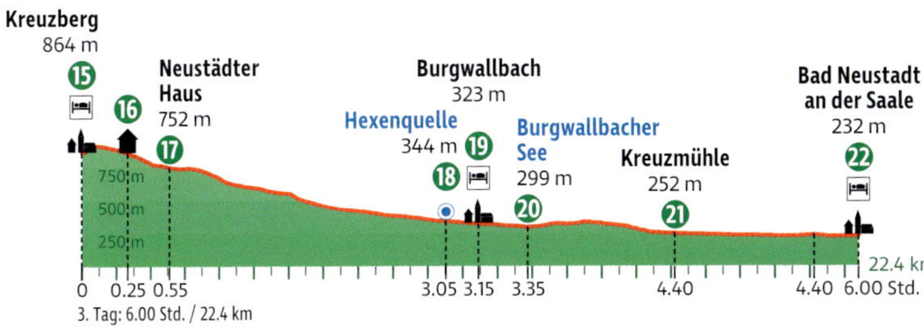


Ökosystem. Vom **Aussichtsturm** 5 am Ausgang kann man nicht nur das Moor überblicken.

Ein Fahrweg führt uns knapp 150 m zurück in Richtung Infozentrum und an die St2287. Wir überqueren sie vorsichtig und halten uns danach an einem breiten Weg links. Er ist bereits mit dem »Orangen Ö« des Hochrhöners markiert, an dem wir uns bis auf den Heidelstein orientieren. Es geht 1,5 km parallel zur St2287, dann über sie hinweg und auf Hochwiesen und durch Wäldchen weiter. Immer wieder öffnen sich schöne Ausblicke über die Lange Rhön und die Kuppenrhön, etwa zur Wasserkuppe, der höchsten Erhebung in Hessen wie auch der Rhön. Im Bereich des Stirnbergs haben wir 2 km hessischen Boden unter den Füßen. Zurück in Bayern und Fran-

## Frankens und Bayerns nördlichste Stadt

**Fladungen** hat 2200 Einwohner, die Altstadt ist von einer Stadtmauer aus dem beginnenden 14. Jh. umgeben. Auch deren fünf Türme und 16 Reitertürmchen auf der Mauerkrone existieren noch heute. Zahlreiche schön restaurierte **Fachwerkbauten** aus dem 17. und 18. Jh. schmücken das historische Zentrum. Im Fürstbischöflich-würzburgischen **Amtshaus** von 1628 am **Marktplatz** sind das Rathaus mit der Tourist-Information und das **Rhönmuseum** (im Herbst 2022 noch wegen Umbau geschlossen; rhoenmuseum.de, Tel. +49 9778 748070) untergebracht.

Besonders empfehlen möchte ich das **Fränkische Freilandmuseum Fladungen** (Bahnhofstr. 19, April, Okt. und Nov. Di–So 9–18 Uhr, Mai–Sept. auch Mo geöffnet, www.freilandmuseum-fladungen.de, Tel. +49 9778 91230) östlich der Altstadt. Es bietet mit über 20 komplett eingerichteten Gebäuden – darunter eine Kirche, eine Dorfschule, mehrere Hofstellen, zwei Mühlen und ein Wirtshaus mit Tanzsaal – auf einem weitläufigen Areal einen spannenden Einblick in die dörflichen Bauformen und das bäuerliche Leben vergangener Tage.

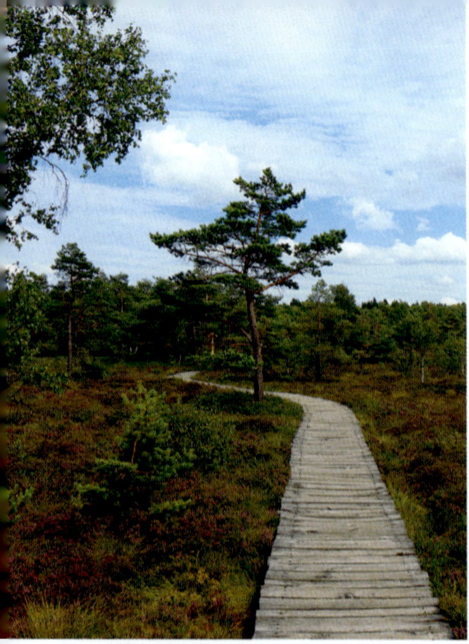

*Bohlenweg im Schwarzen Moor.*

ken steigen wir zum **Wanderparkplatz Schornhecke** ❻ ab, kreuzen die St2286 und wandern himmelwärts, zumindest bis auf den **Schwabenhimmel** ❼. Er ist der 913 m hohe Ostgipfel des Heidelsteins und wird alljährlich am dritten Septembersonntag von vielen Mitgliedern des Rhönklubs besucht, um der verstorbenen Wanderkamerad(inn)en zu gedenken. Bis zum **Heidelstein** ❽ ist es nicht weit. Ganz auf den 926 m hohen Gipfel kommen wir aber nicht, denn dort steht der 218 m hohe abgespannte Stahlrohrmast des Senders Heidelstein.

250 m nach dem Zufahrtssträßchen zum Sendemast verabschiedet sich der Hochrhöner nach rechts. Hierher kehren wir morgen zurück. Heute wandern wir geradeaus auf einem schönen Wiesenweg abwärts. 150 m vor der Hochrhöhnstraße biegen wir rechts auf einen Pfad ab. Dieser führt uns bis neben die Straße, dann in einer Rechtskurve an einen Fahrweg, auf dem wir in den Wald gehen. Dort sofort links und weiter bis zum **Jagdschloss Holzberghof** ❾.

**2. Tag (Jagdschloss Holzberghof – Kreuzberg):**

Wir kehren vom **Jagdschloss Holzberghof** ❾ auf der gestrigen Route bis zum Gipfelbereich des Heidelsteins zurück. Dort biegen wir links auf den Hochrhöner ab.

## Zwei Ökosysteme – 12.000 Jahre jung und schon bedroht

Auf dieser Wochenendtour kommen wir durch die beiden größten Hochmoore der Rhön, die nach der letzten Eiszeit vor etwa 12.000 Jahren entstanden sind. Das **Schwarze Moor** hat eine Größe von 0,7 km², zählt zu den **bedeutendsten Hochmooren Mitteleuropas** und wurde in die Liste **Bayerns schönste Geotope** aufgenommen. Seinen Stellenwert verdankt es auch der Tatsache, dass es zu den seltenen Mooren gehört, auf denen niemals Torf abgebaut wurde. Das **Rote Moor** ist 0,5 km² groß und liegt auf **hessischem Boden**. Es hat durch den Torfabbau von 1809 bis 1984 stark gelitten, was trotz Renaturierung noch deutlich zu sehen ist. Die beiden Moore können jeweils auf einem **Lehrpfad** und von einem **Aussichtsturm** aus erkundet werden. Hinweistafeln erklären die Eigenheiten dieses faszinierenden Ökosystems und die zu einem großen Teil gefährdete oder **vom Aussterben bedrohte Fauna und Flora**.

Man sollte selbstverständlich auf dem Bohlenweg bleiben, sich ruhig verhalten, nichts wegwerfen und nichts mitnehmen (außer schöne Eindrücke). Dann können diese Rückzugsgebiete für Rotfuchs, Birkhuhn und Moorlibelle, für die bizarr wachsende Karpatenbirke, den insektenfangenden Rundblättrigen Sonnentau und das rote Magellans Torfmoos sowie für all die anderen Spezies weiter bestehen.

## Sternenparade am nächtlichen Firmament

Die Hochlagen der Rhön im Grenzgebiet zwischen Bayern und Hessen zählen zu den wenigen Gebieten in Deutschland, wo dank weniger künstlicher Lichtquellen ein **dunkler Sternenhimmel** existiert. Viele der dortigen Tiere und Pflanzen sind nachtaktiv und benötigen unverfälschte Nachtlandschaften mit einem klaren Hell-dunkel-Wechsel. Zugvögel zum Beispiel fliegen meist in der Nacht und verlieren durch Lichtglocken ihre Orientierung. Wir Menschen können in der Hohen Rhön an klaren, mondlosen Nächten **Tausende Sterne, die Milchstraße, das Zodiakallicht** und andere schwache Himmelsobjekte sehen. Aber auch in Mondnächten sind Sterne sichtbar und oft legt sich ein silberner Schein wie ein Schleier über die dunkle Hügellandschaft.

Damit das erhalten bleibt und die Lichtverschmutzung weiter reduziert wird, ist das Biosphärenreservat Rhön seit 2001 als **Lichtschutzgebiet** ausgewiesen und seit 2014 durch die **Dark Sky Association** als **Internationaler Sternenpark** ausgezeichnet.

Die Markierung lotst uns über die bayerisch-hessische Grenze und im Wald hinab an eine Forststraßenkreuzung. An dieser Stelle gabelt sich der Hauptweg des Hochrhöners (auf den wir später gelangen) in die Route über die Lange Rhön (auf der wir bisher unterwegs waren) und die Route über die Kuppenrhön. Wir gehen geradeaus weiter abwärts, am **Haus am Roten Moor ⑩** vorbei, über die B278, am fotogenen **Moorsee** vorbei und auf einem Bohlenweg mit Infotafeln durch das Rote Moor bis zum **Aussichtsturm am Roten Moor ⑪**.

Am Ende des Moorlehrpfads wird eine Forststraße erreicht. Wir gehen hier links und behalten für 2,2 km die Richtung bei, bis wir auf den kreuzenden Hochrhöner stoßen; wir folgen ihm nach rechts. Nach dem Wald wird die L3396 überquert. Wenig später am Parkplatz Schwedenwall könnten wir auf dem Hochrhöner bleiben, wählen aber lieber rechts die etwas schönere Variante über die **Hohe Hölle ⑫**.

*Der Moorsee im Roten Moor.*

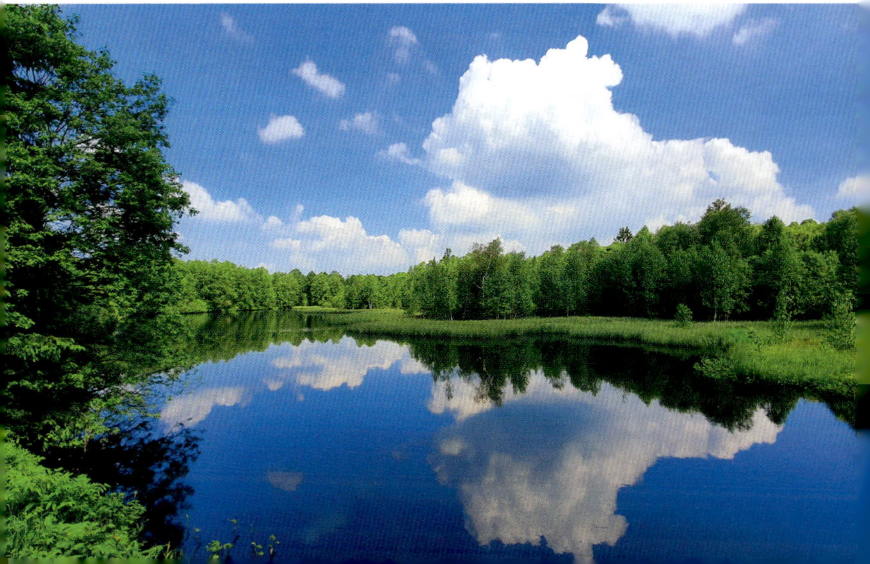

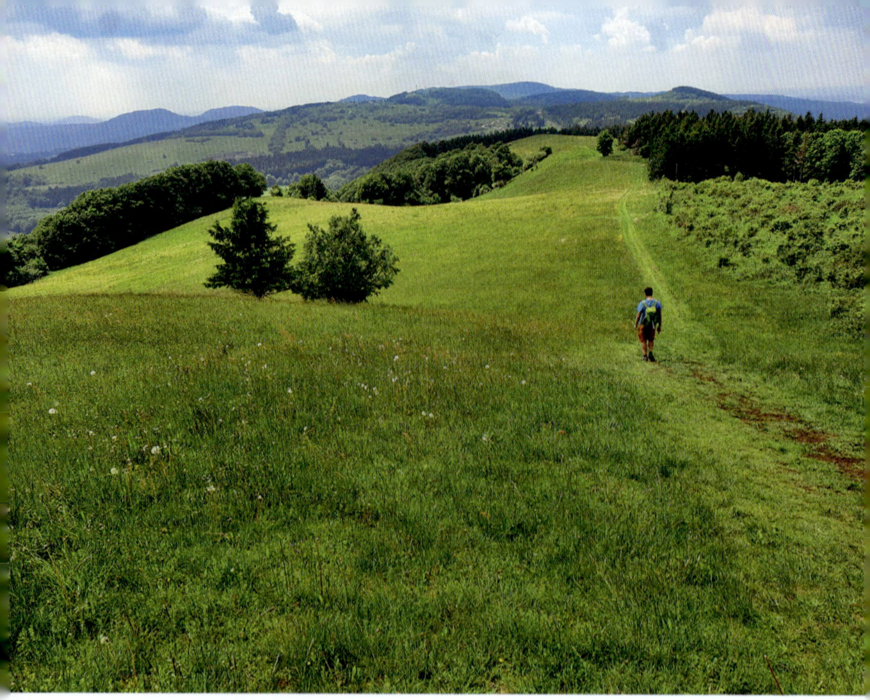

*Im Land der offenen Fernen.*

Es geht kurz bergab und dann mit unserer gewohnten Markierung hinauf zum Himmeldunkberg. Beide Gipfel bieten eine weite Aussicht über die Rhön, das Grabfeld und bei guten Sichtverhältnissen bis zum Fichtelgebirge.

Wir steigen – nun wieder auf fränkischem Terrain – bis an die Geigensteinstraße im Ortszentrum von **Oberweißenbrunn ⑬** ab. Hier links und nach der Kirche rechts in die Straße Mühlgrund. 100 m später wandern wir geradeaus am Flüsschen Brend entlang, dann über das Grundstück der Pension Mühlengrund aus dem Ort hinaus. Nach Unterquerung der B279 geht es auf Asphalt nach rechts und gleich wieder links auf einem Schotterweg weiter. Wir steigen mit den Schildchen des Hochrhöners über Wiesen (im Winter sind es Skipisten) und Waldstücke zurück auf die Hochebene und zur **Bushaltestelle Sinnquelle ⑭** an der Mündung der Kreisstraße NES25 in die Kreisstraße von Bischofsheim zum Kreuzberg.

Die NES25 wird überschritten, dann begleiten wir auf einem Weg für 200 m die Straße zum Kreuzberg. Wer zum schon sichtbaren Gasthof Roth möchte, geht geradeaus weiter. Unsere Hauptroute führt nach einem leichten Rechtsknick erst auf einem Feld- und Wiesenweg, dann durch Wald hinauf zum **Kloster Kreuzberg ⑮**.

**3. Tag (Kreuzberg – Bad Neustadt):** Wir steigen vom **Kloster Kreuzberg ⑮** über die Treppe oder den Kapellenkreuzweg zu den drei **Golgota-Kreuzen** und zum **Gipfelplateau des Kreuzbergs** auf.

Hier geht es links mit der Markierung »Rotes K« der Extratour Kreuzbergtour weiter. Sie führt uns auf einem

## Einer der drei Heiligen Berge der Franken

Der **Kreuzberg** in Unterfranken ist mit 928 m der dritthöchste Berg in der Rhön. Nur die unterfränkische Dammersfeldkuppe (10 cm höher!) und die hessische Wasserkuppe (950 m) liegen darüber. Als **Wallfahrtsort** ist der Kreuzberg seit dem Mittelalter bekannt. Noch immer finden jährlich über 70 Wallfahrten statt. Diese lange Tradition hat ihm den Beinamen **Heiliger Berg der Franken** eingebracht, den allerdings auch das Walberla (siehe Wochenendtour 18) und der Staffelberg (siehe Wochenendtour 6) für sich beanspruchen.

Unterhalb des Gipfelplateaus befindet sich seit 1692 das von **Franziskanern** gegründete **Kloster Kreuzberg**. Seit die Mönche 1731 begannen, Bier zu brauen, gewann der Berg eine noch stärkere, bis in die Gegenwart anhaltende Anziehungskraft (mit jährlich 500.000 bis 600.000 Besuchern ist der Berg das beliebteste Ausflugsziel in der bayerischen Rhön). Das Brauwasser kommt noch immer aus der eigenen Quelle, das unfiltrierte, **dunkle Klosterbier** schmeckt leicht malzig und ist süffig. Die Brauerei und der gesamte Gästebetrieb liegen heute allerdings in den Händen von rund 50 weltlichen Angestellten. Die derzeit drei verbliebenen Brüder kümmern sich um die Klosterkirche, die Wallfahrtsseelsorge und die Gottesdienste.

Vom Kloster führt seit 1710 ein Kapellenkreuzweg zu den **drei Golgota-Kreuzen**, die auch über eine steile Treppe zu erreichen sind. Von dort und dem nahen Gipfelplateau mit dem hölzernen Kreuz genießt man schöne Ausblicke über die Rhön, zum Thüringer Wald, Richtung Taunus, in den Spessart und bis zu den Haßbergen.

Wiesenweg mit letzten Ausblicken über das Land der offenen Fernen an der **Gemündener Hütte** ⑯ vorbei und danach bereits im Wald zum **Neustädter Haus** ⑰.

Wir behalten die Richtung bei und orientieren uns am »Roten Dreieck« des Kreuzbergwegs (HW07). Zunächst bleiben wir 1,2 km auf einem Wanderpfad links unweit des Sträßchens zum Neustädter Haus, dann gehen wir rechts und über den Asphalt hinweg. Im Abstieg wird die St2288 überquert. Wir wandern auf einer Forststraße stetig begab bis an eine Kreuzung mit mehreren Wegen. Hier biegen wir rechts auf einen Waldpfad ab. An der nächsten Forststraße links, an einer Gabelung abermals links. Wir haben nun zwei Möglichkeiten, hinab zur **Hexenquelle** ⑱ und nach Burgwallbach zu gelangen. Man kann weiter der Markierung des Kreuzbergwegs auf dem breiten Fahrweg durch den Grund folgen. Wir aber nehmen den links parallel verlaufenden Pirschpfad, der zwar etwas zeitraubender, aber deutlich schöner ist. Der Pfad ist unmarkiert und tangiert mehrmals den Fahrweg.

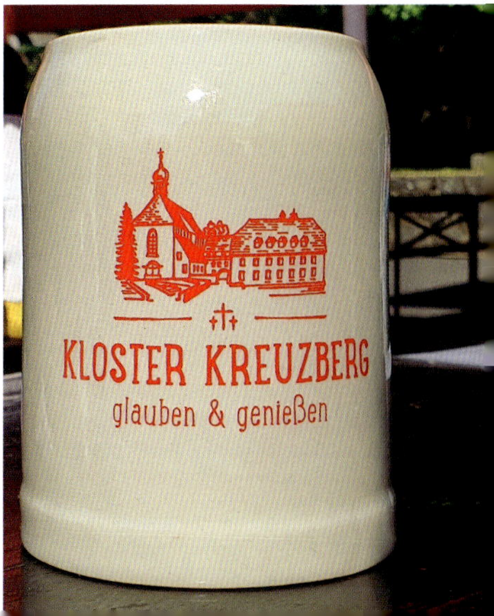


*Nach vier ein Klosterbier.*

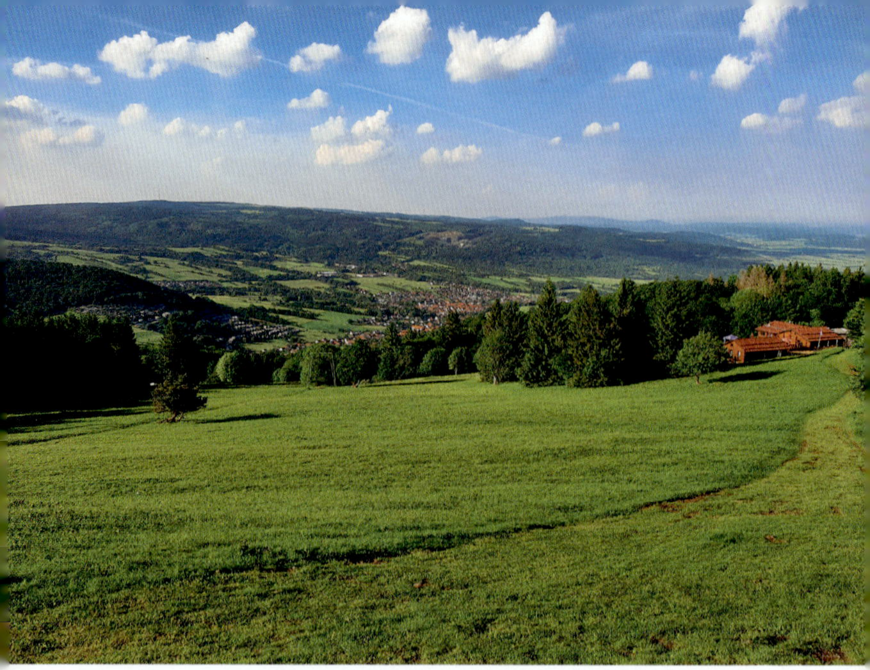

*Die Gemündener Hütte in Rufweite, im Tal Bischofsheim.*

In **Burgwallbach** ⑲ halten wir uns an der Ortsdurchgangsstraße rechts. Nach den letzten Häusern kommen wir am **Burgwallbacher See** ⑳ vorbei. Der Badesee und das Café sind im Sommer meist bei gutem Wetter geöffnet.

Gleich im Anschluss kommen wir nach rechts zurück in den Schatten der Bäume. Das »Rote Dreieck« führt uns über die Kreisstraße NES8, dann wandern wir weitere 2,5 km auf Forststraßen und Waldwegen, ehe wir offenes Gelände erreichen. Zwischen Feldern und neben der Brend gelangen wir zur **Kreuzmühle** ㉑.

Wir biegen direkt danach links auf einen Wiesenweg ab, der uns an dem Flüsschen entlangführt. Die NES8 wird erneut überquert. Weitere knapp 2 km bleiben wir auf Wegen neben oder unweit der Brend. Nach einem Rechtsknick wird die Gartenstraße erreicht. Wir halten uns links und gehen immer geradeaus über eine Vorfahrtsstraße, auf einem Geh- und Radweg, auf der Goethestraße und wieder auf einem Weg bis vor einen Spielplatz. Hier rechts auf Stufen durch eine Pforte in der Stadtmauer. Wir passieren die Kirche Mariä Himmelfahrt und stehen wenig später auf dem **Marktplatz** in Bad Neustadt an der Saale.

Am südlichen Ende des Marktplatzes links in die Spörleinstraße. Diese geht in die Straße Am Zollberg über, die wir bei erster Gelegenheit nach links in die Otto-Hahn-Straße verlassen. Kurz darauf geradeaus auf einem Steg über die Brend. Wir gelangen auf die große Meininger Straße, auf der wir ca. 350 m bleiben. Dann gehen wir nach rechts auf der Siemensstraße geradewegs zum Bahnhof **Bad Neustadt an der Saale** ㉒.

*Laubmischwälder prägen die dritte Etappe.*

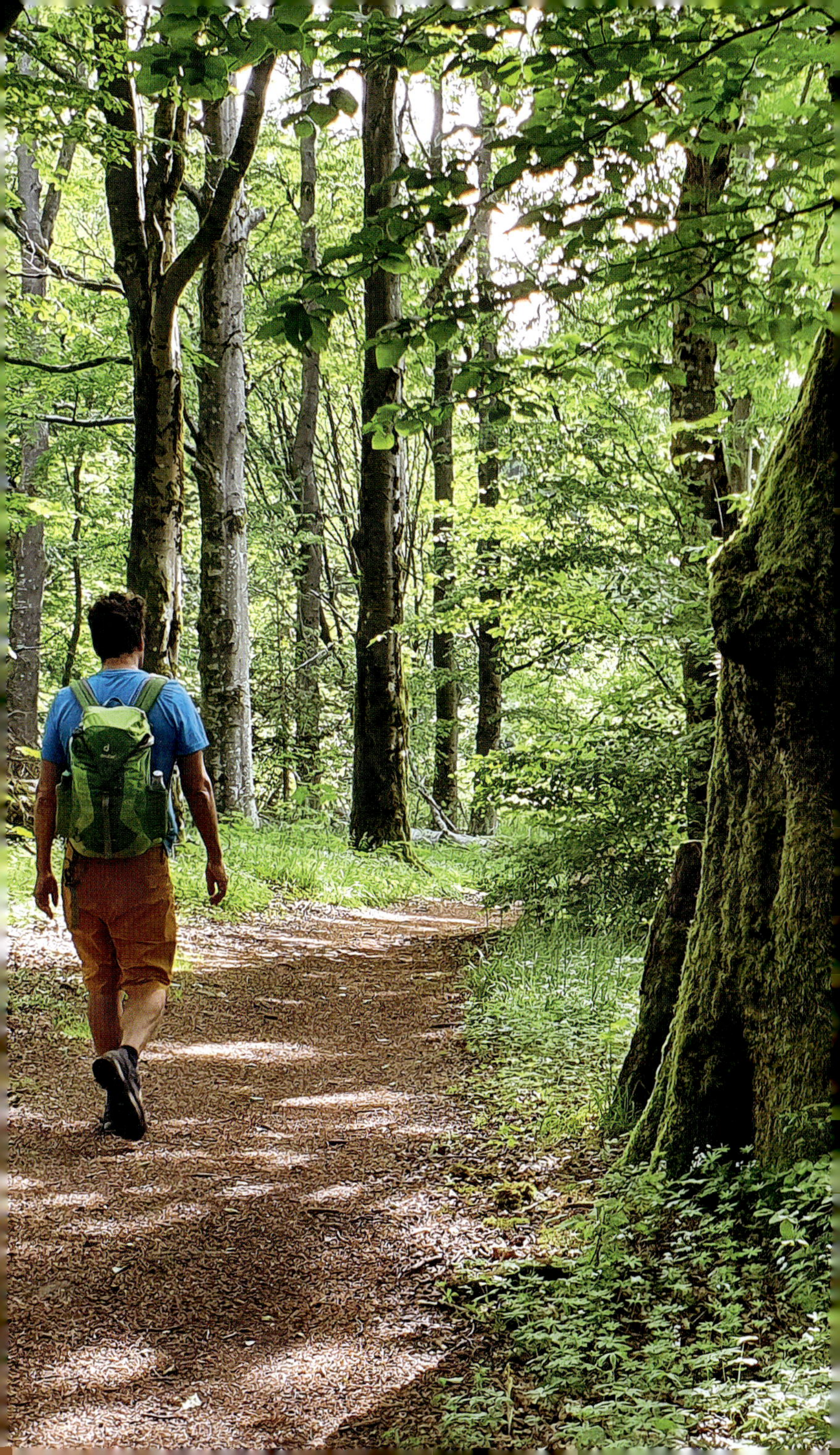

# 10 Durch die Wälder des Südspessarts

## Von Miltenberg über Wildensee nach Hasloch

2 Tage | 44,2 km | ↗1090 m | ↘1080 m

***Kloster Engelberg, die Kartause Grünau und ein paar Rotbuchen***
*Mögen Sie Bäume und Wälder? Wenn nicht, sollten Sie lieber weiterblättern. Diese Wochenendtour führt uns durch den Spessart, das größte zusammenhängende Gebiet aus Laubmischwäldern in Deutschland. Die kaum besiedelte Region beflügelte seit alters die Fantasie der Menschen. In der Nibelungensage ist vom »Spechtsharte«, dem Wald der Spechte, die Rede. Wilhelm Hauffs Novelle »Das Wirtshaus im Spessart« von 1826 verschaffte dem Mittelgebirge den Ruf, voller Räuberbanden zu sein. Und in der Schneewittchenstadt Lohr glaubt man, dass der »wilde Wald« und »die sieben Berge« im Spessart zu finden sind. Ehe uns der Wald verschluckt und erst am nächsten Tag in Hasloch wieder ausspuckt, können wir die Fachwerkperle Miltenberg besichtigen (siehe Wochenendtour 11, Kasten Seite 115), dann steigen wir zu dem hoch über dem Main und Großheubach gelegenen Franziskanerkloster Engelberg auf. Die Aussicht ist großartig, die Großheubacher Weinlage Bischofsberg bringt hervorragenden Spätburgunder hervor und in der Klosterschänke werden die einfachen Weißweine des eigenen Weinbergs und das dunkle Klosterbier vom Kreuzberg (siehe Wochenendtour 9) ausgeschenkt. Sowohl in der Rhön als auch auf dem Engelberg lebten zuletzt jeweils drei Brüder (im Spessart mit einem Durchschnittsalter von 79 Jahren). In der Kartause Grünau auf der zweiten Etappe gibt es schon seit der Säkularisation 1803 keine Mönche mehr. Die Anlage wird heute zu unserer Freude als Gasthaus und Biergarten genutzt.*

**Ausgangspunkt:** Miltenberg, 133 m, Bahnhof.
**Endpunkt:** Hasloch, 140 m, Bahnhof.
**ÖPNV:** Miltenberg und Hasloch liegen an der Bahnstrecke Aschaffenburg–Wertheim. Wildensee hat Busverbindungen mit den Bahnhöfen in Miltenberg, Hasloch und Wertheim.
**Etappendaten:**
**1. Tag:** 6.45 Std., 23,1 km, ↑670 m, ↓440 m.
**2. Tag:** 6.00 Std., 21,1 km, ↑420 m, ↓640 m.
**Anforderungen:** Überwiegend Waldwege und Forststraßen. Viel Schatten und nur ein längerer steiler Anstieg zu Beginn der ersten Etappe, sodass die Wochenendtour auch für heiße Tage geeignet ist.
**Einkehr: 1. Tag: Miltenberg:** Gasthaus Zum Riesen (auch vegan), Di/Mi Ruhetag, Hauptstr. 99, riesen-miltenberg.de, Tel. +49 9371 989948; Kostbar (Café und Bistro; auch vegan), 9–17 Uhr, Hauptstr. 100, www.sei-kostbar.de, Tel. +49 937136692799; Faust Braustuben

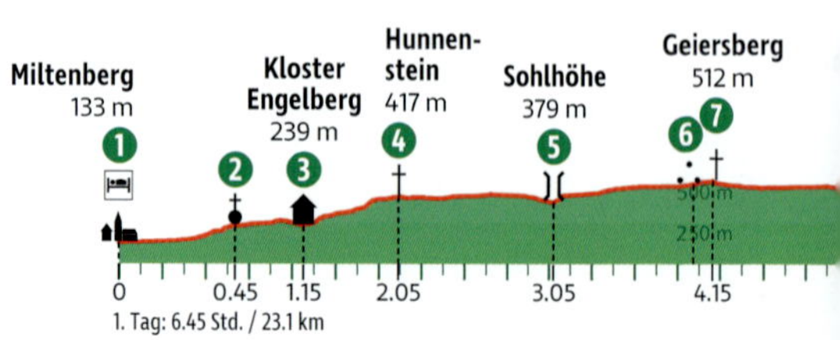

(auch vegan, mit Biergarten), Mo–Do ab 15 Uhr, Fr–So ab 11 Uhr, Löwengasse 3, www.faust-braustuben.de, Tel. +49 9371 2709. **Kloster Engelberg:** Klosterschenke und Biergarten, Mo Ruhetag, Di–Sa 11–19 Uhr, So 10–18 Uhr, kloster-engelberg.com und engelberg.franziskaner.net, Tel. +49 9371 9143914. **Wildensee:** Landgasthof Zum Hirschen, nur Sa ab 17 Uhr und So ab 10 Uhr, Wildensee 8, Tel. +49 9374 1278; Gasthaus Pension Waldfrieden, Mo–Mi Ruhetag, Do/Sa/So ab 10 Uhr, Fr ab 17 Uhr, Wildensee 74, www.waldfrieden-beck.de, Tel. +49 9374 328. **Heppe** (2 km nordwestlich von Wildensee): Wald-Hotel Heppe (auch vegan), Mo/Di Ruhetag, Mi–Fr ab 14 Uhr, Sa/So ab 11.30 Uhr, www.waldhotelheppe.de, Tel. +49 6092 9410.
**2. Tag: Kartause Grünau** (auch vegan), Mo/Di Ruhetag, Mi–Sa ab 12 Uhr, So ab 11 Uhr, www.kartause-gruenau.net, Tel. +49 9394 462. **Hasloch:** Imbiss & Privatzimmer Dreßler, Öffnungszeiten siehe privatzimmer-dressler.de, Kreuzwertheimer Str. 36, Tel. +49 9342 59573.
**Übernachtung: 1. Tag: Miltenberg:** Hotel Schmuckkästchen (€€€), Marktplatz 185, Tel. +49 9371 5500, hotel-schmuckkaestchen.de; Hotel Zum Riesen (€€€), Hauptstr. 97, www.hotel-riesen-miltenberg.de, Tel. +49 9371 2582; PuB111 (€€), Hauptstr. 111, pub111.de, Tel. +49 9371 5053750. **Wildensee:** Landgasthof Zum Hirschen (€€); Gasthaus Pension Waldfrieden (€€); Pension Tannenhof (€€), Wildensee 73, www.tannenhof-wildensee.de, Tel. +49 9374 90152. **Heppe** (2 km nordwestlich von Wildensee): Wald-Hotel Heppe (€€€).
**2. Tag: Hasloch:** Imbiss & Privatzimmer Dreßler (€).
**Einkauf:** Supermarkt und Bäckerei in Miltenberg, Bäckerei in Altenbuch.

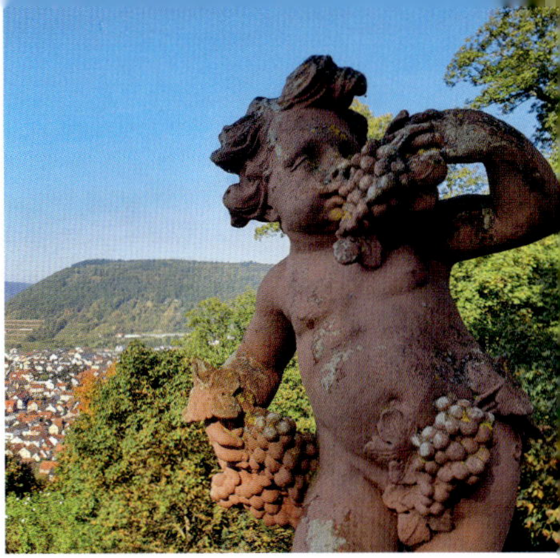

*Sandsteinfigur am Kloster Engelberg.*

**Information: Miltenberg:** Drei am Main, Engelplatz 69, miltenberg.info Tel. +49 9371 404119.
**Tipp:** Wenn es Ihre Zeit erlaubt, empfehle ich einen Abstecher nach Wertheim, der nördlichsten Stadt Baden-Württembergs. Sie ist ab Hasloch mit der Bahn in 6 Minuten oder zu Fuß in 1 Stunde zu erreichen. Wertheims Altstadt liegt auf einer Landzunge zwischen Main und Tauber und verströmt mit ihren verwinkelten Gassen, den denkmalgeschützten Fachwerkhäusern und der mächtigen Burgruine mittelalterliches Flair.
**Verlängerung:** Machen Sie zunächst die Wochenendtour 11 und danach diese.
**Karte:** 827 Bergstraße-Odenwald, Neckartal (Kompass, 1:50.000, 2021), UK50-16 Naturpark Spessart – südlicher Teil (Landesamt für Digitalisierung, Breitband und Vermessung Bayern, 1:50.000, 2018) oder ATK25-F02 Miltenberg (Landesamt für Digitalisierung, Breitband und Vermessung Bayern, 1:25.000, 2016).

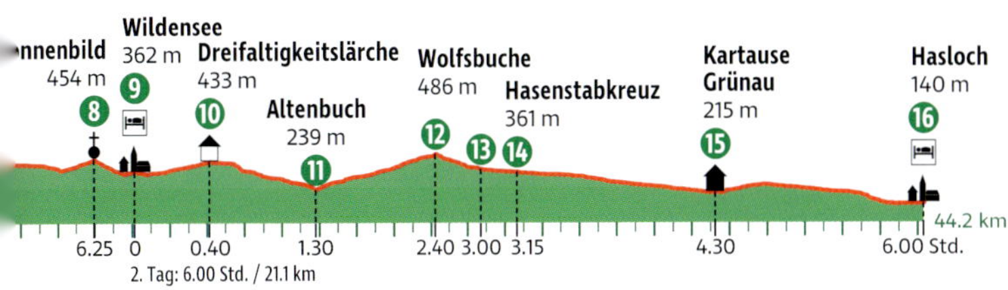

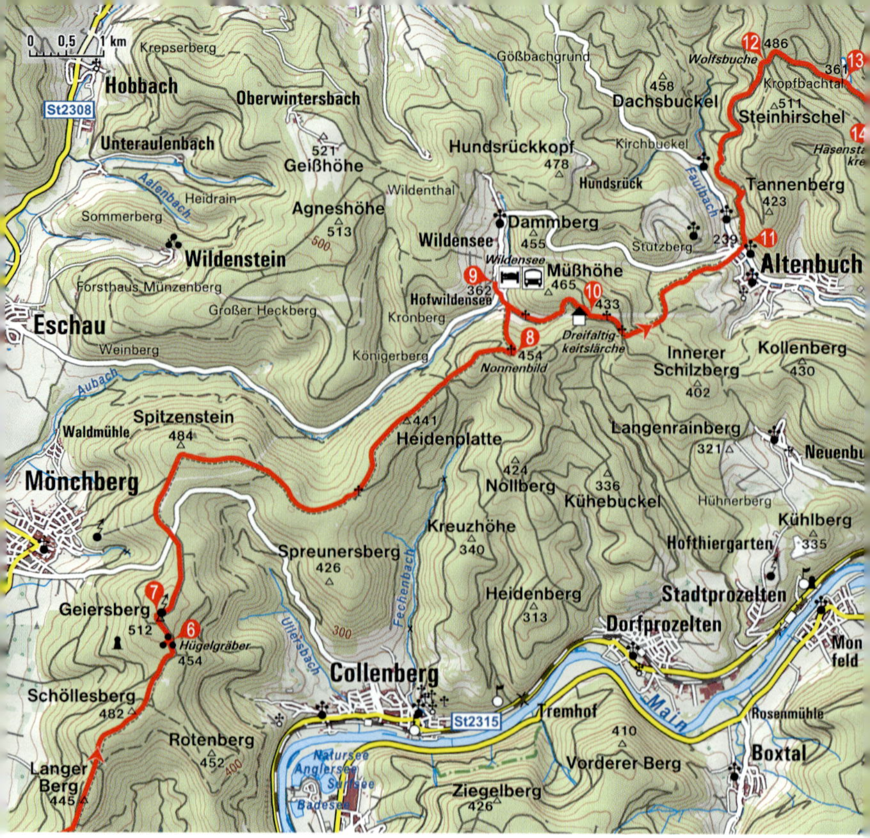


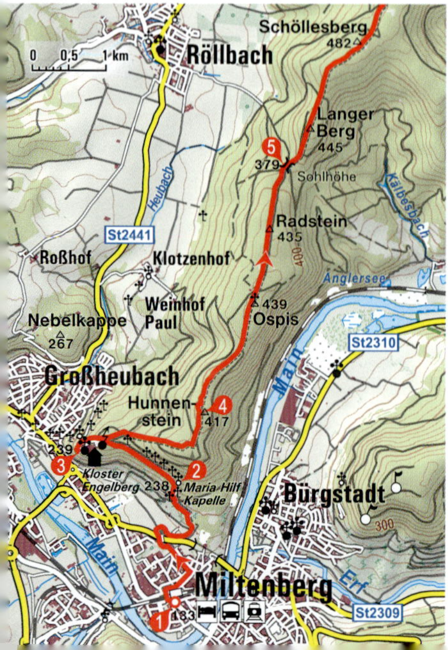


**1. Tag (Miltenberg – Wildensee):** Wir verlassen den Bahnhof von **Miltenberg 1** durch die Fußgängerunterführung in nördliche Richtung, also stadtauswärts, und halten uns an der Nikolaus-Fasel-Straße rechts. Die Markierung »Blaues M« des Main-Wanderwegs begleitet uns ab hier bis zum Kloster Engelberg. An der Maria-Hilf-Straße links. Nach der Bebauung geht es auf einer Brücke über die St2309, scharf rechts auf einen Fahrweg, in einer Linkskurve in die Weinberge und auf einem Kreuzweg steil zur **Maria-Hilf-Kapelle 2** hinauf.

Ein angenehmer Waldweg führt uns an den Koloseus-Engel. Über einen großen Parkplatz gelangen wir zum **Kloster Engelberg 3**, wo sich die Aussicht aufs Maintal lohnt und die

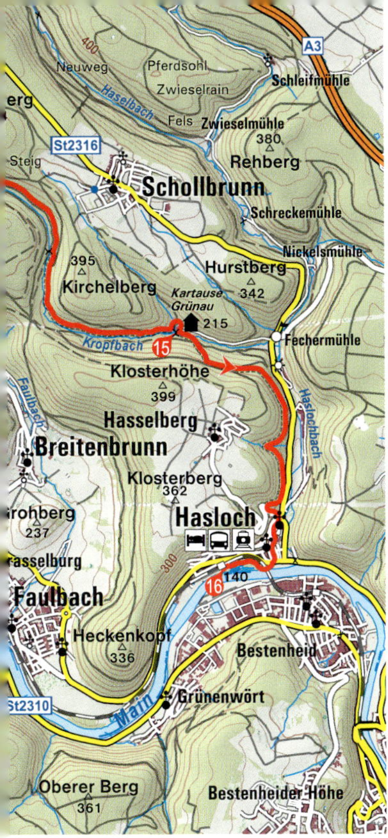


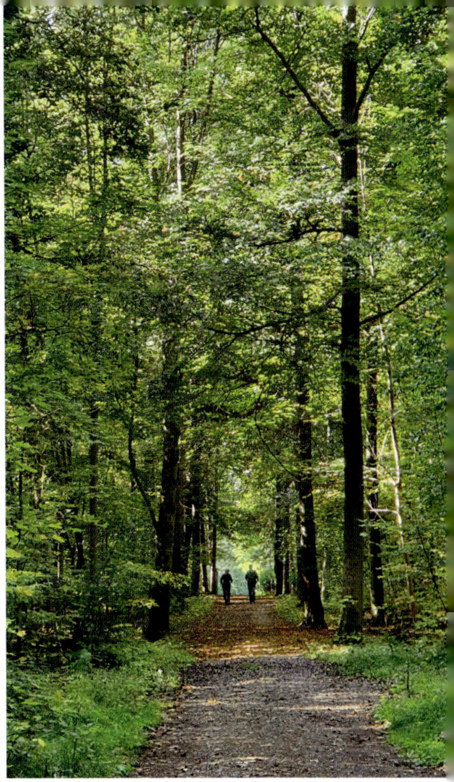

*Auf dem Eselsweg.*

Schänke lockt. Eine Besonderheit sind die 612 sogenannten Engelsstaffeln aus Buntsandstein zwischen Großheubach und dem Kloster, die die längste Außentreppe Bayerns bilden. Wir kehren zum Koloseus-Engel zurück und biegen links in den großen weiten Wald ab. Bis kurz vor dem Tagesziel begleitet uns die Markierung »Schwarzes E« des Eselswegs. Die ersten gut 1,5 km geht es steil bergan. Um den **Hunnenstein** ❹ mitzuneh-

## Durch den sagenumwobenen Spessartwald

Der **Eselsweg** war eine alte Handelsstraße, die wahrscheinlich schon **vor über 2000 Jahren** von den Kelten und Römern genutzt wurde. Da früher die Täler und Niederungen des Spessarts zeitweise sumpfig waren, blieb der Weg auf einer Höhe von 400 bis 500 m und konnte dadurch ganzjährig benutzt werden. Seinen Namen erhielt er erst im **Mittelalter** von den **Eselskarawanen**, die Salz von Bad Orb nach Miltenberg zur Einschiffung transportierten. Auf dem Rückweg wurden Wein und andere Erzeugnisse aus Franken in den Norden gebracht. Heute folgt ein 111 km langer **Fernwanderweg** der historischen Route des Eselswegs. Der Spessartbund hat ihn mit einem schwarzen »E» in beide Richtungen markiert. Praktisch ohne Täler und Ortschaften führt der Eselsweg zumeist durch dichten Laubwald vom Main in Unterfranken quer durch den Spessart bis ins hessische Schlüchtern im Norden.

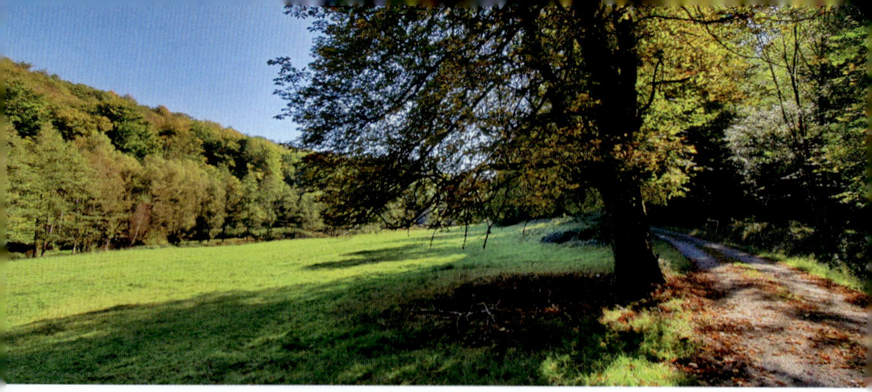

*Im beschaulichen Kropfbachtal.*

men, müssen wir den Fernwanderweg kurz auf einem Pfad verlassen.

Der **Ospis** hat ein Gipfelkreuz, aber keine Aussicht. Mehrere Bänke und Tische laden am Sattel **Sohlhöhe** ❺, 379 m, zu Rast und Picknick ein.

Wir folgen weiter dem Eselsweg auf Forststraßen und Waldwegen. Nach einem längeren Anstieg können wir links einen Abstecher zu **Hügelgräbern** ❻ machen. Sie sind stumme Zeugen einer Besiedlung des Spessarts in vorchristlicher Zeit.

Nun ist es nicht mehr weit zum **Geiersberg** ❼, der mit 512 m höchsten Erhebung dieser Zweitagestour. Zu sehen gibt es einen Sendemast und Bäume. Aussicht? Fehlanzeige!

Nach einem kurzen Abstieg kreuzen wir eine Kreisstraße und folgen wir für 500 m der Schneise einer Gasleitung. Die nächsten 6 km führen uns die Markierungen wieder zuverlässig durch den Spessartwald. Nach einem steilen Anstieg erreichen wir eine Wegekreuzung und das **Nonnenbild** ❽. Dieser 1709 errichtete Bildstock zeigt eine Kreuzigungsgruppe in barockem Stil.

Wir biegen hier links ab, verlassen also den Eselsweg. Es geht kurz steil bergab. Dann treten wir aus dem Wald und gelangen in den Weiler **Hofwildensee** im idyllischen Aubachtal. An der Ortsstraße rechts, bei nächster Gelegenheit links über den Aubach und schließlich rechts nach **Wildensee** ❾ hinein.

**2. Tag (Wildensee – Hasloch):**

Von **Wildensee** ❾ kehren wir auf bekannter Route nach Hofwildensee zurück. Dort steigen wir aber nicht zum Nonnenbild auf, sondern wählen den Fahrweg, der das Tal in Richtung Osten verlässt. Es geht mit

*Waldbaden inklusive.*

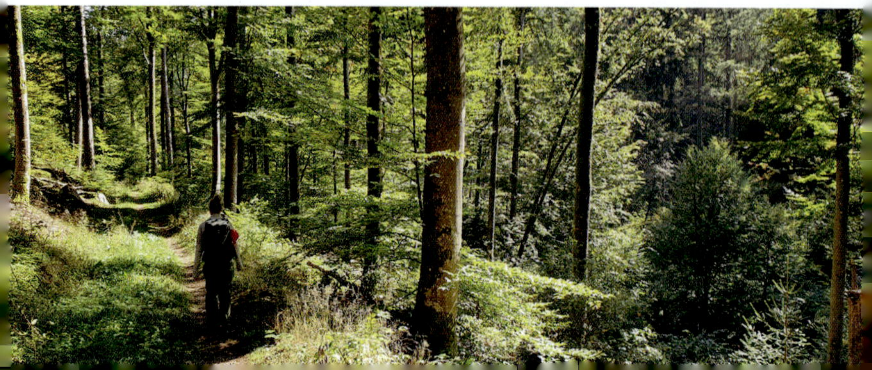

der Markierung »E5« kurz durch offenes Gelände, dann im Wald in zwei scharfen Kurven zur Schutzhütte an der **Dreifaltigkeitslärche ⑩** empor.
Wir folgen der Forststraße nach links. Knapp 600 m leitet uns der Spessartweg 2 durch den Wald. Dann biegen wir links auf eine weitere Forststraße ab, die wir nach 80 m halbrechts auf einem Waldweg mit der Markierung »Rotes X« verlassen. Der Einstieg kann zugewachsen und versteckt sein. Wir wandern mit den Schildchen hinab an die Spessartstraße und auf dieser zur Hauptstraße in **Altenbuch ⑪**.

Wir gehen ein paar Schritte nach links, dann rechts in die Straße Obere Heeg und nach knapp 100 m links auf einen Weg. Das »Rote X« verlässt uns, die Markierung »Roter Balken« kommt dazu, der wir stetig bergan bis zum höchsten Punkt der Etappe, der **Wolfsbuche ⑫**, 486 m, folgen. Wir wandern mit den nett stilisierten Schildchen des Hasenstabwegs hinab ins friedliche **Kropfbachtal ⑬**.
Die Markierungen führen uns nach rechts durch das Tal zum **Hasenstabkreuz ⑭**. An dieser Stelle wurde der Wilderer Johann Adam Hasenstab, der »Robin Hood des Spessarts«, am 3. Juni 1773 in einen Hinterhalt gelockt und erschossen.
Wir bleiben im Talgrund bzw. in der Nähe des Bachs, orientieren uns am Hasenstabweg (Obacht, nicht links auf die Variante nach Schollbrunn abbiegen!) und am Kulturweg. Ein kleiner und ein großer Teich werden passiert. Unmittelbar danach geht es links zur **Kartause Grünau ⑮**.
Wir kehren auf die andere Seite des großen Teichs zurück, überqueren den Kropfbach und biegen links auf einen Weg ab. Dieser steigt bald steil im Wald bergan bis an eine Forststraße. Wir folgen dieser nach links. Die Markierung »Roter Balken« führt uns fast stetig bergab nach Hasloch. Vor der Kirche links in die Kreuzwertheimer Straße. Sie bringt uns an die St2315 und vor den Main. Auf der anderen Straßenseite lohnt ein Blick von der Mainbrücke, dann gelangen wir nach rechts auf einem Geh- und Radweg zum bereits sichtbaren Bahnhof von **Hasloch ⑯**.

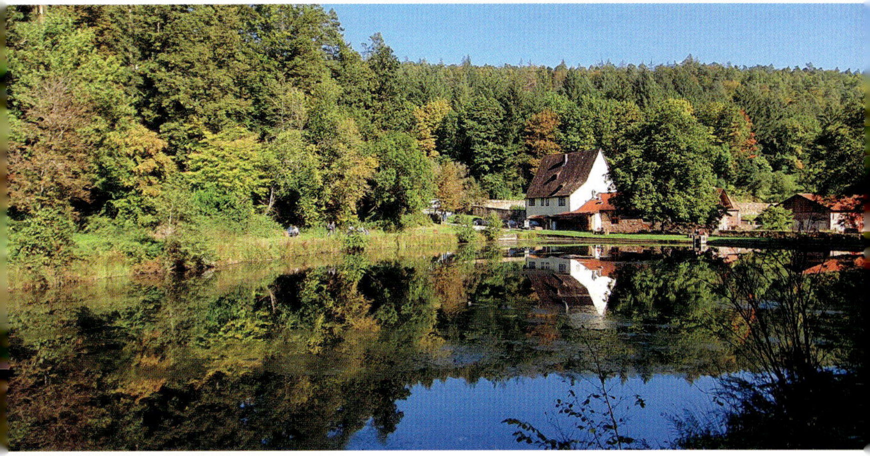

*Unsere Einkehr, die Kartause Grünau, ist in Sicht.*

# 11 Durchs Madonnenländchen

## Von Baden-Württemberg bis an den fränkischen Main

2 Tage | 36,1 km | ↗ 850 m | ↘ 1130 m

***Wallfahrt in Walldürn, Barock in Amorbach, Fachwerk in Miltenberg***

*Die Region vom östlichen Odenwald im Grenzgebiet von Baden-Württemberg und Unterfranken bis zum Taubergrund im Osten wird Madonnenland oder Madonnenländchen genannt. In dem Landstrich entstand während der Gegenreformation ab Mitte des 16. Jh. eine intensive Marienverehrung. Die vielen Mariensäulen, Hausmadonnen und Bildstöcke mit Mariendarstellungen zeugen noch heute davon. Die Bahnstrecke von Seckach über Buchen, Walldürn und Amorbach nach Miltenberg heißt passenderweise Madonnenlandbahn. Wenn Sie mehr an Marienkäfern als an Maria interessiert sind, können Sie sich auf dieser Zweitageswanderung im Badischen und Fränkischen Odenwald (der größte Teil des Mittelgebirges befindet sich in Hessen) auch an dem Anblick, dem Duft und der Ruhe des bewaldeten Hügellands ergötzen. Die Nacht verbringen wir in dem verträumten Barockstädtchen Amorbach. Auch wenn wir vielleicht vom Wandern müde sind, eine Führung durch das ehemalige Benediktinerkloster zählt zum touristischen Pflichtprogramm. Am Ziel in Miltenberg geht es in den von Fachwerkhäusern gesäumten Straßen und den zahlreichen Lokalen quirliger und weltlicher zu. Wünschen Sie sich die Waldesruh zurück, können Sie sich auf der anderen Seite des Mains vom Spessart aufnehmen lassen (siehe Wochenendtour 10).*

**Ausgangspunkt:** Walldürn (Baden-Württemberg), 409 m, Bahnhof.
**Endpunkt:** Miltenberg, 133 m, Bahnhof.
**ÖPNV:** Walldürn, Amorbach und Miltenberg liegen an der Bahnstrecke Seckach–Miltenberg (auch als Madonnenlandbahn bekannt). Miltenberg hat regelmäßige Zugverbindungen mit Aschaffenburg und Wertheim.
**Etappendaten:**
**1. Tag:** 5.45 Std., 20,1 km, ↑400 m, ↓650 m.
**2. Tag:** 4.45 Std., 16 km, ↑450 m, ↓480 m.
**Anforderungen:** Bequem zu gehende Wege und Forststraßen. Im Bereich der Städte auch asphaltierte Abschnitte. Mehr Schatten als offenes Gelände. Nur ein längerer, steiler Anstieg. Somit auch für heiße Tage geeignet.
**Einkehr:** **1. Tag: Walldürn:** Gasthaus Zum Burgtörle, Mo–Mi Ruhetag, Do–Sa ab 17 Uhr, So 11–14 Uhr, Hauptstr. 17, www.burgtoerle.de, Tel. +49 6282 95404; PastaRia (italienische Küche, auch vegan), So Ruhetag, Robert-Koch-Str. 1, www.pastaria.net, Tel. +49 6282 9396888. **Großhornbach:** Gasthaus Zum Lamm, Mo/Di/Do Ruhetag, gasthaus-lamm-hornbach.de, Tel. +49 6286

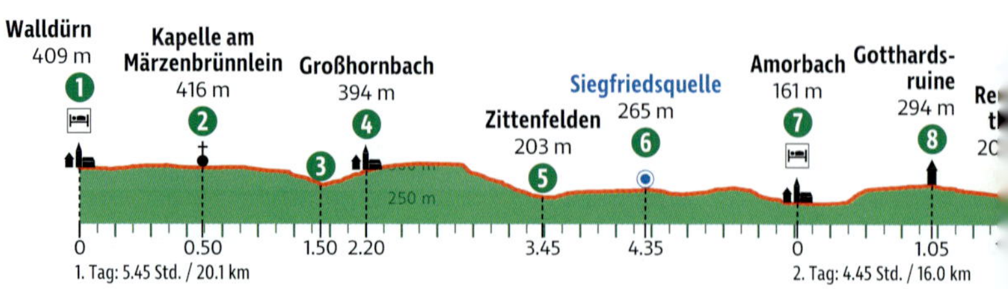

269. **Amorbach:** Gaststätte Brauerei Etzel (auch vegan; mit Außenbereich), Mi Ruhetag, Boxbrunner Str. 4, www.gaststaette-brauerei-etzel.de, Tel. +49 9373 1243; Stangs Küche (auch vegan; mit Biergarten), Mi Ruhetag, Löhrstr. 32, stangskueche-amorbach.de, Tel. +49 9373 6699977.

**2. Tag: Miltenberg:** Gasthaus Zum Riesen (auch vegan), Di/Mi Ruhetag, Hauptstr. 99, riesen-miltenberg.de, Tel. +49 9371 989948; Kostbar (Café und Bistro; auch vegan), 9–17 Uhr, Hauptstr. 100, www.sei-kostbar.de, Tel. +49 937136692799; Faust Braustuben (auch vegan; mit Biergarten), Mo–Do ab 15 Uhr, Fr–So ab 11 Uhr, Löwengasse 3, www.faust-braustuben.de, Tel. +49 9371 2709.

**Übernachtung: 1. Tag: Walldürn:** Gasthaus Zum Burgtörle (€€€); Jugendherberge (€€), Auf der Heide 37, www.jugendherberge-wallduern.de, Tel. +49 6282 283. **Amorbach:** Emich's Hotel (€€€), Schmiedsgasse 2, www.emichs.com, Tel. +49 9373 2058028; Pension Ballmann (€€), Am Mühlrain 40, Tel. +49 9373 4213, www.pension-ballmann.de; Trailer Campingplatz (auch Mietwohnwagen), Breitensteiner Weg 7, www.trailer-campingplatz.de, Tel. +49 9373 4768.

**2. Tag: Miltenberg:** Hotel Schmuckkästchen (€€€), Marktplatz 185, Tel. +49 9371 5500, hotel-schmuckkaestchen.de; Hotel Zum Riesen (€€€), Hauptstr. 97, www.hotel-riesen-miltenberg.de, Tel. +49 9371 2582; PuB111 (€€), Hauptstr. 111, pub111.de, Tel. +49 9371 5053750.

**Einkauf:** Supermarkt und Bäckerei in Walldürn, Amorbach und Miltenberg.

**Information: Walldürn:** Tourist-Info, Hauptstr. 27, www.wallduern.de, Tel. +49 6282 67106 oder 67107. **Amorbach:** Informationszentrum Bayerischer Odenwald, Schloßplatz 1, www.bayerischer-odenwald.de, Tel. +49 9373 200574. **Miltenberg:** Drei am Main, Engelplatz 69, miltenberg.info Tel. +49 9371 404119.

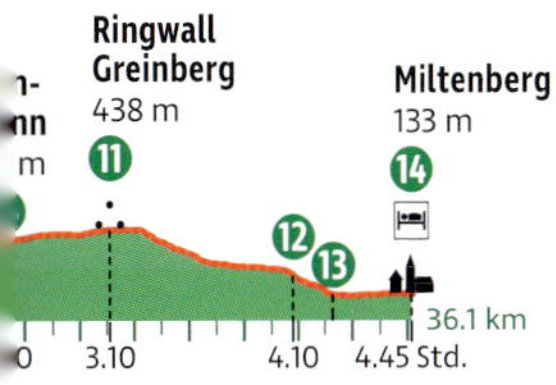


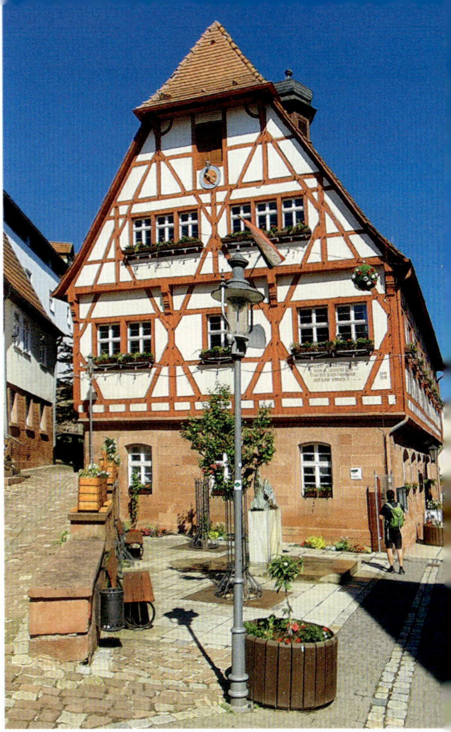

*Das historische Rathaus in Walldürn.*

**Tipp:** In Amorbach ist eine Führung durch die ehemalige Benediktinerabtei mit der barocken Abteikirche, der Bibliothek und dem klassizistischen Grünen Saal sehr zu empfehlen (meist zweimal täglich, Buchung über das Informationszentrum). In der Kirche finden auch Konzerte statt.

**Verlängerung:** In Miltenberg schließt die Wochenendtour 10 an.

**Karte:** 827 Bergstraße-Odenwald, Neckartal (Kompass, 1:50.000, 2021), UK50-16 Naturpark Spessart – südlicher Teil (Landesamt für Digitalisierung, Breitband und Vermessung Bayern, 1:50.000, 2018) oder ATK25-F02 Miltenberg (Landesamt für Digitalisierung, Breitband und Vermessung Bayern, 1:25.000, 2016).

**1. Tag (Walldürn – Amorbach):**
Wir verlassen den Bahnhof in **Walldürn ❶**, gehen kurz rechts und beim P+R-Parkplatz links in die Eisenbahnstraße. An deren Ende halten wir uns links. Nach 150 m biegen wir rechts in die verkehrsberuhigte Hauptstraße ein und kommen am historischen Rathaus und an der Wallfahrtsbasilika St. Georg vorbei. An deren Fassaden und an unzähligen weiteren Gebäuden der heutigen und morgigen Etappe sind die für den Buntsandstein-Odenwald typischen roten Sandsteine verbaut.

Nach der großen Kirche und dem davor gelegenen Wallfahrtsplatz führt ein Weg hinab an die Sandgasse, der wir nach links folgen. Ab hier bis Zittenfelden orientieren wir uns an der Markierung »Gelbes, auf dem Kopf stehendes T« (HW 24 des Odenwaldklubs). Am Ende der Sandgasse wird die größere Straße Theodor-Heuss-Ring überquert. Danach geht es auf der Pater-Josef-Eckstein-Straße weiter ortsauswärts. Bei einem Christuskreuz führt der Weg rechts in den Wald hinein. Wir wandern gut 500 m parallel zur Straße und dann kurz am Waldrand entlang. Links befindet sich der Wasen, ein Naherholungsgebiet mit Streuobstbeständen und Blühstreifen. Die Stadt Walldürn will dort ein Baugebiet ausweisen, was eine Bürgerinitiative zu verhindern versucht. Wir betreten einen großen Wald mit alten Eichen, Buchen und Kastanien. Ein Kreuzweg führt uns schnurgerade zur idyllisch gelegenen **Kapelle am Märzenbrünnlein ❷**.

Es geht links auf einer Forststraße weiter. Kurz vor einer Straße biegen wir rechts ab. Nach 2 km treffen wir bei einem Wanderparkplatz auf die Straße, verlassen sie aber gleich wieder nach leicht rechts. 100 m später gelangen wir links hinab zur **Lambachpumpe Hornbach ❸**.

Ein breiter Weg führt uns zurück an die Straße, der wir bergauf nach **Großhornbach ❹** folgen. Beim Gasthaus zum Lamm verlassen wir die Ortsdurchgangsstraße in Richtung der Kirche St. Valentin. An der

*Die Kapelle am Märzenbrünnlein im für die Region typischen roten Sandstein.*

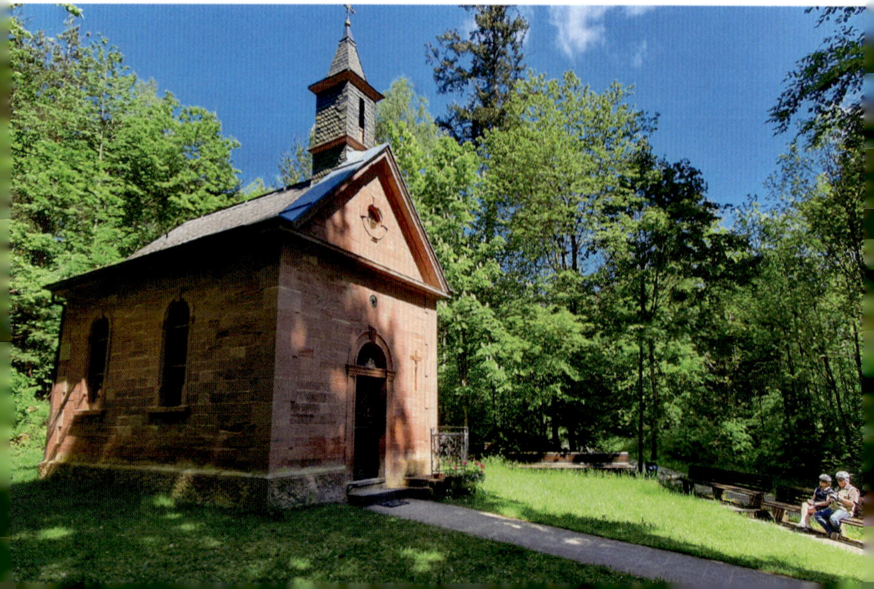

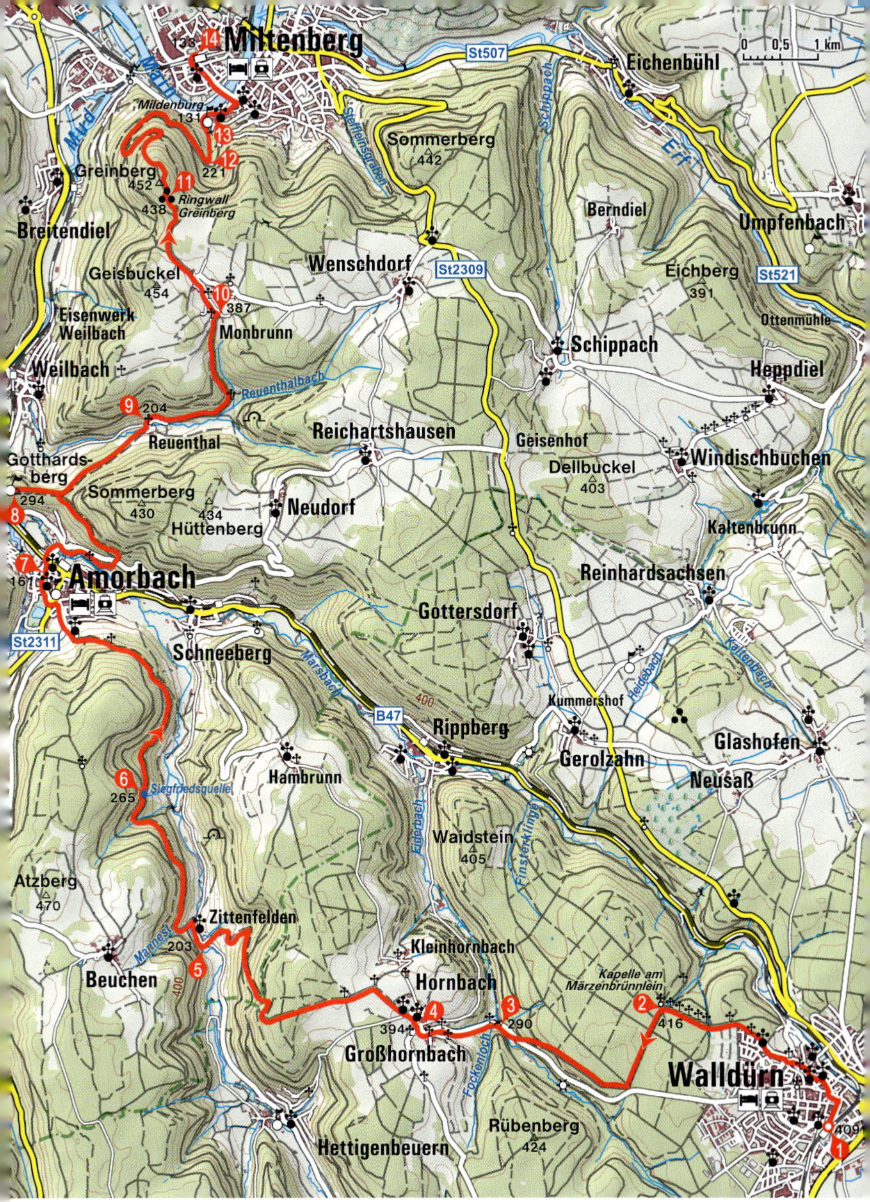


Gabelung vor dem Gotteshäuschen halten wir uns links. Nach den letzten Häusern gehen wir rechts am Friedhof vorbei und hinauf in die Flur. Auf der kleinen Hochfläche biegen wir bei einem Bildstock links ab. Zurück im Wald geht es an einer Gabelung rechts. 300 m weiter müssen wir aufpassen und die Forststraße nach links in einen Waldweg verlassen. Unbemerkt wird die Grenze zwischen Baden-Württemberg und Bayern bzw. Franken überquert. Auf einer Forststraße und nach dem

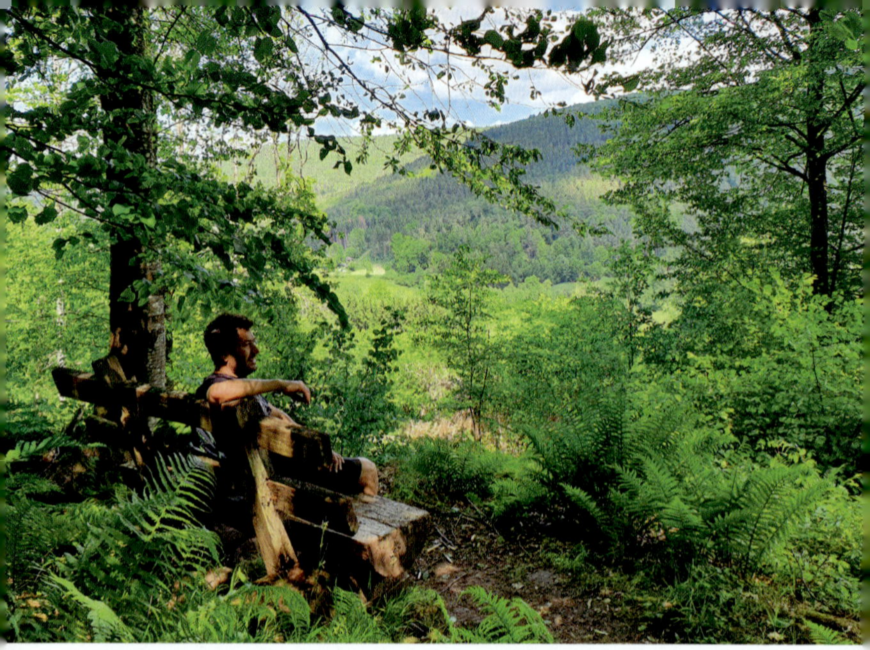

*Bei der Siegfriedsquelle schauen wir ins Morretal.*

Wald auf Asphalt steigen wir hinab nach **Zittenfelden ❺** im herrlich ruhigen Tal der Morre.
Wir halten uns rechts und schreiten durch das hübsche Dorf. Am Ortsende wenden wir uns nach links, überqueren den Fluss und kommen an einem Hof vorbei. 100 m danach biegen wir rechts in den Wald ab. Die Markierung »Gelbes, auf dem Kopf stehendes T« verlässt uns hier. Bis kurz vor dem Tagesziel folgen wir dem Morre-Jagst-Weg (»Blaues X«). Der Weg führt an einem Bach(bett) bergan, dann auf einer Forststraße weiter. Wir verlassen sie nach 500 m links in einen Waldweg. Zurück auf der Forststraße passieren wir eine Schutzhütte mit kleiner Aussichtsplattform und die **Siegfriedsquelle ❻**, auch Zittenfeldener Quelle genannt.
Die Markierungen leiten uns nun 2,5 km durch Laubwald. Dann eröffnet sich der Ausblick auf das Mudtal, Amorbach und das übergroße Fabrikgelände der Odenwald Faserplattenwerk GmbH. Wir wandern bergab und gelangen bei den ersten Häusern an eine Vorfahrtsstraße (Beuchener Straße). Diese mündet beim Schloss in die stärker befahrene Sandgasse ein, die wir etwas nach links versetzt vorsichtig überqueren. Wir gehen links auf einem Weg weiter und kurz darauf rechts über den Schlossplatz. Linker Hand befindet sich der Seegarten, rechts das ehemalige **Benediktiner-Kloster** mit der **Abteikirche** (siehe Tipp). Über die Straßen Schmiedgasse und Am Stadttor erreichen wir den kleinen Marktplatz und das alte Rathaus in **Amorbach ❼**.

**2. Tag (Amorbach – Miltenberg):**
Vom alten Rathaus in **Amorbach ❼** starten wir in nördliche Richtung. Es geht an der katholischen Pfarrkirche St. Gangolf vorbei, auf einem Treppenweg kurz hinab, unter der B47 hindurch, über die Bahngleise hinweg und wenig später über den

Billbach. Direkt danach halten wir uns rechts. Der breite Weg verläuft knapp 1 km zwischen dem Fluss rechter Hand und Villen und Schrebergärten auf der linken Seite. Bei einem überdachten Rast- und Grillplatz biegen wir links in den Wald ab. Wir steigen auf einem Serpentinenweg bergan und kreuzen eine Straße. Ein breiterer Weg wird erreicht, an dem es links weitergeht. Wir behalten für gut 1 km die Richtung bei und gelangen zur **Sattelhütte**.

Weiter geradeaus ist es nicht weit bis zum **Gotthardsberg** und zur **Gotthardsruine 8**. Von der Plattform des Turms hat man den sogenannten Sieben-Täler-Blick, der vom Amorbacher Talkessel bis zum Maintal, Kloster Engelberg und in den Spessart (siehe Wochenendtour 10) reicht.

Wir kehren auf demselben Weg zurück zur Sattelhütte und halten uns dort links. Die Markierung »Weinrotes N« des Nibelungensteigs begleitet uns nun bis kurz vor Miltenberg. Ein schöner Weg bringt uns durch Wald und über Wiesen hinab nach

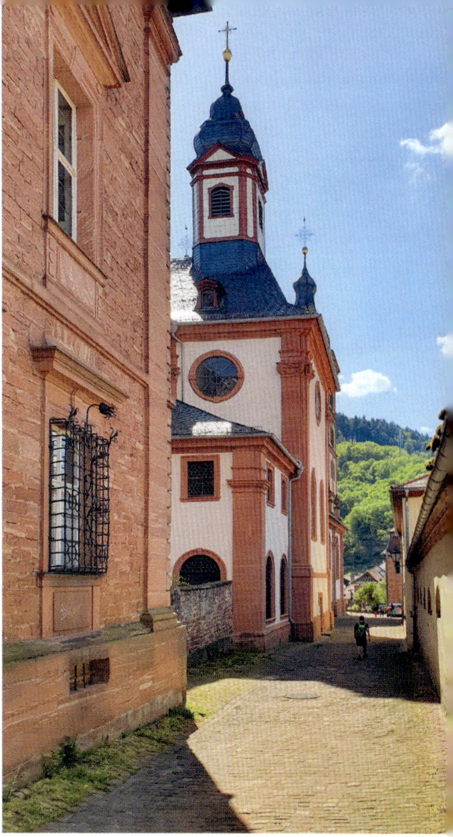

*Amorbach, das Ziel der ersten Etappe.*

*Der Amorbacher Talkessel ist komplett von Wald umgeben.*

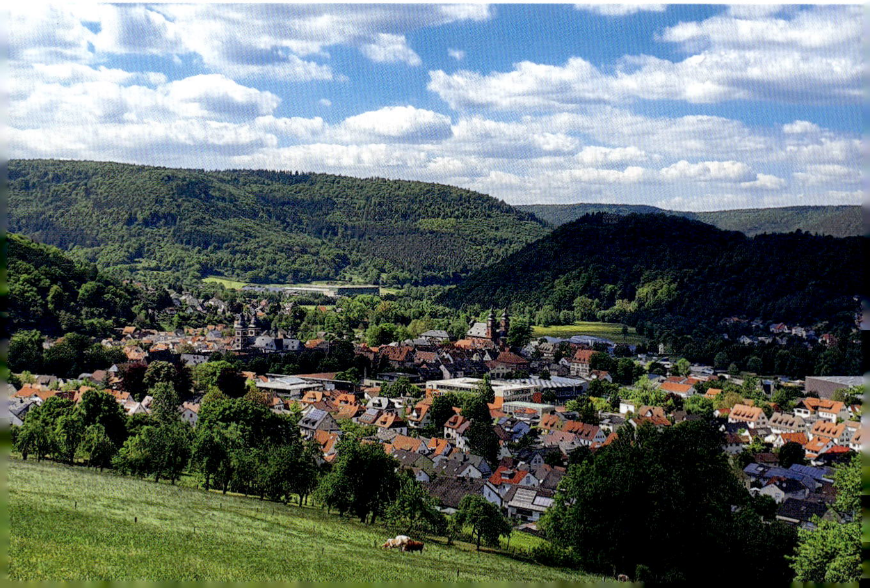

**Reuenthal ⑨** im beschaulichen Weilbachtal.

An der Dorfstraße halten wir uns rechts (ein Stück links befindet sich ein Brunnen mit Trinkwasser). Nach dem Ort geht der Asphalt in einen Fahrweg über, den wir an der zweiten Abzweigung nach links verlassen. 300 m danach wandern wir nach links auf einem schmäleren Weg weiter bergauf. Wir treten aus dem Wald und gelangen auf ein Sträßchen, das uns durch das landwirtschaftlich geprägte Dorf **Monbrunn ⑩** führt.

Bei der Bushaltestelle wird das Sträßchen geradeaus verlassen. Ein anfangs asphaltierter Fahrweg bringt uns in den nächsten Wald. Dort überqueren wir etwas nach rechts versetzt eine Forststraße, 300 m später den **Ringwall Greinberg ⑪**. Unmittelbar danach geht es rechts auf einem schmäleren Weg weiter. Rechter Hand sind die Reste der vorgeschichtlichen keltischen Wallanlage gut zu erkennen. Die Markierungen leiten uns abwärts zu einer Forststraße. Wir folgen ihr 100 m und verlassen sie dann nach scharf links. An der nächsten breiteren Forststraße müssen wir uns rechts halten. Am Ottostein treffen mehrere Wege zusammen. Hier wählen wir geradeaus den absteigenden Pfad zum **Miltenberger Felsenmeer ⑫**. Das Naturdenkmal ist das Ergebnis geologischer Prozesse, die vor rund 245 Millionen Jahren begannen.

Im weiteren Abstieg gelangen wir an das Sträßchen Conradyweg, dem wir links durch ein altes Sandsteintor folgen (der Nibelungensteig führt geradeaus zum Marktplatz hinab). Kurz darauf wird die **Mildenburg** er-

*Auf dem Weg nach Reuenthal.*

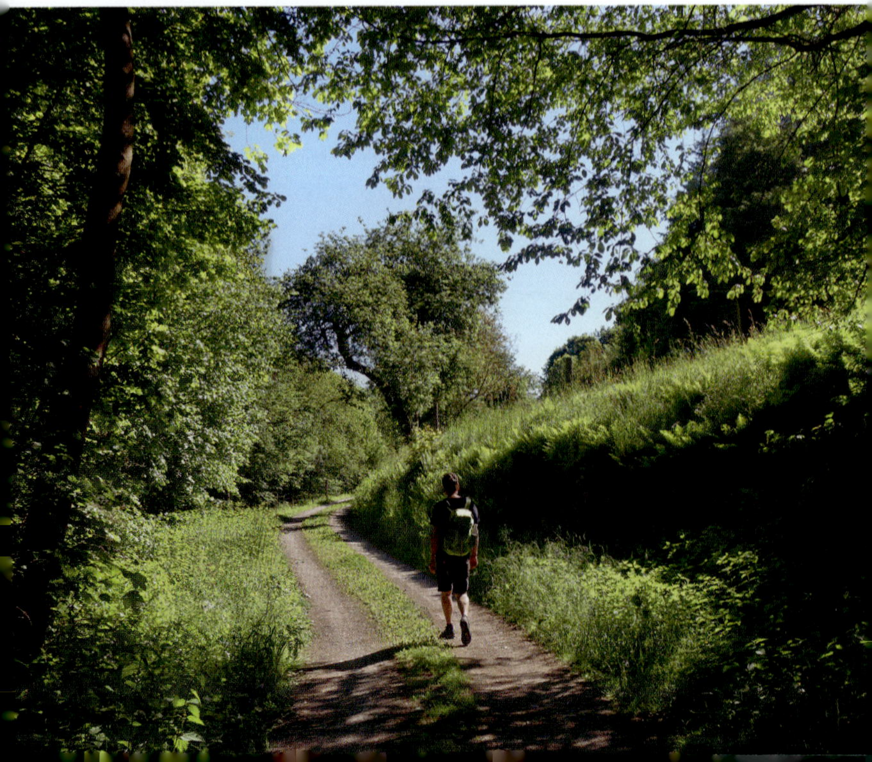

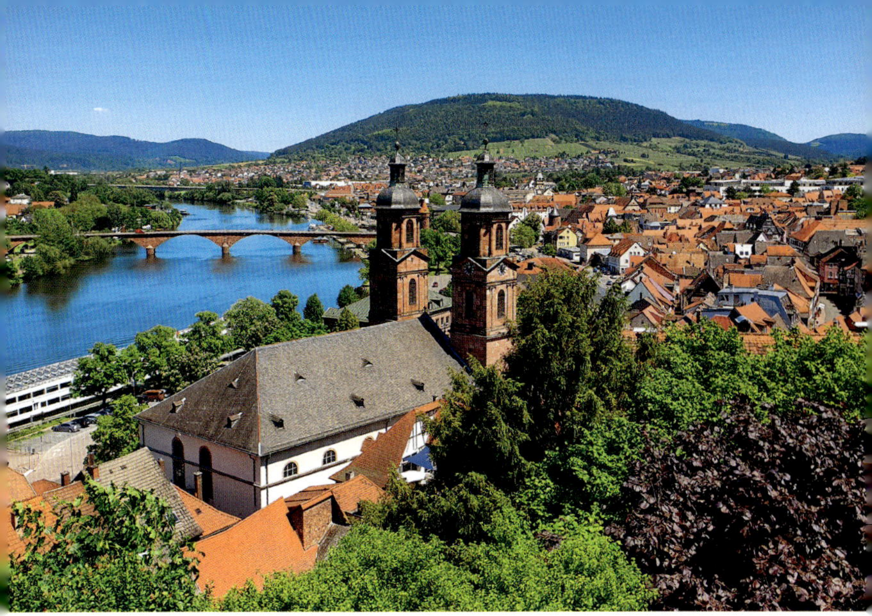

*Von der Mildenburg blickt man auf Miltenberg und den Main.*

reicht. Von ihr eröffnen sich Ausblicke auf die am Main gelegene Stadt und den Spessart.

Auf einem Fußweg gelangen wir hinab zum **Marktplatz** ⓭ in Miltenberg. Hier folgen wir geradeaus der Fußgängerzone. An deren Ende links auf der Ziegelgasse weiter. Wir überqueren an einer Ampel die große Mainstraße, steigen ein paar Stufen empor, gehen durch das Brückentor und auf der Brückenstraße über den Main. Die Straße bringt uns direkt zum **Bahnhof** von **Miltenberg** ⓮.

## Fachwerkromantik zwischen Odenwald und Spessart

**Miltenberg** hat heute rund 9300 Einwohner und liegt am südwestlichen Eckpunkt des Mainvierecks zwischen Spessart und Odenwald sowie an der Sprachgrenze von Franken und Hessen. Einen Rundgang durch den historischen Ortskern sollten wir uns nicht entgehen lassen. Die vielen stattlichen **Fachwerkhäuser** an der Hauptstraße vom Würzburger Tor über den Engelplatz und den besonders pittoresken **Marktplatz** bis zum Mainzer Tor zeugen von der früheren Bedeutung Miltenbergs, das bereits 1285 das Stadtrecht erhielt. Das bekannteste Baudenkmal dürfte das **Gasthaus Zum Riesen** sein. Es gilt als eine der ältesten Herbergen Deutschlands und hatte schon Kaiser Barbarossa, Kaiser Karl IV., Wallenstein, Richard Strauss und Elvis Presley zu Gast. Unweit des »Riesen« lohnt der Abstecher zum **Alten Jüdischen Friedhof**, der zwischen der mittelalterlichen Stadtmauer und dem Stadtpark liegt. Über der Altstadt am Fuße des Odenwaldes steht die **Mildenburg**. Ihr innerer Mauerring mit dem 27 Meter hohen Bergfried stammt noch aus dem 13. Jh. Das **Burgmuseum** beherbergt zeitgenössische Kunst sowie russische und griechische Ikonen. Für uns dürfte das **Stadtmuseum** interessanter sein. In drei Fachwerkhäusern am berühmten **Schnatterloch** wird die bis in die Römerzeit zurückreichende Stadt- und Regionalgeschichte gezeigt (weitere Infos zu den Museen auf www.museum-miltenberg.de).

# 12 Auf dem Main-Wanderweg

## Von Retzbach über Karlstadt nach Gemünden am Main

2 Tage | 32,2 km | ↗ 670 m | ↘ 670 m

***Das Naturschutzgebiet Grainberg-Kalbenstein als Höhepunkt***

*Auf dieser Panoramatour über dem Maintal gibt uns die Markierung »blaues M« des Main-Wanderwegs die Richtung vor. So können wir uns ganz auf die landschaftlichen Reize konzentrieren. Auf dem Weg von Retzbach nach Karlstadt passieren wir den Stettener Stein, eine der ältesten und steilsten Weinlagen in Franken. Der Blick vom dortigen terroir f wurde 2020 vom Deutschen Weininstitut zur »schönsten Weinsicht Frankens« gekürt. Schön ist auch der Weinort Karlstadt, wo wir den Tag ausklingen lassen, den Abend bei einem Schoppen genießen und die Nacht verbringen. Die zweite Etappe führt uns nach Gemünden, das am Zusammenfluss von Sinn, Fränkischer Saale und Main sowie bereits am Rande des Spessarts liegt. Auf dem Weg dorthin, am geologischen Übergang vom Unteren Muschelkalk in den Oberen Buntsandstein, wandern wir durch das bedeutende Naturschutzgebiet Grainberg-Kalbenstein und Saupurzel. Auf sechs Kilometern werden wir von Eindrücken fast überschüttet: Ausblicke weit über das Maintal hinaus, steil abfallende Kalkfelsen, Trockenrasen mit rund 600 Farn- und Blütenpflanzenarten, wärmeliebende Büsche und Wäldchen, geowissenschaftlich bedeutende Buntsandstein-Aufschlüsse sowie alte Terrassenweinberge. Sie sollten aber wissen, dass diese Wochenendtour nicht unter dem Motto »Stille pur« steht. Immer wieder dringen die Geräusche der Güterzüge und des Straßenverkehrs vom Tal zu uns hinauf.*

**Ausgangspunkt:** Retzbach-Zellingen, 167 m, Bahnhof.
**Endpunkt:** Gemünden am Main, 161 m, Bahnhof.
**ÖPNV:** Retzbach-Zellingen, Karlstadt, Gambach und Gemünden am Main liegen an der Bahnstrecke Würzburg–Aschaffenburg.
**Etappendaten:**
**1. Tag:** 3.30 Std., 12,6 km, ↑230 m, ↓230 m.
**2. Tag:** 5.45 Std., 19,6 km, ↑440 m, ↓440 m.
**Anforderungen:** Forststraßen, Feld- und Weinbergwege wechseln sich ab. Im Bereich der Ortschaften einige asphaltierte Passagen. Auf der zweiten Etappe ist an der Abbruchkante im Naturschutzgebiet Vorsicht geboten. Keine langen und steilen An- und Abstiege. Insgesamt deutlich mehr freie Flächen als Schatten.
**Einkehr: 1. Tag: Retzbach:** Hotel & Gasthof Vogelsang (mit Innenhof), Öffnungszeiten siehe www.hotel-vogelsang.de, Untere Hauptstr. 9–11, Tel. +49 9364 8050. **Karlstadt:** Restaurant Hotel Eisenbahn (maledivische Küche, auch vegan; mit Biergarten), Mi Ruhetag, Do–Di ab 17.30 Uhr, So auch

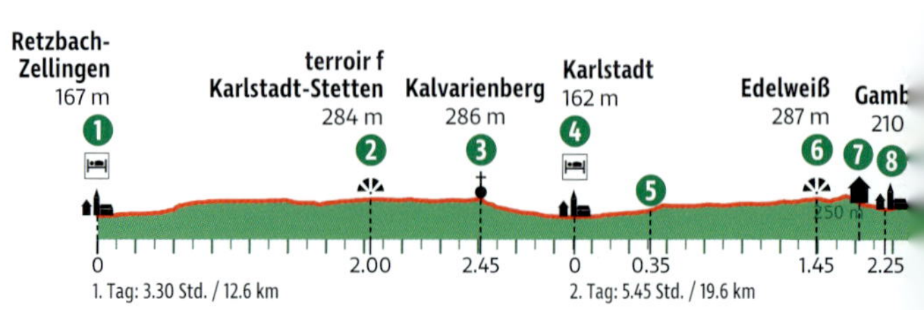

11.30–13.30 Uhr, Neue Bahnhofstr. 19, www.hotel-eisenbahn.com, Tel. +49 9353 974660; Zum Fehmelbauer, Mo Ruhetag, Hauptstr. 22, www.fehmelbauer.de, Tel. +49 9353 3320; Main Mäuerle (Café und Weinbar, mit Außenplätzen an Stadtmauer und Main), Mo/Di Ruhetag, Maingasse 8, main-maeuerle.de, Tel. +49 9353 5019860; Liesl Karlstadt (mit Biergarten), So Ruhetag, Mo–Fr ab 16 Uhr, Sa ab 17 Uhr, Ringstr. 2, www.liesl-karlstadt.com, Tel. +49 9353 9767750; Toms Eismanufaktur (auch vegan), 11–18 Uhr, Hauptstr. 53, Tel. +49 9353 5082036.
**2. Tag: Winzerhütte Gambach** (im Weinberg vor Gambach, 350 m Abstecher): Öffnungszeiten auf www.gambacher-kalbenstein.de oder Tel. +49 9353 3625. **Wernfeld:** Dirmbacher Hof, Öffnungszeiten siehe www.dirmbacher-hof.de, Dirmbachstr. 43, Tel. +49 9351 602395. **Gemünden am Main:** Gasthof Hotel Zum Koppen (auch vegan), Mo/Di Ruhetag, Mi–Sa ab 17 Uhr, So auch 11–14 Uhr, Obertorstr. 22, hotel-koppen.de, Tel. +49 9351 97500; Osteria-Pizzeria Al Leone (auch vegan), Mo–Mi Ruhetag, www.al-leone.de, Obertorstr. 30, Tel. +49 9351 9097011.
**Übernachtung: 1. Tag: Retzbach:** Hotel & Gasthof Vogelsang (€€€). **Karlstadt:** Hotel Eisenbahn (€€€); Zum Fehmelbauer (€€€); Schlafplätzle (€€), Obere Viehmarktstr. 16, www.schlafplaetzle.de, Tel. +49 9353 996134; Campingplatz, Baggertsweg 6, www.campingplatz-karlstadt.de, Tel. +49 9353 996107.
**2. Tag: Wernfeld:** Dirmbacher Hof (€€).

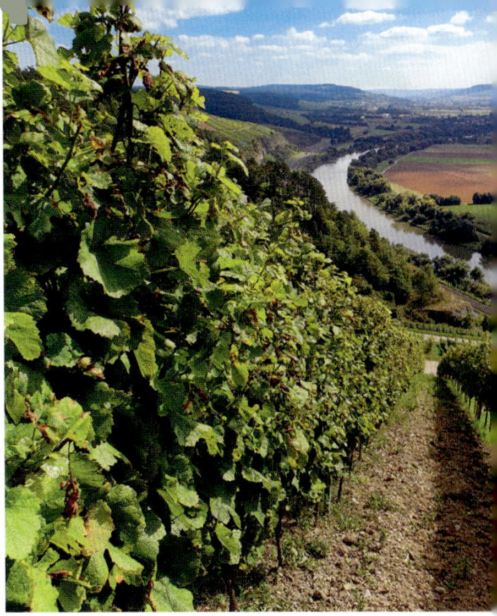

*Der berühmte Stettener Stein.*

**Gemünden:** Gasthof Hotel Zum Koppen (€€€).
**Einkauf:** Supermarkt in Retzbach, Supermarkt und Bäckerei in Karlstadt, Bäckerei in Wernfeld, Supermarkt und Bäckerei in Gemünden.
**Information: Karlstadt:** Tourist-Information, Hauptstr. 56, www.karlstadt.de, Tel. +49 9353 906688. **Gemünden am Main:** Touristinformation, Scherenbergstr. 4, www.stadt-gemuenden.de, Tel. +49 9351 80011300.
**Karte:** 166 Würzburg, Maindreieck (Kompass, 1:50.000, 2020) oder UK50-7 Fränkisches Weinland (Landesamt für Digitalisierung, Breitband und Vermessung Bayern, 1:50.000, 2019).

**1. Tag (Retzbach – Karlstadt):**
Vom Bahnhof von **Retzbach-Zellingen** ❶ gehen wir auf der Bahnhofstraße über die B27 und in den

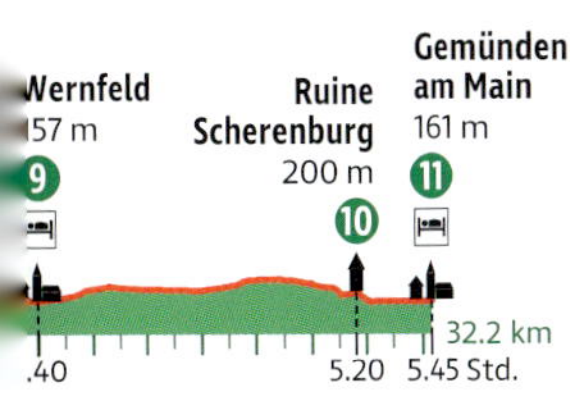


alten Ortskern von Retzbach. Hier haben sich einige historische Gebäude erhalten, darunter die katholische Pfarrkirche St. Laurentius von Balthasar Neumann, Bauern- und Winzerhöfe des 16. und 17. Jh. sowie das Rathaus, ein mit 1575 und 1576 bezeichneter Fachwerkbau.
Die Hauptstraße wird überquert. Wir folgen geradeaus der Heckenstraße und biegen links in die Ludwig-Hagenauer-Straße ein. Hier taucht die Mar-

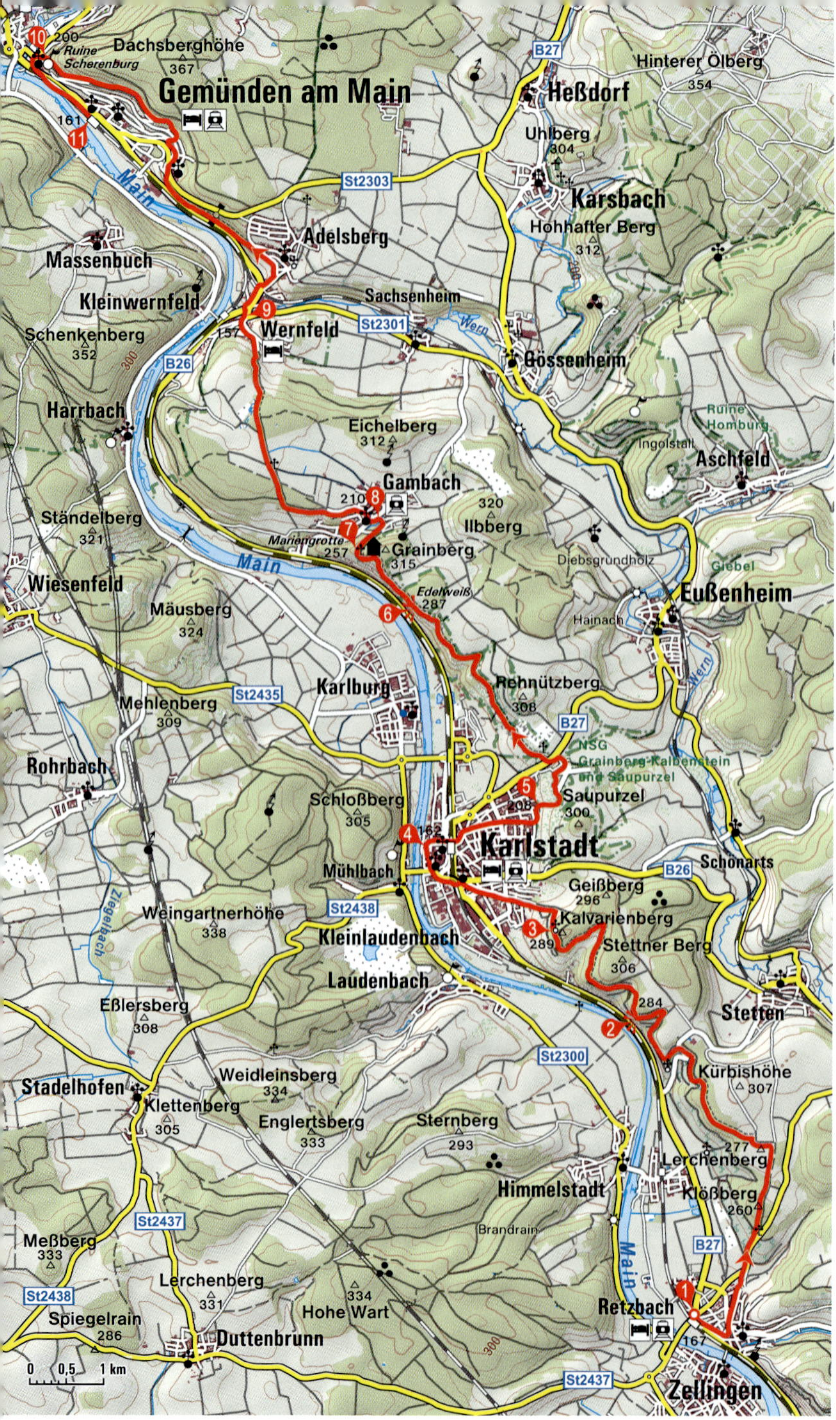
Ruine Scherenburg
Dachsberghöhe
367
290
Gemünden am Main
161
Main
B27
Heßdorf
Hinterer Ölberg
354
Uhlberg
304
Karsbach
Hohhafter Berg
312
St2303
Adelsberg
Massenbuch
Kleinwernfeld
Sachsenheim
Schenkenberg
352
Wernfeld
157
St2301
Wern
Gössenheim
B26
Harrbach
Eichelberg
312
Ruine Homburg
Ingolstall
Aschfeld
Gambach
210
320
Ilbberg
Ständelberg
321
Mariengrotte
257
Grainberg
315
Diebsgrundholz
Giebel
Wiesenfeld
Edelweiß
287
Eußenheim
Mäusberg
324
Hainach
Karlburg
Rohnützberg
308
Mehlenberg
309
St2435
B27
NSG Grainberg-Kalbenstein und Saupurzel
Rohrbach
Schloßberg
305
Saupurzel
300
208
162
Karlstadt
Mühlbach
B26
Schönarts
Geißberg
296
St2438
Kalvarienberg
Weingartnerhöhe
338
Kleinlaudenbach
289
Stettner Berg
306
Laudenbach
Ziegelbach
Eßlersberg
308
284
Stetten
St2300
Kürbishöhe
307
Weidleinsberg
334
Stadelhofen
Klettenberg
305
Englertsberg
333
Sternberg
293
277
Lerchenberg
Himmelstadt
Klößberg
260
Brandrain
St2437
B27
Meßberg
333
Main
Lerchenberg
331
334
St2438
Hohe Wart
Retzbach
Spiegelrain
286
167
Duttenbrunn
300
0 0,5 1 km
St2437
Zellingen

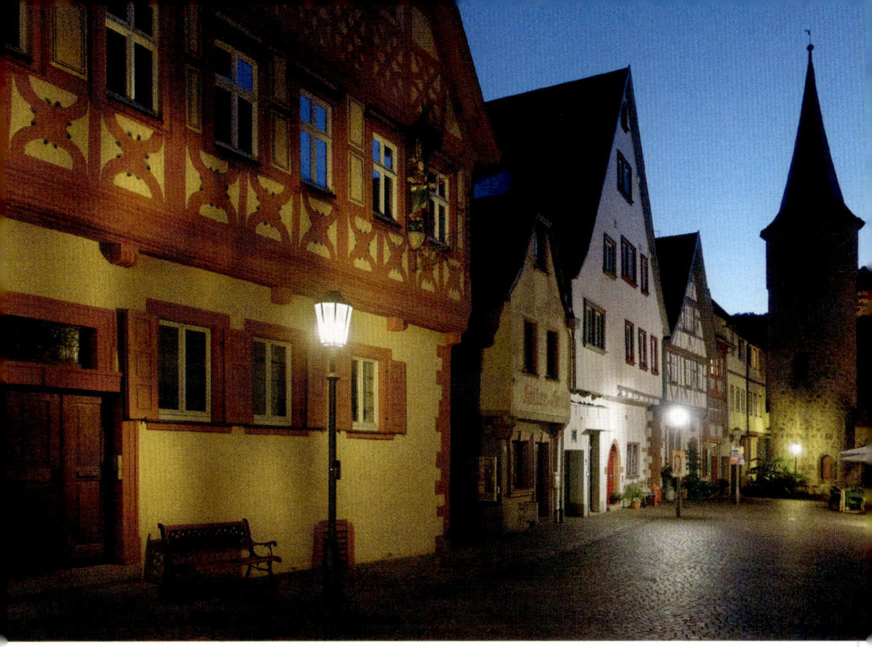

*Wir verbringen die Nacht in Karlstadt.*

kierung »Blaues M« des Main-Wanderwegs auf, die uns bis ans Tagesziel die Richtung vorgibt. Sie leitet uns aus Retzbach hinaus, in einem ersten Weinberg bergan, über die St2437 und durch einen Hain auf die Höhe hinauf. Oben wandern wir durch Flur und Wald, dann an Rebstöcken entlang bis zu einer Infotafel über die **Weinlage Stettener Stein**. Sie zählt zu den ältesten, steilsten und besten Weinlagen in ganz Franken.

Unmittelbar danach geht es an einer Kreisstraße links und 50 m später wieder rechts in einen Fahrweg. Auf den folgenden Passagen am Plateaurand sowie von der Stein-Weinhütte und dem **terroir f Karlstadt-Stetten ❷** genießen wir schöne Ausblicke auf die Weinberge und ins Maintal zu unseren Füßen.

Wir bleiben dem »Blauen M« treu, wandern durch ein Wäldchen und gelangen wieder in die Weinberge, diesmal der Lage Karlstadter Roßtal. Hier sind die imposanten Steilhänge aus Muschelkalkstein besonders gut zu sehen. Es geht weiter zum bewaldeten **Kalvarienberg ❸**, wo eine Kreuzigungsgruppe aus Sandstein und etwas unterhalb eine Kapelle stehen. Im Abstieg wird der Stationsweg erreicht, dem wir links hangabwärts folgen. Die Straße mündet in Karlstadt in die Arnsteiner Straße. Hier gehen wir links und kurz vor der Würzburger Straße links über Stufen auf die Brücke, die uns über die Bahngleise führt. 250 m danach betreten wir durch das Obere Tor die Altstadt. Geradeaus gelangen wir auf der Hauptstraße zum **Marktplatz** in **Karlstadt ❹**.

**2. Tag (Karlstadt – Gemünden am Main):**

Auch auf der heutigen Etappe können wir uns an der Markierung »Blaues M« des Main-Wanderwegs orientieren. Vom Marktplatz in **Karlstadt ❹** gehen wir zunächst knapp 150 m auf der Hauptstraße

## Mittelalterliches Stadtflair am Main

**Karlstadt** hat rund 15.000 Einwohner und überrascht mit einem nahezu intakten **mittelalterlichen Stadtbild**. Es bereitet Vergnügen, durch das verkehrsberuhigte Zentrum zu spazieren und sich vor einem der vielen Cafés oder Restaurants niederzulassen. Um 1200 »am Reißbrett« geplant, ist Karlstadt mit dem schachbrettartigen Grundriss, dem quadratischen **Marktplatz** und der mainparallelen Hauptstraße ein eindrucksvolles Zeugnis für die Stadtbaukunst des 13. Jh. Den Marktplatz dominiert seit 1422 das freistehende **Rathaus**. In der Hauptstraße, aber auch auf den Plätzen und in einigen Gassen befinden sich schön restaurierte Fachwerkhäuser aus dem 16. bis 18. Jh. Die katholische **Pfarrkirche St. Andreas** ist ein gotischer Bau, dessen Westturm mit der Eingangshalle aber noch von einer spätromanischen Basilika stammt. Im Inneren sollten Sie von den zahlreichen Kunstschätzen die romanische Totenleuchte aus Sandstein, die Wandgemälde im Querschiff und im Chor aus dem 15. Jh., die spätgotische Steinkanzel aus der Schule Tilman Riemenschneiders und die bunten Bleiglasfenster nicht verpassen. Auch die alte **Stadtbefestigung** mit dem Mauerring, mehreren Wehrtürmen, dem Maintor und dem Oberen Tor ist noch gut erhalten. Sie kann in einem Grüngürtel und am Mainufer umrundet werden. Als Zugabe empfehle ich, den Main zu überqueren und hoch zur **Ruine der Karlsburg** zu steigen. Der abendliche Blick auf das mittelalterliche Stadtbild und das Maintal lohnt sich.

in Richtung Norden, dann rechts auf der Neuen Bahnhofsstraße zum Bahnhof Karlstadt.
Wir unterqueren die Gleise und die Würzburger Straße in einem Fußgängertunnel und halten uns auf der anderen Seite links in die Straße Zum Helfenstein, nach 200 m rechts in die Grobenstraße. Diese geht in den Heideweg über. An dessen Ende biegen wir links in die Straße Berliner Ring ab, die wir nach 200 m rechts auf einen Weg zwischen Häusern verlassen. Nach den letzten Grundstücken von Karlstadt betreten wir das **Naturschutzgebiet Grainberg-Kalbenstein und Saupurzel ⑤**. Dieser äußerst sensible Lebensraum für zahlreiche Tiere und Pflanzen dehnt sich bis kurz vor Gambach aus.
Der Main-Wanderweg führt uns über Trockenrasen, an Weinbergen vorbei, durch ein Kiefernwäldchen und an der Abbruchkante des zum Main hin abfallenden Felsens zum **Edelweiß ⑥** auf dem **Kalbenstein**. Es ist einer von vielen Aussichtsplätzen am heutigen Tag. Zu unseren Füßen befindet sich das Muschelkalkprofil Kalbenstein. Durch das Jahrtausendhochwasser am Main 1784 kam es zu einer Rutschung am Hang, die ein 90 m hohes Profil der Kalk- und Mergelgesteine des Unteren Muschelkalkes freilegte.

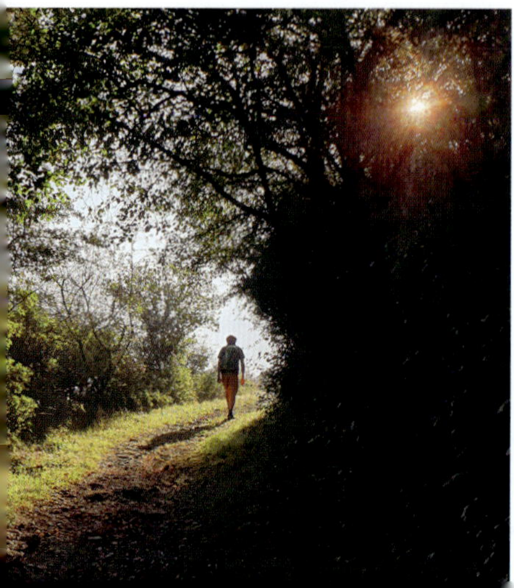

*War der Vorabend nicht zu weinselig, können wir früh starten.*

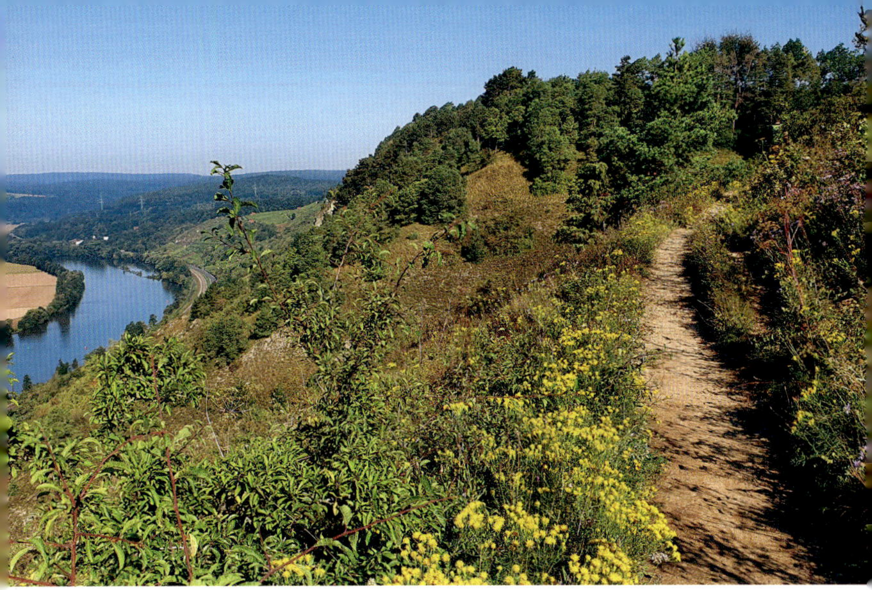

*Im Naturschutzgebiet Grainberg-Kalbenstein und Saupurzel.*

Immer weiter entlang der Plateaukante. Nach einem kurzen Abstieg in einem Buchenwäldchen gelangen wir bei einer **Mariengrotte 7** an eine Wegkreuzung (geradeaus den Hang hinunter wären es 350 m bis zur Einkehr Winzerhütte Gambach und zu einer Kapelle). Der Blick auf den Main, den gesamten Muschelkalk-Steilhang und die alten Terrassenweinberge am Grainberg ist einmalig. Mehrere Weinberghäuschen und die Mauern aus Buntsandstein vervollständigen das malerische Bild. Wir bleiben dem »Blauen M« treu, gehen im Wald sanft bergab und nach der Musikhalle links auf einem Stufenweg bis zur Bahnhofstraße in **Gambach 8**. Wir folgen ihr nach links und verlassen sie bei der nächsten Gelegenheit rechts. Unsere Route führt durch Wald und Flur auf eine Kuppe, dann wieder talwärts, kürzt also eine Mainschleife ab. Wir überqueren in **Wernfeld 9** die Wern unweit ihrer Mündung in den Main, begleiten gut 300 m die B26 und biegen rechts in die Adolphsbühlstraße in Adelsberg ein. Nach einem kurzen Anstieg links in die Vogelsteinstraße, bei den letzten Häusern halblinks in den Wald hinein. Es geht auf einem Pfad am Hang entlang, am Stadtrand von Gemünden auf Asphalt weiter. Wir kreuzen die Bergstraße an einer Ampel. Das »Blaue M« bringt uns auf der Graustalstraße, der Annastraße und der Straße Rhönweg noch mal hinauf an den Waldrand und fast 2 km an diesem entlang bis zur **Ruine Scherenburg 10**. Von dieser blickt man auf die Stadt, ins Maintal, ins Saaletal sowie in den angrenzenden Spessart. Auf einem Stufenweg und auf der Straße Schloßberg gelangen wir in die Altstadt von Gemünden. Wer einen Blick auf den Mühlgraben und die Fränkische Saale werfen möchte, geht mit der Markierung geradeaus auf die Saalebrücke.

Zum Bahnhof von **Gemünden am Main 11** halten wir uns links, gehen über den Marktplatz zur Pfarrkirche St. Peter und Paul und auf der Obertor- und der Bahnhofstraße stadtauswärts.

# 13 Durchs südliche Maindreieck

## Über Sommerhausen und Sulzfeld nach Kitzingen

2 Tage | 37,6 km | ↗740 m | ↘720 m

***Malerische Winzerorte im Wechsel mit bekannten Weinlagen***

*Als Maindreieck wird die Flussschleife des Mains zwischen den Städten Schweinfurt, Ochsenfurt und Gemünden bezeichnet. Es bildet den Kernraum des fränkischen Weinbaugebiets mit den Schwerpunkten um Volkach und Würzburg. Diese Zweitageswanderung führt Sie durch die Spitze des Maindreiecks. Neben aussichtsreichen Stunden in den Weinbergen stehen mehrere Winzerorte auf dem Programm. Lassen Sie sich überraschen, die Städtchen haben alle ihren eigenen Charakter, viel Charme und die eine oder andere Weineinkehrmöglichkeit (siehe auch Wochenendtour 14, Kasten Seite 134). Mein persönlicher Favorit ist Sulzfeld. Die ruhigen Gassen und liebevoll beblümten oder dekorierten Häuser haben es mir angetan. Um Ihnen ein paar kaum bekannte Eindrücke der Region zu vermitteln, habe ich die ersten fast neun Kilometer abseits des Mains gelegt. Gleich hinter Goßmannsdorf bringt Sie ein ansteigender Pfad durch ein üppig bewachsenes Seitental. Auf den Terrassen, die früher Rebflächen waren, stehen heute Obstbäume. Bemerkenswert sind auch mehrere Bildstöcke und die mit immensem Arbeitsaufwand errichteten Stützmauern aus Naturstein. Oben angelangt geht es über eine Hochfläche, danach auf einem alten Hohlweg hinab nach Winterhausen, dem ersten von sieben Weinorten.*

**Ausgangspunkt:** Goßmannsdorf, 179 m, Bahnhof.
**Endpunkt:** Kitzingen, 205 m, Bahnhof.
**ÖPNV:** Goßmannsdorf, Winterhausen und Marktbreit liegen an der Bahnstrecke Treuchtlingen–Würzburg, Kitzingen an der Bahnstrecke Fürth–Würzburg. Sommerhausen und Frickenhausen haben Busverbindungen mit Würzburg, Sulzfeld am Main mit Kitzingen.
**Etappendaten:**
**1. Tag:** 5.45 Std., 20,1 km, ↑430 m, ↓430 m.
**2. Tag:** 4.45 Std., 17,5 km, ↑310 m, ↓290 m.
**Anforderungen:** Einfach zu gehende Wege zwischen Feldern, Weinbergen und in Hainen. Im Bereich der Ortschaften einige asphaltierte Abschnitte. Mehrere An- und Abstiege, die aber kaum lang ausfallen. Wenig Schatten.
**Einkehr:** **1. Tag:** **Sommerhausen:** Hotel & Restaurant Ritter Jörg (fränkische und italienische Küche, auch vegan), Öffnungszeiten siehe www.ritter-joerg.de, Maingasse 14, Tel. +49 9333 97300; Caféhaus Schatz-Truhe, Di Ruhetag, Mo/Mi–Sa 11.30–18 Uhr, So 13–18 Uhr, Kirchplatz 17, Tel. +49 9333 1551; Restaurant Philipp (gehobene Küche, 1 Michelin-Stern), nur Fr–So abends und Sa–So mittags, Hauptstr. 12, www.restaurant-philipp.de, Tel. +49 9333 1406. **Frickenhausen:** Weinbistro Gresch (mit Terrasse), Mi Ruhetag, Do–Di ab 12 Uhr, Hauptstr. 13, Tel. +49 9331 9849 715; Ehrbar Fränkische Weinstube, Öffnungszeiten siehe www.ehrbar-weinstube.de, Hauptstr. 17, Tel. +49 9331 651.
**2. Tag: Marktbreit:** Restaurant Schloss Marktbreit (auch vegan; mit Außenplätzen am Schloss), Mi Ruhetag, Mo 11–18 Uhr, Di/Do–So 11–21 Uhr, Schlossplatz 3, www.marktbreit-schloss.de, Tel. +49 9332 4100; Hotel Restaurant Löwen, Mo Ruhetag, Di–Do ab 17 Uhr, Fr–So auch 11.30–14 Uhr, Marktstr. 8, www.loewen-marktbreit.de, Tel. +49 9332 50540. **Sulzfeld am Main:** Gast-

haus Zum Löwen (mit Außenplätzen am Marktplatz), Mo/Di Ruhetag, Mi–Fr ab 17 Uhr, Sa/So ab 12 Uhr, www.loewe-sulzfeld.de, Tel. +49 9321 4234; Mainlände Imbiss (Biergarten), tägl. ab 14 Uhr, zwischen dem Oberen Maintor und dem Main, Tel. +49 171 1918312. **Kitzingen:** Schlemmerei, Di Ruhetag, Marktstr. 4, www.schlemmerei-kitzingen.de; Casa Konrad (auch vegan), Mo Ruhetag, Di–So 8–19 Uhr, Marktstr. 18, www.casa-konrad.de, Tel. +49 9321 1307620.

**Übernachtung:** **1. Tag: Sommerhausen:** Hotel & Restaurant Ritter Jörg (€€€); Gästehaus Mönchshof (€€), Mönchshof 7, www.gaestehaus-moenchshof.de, Tel. +49 9333 97470; Weinhotel Oechsle & Brix (€€€), Maingasse 3–5, www.oechsle-brix.de, Tel. +49 9333 220. **Frickenhausen:** Zeus – Zum Bären (€€€); Hotel Weingut Meintzinger (€€€), Babenbergplatz 4, www.weingut-meintzinger.de, Tel. +49 9331 87110; Knaus Campingpark (auch Schlaffässer und weitere Mietunterkünfte), Ochsenfurter Str. 49, www.knauscamp.de, Tel. +49 9331 3171.

**2. Tag: Marktbreit:** Hotel Restaurant Löwen (€€€). **Sulzfeld am Main:** Zum Hirschen (€€), Zehntgasse 1, www.zumhirschensulzfeld.de, Tel. +49 9321 22729; Vinotel Augustin (€€€), Mathias-Schiestl-Str. 4, weingut-augustin.de, Tel. +49 9321 2672960. **Kitzingen:** Bayerischer Hof (€€€), Herrnstr. 2, www.bayerischerhof.info, Tel. +49 9321 1440; Gasthaus zum Einhorn (€€), Schrannenstr. 20, einhorn-kitzingen.de, Tel. +49 9321 9299822.

**Einkauf:** Bäckerei in Winterhausen, Tante-Emma-Laden und Bäckerei in Sommerhausen, Supermarkt und Bäckerei in Kleinochsenfurt, Bäckerei in Frickenhausen, Supermarkt und Bäckerei in Marktbreit. Bäckerei in Sulzfeld, Supermarkt und Bäckerei in Kitzingen.

**Information:** **Sommerhausen:** Tourist-Information, Hauptstr. 15, www.sommerhausen.de, Tel. +49 9333 8256. **Marktbreit:** Tourist Information, Mainstr. 6, www.marktbreit.de, Tel. +49 9332 591595. **Sulzfeld am Main:** Genussinformation, Langengasse 4, www.sulzfeld-main.de. **Kitzingen:** Touristinfo, Marktstr. 36, www.stadt-kitzingen.de, Tel. +49 9321 208888.

**Verlängerung:** Der Start der Wochenendtour 14 ist in rund 20 Minuten mit der Bahn zu erreichen.

**Karte:** 166 Würzburg, Maindreieck (Kompass, 1:50.000, 2020) oder UK50-7 Fränkisches Weinland (Landesamt für Digitalisierung, Breitband und Vermessung Bayern, 1:50.000, 2019).

*Malerisches Sommerhausen.*

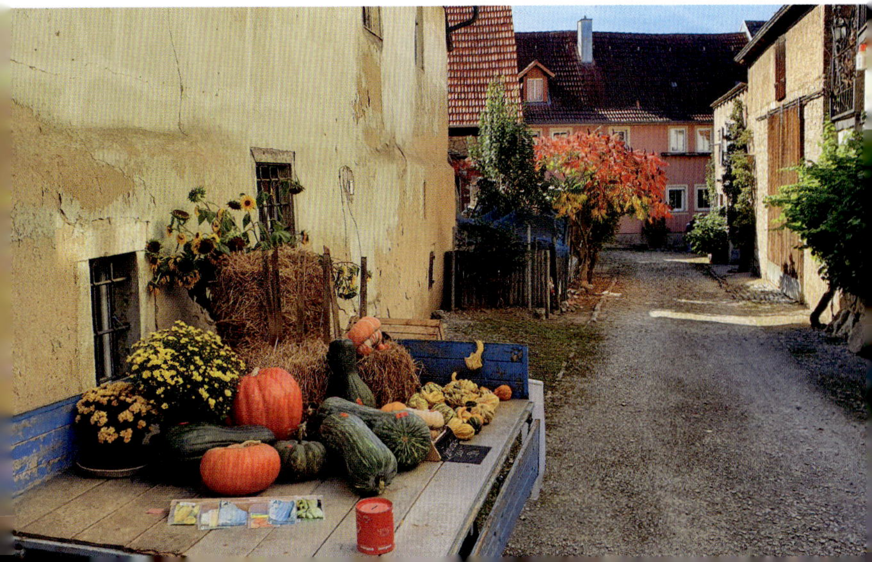

## Fünf Mal Charme und Charakter im Maindreieck

Diese zweitägige Wanderung führt durch fünf Orte, die drei Merkmale gemein haben: Sie liegen am **Main**, sind bekannte **Weinorte** und besitzen ein **mittelalterliches Stadtbild**. Trotzdem hat jeder der fünf seinen ganz eigenen Charme und Charakter. Nehmen Sie sich Zeit, biegen Sie links und rechts in die Gassen ab, lassen Sie sich vor einem der **Cafés** oder **Weinlokale** nieder. Es gibt so viel zu entdecken. Für eine ausführliche Vorstellung reicht der Platz in diesem Buch nicht. Aber ein paar Tipps möchte ich geben. Im **»Künstlerdorf« Sommerhausen** (1900 Einwohner) ist die Befestigungsmauer mit zahlreichen Türmen aus dem 15. und 16. Jh. fast komplett erhalten und es hat ein stattliches Rathaus aus der Renaissance. Der Marktplatz im **»Weinbauerndorf« Frickenhausen** (1200 Einwohner) überrascht mit dem freistehenden Baublock aus der – auch im Inneren sehenswerten – Pfarrkirche St. Gallus und dem spätgotischen Rathaus. In **Marktbreit** (4000 Einwohner), der **»südlichsten Stadt des Maindreiecks«**, sind der Malerwinkel, das Seinsheimsche Schloss und der historische Frachtkran am Mainufer beliebte Fotomotive. Auch das **»verschlafene« Sulzfeld am Main** (1200 Einwohner) hat eine sehr gut erhaltene mittelalterliche Ortsbefestigung und ein wuchtiges Renaissance-Rathaus; zudem findet sich in dem Gassengewirr eine Vielzahl an liebevoll beblümten oder dekorierten, denkmalgeschützten Häusern und Höfen. Im **»urbanen« Kitzingen** (22.000 Einwohner) können Zeugnisse aus 1250 Jahren Stadtgeschichte betrachtet werden, zum Beispiel die mittelalterliche, für den Autoverkehr gesperrte Alte Mainbrücke, die Stadtpfarrkirche St. Johannes der Täufer, die zu den bemerkenswertesten spätgotischen Kirchen Franken gezählt wird, das Denkmalensemble am Marktplatz sowie das Deutsche Fastnachtmuseum, das offiziellen Museum des Bundes Deutscher Karneval.

**1. Tag (Goßmannsdorf – Frickenhausen):**

Wir starten am Bahnhof von **Goßmannsdorf** ❶ und folgen der Winterhäuser Straße leicht ansteigend ortseinwärts. Nach einer Linkskurve biegen wir rechts in die Darstadter Straße ab, bei der nächsten Gelegenheit links und gleich wieder rechts. Die Straße Im Schnatter führt uns aus Goßmannsdorf hinaus und an die Straße nach Darstadt. Wir verlassen diese nach 50 m links in ein Sträßchen, auf dem wir auch nur 50 m bleiben. Wir wandern leicht rechts auf einem halbschattigen, kaum frequentierten Weg oberhalb des Riedbachs empor. Mehrere Bildstöcke werden passiert. Kurz vor dem Ende des Bachgrunds (zur Riedquelle wären es noch 80 m) biegen wir rechts auf einen Feldweg ab. Er führt uns an einer schön gelegenen Ruhebank vorbei. Direkt danach halten wir uns an einer Gabelung links, 300 m später rechts. Ein Fahrweg bringt uns über die aussichtsreiche Hochfläche (versuchen Sie, die sichtbaren Windräder zu zählen), dann

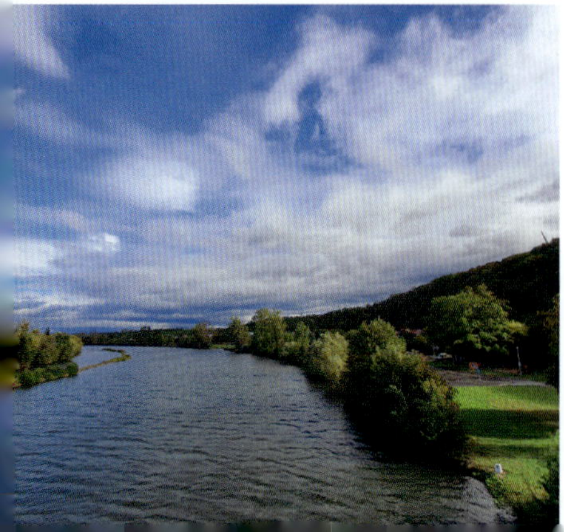

*Der Main, unser treuer Begleiter.*

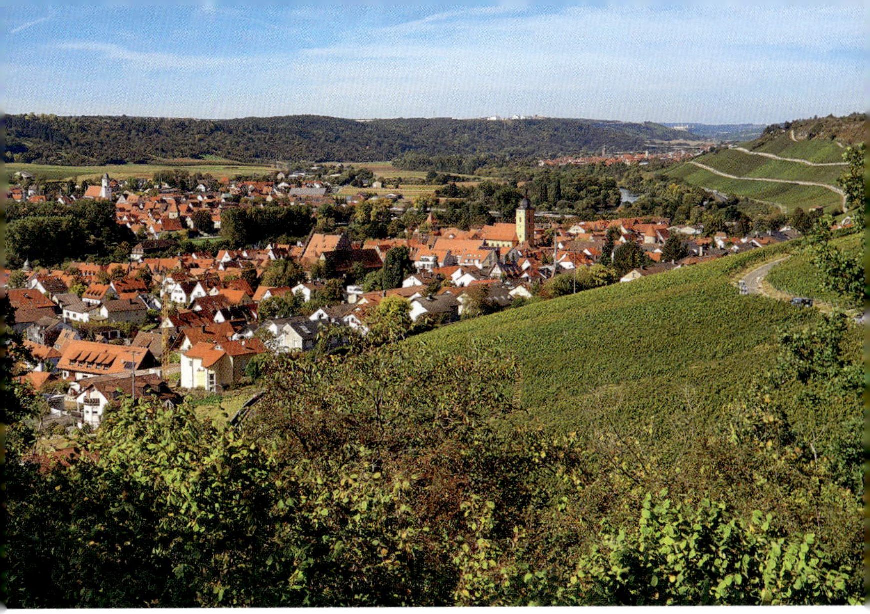

*Blick zurück auf Sommerhausen (vorne) und Winterhausen (hinten links).*

gelangen wir auf Asphalt zur Ortsdurchgangsstraße in **Darstadt ❷**. Wir verlassen sie gleich wieder in die Straße Fuchsstadter Weg. Auf Höhe der letzten Häuser geht es rechts auf einen Weg, an dessen Ende links auf einen teilweise befestigten Fahrweg. Er mündet nach knapp 1,5 km in einen weiteren Fahrweg. Hier halten wir uns rechts und bei nächster Gelegenheit links. Wir gelangen an den Waldrand, dem wir für 750 m folgen. Dann geradeaus durch ein Waldstück und auf einem alten Hohlweg nach Winterhausen hinein. Die Fuchsstadter Straße führt uns rechts unter den Bahngleisen hindurch. Ein paar Schritte danach gehen wir rechts durch den Friedhof und erreichen über ein paar Stufen den Rathausplatz von **Winterhausen ❸**. Das Ensemble aus Kirchturm, Kantorat und Rathaus ist äußerst fotogen.

Wir überqueren die Hauptstraße, folgen kurz der Kirchgasse und biegen links in die Häckergasse ab. Sie bringt uns zurück an die Fuchsstadter Straße, die uns rechts über den Main führt. Wir gehen auf Stufen hinab, auf einem Wiesenweg rechts und gleich wieder links bis vor die Stadtmauer. An dieser auf der Alten Brückenstraße entlang bis zum Würzburger Tor. Durch dieses gelangen wir in die malerische Altstadt von **Sommerhausen ❹**.

Durch das Ochsenfurter Tor wird das mittelalterlich geprägte Zentrum wieder verlassen. Wir biegen links in die Vernou-sur-Brenne-Steige ab. Sie führt uns zunächst asphaltiert, dann über Stufen und schließlich auf einem Pfad hinauf in die Weinberge. Hier biegen wir rechts ab. Bis nach Kleinochsenfurt orientieren wir uns an der Markierung des Panoramawegs. Wir wandern oberhalb der Weinberge, über eine Straße und zum **terroir f Sommerhausen ❺**. Der Blick schweift über die unzähligen Rebhänge am Main, über Ochsenfurt, Sommerhausen und Eibelstadt und sogar bis nach Würzburg. Außerdem gibt es hier ei-

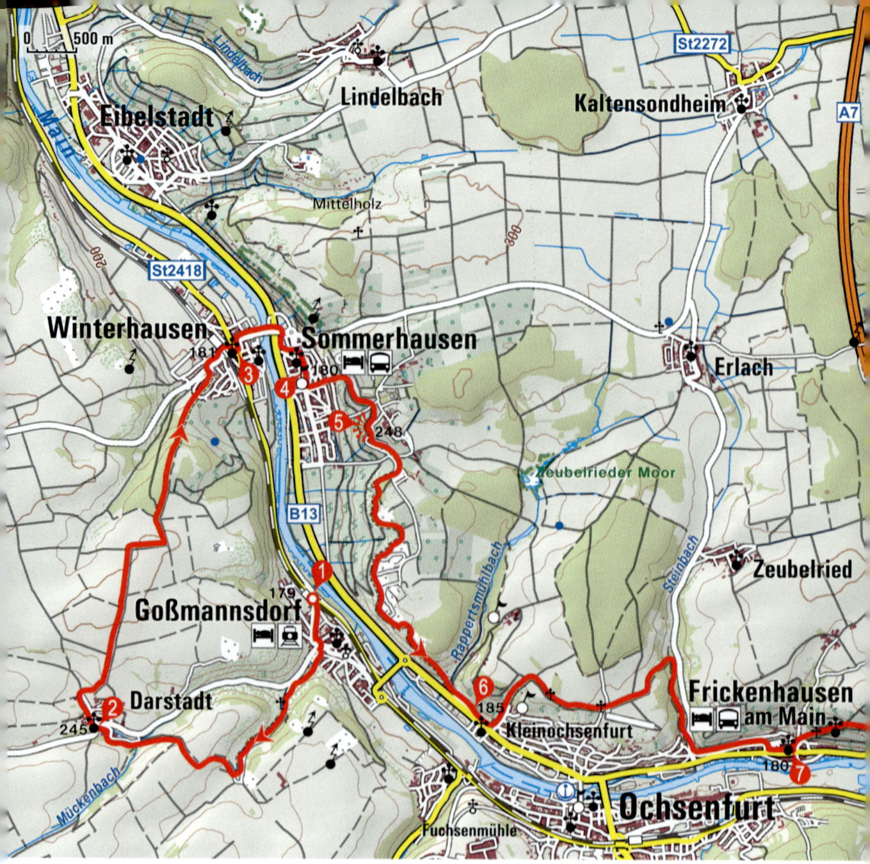


nen kleinen Skulpturenpark, für den sieben Künstler lebensgroße Objekte rund um das Thema Winzer geschaffen haben.

Im Weiterweg wird eine weitere Straße gekreuzt. 200 m danach biegen wir rechts in einen Wanderweg ab. Er schlängelt sich naturbelassen an der Hangkante entlang. Schöne Ausblicke und schattige Passagen mit alten Steinmäuerchen wechseln sich ab. Zurück im Maintal kommen wir an die Ochsentalstraße, die uns an die B13 in **Kleinochsenfurt 6** führt. Der Panoramaweg verlässt uns nach rechts. Wir bleiben noch 200 m an der Bundesstraße, halten uns dann links und steigen auf der Friedhofstraße bergan. Nach dem Ort auf der Höhe rechts auf einen anfangs asphaltierten Fahrweg. Wir wandern am Rand eines Weinbergs und zwischen Feldern auf ein Wäldchen zu. Davor gehen wir links zwischen Gärten weiter. Nach einem kurzen Abstieg biegen wir scharf rechts ab. Ein breiter Waldweg führt uns oberhalb des Steinbachs zurück ins Maintal. Auf der anderen Seite des Flusses

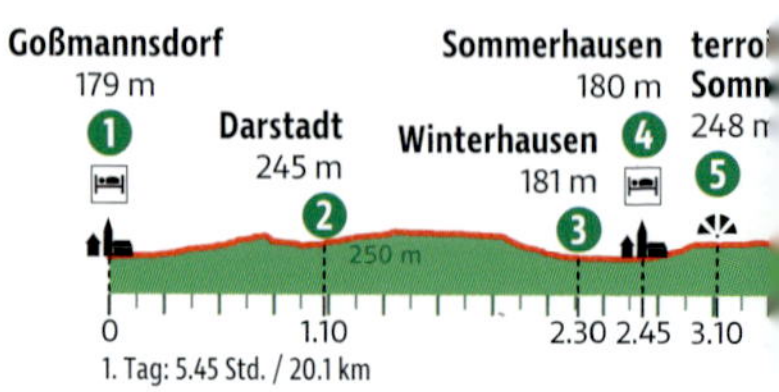

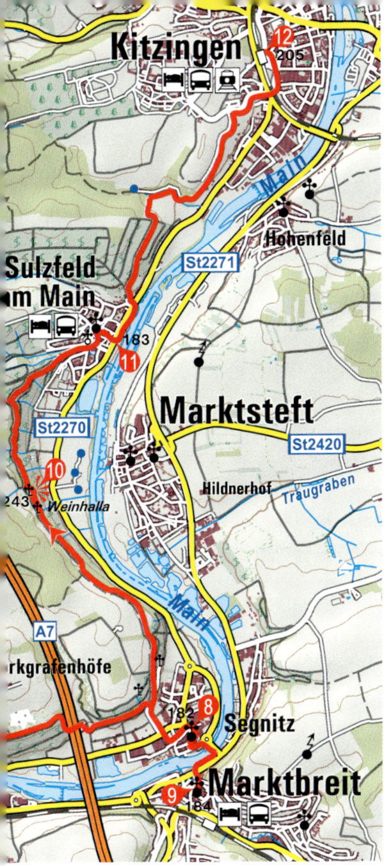


ist die Ochsenfurter Zuckerfabrik zu sehen. Wir wenden uns nach links, überqueren den Bach und die Straße aus dem Seitental und folgen geradeaus der Weingartenstraße durch ein Wohngebiet. Vor dem Friedhof halten wir uns rechts, an der Ochsenfurter Straße links. Durch das Untere Tor wird das historische Zentrum von **Frickenhausen** ❼ betreten.

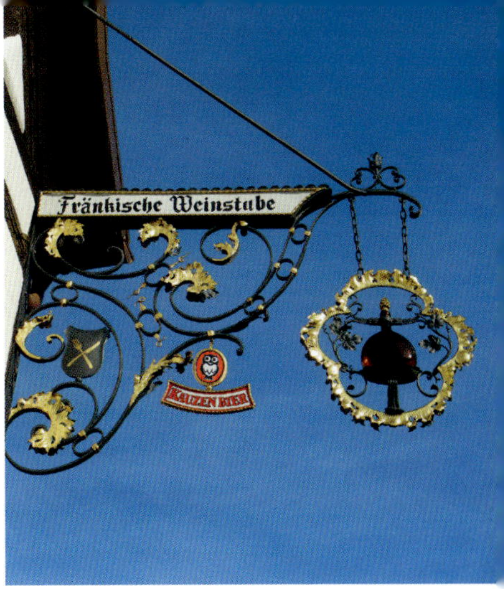


*Prunkvoller Ausleger in Frickenhausen.*

**2. Tag (Frickenhausen – Kitzingen):** Wir folgen in **Frickenhausen** ❼ der Hauptstraße nach Osten und biegen dann links in die Valentin-Zang-Straße ab. Sie führt uns durch das Obere Tor und aus der Altstadt hinaus. Dann wandern wir geradeaus auf Kopfsteinpflaster in die Weinberge und bergan zur **Valentinskapelle**. 100 m später gehen wir vor dem Aussichtspunkt **terroir f Frickenhausen** rechts. Wir behalten längere Zeit die Richtung bei und unterqueren dann die A7. Zurück im Tal links und auf Asphalt an Rebstöcken entlang bis vor ein Wohngebiet am Ortsrand von Segnitz. Hier biegen wir rechts ab. Die Straße Pfaffensteig bringt uns abwärts, über die Talstraße und an mehreren Gewächshäusern vorbei. Danach links und auf den Straßen

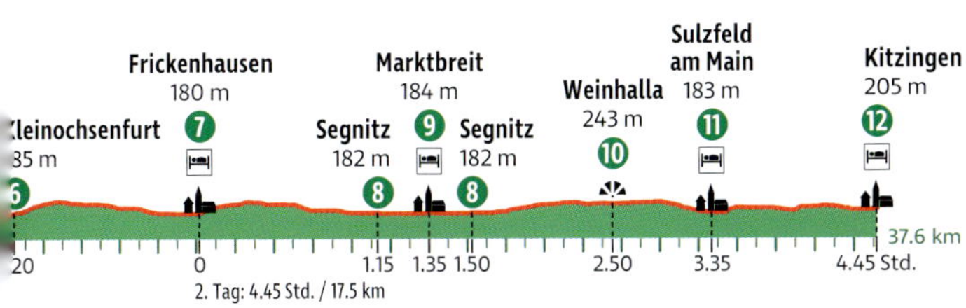

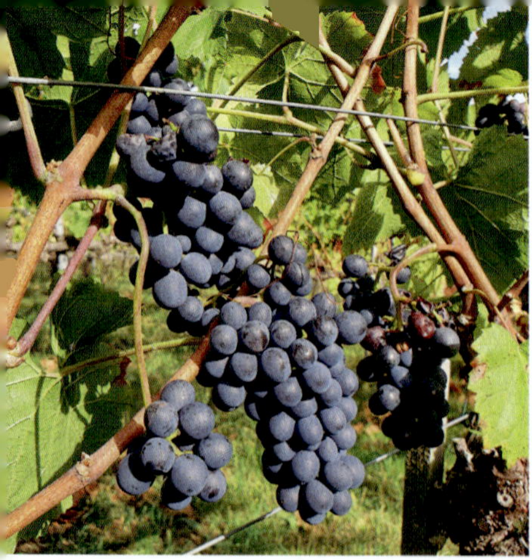

*Rote Trauben sind in Franken in der Minderheit.*

Im Furtsand und Am Graben weiter. Wir biegen rechts in die Kirchstraße ein, kommen an der Kirche St. Martin vorbei und nach rechts auf der Hans-Kesenbrod-Straße zum Rathaus in **Segnitz ❽**.
Der Straßenverlauf führt uns an den Main. Wir halten uns links und überqueren den Fluss auf der Straßenbrücke. Auf der anderen Seite gelangen wir rechts vor den **Alten Kranen**. Wir gehen an einer Ampel über die Talstraße und auf der Mainstraße in die Altstadt von Marktbreit. Links lohnt ein Abstecher in die Bachgasse zum **Malerwinkel**. Geradeaus bringt uns die Marktstraße durch das Maintor, über den Breitbach, am Rathaus vorbei und zum Seinsheimsche Schloss in **Marktbreit ❾**.
Auf bereits bekannter Route kehren wir zu dem Wohngebiet am Ortsrand von Segnitz zurück. Wir behalten die Richtung bei und wandern nach den letzten Häusern zwischen Feldern, Wäldchen und Weinbergen zur **Weinhalla ❿**. Nicht nur von dort hat man prächtige Ausblicke ins Maintal und darüber hinaus.
Wir halten weitere 1,2 km die Höhe und steigen dann wieder talwärts. Bei den ersten Häusern von Sulzfeld geht es auf der Erlacher Straße bis vor das Erlacher Tor.
Wir schreiten durch das Tor, biegen links ab und spazieren auf Kopfsteinpflaster zwischen der mittelalterli-

*Der Malerwinkel: Ensemble aus Breitbach, Maintor und dem Malerwinkelhaus.*

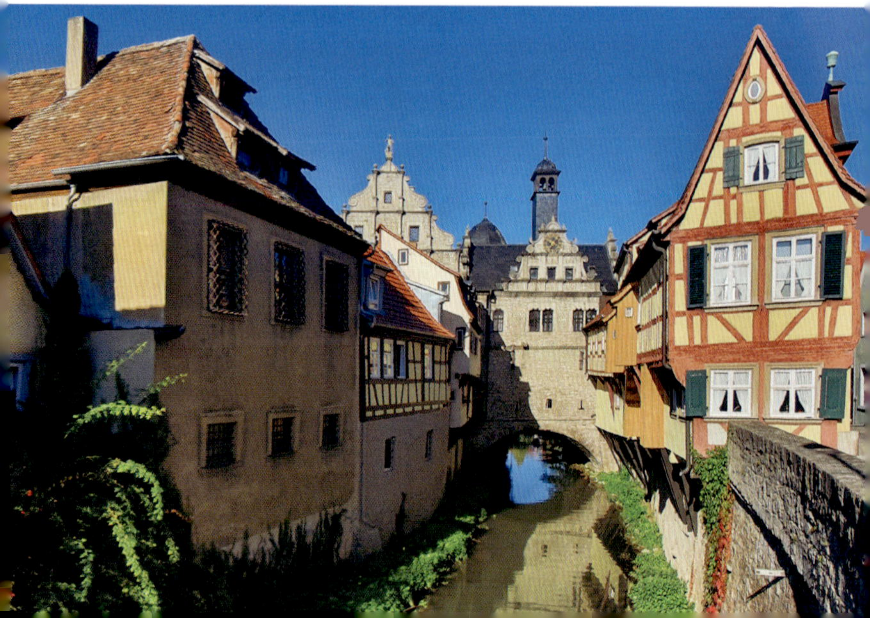

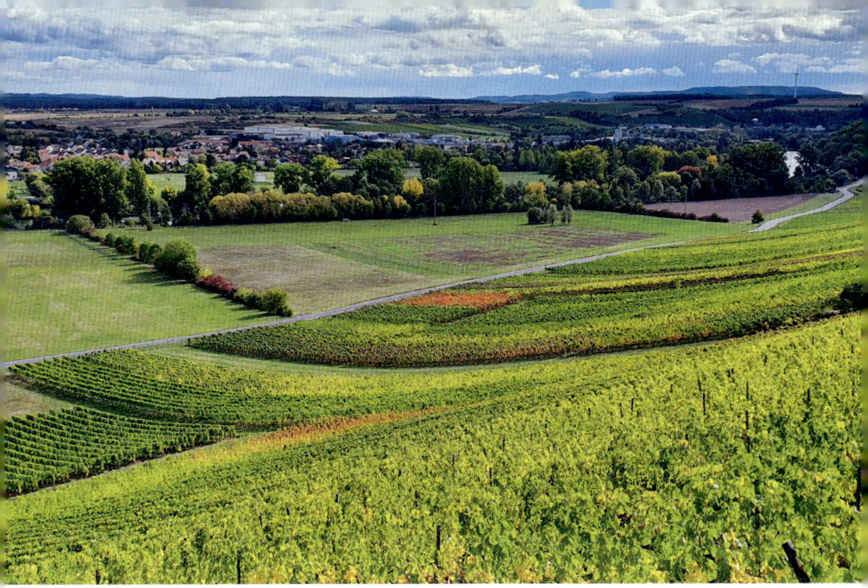

*Blick von der Weinhalla.*

chen Stadtbefestigung und hübsch bepflanzten Steinhäuschen vor die Kirche St. Sebastian. Unmittelbar danach geht es rechts über den Kirchplatz und und durch die Gassen hinab zum Marktplatz in **Sulzfeld am Main ⓫**.

Das alte Zentrum wird durch das Obere Maintor verlassen. Wir halten uns links und folgen gut 300 m dem Geh- und Radweg. Dann biegen wir links in die ansteigende Straße Stenderweg ab, die uns zurück in die Weinberge bringt. Bei erster Gelegenheit halten wir uns rechts durch die bekannte Weinlage Cyriakusberg. Am Ende der Rebstöcke links und gleich wieder rechts. Wie wandern am Waldrand entlang, dann im Wald hinab in einen Bachgrund. Dort geht es rechts weiter.

Nach 450 m verlassen wir das Tälchen nach links auf einem Stufenweg. Nach dem kurzen Anstieg zwischen Gärten schlendern wir eben dahin bis an eine Straße. Dieser folgen wir nach rechts nach Kitzingen hinein. Die Äußere Sulzfelder Straße wird an einer Ampel überquert, die Bahngleise werden auf der Inneren Sulzfelder Straße unterquert. Wenig später führt links ein Weg zum Bahnhof von **Kitzingen ⓬**.

Wenn Sie auf der Inneren Sulzfelder Straße bleiben und dann der Friedrich-Ebert-Straße folgen, gelangen Sie nach 750 m beim Falterturm in die Kitzinger Altstadt.

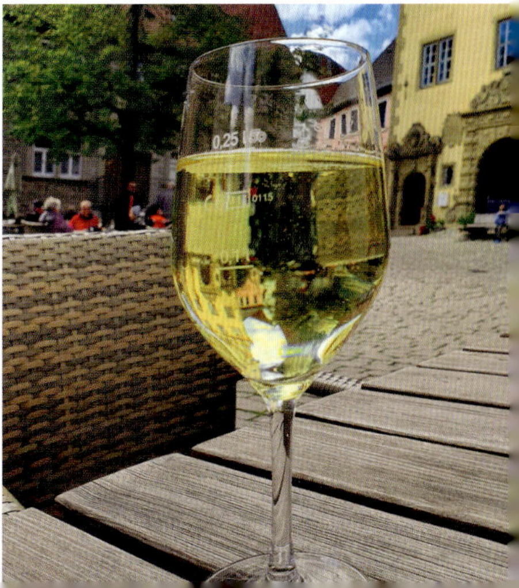

*Pause auf dem Marktplatz in Sulzfeld.*

# 14 Am südlichen Rand des Steigerwalds

## Über Schloss Frankenberg und Bullenheim nach Iphofen

2 Tage | 47 km | ↗940 m | ↘980 m

***Türme im Wald, Kirchenburgen auf dem Land und ein Ufo im Weinberg***

*Diese Wochenendtour könnte auch den Titel »Vom Ruhigen und Unbekannten zum Geschäftigen und Namhaften« tragen. Am ersten Tag wandern wir auf einsamen Wegen über den bewaldeten Höhenzug des Steigerwaldes bis ins Weinparadies, ein weniger bekanntes Weinbaugebiet am südlichen Steigerwaldtrauf. Die zweite Etappe führt uns durch Rebflächen, Feld und Flur zum weithin sichtbaren Schwanberg und schließlich durch berühmte Weinlagen hinab nach Iphofen. In dem beliebten Weinort gibt es einiges zu tun: die perfekt erhaltene Stadtbefestigung mit ihren vier Toren und vier Türmen ablaufen, durch das kopfsteingepflasterte Zentrum flanieren, einen Blick auf die Johannesfigur von Tilman Riemenschneider in der Pfarrkirche St. Vitus werfen, die Repliken berühmter Kunstwerke aus dem Altertum bestaunen (siehe Tipps), einen Silvaner der Spitzenlage Julius-Echter-Berg trinken … Entspannt ist das nur mit einem Schlafplatz in Iphofen zu schaffen. Oder indem wir den langen zweiten Tag mit einer Zwischenübernachtung entschärfen, zumal auf dieser Etappe vier interessante Kirchenburgen zu sehen sind. Sie dienten im Mittelalter der Bevölkerung als Lagerort für Vorräte und als Rückzugsort in Kriegszeiten. In Bullenheim werden die Gaden der Kirchenburg heute als Ferienhäuser genutzt, die beiden Kirchenburgen in Hüttenheim und Mönchsondheim (siehe Tipps) zählen zu den bedeutendsten Anlagen ihrer Art in Franken. Im Städtchen Markt Einersheim ist das Rathaus aus dem 16. Jh. auch Torhaus und Eingang zu dem befestigten Kirchenhof.*

**Ausgangspunkt:** Markt Bibart, 311 m, Bahnhof.
**Endpunkt:** Iphofen, 266 m, Bahnhof.
**ÖPNV:** Markt Bibart und Iphofen liegen an der Bahnstrecke Fürth–Würzburg. Zwischen den Bahnhöfen Uffenheim und Iphofen fährt die Freizeitbuslinie Bocksbeutel-Express von Anfang Mai bis Anfang November samstags und sonntags die folgenden Orte an unserer Route an: Schloß Frankenberg, Bullenheim, Hüttenheim, Mönchsondheim und Markt Einersheim.
**Etappendaten:**
**1. Tag:** 5.45 Std., 19,8 km, ↑390 m, ↓420 m.
**2. Tag:** 7.45 Std., 27,2 km, ↑550 m, ↓560 m.
**Anforderungen:** Auf der ersten Etappe überwiegend Wald mit einem steilen Abstieg am Ende. Am zweiten Tag meist durch Weinberge und zwischen Feldern, mehrere An- und Abstiege, wenig Schatten. Die letzten Kilometer nach Iphofen hinein können sich ziehen.
**Einkehr: 1. Tag: Schloss Frankenberg:** Restaurant im Amtshaus (mit Terrasse), Öffnungszeiten siehe schloss-frankenberg.de, Tel. +49 9339 97140. **Bullenheim:** Gästehaus und Winzerstube Dürr, Sa/So ab 14 Uhr, andere Tage nach Anmeldung, Bullenheim 73, weinbau-duerr.de, Tel. +49 9339 1436; Häckerscheune Volkamer, Mo–Mi Ruhetag, Do ab 15 Uhr, Sa/So ab 11.30 Uhr, www.haeckerscheune-volkamer.de; Weinstube Johannesstuben, nur Sa/So ab 11 Uhr, www.johannesstuben.de, Tel. +49 9339 407.
**2. Tag: Weinparadiesscheune** (mit Terrasse), Mo/Di Ruhetag, Mi–Fr ab 13 Uhr, Sa/So ab 12 Uhr, www.weinparadies-scheune.de, Tel. +49 9339 989680. **Hüttenheim:** Landgasthof May, Mi/Do Ruhetag, Mo/Di/Fr ab 17 Uhr, Sa/So

auch mittags, Hüttenheim 6, landgast hofmay.de, Tel. +49 9326 255. **Mönchsondheim:** Museumsschänke Goldene Krone, Öffnungszeiten siehe kirchen burgmuseum.de oder telefonisch erfragen, Hauptstr. 11, Tel. +49 9326 1224. **Markt Einersheim:** Gasthof Rotes Ross, Mo Ruhetag, Di–Fr ab 17 Uhr, Sa/So auch mittags, Von-Rechteren-Limpurg-Str. 20, www.firnbach.de, Tel. +49 9326 282. **Iphofen:** 99er Kulinarium (Slow Food, auch vegan), Mo/Do Ruhetag, Pfarrgasse 18, 99er-kulinarium.de, Tel. +49 9323 804488; Zehntkeller (gehobene Küche; mit Innenhof), Mo Ruhetag, Bahnhofstr. 12, zehntkeller.de, Tel. +49 9323 8440; Gasthof & Hotel Goldene Krone (mit Außenplätzen), Di Ruhetag, Mo/Mi/Do ab 15 Uhr, Sa ab 11 Uhr, So 11–15 Uhr, Marktplatz 2, www.gasthof-krone-iphofen.de, Tel. +49 9323 87240.
**Übernachtung:** **1. Tag: Bullenheim:** Gästehaus und Winzerstube Dürr (€€); Weinbau Mann (€€), Bullenheim 96, Tel. +49 9339 604.
**2. Tag: Hüttenheim:** Landgasthof May (€€). **Markt Einersheim:** Gasthof Rotes Ross (€€€). **Schloss Schwanberg** (€€€), www.geistliches-zentrum-schwanberg.de, Tel. +49 9323 32128. **Iphofen:** Weingut Gästehaus Weigand (€€€), Lange Gasse 29, www.weingut-weigand.de, Tel. +49 9323 3805; Zehntkeller (€€€); Gasthof & Hotel Goldene Krone (€€€).
**Einkauf:** Supermarkt und Bäckerei in Markt Bibart, Markt Einersheim und Iphofen.
**Information:** **Iphofen:** Tourist Information, Kirchplatz 1, www.iphofen.de, Tel. +49 9323 870306.
**Tipps:** 1. Die Kirchenburg in Mönchsondheim zählt zu den besterhaltenen Kirchenburgen in Franken. Im Kern stammt sie aus dem 15. Jh. Heute ist in der Anlage das Kirchenburgmuseum untergebracht (Di–So, 10–18 Uhr,

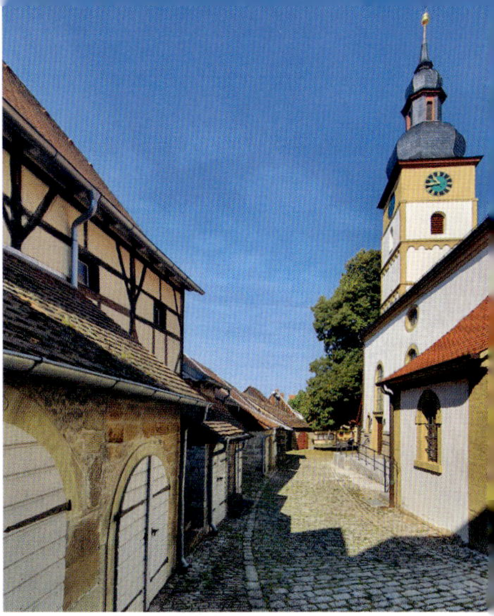

*Die Kirchenburg in Hüttenheim.*

www.kirchenburgmuseum.de, Tel. +49 9326 1224). In den Gaden wird die Geschichte der Kirchenburgen erklärt, die angrenzenden Gebäude zeigen das Leben und Arbeiten in einem unterfränkischen Dorf vergangener Tage. 2. Das Knauf-Museum in Iphofen beherbergt eine einzigartige Reliefsammlung der großen Kulturepochen des Altertums (Am Marktplatz, Di–Sa 10–17 Uhr, So 11–17 Uhr, www.knauf-museum.de, Tel. +49 9323 31528). Auf 900 Quadratmetern werden 250 originalgetreue Gipsrepliken berühmter Kunstwerke aus Mesopotamien, Ägypten, Griechenland, Rom, Indien und Altamerika gezeigt.
**Verlängerung:** Machen Sie zunächst die Wochenendtour 13 und fahren dann in rund 20 Minuten mit der Bahn zum Start dieser Zweitageswanderung.
**Karte:** UK50-9 Naturpark Steigerwald – südlicher Teil (Landesamt für Digitalisierung, Breitband und Vermessung Bayern, 1:50.000, 2020) oder 67 Naturpark Steigerwald (Fritsch, 1:50.000, 2017).

**1. Tag (Markt Bibart – Bullenheim):** Vom Bahnhof in **Markt Bibart** ❶ folgen wir dem Sträßchen ortsauswärts. Bis kurz vor Schloss Frankenberg gibt die Markierung »Blauer Flieger« die Richtung vor. Nach 550 m wird der Asphalt geradeaus auf einen Fahrweg verlassen. Es geht am Wolfsee vorbei, durch Wald auf die Steigerwaldhöhe empor und am Waldrand nach rechts zum **Aussichtsturm 2**. Er ist – im Gegensatz zu den beiden anderen Türmen des heutigen Tags – immer zugänglich. Man blickt auf die bewaldeten Höhen, die Felder und die Dörfer im Naturpark Steigerwald, aber auch bis in den Aischgrund, zur Frankenhöhe und zum Schwanberg mit seinen Weinbergen, wo die morgige Etappe ausklingt.

Vom Aussichtsturm folgen wir gut 8 km der Markierung auf Forststraßen und Waldwegen bis an die Abzweigung zum **Iffigheimer Berg 3**. Zum Gipfel sind es noch gut 300 m. Aussicht hat man dort nur vom **Andre-**

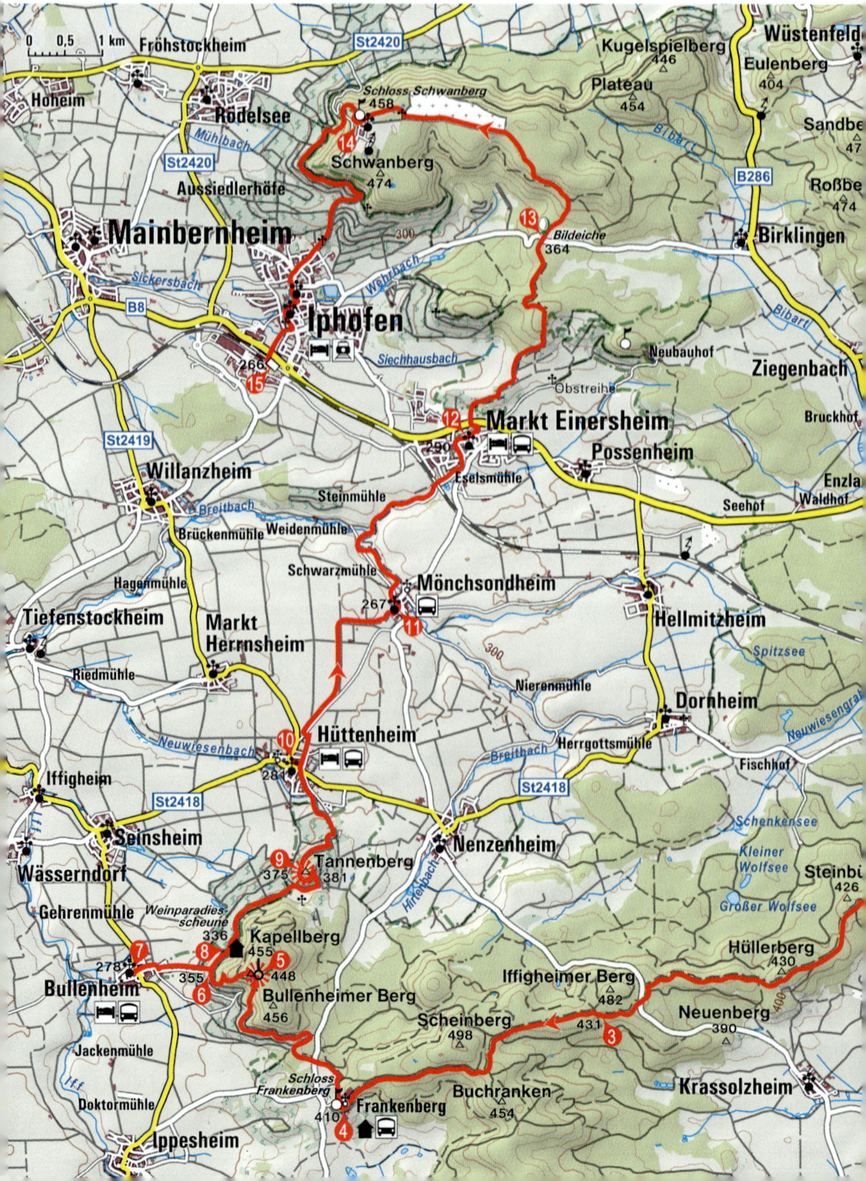

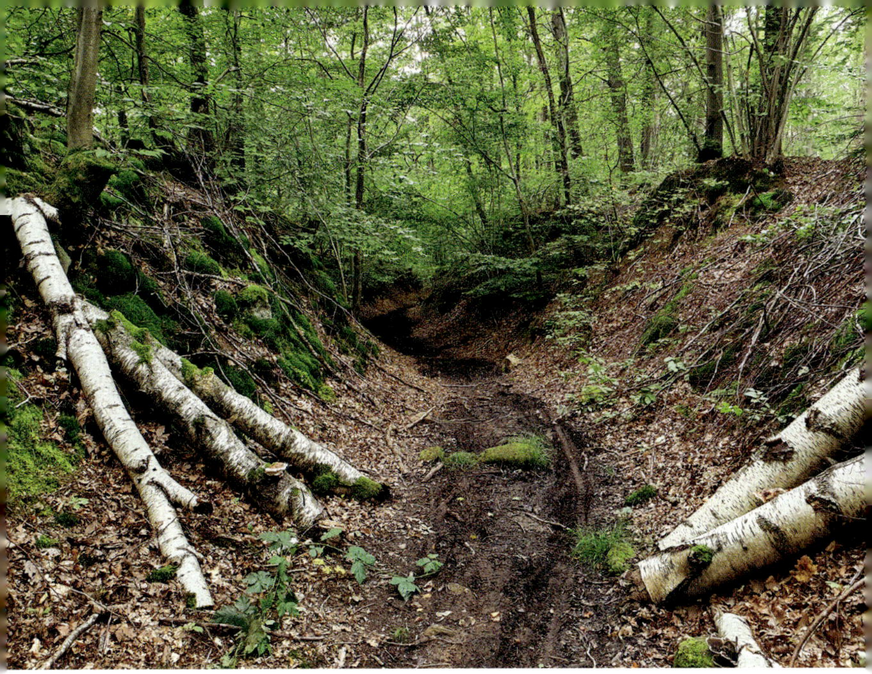

*Die erste Etappe ist gewaltig waldig.*

**as-Därr-Turm** (geöffnet Karfreitag–Ende Okt. an Sonn- und Feiertagen 13–17 Uhr; dann auch Getränkeverkauf, www.steigerwaldklub.de unter »Der Steigerwald«, Tel. +49 9326 1436). Kurz danach wäre ein weiterer Abstecher durch einen alten Hohlweg zum Judensee möglich. Auf der Hauptroute führt uns der »Blaue Flieger«

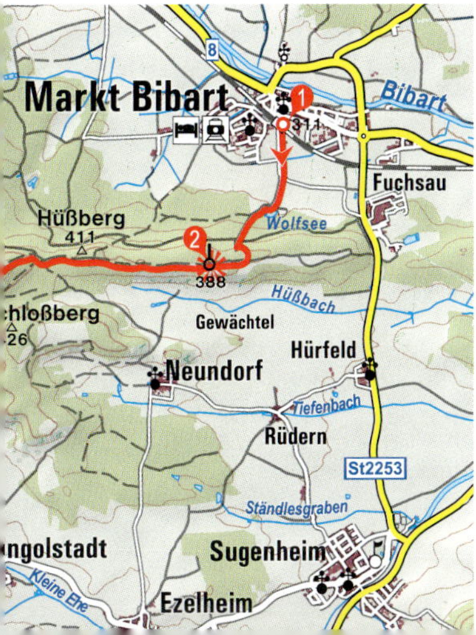


noch 3,5 km durch den Wald. Dann verlassen wir die Forststraße nach halblinks auf einen schmäleren Weg und gelangen in wenigen Minuten zum **Schloss Frankenberg** ❹. Auf der Terrasse des Amtshauses kann man die hauseigenen Weine kosten und dabei über die Rebhänge und ins Steigerwaldvorland blicken.

Die Schlossmauern in unserem Rücken, halten wir uns links und folgen nun den Schildchen des Steigerwald-Panoramawegs. Sie leiten uns im Wald am alten Schlossfriedhof vorbei, am Waldrand entlang, zurück im Wald über die Kreisstraße NEA42 und am östlichen Ende der Weinlage Bullenheimer Berg bergan. Hier verlassen wir die Markierung und wandern auf dem asphaltierten Fahrweg zwischen Wald und Weinberg weiter. Nach gut 1 km geht es rechts auf eine Forststraße. Nach steilem Anstieg stehen wir auf dem **Bullenheimer Berg** ❺, 448 m, mit Aussichts-

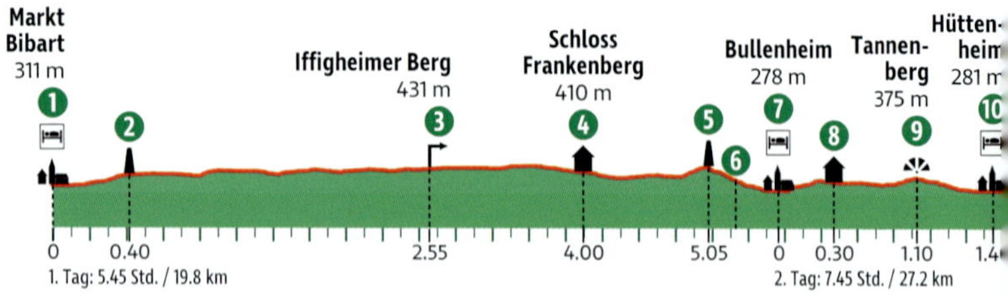


turm (geöffnet im Sommerhalbjahr an Sonn- und Feiertagen 13–17 Uhr, Tel. Turmwart +49 9339 407).
Nach kurzem, steilem Abstieg wird die **Ruine der Kunigundenkapelle** erreicht, wenig später am Waldrand eine **Info-Hütte** ❻ über das Weinparadies. Geradeaus wären es 400 m zur Weinparadiesscheune (siehe Einkehr am 2. Tag). Da sie erst mittags öffnet, bietet sie sich als schöner Ausklang der heutigen Etappe an.

## Urig einkehren im Zeichen des Besens

Neben der herkömmlichen Gastronomie gibt es in den deutschen Weinregionen eine besondere Bewirtungsform, die in den meisten Anbaugebieten **Straußenwirtschaft**, in Württemberg aber Besenschänke, Besenwirtschaft oder Besen, in Baden Kranzwirtschaft, in der Bodenseeregion Rädle oder Rädlewirtschaft und **in Franken Heckenwirtschaft, Hecke, Häckerwirtschaft** oder **Häcke** genannt wird. Die Begriffe Strauß, Besen, Kranz und Hecke leiten sich vom Reisigbesen im Eingangsbereich ab, der anzeigt, dass die Wirtschaft geöffnet ist. Am Bodensee wird hierfür das Rädle, ein Holzwagenrad verwendet. Häcker hingegen ist eine fränkische Bezeichnung für einen Weinbauern. In allen Fällen ist ein saisonal oder tageweise geöffneter, einfacher Gastbetrieb gemeint, in dem die **Winzerfamilie** ihre **selbsterzeugten Weine** anbietet.
Diese Heckenwirtschaften sind in Weinfranken weit verbreitet. Sie erfreuen sich bei den Einheimischen wie Gästen großer Beliebtheit – wegen des (meist) guten Weins, der urigen Atmosphäre und des ungezwungenen Austauschs mit anderen Leuten am Tisch oder den Winzerinnen und Winzern. Die Räumlichkeiten weisen unterschiedlichen Charakter auf. Neben gasthofähnlich eingerichteten Heckenwirtschaften finden sich auch provisorische in einem Innenhof, einer Scheune oder dem Weinberg. In früheren Zeiten räumten die Winzer schon mal Wohnzimmer, Schlafzimmer oder den Viehstall aus, um sie mit Bänken und Tischen zu bestücken. Heutzutage geht es etwas professioneller zu und oft werden auch einfache Speisen serviert. Vegan lebende Personen schauen fast immer in die Röhre.
Welche Hecken gerade geöffnet haben, erfahren Sie vor Ort (am Reisigbesen oder bei den Einheimischen), über die Touristinformationen oder Rathäuser sowie (ohne Anspruch auf Vollständigkeit) auf heckenwirtschaften-franken.de und www.franken-weinland.de.
**Bullenheim, Hüttenheim, Markt Einersheim** und **Iphofen** sind die relevanten Weinorte auf dieser zweitägigen Wanderung. **Miltenberg** auf den Wochenendtouren 10 und 11. **Winterhausen**, **Sommerhausen**, **Kleinochsenfurt**, **Frickenhausen**, **Segnitz**, **Marktbreit**, **Sulzfeld am Main** und **Kitzingen** auf der Wochenendtour 13. **Gerolzhofen**, **Wiebelsberg** und **Handthal** auf der Wochenendtour 15. **Dietersheim**, **Ipsheim** und **Weimersheim** auf der Wochenendtour 22 sowie **Rothenburg ob der Tauber**, **Tauberscheckenbach** und **Tauberzell** auf der Wochenendtour 23.

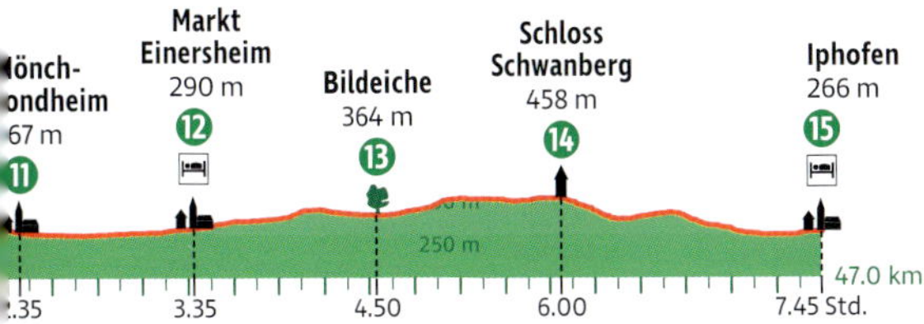


Wir halten uns an der Info-Hütte links, gehen zwischen den Rebstöcken zunächst auf einem Treppenweg, dann auf Asphalt hinab in den ruhigen Weinort **Bullenheim** ❼.

**2. Tag (Bullenheim – Iphofen):**
Wir kehren von **Bullenheim** ❼ auf der bekannten Route zur **Info-Hütte** ❻ zurück, halten uns hier links und kommen an der **Weinparadiesscheune** ❽ vorbei. Außerhalb der Öffnungszeiten gibt es an einem Automaten alkoholische und alkoholfreie Getränke.
Wir behalten die Richtung bei und wandern zwischen Wald und Weinberg weiter. Nach einer Rechtskurve taucht der markante Tannenberg vor uns auf. Bald nach einer weiteren, etwas erhöht stehenden Info-Hütte verlassen wir den Asphalt nach rechts auf einen Feldweg. Vor den nächsten Rebstöcken gehen wir links, dann der Beschilderung nach zum **Tannenberg** ❾, 375 m, hinauf. An klaren Tagen kann man von hier oben bis zur Rhön schauen.
Es geht wieder abwärts, durch Weinberge, am alten **Jüdischen Friedhof** und am **Anhydritbergwerk** der Firma Knauf vorbei. Das 1,5 $km^2$ große Abbaugebiet mit 180 km Verbindungswegen befindet sich unter dem Tannenberg und dem Bullenheimer Berg und ist Bayerns größtes Bergwerk.

*Die Ruine der Kunigundenkapelle oberhalb von Bullenheim.*

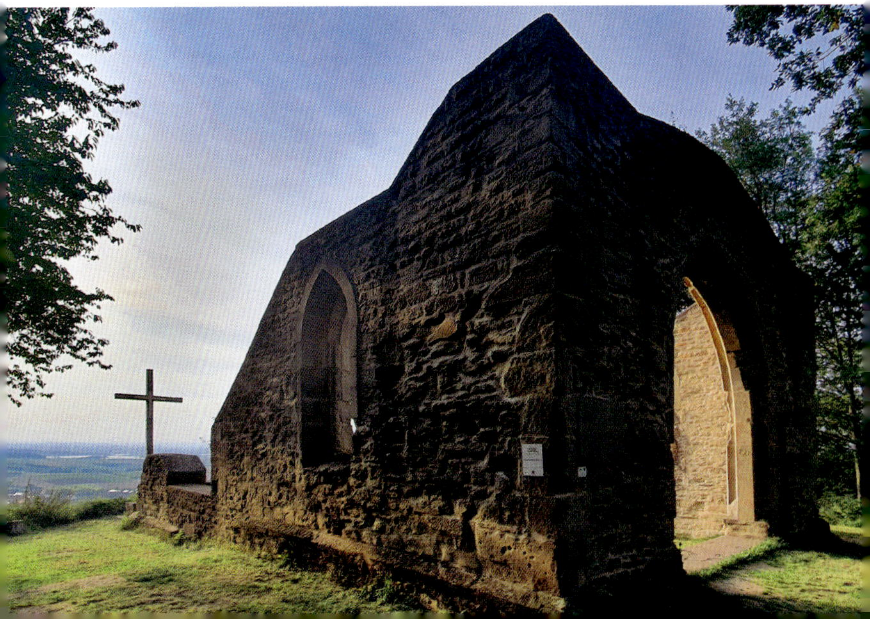

Die Zufahrtsstraße führt uns nach Hüttenheim hinein. An der Ortsdurchgangsstraße halten wir uns links und erreichen die Kirchenburg in **Hüttenheim ⑩**.

Wir kehren knapp 200 m auf der Ortsdurchgangsstraße zurück, biegen dann links auf den Steigerwald-Panoramaweg ab, an dessen Markierung wir uns bis hinter Markt Einersheim orientieren können. Sie leitet uns aus Hüttenheim hinaus, ein Stück an einer Landstraße entlang und zwischen Feldern mit schönen Ausblicken auf den Steigerwaldhöhenzug nach **Mönchsondheim ⑪**. In der Dorfmitte befindet sich eine weitere sehr gut erhaltene Kirchenburg, die mit den umliegenden Gebäuden ein interessantes **Freilandmuseum** bildet (siehe Tipps).

Der Weiterweg führt durch die Auen des Breitbachs und des Moorseebachs und in Sichtweite mehrerer alter Mühlen vorbei. Vom viel gelobten Terrassenbad am Ortsrand ist es nicht mehr weit zum Marktplatz in **Markt Einersheim ⑫**. Durch das Tor im Rathaus gelangt man in die modern umgestaltete **Kirchenburg**.

Wir folgen dem Steigerwald-Panoramaweg aus Markt Einersheim hinaus, über die B8 und auf einem breiten Schotterweg in die Weinberge. Gut 200 m vor dem Waldrand verlässt uns die Markierung nach rechts. Wir gehen geradeaus bis kurz vor die Baumwand, dort rechts an den Rebstöcken entlang und in einer Linkskurve hinauf in den Wald. An einer Forststraße links, 300 m später scharf links auf die nächste Forststraße. Die Schildchen des Kelten-Erlebniswegs begleiten uns nun bis kurz vor den Schlosspark Schwanberg. Bei der **Bildeiche ⑬** werden eine Landstraße gekreuzt und das Mittelwald-Informationszentrum passiert.

Auf angenehmen Wegen wandern wir hinauf auf den **Schwanberg** und dort an einem großen Friedwald entlang. An dessen westlichem Ende erreichen wir eine Lichtung, ein Kreuz und eine Infotafel über den Bestattungswald. Die Markierung biegt hier rechts ab. Wir gehen noch ein paar Schritte geradeaus und halten uns dann rechts. Der breite Weg führt uns in den **Schlosspark**.

Wir durchschreiten nach links den langgestreckten Landschaftsgarten bis vor das **Schloss Schwanberg ⑭**. Es gehört heute zum Geistlichen Zentrum Schwanberg sowie zur evangelische Schwesterngemeinschaft Communität Casteller Ring.

Wir gehen ein paar Schritte nach links, dann rechts auf einen Stufenweg und bei nächster Gelegenheit rechts an der Schlosswand entlang

*Zwischen Rebstöcken dem markanten Tannenberg entgegen.*

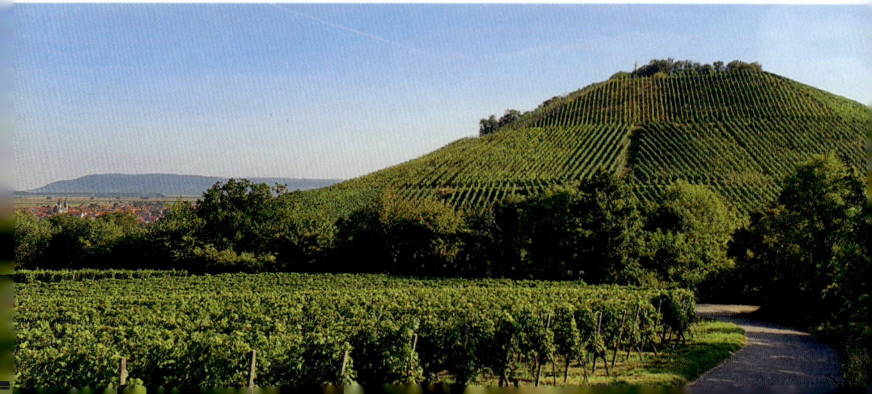

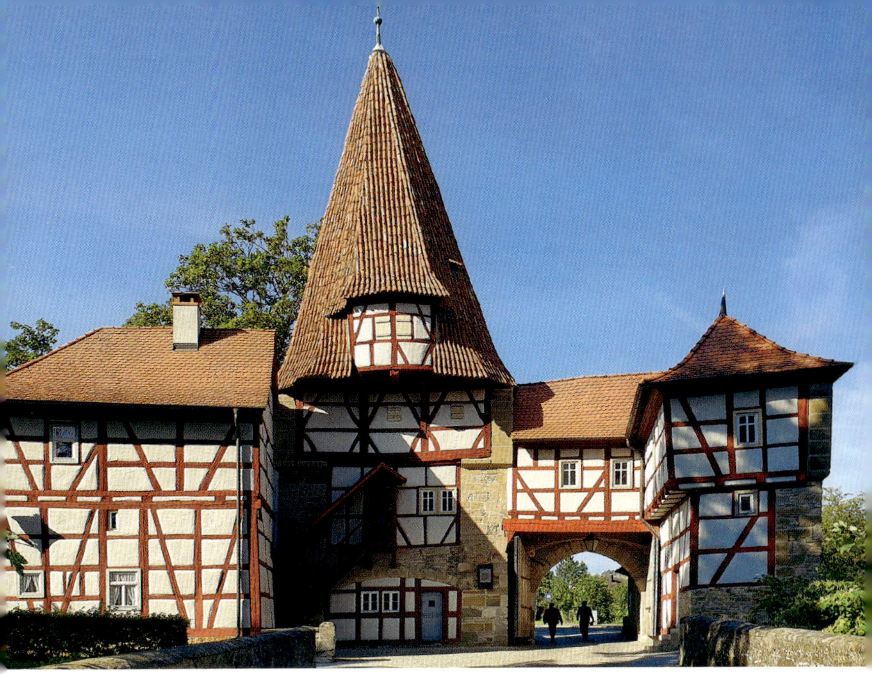

*Ein Fachwerktraum: das Rödelseer Tor in Iphofen.*

zur Aussichtsplattform Kapellrangen. Hier halten wir uns rechts und wenig später scharf links. Im Abstieg wird eine Straße überquert. Wir treten aus dem Wald und blicken auf den bedeutenden Winzerort Rödelsee, seine Rebflächen und ein »Ufo«. Es ist der **terroir f Rödelsee**; dieser widmet sich dem Riesling, der wie keine andere Rebsorte das Weinland Franken verkörpert.

Wir wenden uns nach links und folgen dem asphaltierten Fahrweg zwischen Wald und Weinberg. Nach 550 m wird der **terroir f Iphofen** passiert. Ab nun haben wir die Stadt Iphofen und ihre berühmten Weinlagen vor Augen. Wir behalten noch knapp 1 km die Richtung bei. Nach einem Parkplatz am Geschichtsweinberg geht es auf Asphalt durch die Weinberge hinab nach Iphofen. An der Rödelseer Straße links und durch das **Rödelseer Tor** in die Altstadt. Wir kommen an der Pfarrkirche St. Vitus und am Rathaus vorbei, biegen links in die Geräthengasse und danach rechts auf den **Marktplatz** in Iphofen ab. Hier befindet sich auch das Knauf-Museum (siehe Tipps).

Vor dem Museum gehen wir rechts auf die Maxstraße, an deren Ende über den Julius-Echter-Platz und auf der Bahnhofstraße weiter bis zum Bahnhof von **Iphofen ⑮**.

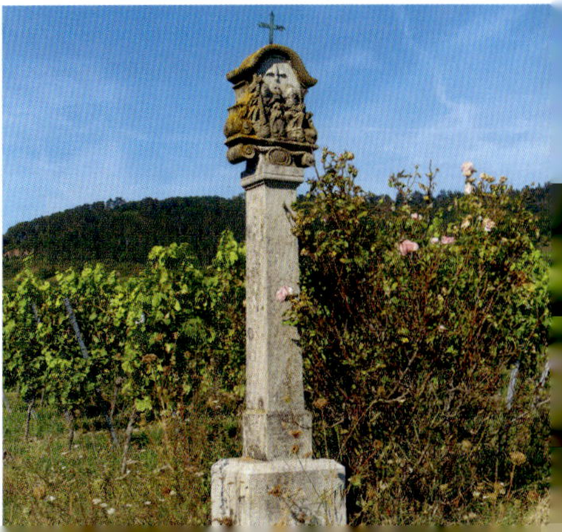

*Bildstock am Fuße des Schwanbergs.*

# 15 Steigerwalddurchquerung

## Vom Wein bei Gerolzhofen zum Bier um Burgebrach

3 Tage | 48,9 km | ↗ 900 m | ↘ 870 m

***Tour mit Übernachtungen in Pensionen oder auf Trekkingplätzen***

*Diese abwechslungsreiche Wochenendtour steht unter dem Motto »Grenzen (überschreiten)«. Schon bei der Planung stellt sich die Frage, ob uns zwei Nächte im Zelt auf den einsam im Wald gelegenen Trekkingplätzen zu wenig komfortabel sind. Ich habe die Etappen vorsichtshalber so geplant, dass sie in Ortschaften mit Pension und Hotels enden. Wer zelten möchte, geht am ersten Tag knapp 14 km, am zweiten 25 km und am dritten 10 km. Wir starten in Unterfranken, schlafen die erste Nacht in Oberfranken, die zweite wieder in Unterfranken (der zweite Trekkingplatz liegt bereits in Oberfranken) und wandern dann auf oberfränkischem Boden hinab ans Ziel. Es geht also im westlichen Steigerwaldvorland los, dann überqueren wir im Anstieg am Trauf die Grenze des Naturparks Steigerwald, durchqueren diesen sowie das gesamte Mittelgebirge, ehe wir unsere Tour im östlichen Steigerwaldvorland beenden. Eine weitere Grenze, die geografisch nicht genau festgelegt werden kann, ist die vom Weinland Franken mit den Rebflächen in Gerolzhofen, Wiebelsberg und Handthal (siehe Wochenendtour 14, Kasten Seite 134) zum Bierland Franken mit den Brauereien und Bierkellern in Ampferbach und Burgebrach (siehe Wochenendtour 7, Kasten Seite 75). Auch die Landschaft und Atmosphäre wechseln: Das westliche Vorland ist relativ stark besiedelt und von der Landwirtschaft und etwas Weinbau geprägt. Im Steigerwald leben nur wenige Menschen, dafür wachsen umso mehr Laubbäume. Und im östlichen Vorland geht es wieder deutlich betriebsamer zu.*

**Ausgangspunkt:** Gerolzhofen, 236 m, Bushaltestelle Bahnhof.
**Endpunkt:** Burgebrach, 268 m, Bushaltestelle Abzw. Treppendorfer Str.
**ÖPNV:** Busverbindungen von Gerolzhofen zum Bahnhof Schweinfurt und nach Handthal; vom Baumwipfelpfad, Ebrach und Burgebrach zum Bahnhof Bamberg; von Untersteinbach und Theinheim zum Bahnhof Haßfurt.
**Etappendaten:**
**1. Tag:** 5.30 Std., 19,1 km, ↑440 m, ↓340 m.
**2. Tag:** 3.00 Std., 11,4 km, ↑200 m, ↓220 m.
**3. Tag:** 5.30 Std., 18,5 km, ↑260 m, ↓310 m.
**Anforderungen:** Meist bequem zu gehende Wege. Viel Wald. Lediglich auf der ersten Etappe ein längerer Anstieg zur Hochfläche des Steigerwaldes. Auch im Hochsommer geeignet.
**Einkehr:**
**1. Tag:** **Gerolzhofen:** Gasthaus Schlappn (mit Außenbereich), Mo/Di Ruehtag, Rügshöfer Str. 18, Tel. +49 9382 8304; Hotel & Weinstube am Markt, Öffnungszeiten siehe www.hotel-weinstube.de, Marktplatz 5–7, Tel. +49 176 22127374. **Wiebelsberg** (700 m Abstecher): Gasthaus Brehm (mit Garten), Mo–Mi Ruhetag, Do ab 15 Uhr, Fr–So ganztags, www.gasthausbrehm.de, Tel. +49 9382 8546. **Gaststube Stollburg** (auch vegan; mit Terrasse im Weinberg), Di/Mi Ruhetag, www.stollburg-handthal.de, Tel. +49 9382 9930895. **Handthal:** Café Lust (auch vegan; mit Garten), Öffnungszeiten siehe www.cafe-lust-handthal.de, Tel. +49 9382 314883; Der Brunnenhof (mit Außenplätzen), Mo/Di Ruhetag, www.der-brunnenhof.de, Tel. +49 9382 99828. **Ebrach:** Hotel und Restaurant Klosterbräu (mit Biergarten), Mo–Mi Ruhetag, Marktplatz 4, www.

klosterbraeu.info, Tel. +49 9553 180; Pizzeria Tre Colori (mit Terrasse), Öffnungszeiten telefonisch erfragen, Bamberger Str. 25, Tel. +49 9553 989020; Zum alten Bahnhof (mit Biergarten), Di/Mi Ruhetag, Bahnhofstr. 4, www.gaststaette-zum-alten-bahnhof.de, Tel. +49 9553 1241.
**2. Tag: Untersteinbach:** Hirschbräu Michel (auch vegan), meist Mo–Mi Ruhetag, Do–Sa ab 17 Uhr, So ab 11 Uhr, Hauptstr. 15, Tel. +49 9554 221. **Theinheim:** Brauerei-Gasthof Bayer, Mo/Di Ruhetag, Mi/Do ab 16 Uhr, Fr–So ab 11 Uhr, Schulterbachstr. 15, www.bayer-theinheim.de, Tel. +49 9554 293.
**3. Tag: Ampferbach:** Herrmann-Keller (Biergarten), Di Ruhetag, Mo und Mi–Sa ab 15 Uhr, So ab 14 Uhr, Tel. +49 9546 372; Max-Keller (Biergarten), Mo/Mi/Do Ruhetag, Di/Fr/Sa ab 17 Uhr, So ab 16 Uhr, www.max-bier.de, Tel. +49 9546 1725. **Burgebrach:** Goldener Hirsch, Fr Ruhetag, Mo–Do und Sa abends, So mittags, Hauptstr. 14, www.goldener-hirsch-burgebrach.de, Tel. +49 9546 921138; Schwanakeller (Biergarten), Di Ruhetag, Mo/Mi–Sa ab 15 Uhr, So ab 11 Uhr, Kellerberg 5, www.schwanawirt.de, Tel. +49 9546 306.
**Übernachtung: 1. Tag: Gerolzhofen:** Hotel & Weinstube am Markt (€€€). **Handthal:** Pension Margarete (€€€), Handthal 26, www.pension-margarete-handthal.de, Tel. +49 9382 315783. **Trekkingplatz Radstein/Taubensee:** Info und Buchung auf trekkingerlebnis.de. **Ebrach:** Gästehaus Leonie (€€€), Marktplatz 7–8, www.baeckerei-achtziger.de, Tel. +49 9553 295; Hotel und Restaurant Klosterbräu (€€€); Gästehaus Kaiser (€€), Brucksteigstr. 30, www.gaestehaus-kaiser-ebrach.de, Tel. +49 9553 1250; Campingplatz Weihersee (auch Schlaffässer), Schwimmbadweg 21, www.weihersee.de, Tel. +49 9553 9890579.
**2. Tag: Untersteinbach:** Hirschbräu Michel (€€); Atelier Reinhart B&B (€€), Ebracherstr. 8, www.bedandbreakfast-atelier-reinhart.de, Tel. +49 9554 8170. **Theinheim:** Pension Oppelt (€€), Holzberg 13, www.pension-oppelt.de, Tel. +49 9554 8326.
**3. Tag: Trekkingplatz Lindach/Winterleite:** Info und Buchung auf trekkingerlebnis.de. **Burgebrach:** Goldener Hirsch (€€).
**Einkauf:** Supermarkt und Bäckerei in Gerolzhofen, Bäckerei in Ebrach, Supermarkt und Bäckerei in Untersteinbach und Burgebrach.
**Information: Gerolzhofen:** Tourist-Information, Marktplatz 20, www.gerolzhofen.de, www.weinpanorama-steigerwald.de, Tel. +49 9382 903512.
**Tipp:** Der Burgebracher Kulturspaziergang (siehe auch www.entdecke-burgebrach.de) führt mit 12 Tafeln durch den 1023 erstmals urkundlich erwähnten Ort. Auf rathaus300.vg-burgebrach.de können Sie zudem einen virtuellen Rundgang durch das über 300 Jahre alte Rathaus machen.
**Karte:** 167 Nördlicher Steigerwald, Bamberg (Kompass, 1:50.000, 2019) oder 67 Naturpark Steigerwald (Fritsch, 1:50.000, 2017).

*Am Trauf des Steigerwalds entsteht Wein.*

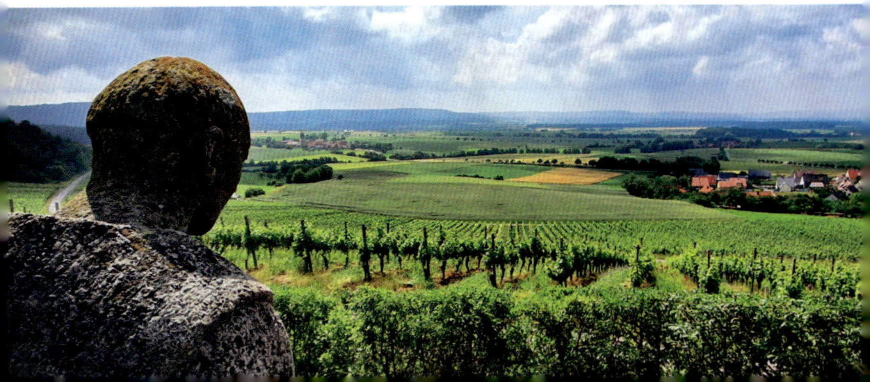

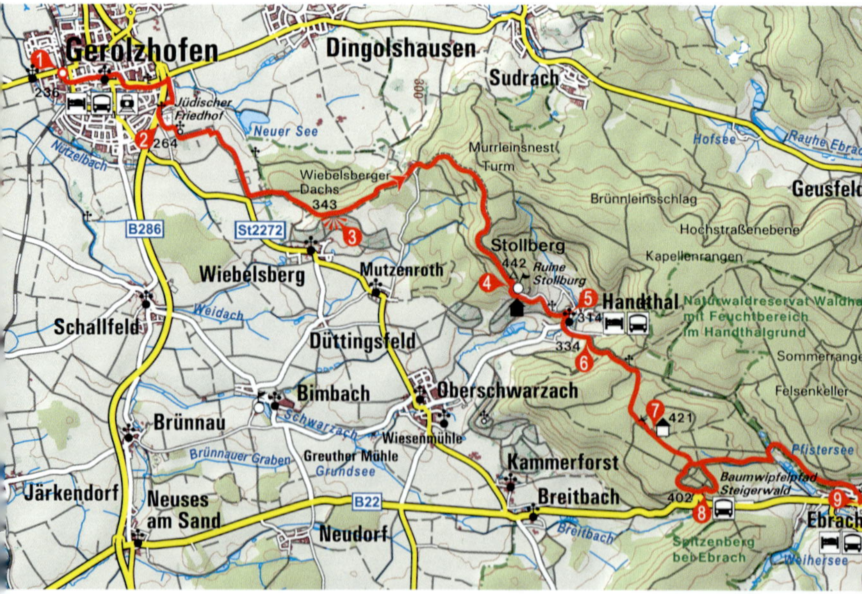


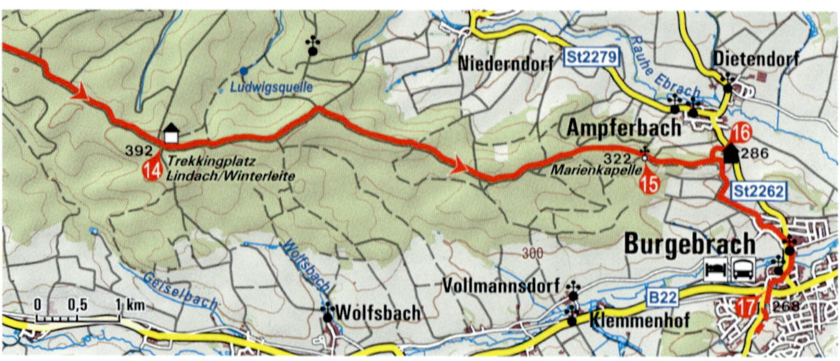


**1. Tag (Gerolzhofen – Ebrach):** Wir gehen von der Bushaltestelle am Bahnhof von **Gerolzhofen** ❶ auf der Bürgermeister-Weigand-Straße am Eulenturm vorbei zum Marktplatz. Hier lohnt ein Blick auf das Alte Rathaus aus dem 15. Jh., die auch als Steigerwalddom bezeichnete Stadtpfarrkirche und den modernen Marktbrunnen.

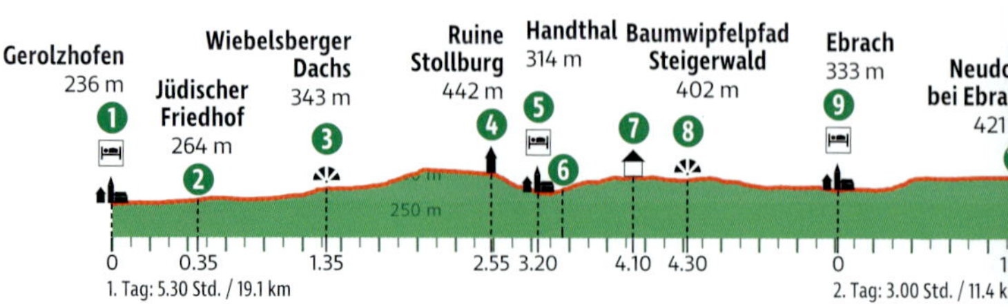

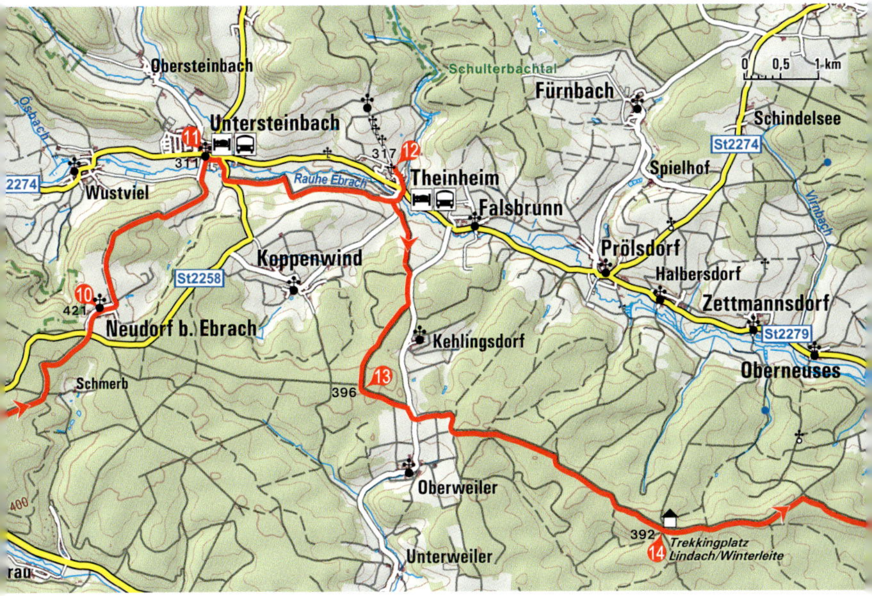


Wir behalten die Richtung bei, folgen der Weiße-Turm-Straße am Weißen Turm vorbei und der Jahnstraße bis vor die äußere Stadtbefestigung. Nach rechts führt uns ein Geh- und Radweg an der alten Mauer entlang bis an die Schuhstraße. Wir biegen links ab und nehmen die Dingolhäuser Straße stadtauswärts. Nach der Unterführung der B286 geht es rechts auf einem Sträßchen weiter. Die Markierung »Weinsteiger« leitet uns um den **Jüdischen Friedhof** **2** herum und hinauf zur **Gertraudiskapelle** auf dem Kapellenberg. Hier oben tauchen die ersten Weinberge auf.

Direkt nach der Kapelle biegen wir links ab, knapp 400 m später rechts. Zwischen Feldern und über einen Modellflugplatz wandern wir bis vor eine Landstraße. Die Markierungen führen uns links auf einem Fahrweg bis in den Wald und dort sofort rechts auf einen Pfad. Nach 750 m treten wir nach rechts aus dem Wald und stehen vor den Reben der Weinlage Wiebelsberger Dachs. Man könnte hier durch die Weinberge zum schönen Garten am Gasthaus Brehm in Wiebelsberg absteigen. Wir gehen links zum Aussichtspavillon **Wiebelsberger Dachs** **3** und blicken auf die Weinberge, das Vorland

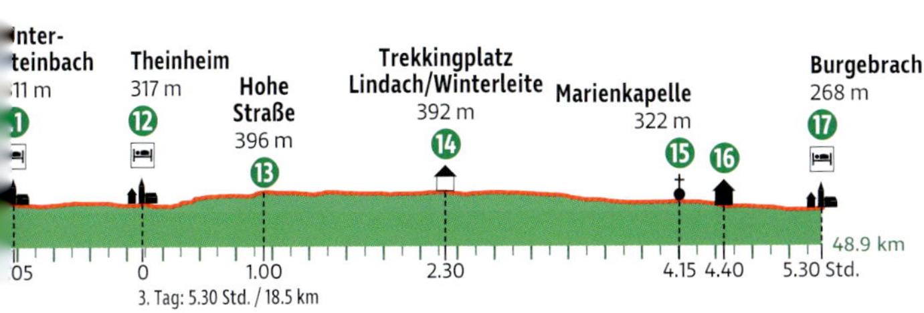

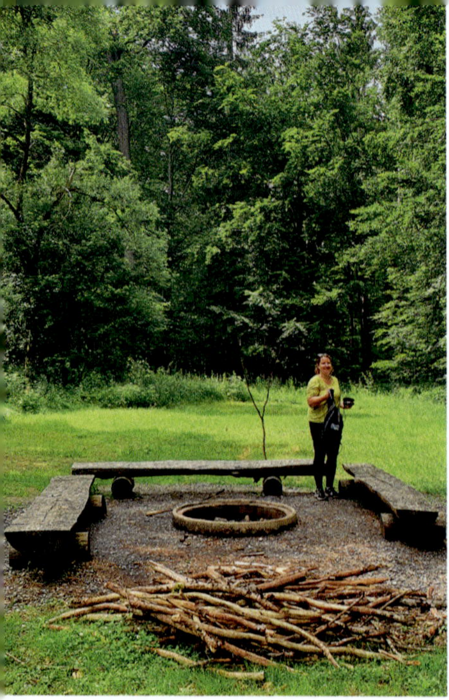

*Der Trekkingplatz Radstein/Taubensee.*

und den Trauf des Steigerwaldes. Die Markierung »Weinsteiger« verlässt uns nun.

Knapp 100 m nach dem Pavillon gehen wir links zurück in den Wald und gleich wieder rechts. Die Steigerwaldklinik wird passiert. Kurz vor dem Ende des Parkplatzes biegen wir rechts ab. Der Steigerwald-Panoramaweg (beg)leitet uns auf schönen Waldwegen bis zur **Ruine Stollburg ❹**, die ein Stück links der Route liegt.

Die Markierungen führen uns hinab in den **Handthaler Stollberg**, Frankens höchstgelegenen Weinberg, und zum **Gasthaus Stollburg**, wo man den Rebensaft auf der Aussichtsterrasse verkosten kann. Auf Asphalt geht es weiter bergab bis an einen Wanderparkplatz und geradeaus auf einem Weg nach **Handthal ❺** hinein. Wir halten uns an der Ortsstraße rechts und bei nächster Gelegenheit links. Ein Sträßchen führt zum **Steigerwald-Zentrum ❻**, das Nachhaltigkeit und Waldbewirtschaftung erlebbar machen soll.

Die Markierungen des Steigerwald-Panoramawegs haben uns kurz vor dem Steigerwald-Zentrum verlassen. Wir wandern auf einem breiten Weg in den Wald hinein und auf die Steigerwaldhochfläche hinauf. An einer Gablung halten wir uns links, gut 100 m später bei einem Teich rechts. Holzschilder kündigen bereits den Baumwipfelpfad an. Wir kommen am **Trekkingplatz Radstein/Taubensee ❼** vorbei.

Ein großer Picknickplatz am Ende des Baumwipfelpfads wird erreicht. Schilder weisen uns den Weg zum Eingang des **Baumwipfelpfads Steigerwald ❽**. Der 1150 m lange Holzsteg schlängelt sich durch alle Etagen des Waldes und gipfelt in einem barrierefreien, 42 m hohen Turm, von dem aus man einen Rundblick über die grüne Landschaft des Steigerwaldes hat (im Sommerhalbjahr meist 9–18 Uhr, www.baumwipfel pfadsteigerwald.de, Tel. +49 9553 98980102).

Vom Ausgang des Baumwipfelpfads kommend halten wir uns rechts und folgen der Forststraße mit der Markierung »E9« bergab. Nach gut 1 km bei einem Wanderparkplatz am Waldrand links (die Markierung verschwindet wieder), bei nächster Gelegenheit rechts über einen Bach und dann rechts auf einer Forststraße weiter. Sie führt uns zu den ersten Häusern von Ebrach. Dort geht es kurz auf der Waldstraße abwärts, dann links auf einen Geh- und Radweg. Nach knapp 100 m gelangen wir rechts durch eine Pforte in den Oberen Abteigarten. Zum Marktplatz in **Ebrach ❾** sind es nur noch ein paar Schritte. Der Großteil der ehemaligen Zisterzienserabtei beher-

## Streit um 110 Quadratkilometer

Kommt der Nationalpark oder kommt er nicht? 1971 wurde der 1280 km² große **Naturpark Steigerwald** eingerichtet. Er wird im Norden vom Mainbogen und im Süden von der Aisch begrenzt und ist für seine Buchen- und Eichenwälder bekannt. Seit 2007 wird kontrovers diskutiert, ob ein rund 110 km² großer Teil im Nordsteigerwald als Nationalpark ausgewiesen werden soll. Die sehr seltenen **Rotbuchen-Urwaldbestände** mit ihrer Artenvielfalt gelten als besonders schützenswert. Bei mehreren Umfragen in der Region hat sich die Mehrheit dafür ausgesprochen. Es wäre nach dem Nationalpark Bayerischer Wald und dem Nationalpark Berchtesgaden der dritte in Bayern. Die Befürworter haben sich zum **Freundeskreis Nationalpark Steigerwald** (www.pro-nationalpark-steigerwald.de) zusammengeschlossen, darunter der Bund Naturschutz Bayern, die Naturfreunde Bayern, der Landesbund für Vogelschutz in Bayern und der WWF Deutschland. Die **Nationalparkgegner** sind in dem Verein Unser Steigerwald e. V. (unser-steigerwald.de) organisiert. Sie befürchten den Verlust von Holzertrag, Arbeitsplätzen und Jagdrevieren.

bergt heute eine Justizvollzugsanstalt. Besichtigt werden können die glanzvolle Klosterkirche, die beiden Abteigärten, das Museum der Stadt Ebrach in der früheren Abtswohnung und im Rahmen einer Führung der Kaisersaal und das Treppenhaus.

**2. Tag (Ebrach – Theinheim):**
Wir kehren vom Marktplatz in **Ebrach ❾** durch den Oberen Abteigarten zum Geh- und Radweg zurück und halten uns rechts. Bis Untersteinbach orientieren wir uns an der Markierung »Grüner Löffel«. Nach den letzten Häusern von Ebrach, auf Höhe eines Sportplatzes, wird der Geh- und Radweg nach links verlassen. Nach 550 m biegen wir rechts auf einen ansteigenden Waldpfad ab. Oben angelangt passieren wir auf einer Forststraße die Wendelinkapelle, kreuzen am Waldrand die Steigerwald-Höhenstraße und gelangen nach **Neudorf bei Ebrach ❿**.

*Blick zurück auf Untersteinbach im Tal der Rauhen Ebrach.*

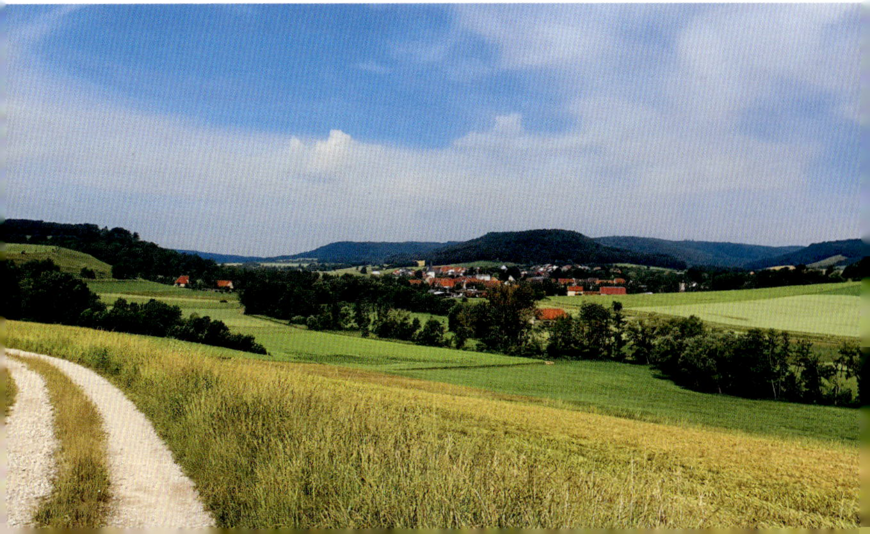

Am Ortsende wandern wir nach links mit schönen Ausblicken in die Flur hinaus. Wir folgen der Markierung durch ein Waldstück und hinab ins Tal der Rauhen Ebrach. Nachdem wir den Fluss überquert haben, erreichen wir die Pfarrkirche St. Vitus in **Untersteinbach ⑪**.

Wir gehen rechts an der Hauptstraße weiter und zweigen nach dem kleinen Supermarkt und der Bäckerei rechts in die Ebracher Straße ab (der »Grüne Löffel« verschwindet hier). Wir überqueren die Rauhe Ebrach und biegen links in einen Feldweg ein. Dieser führt unmarkiert durch das Tal bis an die Kreisstraße HAS 17. Wir folgen ihr nach links über den Fluss zur Ortsdurchgangsstraße von Theinheim.

Hier halten wir uns links, biegen dann gleich wieder rechts in die Straße Holzberg ein und gelangen nach knapp 300 m zur Pension Oppelt am nördlichen Ortsrand von **Theinheim ⑫**.

**3. Tag (Theinheim – Burgebrach):** Von der Pension am nördlichen Ortsrand von **Theinheim ⑫** gehen wir zurück zur Ortsdurchgangsstraße, an dieser kurz links, dann rechts auf der Kreisstraße HAS 17 über die Rauhe Ebrach. Direkt vor dem Ortsendeschild nehmen wir links den breiten Weg und steigen aus dem Talgrund geradeaus zur bewaldeten Steigerwaldhöhe auf. An einer weiteren Kreisstraße rechts. Nach 400 m biegen wir an einer Straßenkuppe rechts in eine Forststraße ab. Sie mündet in eine weitere Forststraße, die sogenannte **Hohe Straße ⑬**, die in früheren Jahrhunderten ein wichtiger Handelsweg war.

Wir halten uns links und können uns bis kurz vor der Marienkapelle nahe Ampferbach an der Hohen Straße und der Markierung »Blauer Löffel« orientieren. Es geht meist auf dem Kamm entlang durch alten Laubmischwald. Nach 5 km erreichen wir eine Forststraßenkreuzung am **Trek-**

*Auf der Hohen Straße durch alten Laubmischwald.*

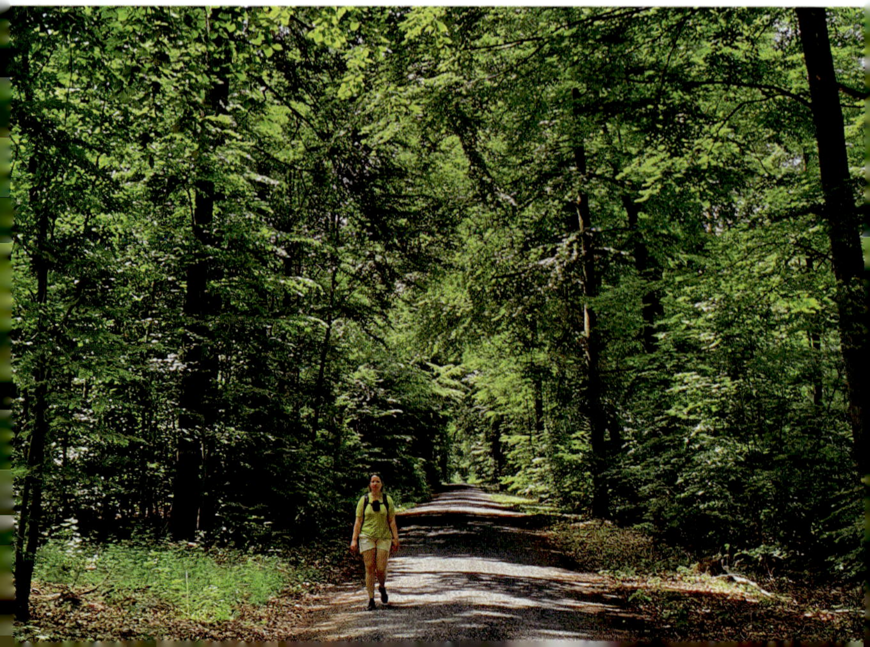

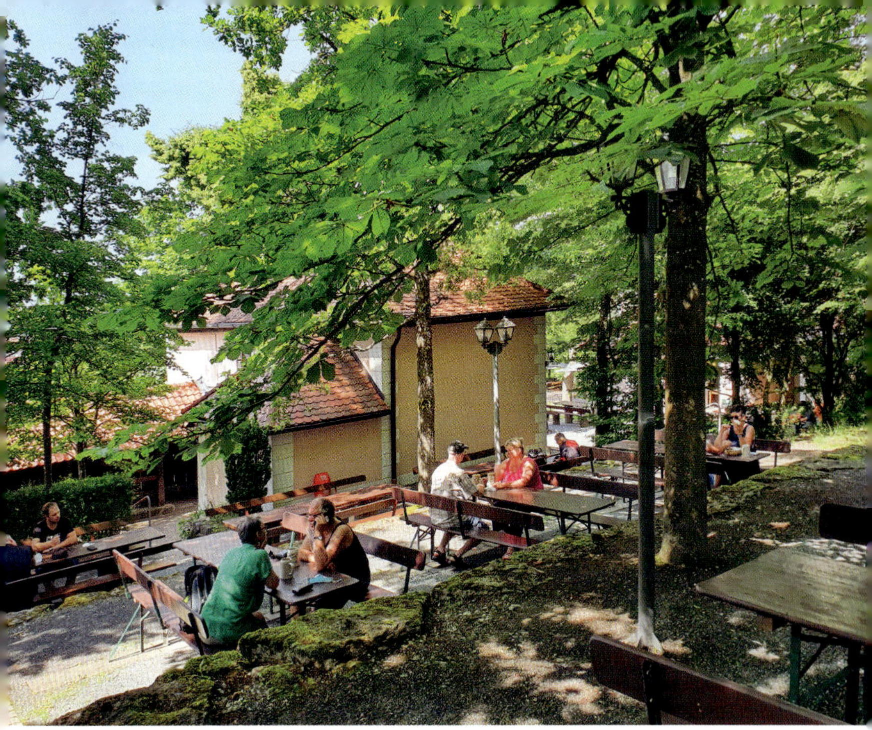

*Auf dem Herrmann-Keller kann man die Zeit vergessen.*

**kingplatz Lindach/Winterleite ⓮**, der 200 m rechts auf einer Lichtung liegt.

2 km später führt uns die Markierung an einer Forststraßenkreuzung nach rechts. Knapp 3 km danach müssen wir in einer Rechtskurve aufpassen: Wir verlassen den »Blauen Löffel« geradeaus in eine etwas schmälere Forststraße ohne Markierungen. Der Rundweg »B3« kommt dazu, dem wir links bis zur **Marienkapelle ⓯** folgen. Wir gehen geradeaus auf einem Weg weiter, dann am Waldrand entlang und an einem Waldeck links kurz abwärts. Nach rechts erreichen wir den Herrmann-Keller und den Max-Keller an der Straße zwischen **Ampferbach ⓰** und Burgebrach.

Wir kehren zurück an das Waldeck, gehen dort geradeaus auf einem breiten Feldweg weiter und in einem Links-rechts-Schwenk zu einem asphaltierten Fahrweg. Dieser bringt uns nach links an den Ortsanfang von Burgebrach. Wir halten uns an der Dr.-Stahl-Straße rechts, an der Straße Im Ried links und an der Ampferbacher Straße rechts. Nach der Überquerung der Mittleren Ebrach führt die Straße Pfarrweg zum Kirchplatz in Burgebrach.

An der Hauptstraße rechts und durch das über 300 Jahre alte Torhaus, das als Rathaus genutzt wird. Wir folgen dem Straßenverlauf bis an die Steigerwaldstraße (B22). Die Busse in Richtung Bamberg halten auf der anderen Straßenseite an der Bushaltestelle **Burgebrach ⓱** bei der Abzweigung der Treppendorfer Straße, die Busse in Richtung Ebrach auf dieser Straßenseite. Eine Wartezeit kann man nutzen, indem man geradeaus den 550 m entfernten Schwanakeller besucht.

# 16 Auf dem Fränkischen Gebirgsweg

## Von Creußen über Sanspareil nach Hollfeld

3 Tage | 66,1 km | ↗ 1180 m | ↘ 1230 m

***Wälder zum Baden, Täler ohne Verkehr, Felsen aus Kalk und Dolomit***

*Rund 435 Kilometer schlängelt sich der Fränkische Gebirgsweg über die bekanntesten Mittelgebirge Frankens. Da er für mich zu den schönsten Fernwanderwegen Deutschlands zählt, habe ich ihn in einem vom Bergverlag Rother verlegten Büchlein ausführlich beschrieben; 2021 erschien es bereits in der zweiten Auflage. Auf dieser Wochenendtour folgen wir dem Fränkischen Gebirgsweg durch die überraschend wenig besuchte nördliche Fränkische Schweiz. Wer gut zu Fuß ist, kann Glashütten links oder besser gesagt rechts liegen lassen und die ersten beiden waldigen Etappen in einem Rutsch absolvieren. Inklusive dem Abstecher zum Gipfelplateau der sagenumwobenen und aussichtsreichen Neubürg würden uns am Tagesziel in Obernsees gut 30 km in den Knochen stecken. Trotz Waldbaden unterwegs bietet es sich an, in der Therme Obernsees neue Kräfte zu tanken. Schon die Römer kannten die heilende Wirkung des Thermalwassers: »Sanus per aquam«, kurz Spa – »Gesund durch Wasser« lautete ihre Devise. Das Bad und die Sauna haben auch abends geöffnet. Die folgende Etappe bietet dann vieles, was die Fränkische Schweiz so reizvoll macht: Dolomitfelsen und Höhlen, Burgen und Ruinen, Dörfer und Flusstäler. Der Clou: Das Erbachtal, das Kaiserbachtal und das Kainachtal sind frei von Autolärm.*

**Ausgangspunkt:** Creußen, 433 m, Bahnhof.
**Endpunkt:** Hollfeld, 380 m, Spitalplatz.
**ÖPNV:** Creußen liegt an der Bahnstrecke Nürnberg–Schnabelwaid–Bayreuth. Glashütten und Obernsees haben Busverbindungen mit Bayreuth, Hollfeld auch mit Bamberg.

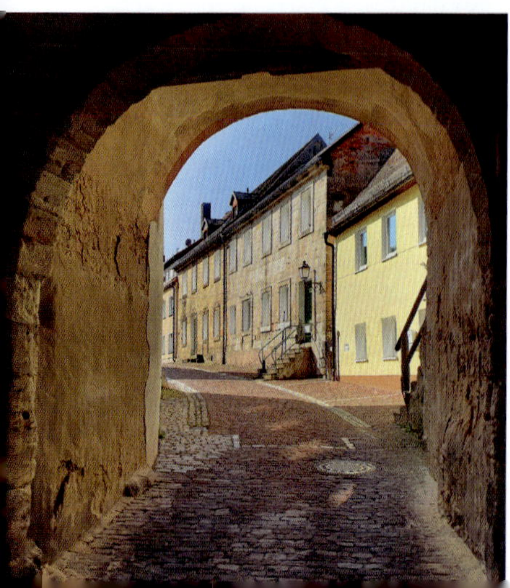

**Etappendaten:**
**1. Tag:** 6.00 Std., 21,3 km, ↑370 m, ↓380 m.
**2. Tag:** 4.15 Std., 15,3 km, ↑290 m, ↓330 m.
**3. Tag:** 8.00 Std., 29,5 km, ↑520 m, ↓520 m.
**Anforderungen:** Meist einfach zu gehende Wege. Bis auf die ersten Kilometer der dritten Etappe nur moderate An- und Abstiege. Insgesamt mehr Schatten als offenes Gelände. Der finale Abschnitt bis Hollfeld kann sich aufgrund der Etappenlänge ziehen.
**Einkehr: 1. Tag: Creußen:** Franco's Ristorantino (Pizzeria), Mo Ruhetag, Marktplatz 1, zaccaria.de/Ristorantino, Tel. +49 9270 8588. **Weiglathal:** Wirtshaus Weiglathal (mit Biergarten), Mo Ruhetag, www.weiglathal.de, Tel. +49 9246 491. **Glashütten:** Opels Landgasthof (mit Biergarten), Mo/Di Ruhetag, Mi–Sa ab 16.30 Uhr, So auch mittags, Bayreuther Str. 21, www.landgasthof-opel.de, Tel. +49 9279 390.

*Blick durch das Hintere Tor in Creußen.*

**2. Tag: Obernsees:** Kulturscheune Obernsees, Öffnungszeiten siehe diekulturscheune.de, Zum Knock 6, Tel. +49 9206 9937571; Zur Eisenbahn, Mi Ruhetag, St.-Rupertus-Str. 3, Tel. +49 9206 202; Bistro in der Therme, An der Therme 1, Tel. +49 9206 993000. **Truppach** (1 km südwestlich von Obernsees): Gaststätte Krauß, eingeschränkte Öffnungszeiten, Tel. +49 9206 292. **Mengersdorf** (1,5 km südwestlich von Obernsees): Gutshof Mengersdorf, Mo/Di Ruhetag, Mi–Sa ab 17 Uhr, So auch mittags, www.gutshof-mengersdorf.de, Tel. +49 9206 9939880.
**3. Tag: Knockhütte:** nur So 10–22 Uhr, knockhuette.de. **Schönfeld:** Schönfelder Hof, Mo/Di Ruhetag, Mi–So ab 17 Uhr, So auch 11–14.30 Uhr, schoenfelderhof.de, Tel. +49 9206 277; Gasthof Seidlein, Mo Ruhetag, Di–So ab 17 Uhr, So auch mittags, Tel. +49 9206 1215. **Sanspareil:** Schlosscafé, Mo Ruhetag, Di–So 12–18 Uhr, Tel. +49 151 24114274. **Wonsees** (1,5 km abseits der Route): Gasthof zur Krone, nur Fr/Sa ab 17 Uhr und So ab 11 Uhr, Marktplatz 2, Tel. +49 9274 441; Gastwirtschaft Tauer, Mi Ruhetag, Mo/Di/Fr/So bis 20 Uhr, Do/Sa bis 13 Uhr, Marktplatz 13, www.gastwirtschaft-tauer.de, Tel. +49 9274 94545. **Hollfeld:** Landhotel Wittelsbacher Hof, Mo/Di Ruhetag, Mi/Do ab 17 Uhr, Fr/Sa auch mittags, So nur mittags, Langgasse 8, www.landhotel-wittelsbacher-hof.de, Tel. +49 9274 90960; Nordlicht – icelandic restaurant (mit Terrasse), Mo–Mi Ruhetag, Do–Sa ab 17 Uhr, So ab 14 Uhr, Spitalplatz 6, Tel. +49 9274 807996; Café Lucania Bistro (italienische Küche, auch vegan), Di Ruhetag, Steinweg 22, Tel. +49 9274 7749109.
**Übernachtung: 1. Tag: Glashütten:** Opels Landgasthof (€€); Pension Apart (€€), Brunnenstr. 1, www.pension-apart.de, Tel. +49 9279 9530.
**2. Tag: Obernsees:** Nur Ferienwohnungen (Buchung auch über den Info-Shop, siehe Information), u. a. Ferienwohnung Kraus (€€), St.-Rupertus-Str. 18, www.ferienwohnung-kraus-obernsees.de, Tel. +49 9206 8609866; Ferienwohnung Christl (€€), Streitbrunnenweg 22, www.obernsees-ferienwohnung.de, Tel. +49 9206 993692; Ferienwohnung Familie Schultheiß (€€), Am Weidig 13, Tel. +49 9206 39; Ferienwohnung Rosemarie Hergl (€€), Zum Knock 2, ferienwohnung-hergl.de, Tel. +49 9206 223 und +49 9206 993785. **Truppach** (1 km südwestlich von Obernsees): Privatzimmer Familie Feulner (€€), Truppach 10, Tel. +49 9206 876 und +49 1520 2621386. **Mengersdorf** (1,5 km südwestlich von Obernsees): Gutshof Mengersdorf (€€€).
**3. Tag: Schönfeld:** Schönfelder Hof (€€€). **Wonsees** (1,5 km abseits der Route): Gasthof zur Krone (€€); Gastwirtschaft Tauer (€). **Krögelstein:** Pension Renate Schneider (€€), Krögelstein 33 a, www.famsch.de, Tel. +49 9274 1381. **Hollfeld:** Landhotel Wittelsbacher Hof (€€€); Privatzimmer Alfred Bayer (€€), Kurt-Weirather-Str. 18, www.ferien-bayer.de, Tel. +49 9274 9090651.
**Einkauf:** Supermarkt und Bäckerei in Creußen und Glashütten, Bäckerei in Obernsees und Wonsees (1,5 km abseits der Route), Supermarkt und Bäckerei in Hollfeld.
**Information: Obernsees:** Info-Shop Neubürg, An der Therme 2, www.noerdliche-fraenkische.de, Tel. +49 9206 992375. **Hollfeld:** Touristinformation im Rathaus, Marienplatz 18, www.noerdliche-fraenkische.de, Tel. +49 9274 98015.
**Tipps:** 1. Das Krügemuseum in Creußen zeigt das bedeutende Creußener Steinzeug aus der Blütezeit der Häfnerkunst (im Hinteren Tor und im ehemaligen Scharfrichterhaus; Am Rennsteig 8, Mi, Sa und So 10–12 Uhr und 14–17 Uhr, www.kruegemuseum.de, Tel. +49 9270 5805 und +49 9270 9890). 2. In Obernsees lockt das weitläufige Thermalerlebnisbad mit Außenbereich, Saunaparadies und 44 Grad heißem Heilwasser (www.therme-obernsees.de, Tel. +49 9206 993000).
**Karte:** UK50-10 Naturpark Fränkische Schweiz, Veldensteiner Forst – nördlicher Teil (Landesamt für Digitalisierung, Breitband und Vermessung Bayern, 1:50.000, 2017) oder 53 Naturpark Fränkische Schweiz Süd (Fritsch, 1:50.000, 2016).

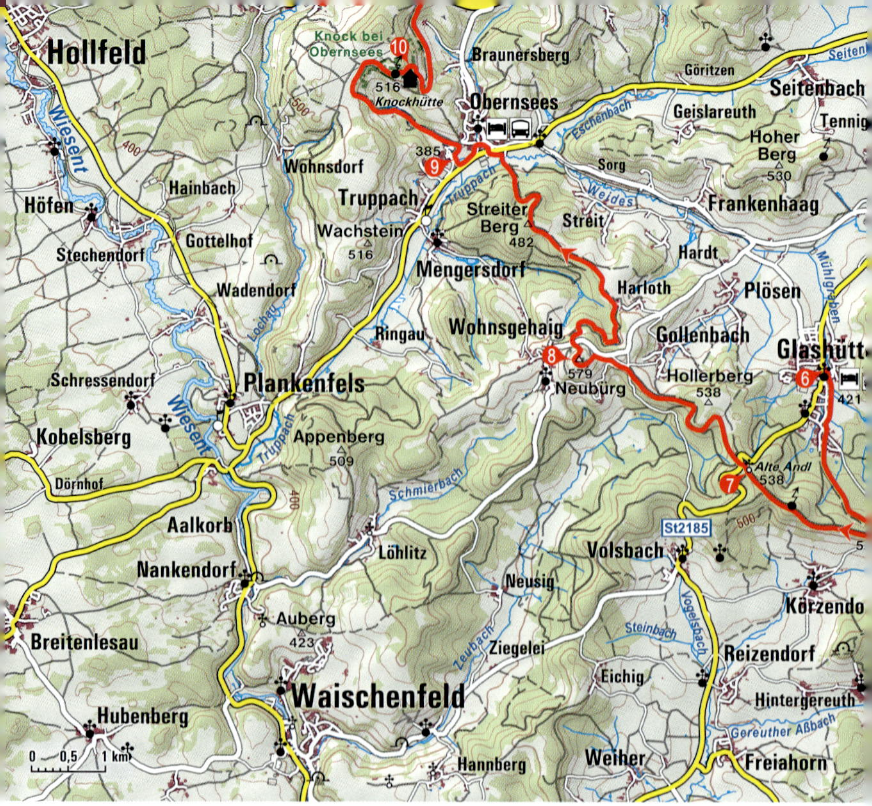

Hollfeld
Knock bei Obernsees
Knockhütte
516
Braunersberg
Obernsees
Göritzen
Seitenbach
Seitenbach
Geislareuth
Tennig
Eschenbach
Hoher Berg
530
385
Wohnsdorf
Hainbach
Höfen
Truppach
Truppach
Sorg
Weides
Streiter Berg
482
Streit
Frankenhaag
Wachstein
516
Gottelhof
Stechendorf
Mengersdorf
Hardt
Wadendorf
Harloth
Plösen
Mühlgraben
Lochau
Ringau
Wohnsgehaig
Gollenbach
Glashütt
579
Neubürg
Hollerberg
538
421
Schressendorf
Plankenfels
Wiesent
Kobelsberg
Appenberg
509
Alte Andl
538
Dörnhof
Schmierbach
Aalkorb
St2185
Volsbach
Nankendorf
Löhlitz
Neusig
Körzendo
Auberg
423
Steinbach
Vogelsbach
Breitenlesau
Zeubach
Ziegelei
Reizendorf
Eichig
Waischenfeld
Hintergereuth
Hubenberg
Gereuther Aßbach
0 0,5 1 km
Hannberg
Weiher
Freiahorn


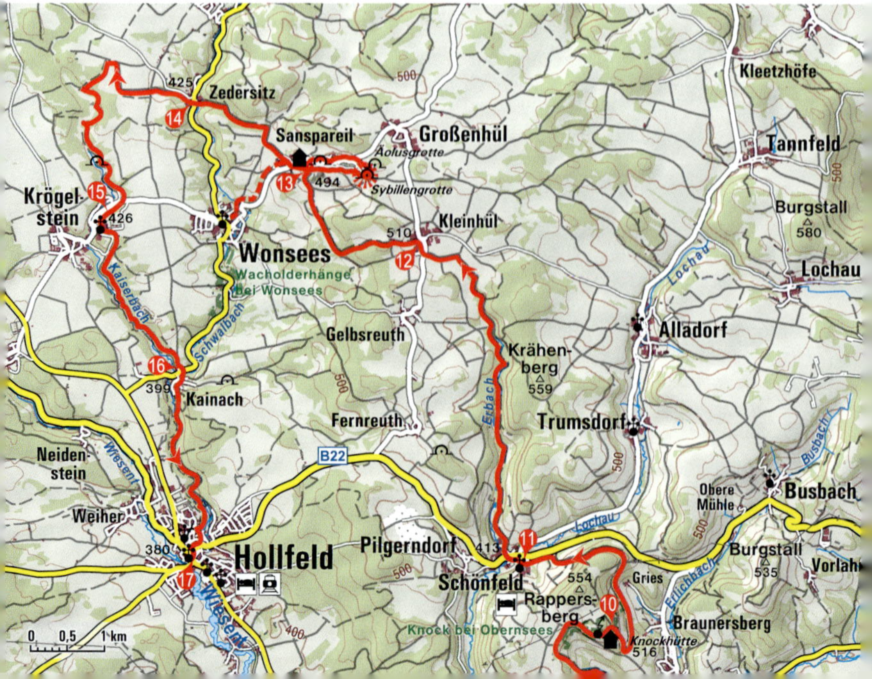

425
Zedersitz
Kleetzhöfe
Sanspareil
Großenhül
Äolusgrotte
Tannfeld
Sybillengrotte
494
Krögelstein
426
Burgstall
580
Kleinhül
510
Wonsees
Lochau
Wacholderhänge bei Wonsees
Kaiserbach
Schwalbach
Alladorf
Gelbsreuth
Krähenberg
559
399
Kainach
Erbach
Fernreuth
Trumsdorf
Neidenstein
B22
Wiesent
Busbach
Obere Mühle
Busbach
Weiher
Burgstall
535
Vorlah
380
Hollfeld
Pilgerndorf
413
Schönfeld
554
Rappersberg
Gries
Friesbach
Braunersberg
Knock bei Obernsees
Knockhütte
516
0 0,5 1 km

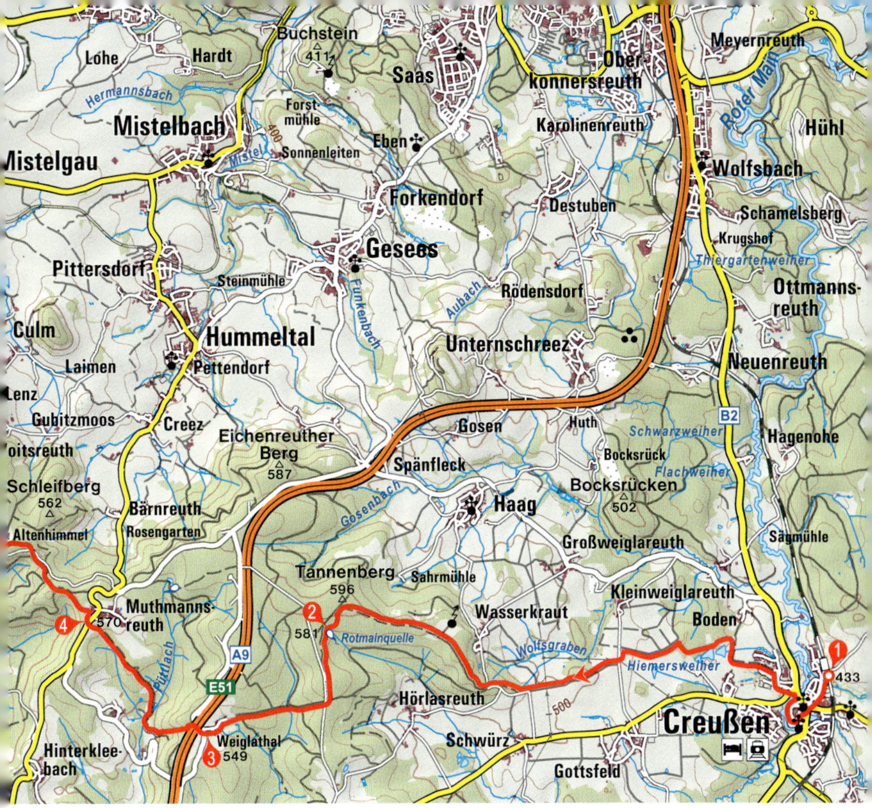


**1. Tag (Creußen – Glashütten):**
Vom Bahnhof **Creußen** ❶ führt uns die Bahnhofsstraße in südwestliche Richtung. Die Markierungen des Fränkischen Gebirgswegs sind bereits vorhanden und werden uns – abgesehen vom Abstecher zur heutigen Übernachtung in Glashütten – auf allen drei Etappen durch die grüne Landschaft leiten. An der Bayreuther Straße halten wir uns ein paar Schritte links und biegen dann rechts in die gepflasterte Straße Vorstadt ein. Nach gut 100 m steigen wir rechts über Treppen zum Pfarrer-Will-Platz empor. Vor der Pfarrkirche St. Jakobus geht es nochmals auf Stufen zum Heziloplatz, von dort zum **Marktplatz** von Creußen. Die idyllischen Plätze und ruhigen Gassen im mittelalterlich geprägten Zentrum laden zum Herumstreifen ein.

Wir gehen auf dem Marktplatz bergab und an dessen Ende nach rechts, bei nächster Gelegenheit abermals rechts. Wir verlassen die Altstadt durch das Hintere Tor, in dem das interessante **Krügemuseum** untergebracht ist (siehe Tipps). An der Bayreuther Straße halten wir uns links. Ein Bach und der Rote Main werden überquert. Nach dem Fluss biegen wir links und gleich darauf rechts ab. Die Straße Am Hohen Weg führt uns zum Parkplatz der Volksschule. Dort geht es links weiter. Nach den letzten Häusern wird eine Kreuzung erreicht, an der unser Fernwanderweg rechts in Richtung Waldrand abzweigt. Kaum haben wir den Wald betreten, halten wir uns

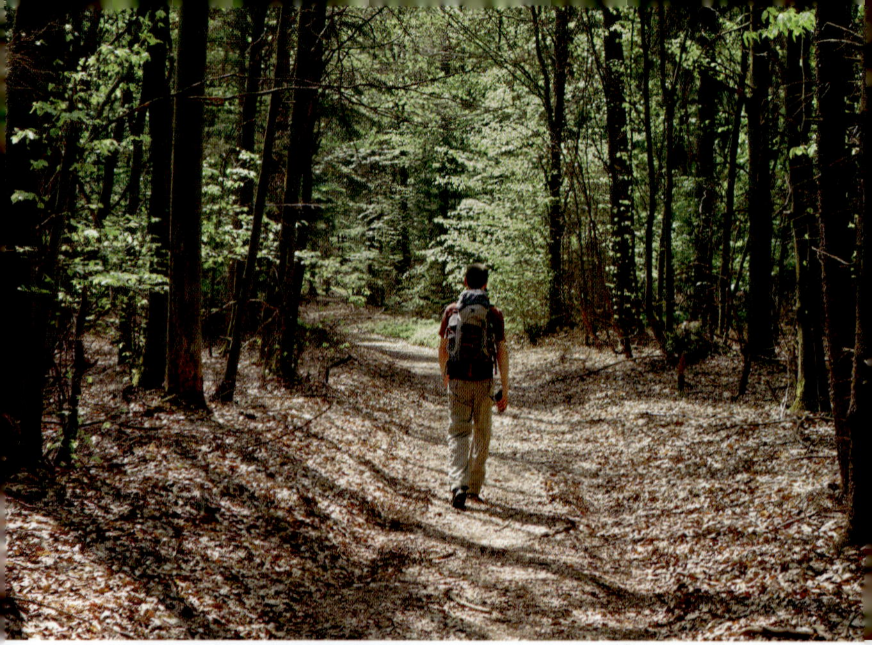

*Die erste Etappe ist oft schattig.*

links. In dem Waldstück sollten wir gut auf die Markierungen achten. Am Waldrand treffen wir auf einen befestigten Weg, der uns nach links an eine Straße bringt. Wir folgen der Straße gut 200 m nach links und verlassen sie dann rechts auf einem Fahrweg. An einer Straße geht es geradeaus weiter. Nach knapp 200 m biegen wir rechts in einen Wald ab. Bald darauf sind wir zurück auf der Straße. Wir verlassen sie gleich wieder nach halblinks und gehen an einer Gabelung rechts. Eine Forststraße führt uns nach 2,5 km an eine Kreuzung. Wir halten uns links und 150 m danach abermals links. Die **Rotmainquelle** ❷ wird erreicht. Der Rote Main hat seinen Namen vom moorig-roten Untergrund und dem mitgeführten Sediment, die ihn rötlich erscheinen lassen. Ein Rastplatz und Informationstafeln laden zum Verweilen ein (wenn der Wind den Lärm von der Autobahn und den Windrädern nicht zu sehr herträgt). Die Quelle des Weißen Mains befindet sich am Ochsenkopf im Fichtelgebirge. Weißer und Roter Main vereinen sich bei Kulmbach zum Main, der Hauptwasserader Frankens.

Nach der Quelle biegen wir links in einen breiten Waldweg ein. Dieser bringt uns an eine Forststraße, der wir geradeaus folgen. An einer Forststraßenkreuzung gehen wir rechts

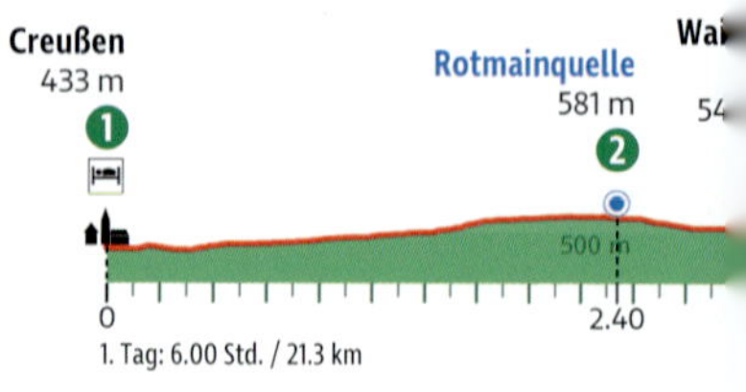


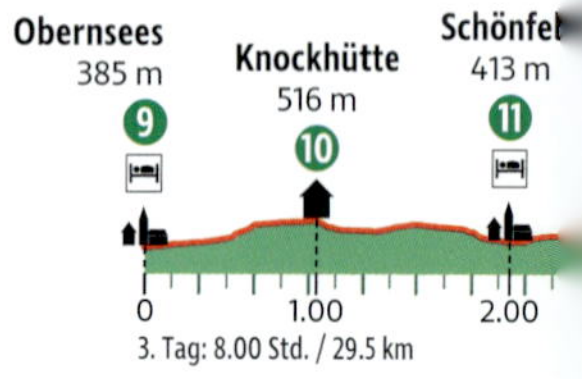

bergab. Immer geradeaus erreichen wir nach knapp 2 km den Gasthof und Biergarten in **Weiglathal** ❸. Hier wird das dunkle, angenehm malzige Bier der eigenen Brauerei Übelhack ausgeschenkt.
Vom Gasthof geht es nach rechts zur Autobahnunterführung. Auf der anderen Seite biegen wir scharf links und nach knapp 200 m rechts in den Wald ab. Bergab gelangen wir an eine Forststraße, der wir rechts folgen. Die Neumühle wird passiert. Wieder im Wald macht unsere Forststraße einen Rechtsknick. Dort zweigen wir scharf links auf einen breiten Waldweg ab. Er führt uns zur Hauptstraße von **Muthmannsreuth** ❹. Wir folgen ihr 200 m nach rechts. Gegenüber der Straße Zum Felsenkeller biegen wir links in ein Privatgrundstück ab und gehen über Wiesen in den Wald hinein. Wir überqueren eine Forststraße. 200 m danach steigen wir nach rechts bergab. An einer Forststraße kurz rechts, auf der nächsten links. Nach 350 m geht es rechts auf einen Pfad weiter. Am Waldrand, in Sichtweite des Weilers Altenhimmel, halten wir uns links. Wir gelangen an eine Straße, der wir nach links folgen. Bei nächster Gelegenheit biegen wir rechts und kurz darauf halbrechts ab. 650 m später wird eine **Abzweigung** ❺ bei einer Bank erreicht. Wir gehen an dieser Stelle rechts und folgen der Markierung »Blauer Punkt« rund 2,5 km hinab ins Ortszentrum von **Glashütten** ❻.

**2. Tag (Glashütten – Obernsees):**
Wir kehren von **Glashütten** ❻ zur **Abzweigung** ❺ zurück. Nun gehen wir nach rechts auf dem Fränkischen Gebirgsweg weiter. 250 m nach einem Sendemast halten wir uns an einer Gabelung rechts. Der Rastplatz Zoggenbrunnen und die Marter **Alte Andl** ❼ werden erreicht.
Ein Pfad bringt uns hinab zur nahen St2185. Wir überqueren sie, folgen ihr ein paar Meter nach rechts und verlassen sie geradeaus. Bei nächster Gelegenheit gehen wir links und ein paar Schritte später rechts auf einen herrlichen Waldpfad. Auf diesem bleiben wir 2,5 km bis an ein geschottertes Sträßchen. Nach rechts gelangen wir an eine Kreuzung mit sechs Einmündungen. Eine Tafel informiert über den Galgen, der hier früher zur Abschreckung stand. Wir wählen die zweite Möglichkeit links

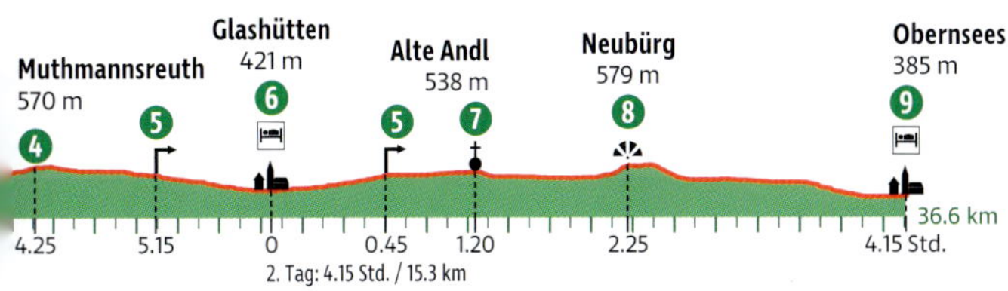


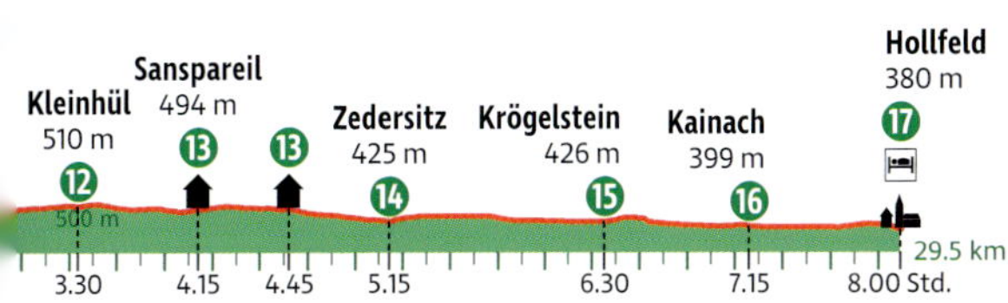

## Ein Kraftort mit Ausblick

Die 587 m hohe **Neubürg** ist ein unverkennbarer Tafelberg der nordöstlichen Fränkischen Schweiz. Von dem Hochplateau hat man eine weite Aussicht auf das Fichtelgebirge, das Obermainland und die Fränkische Schweiz.
Seit 2003 sind unter dem Titel **NaturKunstRaum** zehn Skulpturen auf der Neubürg verteilt. Die Künstlerinnen und Künstler aus Deutschland, Frankreich und der Schweiz haben die besondere Stimmung des Berges auf sich wirken lassen und ihre Empfindungen in ganz unterschiedlichen Werken zum Ausdruck gebracht (neubuerg-fraenkische-schweiz.de).

ansteigend in Richtung Wohnsgehaig. An einer Straße halten wir uns links. Nach knapp 100 m wird sie wieder nach links verlassen. An einem breiten Feldweg geht es links hinauf. Das Kunstwerk »Kumulus« auf der **Neubürg 8**, 579 m, wird erreicht. Den Abstecher zum etwas höheren Bergplateau sollten wir uns nicht entgehen lassen.
Bei der »Kumulus«-Skulptur geht es geradeaus. Wir steigen auf einem Pfad wieder zur Straße hinab, überqueren sie und wandern in einem Rechtsbogen weiter. Bei nächster Gelegenheit halten wir uns links, gut 100 m danach am Waldrand rechts. Zunächst führt der Weg kurvenreich durch Wald und über Lichtungen, dann längere Zeit am Waldrand entlang. Der Fränkische Gebirgsweg führt uns zwischen Feldern hinüber zum nächsten Waldstück. Wir halten uns rechts, im Wald an einer Forststraße erneut rechts. Diese geht in eine asphaltierte Straße über. Wir überqueren die Truppach und folgen der viel befahrenen St2186 nach links. Bei einer Bushaltestelle wechseln wir die Straßenseite und gehen geradeaus nach Obernsees hinein. Bei der nächsten Gelegenheit biegen wir links in die Straße Zum Knock ab. 100 m danach abermals links in die Straße Untere Au. Bei mehreren Ortsinfotafeln halten wir uns rechts.

*Blick ins Becken des Ahorntals.*

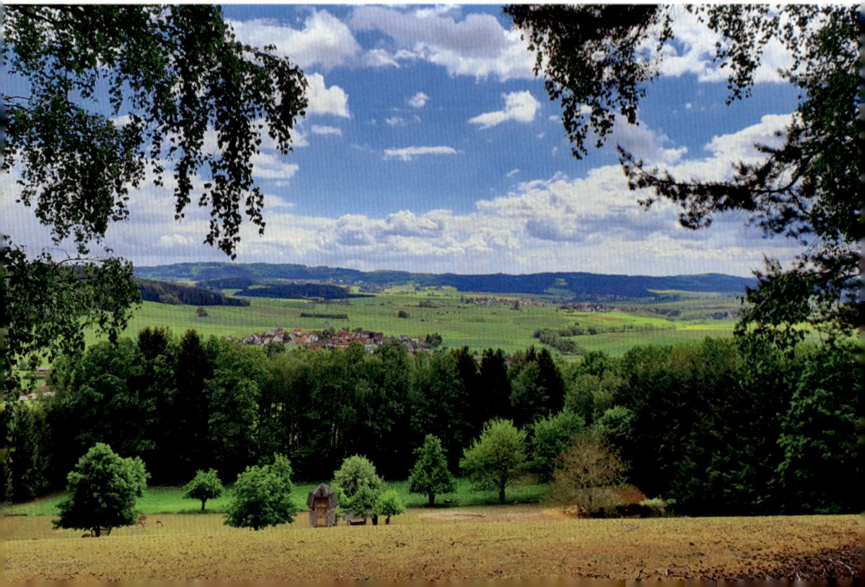

Nach wenigen Schritten gelangen wir zur **Therme** (siehe Tipps) in **Obernsees** ❾.

**3. Tag (Obernsees – Hollfeld):**
Von der Therme in **Obernsees** ❾ gehen wir leicht bergan und dann rechts ortseinwärts. Auch heute orientieren wir uns an den Schildchen des Fränkischen Gebirgswegs. Bei den ersten Häusern biegen wir links auf Schotter ab. Wir halten uns an der ersten Gabelung rechts, an der zweiten links, an der dritten links und an der vierten rechts. Kurz vor dem höchsten Punkt geht es rechts auf einen Pfad. Dieser mündet in eine Schotterstraße, der wir nach rechts folgen. Bald darauf steigen wir links am Waldrand zur **Knockhütte** ❿ auf. Die ungewöhnliche Blockhütte auf Stelzen wird an Sonn- und Feiertagen vom Verschönerungsverein Obernsees bewirtschaftet und bietet eine schöne Fernsicht auf die Neubürg und das Umland. An den anderen Tagen gibt es Getränke aus einem Automaten.
Die Zufahrtsstraße zur Knockhütte führt uns bergab. Nach 400 m biegen wir links in einen Feldweg ab, den wir gleich wieder halblinks in einen schmäleren Weg verlassen. Bei einer Stromleitung scharf links und gleich wieder scharf rechts. Im Wald gehen wir auf einer Forststraße bis zur B22. Wir folgen ihr kurz nach links und wählen dann links einen unasphaltierten Parallelweg. Nach mehreren schönen Scheunen in **Schönfeld** ⓫ gehen wir bei erster Gelegenheit rechts, am Schönfelder Hof vorbei und an der Bundesstraße links. Nach der Brücke über die Lochau biegen wir rechts ab. 60 m später geht es an einer Gabelung rechts weiter. Nach kurzem steilen Anstieg folgen wir links einem Feldweg und wandern längere Zeit sanft ansteigend durch das üppig bewachsene **Erbachtal**. Wieder auf freiem Feld halten wir uns bei einer alten Linde

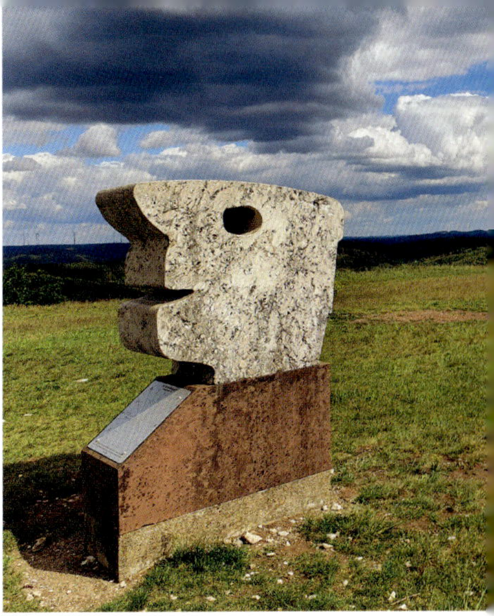

*Auf der Neubürg stehen zehn Skulpturen.*

## Ein Felsengarten ohnegleichen

Die Ortschaft **Sanspareil** liegt zu Füßen der mittelalterlichen **Burg Zwernitz**. Der berühmte, frei zugängliche **Felsengarten Sanspareil** wurde Mitte des 18. Jh. von der Markgräfin Wilhelmine von Bayreuth, der Schwester Friedrichs des Großen, nach englischem Vorbild erschaffen und als »sans pareil« bezeichnet, dem französischen Wort für »ohnegleichen«. Der Park schließt die Burg sowie die Felsen, Grotten und spaltenartigen Durchgänge des Fränkischen Juras als Staffagen in das Konzept ein. Zwischen dem Morgenländischen Bau und dem wieder bespielten Ruinen- und Grottentheater spaziert man durch eine schöne Wald- und Felsenlandschaft. Der Felsengarten steht unter Denkmalschutz und wurde als Geotop ausgewiesen.

links in Richtung der schon sichtbaren Bebauung. Die Dorfstraße bringt uns rechts zur Ortsmitte von **Kleinhül ⓬**, wo wir nach dem hellblauen Haus mit der Nr. 2 links abbiegen.

Am Waldrand gehen wir bis zu einer Waldecke. Dort wählen wir den mittleren Weg in den Wald hinein. Wir kommen an eine Forststraße, der wir nach rechts folgen. Nach dem Wald wird der Ortskern von **Sanspareil ⓭** erreicht. Rechts gelangen wir durch den romantischen **Felsengarten** zum Ruinen- und Grottentheater.

Wir kehren zurück in den Ortskern von **Sanspareil ⓭** und halten uns an der Hauptstraße links. 150 m danach, gegenüber einer Bushaltestelle, verlassen wir die Straße und den Ort nach rechts. Zwischen Feldern wird eine Kreuzung erreicht.

Wer ins 1,5 km entfernte **Wonsees** (Einkehr, Unterkunft) möchte, folgt dem Schotterweg nach links.

Der Hauptweg führt an der Kreuzung rechts weiter. Bei nächster Gelegenheit biegen wir links in eine Forststraße ein. Vorbei an ersten Felsformationen wandern wir auf ihr bis nach **Zedersitz ⓮**.

Wir folgen der Hauptstraße nach rechts und verlassen sie wieder nach links. Nach dem Ort biegen wir vor einer Rechtskurve halblinks in einen anfangs asphaltierten Feldweg ab. Nach einem Rechtsknick erreichen wir einen weiteren Feldweg. Hier halten wir uns links und bei der nächsten Möglichkeit erneut links. Bald darauf steigen wir hinab ins **Kaiserbachtal**, in dem wir bei der ersten Felsformation links gehen. Wir bleiben nun in dem abgeschiedenen Tal und passieren für die Frankenalb typische Felsen und Höhlen. Am Rand des Felsendorfs **Krögelstein ⓯** treffen wir auf die Kreisstraße BT39, die wir schräg überqueren. Die Pfarrkirche und der Friedhof werden passiert. Nach einer Rechtskurve geht es abwärts. In der nächsten Rechtskurve biegen wir scharf links ab und

*Schöne Scheunen am Eingang von Schönfeld.*

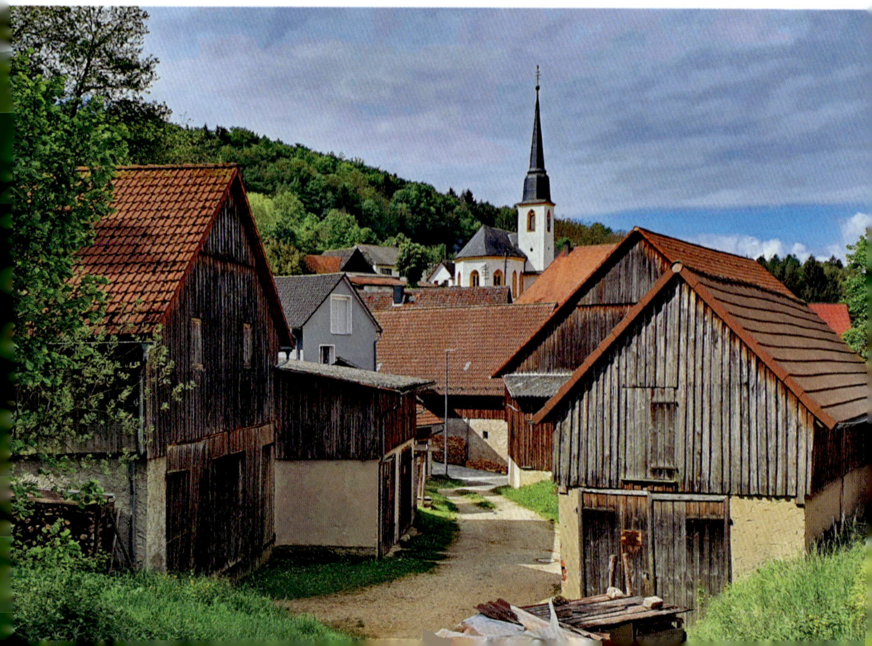

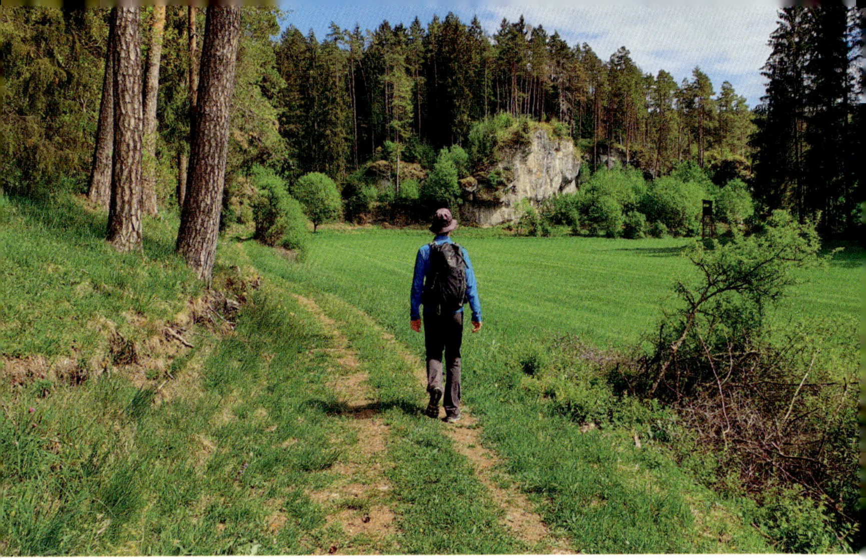

*Im Kaiserbachtal gibt es keinen Autoverkehr.*

nach wenigen Schritten rechts in einen Schotterweg. Wir bleiben bis zum nächsten Ort im Kaiserbachtal. An der Ortsstraße in **Kainach** ⑯ biegen wir rechts, nach wenigen Metern wieder links ab. Der Schwalbach wird auf einer Brücke überquert. Hier vereinen sich der Schwalbach und der Kaiserbach zur Kainach. An einer Gabelung im Ort geht es rechts und bei den letzten Häusern rechts in einen Weg. Wir befinden uns nun im beschaulichen **Kainachtal**. Wir halten uns links und wandern dann rechts des Bachs. Nach knapp 2 km in Bachnähe geht es bei Fischteichen empor. Oben passieren wir einen Kindergarten und gelangen an eine Straßenkreuzung. Wir biegen links ab und schreiten durch das Obere Tor. Geradeaus erreichen wir nach wenigen Schritten den Marienplatz. An dessen südlichem Ende wählen wir rechts die Straße Steinweg. Sie mündet in die größere Bamberger Straße, die uns links zum Unteren Markt und dem anschließenden Spitalplatz in **Hollfeld** ⑰ bringt.

## Jurastädtchen mit Überraschungen

**Hollfeld** (5000 Einwohner) entstand aus einer frühmittelalterlichen Burganlage. Die rundum befestigte Altstadt ist gut erhalten. An höchster Stelle steht der **Gangolfsturm**. Den Schlüssel für den Turm gibt es im Rathaus (siehe Information, Seite 147). Die sanierte **Gangolfskirche** wird als Kunst- und Kulturzentrum genutzt. Sehenswert sind auch das **Alte Rathaus**, das Wittauerhaus, die **Pfarrkirche Mariä Himmelfahrt**, die Fischmühle und die Wallfahrtskirche St. Salvator.

Für mediterranes Flair sorgen die **Terrassengärten** an den südlichen Steilhängen der Altstadt. Hier findet man selten Pflanzen wie heimische Orchideen, winterharte Feigen, die germanische Mispel und den Brennenden Busch. Hollfeld ist zudem die kleinste Stadt Bayerns, die ein Programm-Kino hat. Ein Besuch im Kintopp und im Bistro lohnt sich auf jeden Fall, denn dort stehen nicht Hightech, sondern Kinoatmosphäre im Stil der 50er-Jahre im Mittelpunkt (Theresienstr. 8, www.kintopp-online.de).

# 17 In den Felstälern um Pottenstein

## Über Pottenstein und Tüchersfeld nach Gößweinstein

2 Tage | 27,3 km | ↗690 m | ↘710 m

***Gesteinsformationen und Höhlen, Mühlen und Städtchen***

*Die Fitten und Flotten könnten die 28 km in einem Rutsch runterspulen. Es gibt aber einen Grund, warum ich diese Tour in zwei kurze Etappen eingeteilt habe: Wir wandern durch eine der reizvollsten (und beliebtesten) Ecken der Fränkischen Schweiz. Die zahlreichen Naturschönheiten wollen in Ruhe betrachtet werden. Der erste Tag führt uns durch zwei idyllische, autofreie Täler. Im Klumpertal sorgen die Felswände und Wurzelpfade des Jägersteigs für einen Hauch von alpinem Charakter. Dem Püttlachtal folgen wir in Hörweite des Bachs. Links und rechts ragen immer wieder Felsformationen auf, die nur von Kletterern bewältigt werden können. Wer in Pottenstein eine Abkühlung braucht, kann noch einen Abstecher zum Felsenbad oder in die berühmte Teufelshöhle machen. Am zweiten Tag geht es zunächst über Feld und Flur, durch die Bärenschlucht und zu den Höhlen Pferdsloch und Kühloch nach Tüchersfeld. Das Dorf an der Püttlach wird von steil aufragenden Felstürmen dominiert. Den Zeckenstein können wir auf einem gut gesicherten Steig erklimmen. Von Tüchersfeld zum Finale Grande in Gößweinstein sind es nur noch vier Kilometer. Die Besichtigung der Wallfahrtsbasilika ist ein Muss, am besten im Rahmen einer Führung, die auch mit anschließendem Orgelkonzert angeboten wird (siehe pfarrgemeinde-goessweinstein.de). Das Barockbauwerk ist die wichtigste Dreifaltigkeitskirche in Deutschland und gilt als Balthasar Neumanns sakrales Meisterwerk.*

**Ausgangspunkt:** Wannberg, 464 m, Bushaltestelle.
**Endpunkt:** Gößweinstein, 449 m, Bushaltestelle Gasthof zur Post.
**ÖPNV:** Wannberg, Pottenstein, Tüchersfeld und Gößweinstein haben Busverbindungen mit den Bahnhöfen in Ebermannstadt und Pegnitz. An Sonn- und Feiertagen im Sommerhalbjahr fährt die Museumsbahn zwischen Behringersmühle (30 Min. zu Fuß ab Gößweinstein) und Ebermannstadt (Fahrpläne auf www.dampfbahn.net; siehe auch Wochenendtour 18, Tipps Seite 166).
**Etappendaten:**
**1. Tag:** 4.00 Std., 13,6 km, ↑250 m, ↓350 m.
**2. Tag:** 4.15 Std., 13,7 km, ↑440 m, ↓360 m.
**Anforderungen:** Überwiegend bequem zu gehende Naturpfade, Tal- und Feldwege. Kurze Passagen am Jägersteig und zum Zeckenstein (dieser kann ausgelassen werden) erfordern etwas Trittsicherheit und Schwindelfreiheit. Auf der ersten Etappe nur ein steiler Anstieg, am zweiten Tag mehrere An- und Abstiege. Insgesamt mehr Schatten als offenes Gelände. Auch im Hochsommer machbar.
**Einkehr: 1. Tag: Schüttersmühle:** Kiosk zum Klumpertal (auch vegan), im Sommerhalbjahr meist tägl. tagsüber geöffnet, Tel. +49 9243 7335. **Elbersberg:** Landgasthof Kapellenhof (mit Terrasse), Mo–Mi Ruhetag, kapellenhof-elbersberg.de, Tel. +49 9243 449. **Pottenstein:** Gasthof Goldene Krone, Mi Ruhetag, Markplatz 2, www.goldene-krone-pottenstein.de, Tel. +49 9243 92430; Bruckmayers Urbräu (mit Biergarten), Di Ruhetag, Am Stadtgraben 1, urbraeu-pottenstein.de, Tel. +49 9243 924450; Brauereigasthof Hufeisen, Öffnungszeiten siehe www.brauerei-hufeisen.de, Hauptstr. 36, Tel. +49 9243 260.

**2. Tag: Tüchersfeld:** Gasthaus zum Fahnenstein (italienische Küche), Mo/Di Ruhetag, Mi/Do ab 16 Uhr, Fr–So ab 11 Uhr, Zum Zeckenstein 7, zum-fahnenstein.de, Tel. +49 9242 9171. **Gößweinstein:** Gasthof Zur Post, Mo Ruhetag, Balthasar-Neumann-Str. 10, www.zur-post-goessweinstein.de, Tel. +49 9242 278; Holzwurm Wirtshaus & Bar (auch vegan), Mo/Di Ruhetag, Mi–So ab 17 Uhr, Burgstr. 15, Tel. +49 9242 229.
**Übernachtung:** **1. Tag: Elbersberg:** Landgasthof Kapellenhof (€€). **Pottenstein:** Gasthof Goldene Krone mit Gästehaus Reusenmühle (€€€); Bruckmayers Gästehaus (€€€), Am Stadtgraben 1, www.bruckmayers-gaestehaus.de, Tel. +49 9243 92440; Jugendherberge (€€), Jugendherbergsstr. 20, pottenstein.jugendherberge.de, Tel. +49 9243 92910. **2. Tag: Bärenschlucht:** Campingplatz (mit Gasthof), www.baerenschlucht-camping.de, Tel. +49 9243 206. **Tüchersfeld:** Pension Püttlachtal (€€), Am Lindsbach 1, pension-puettlachtal.de, Tel. +49 9242 7414811. **Gößweinstein:** Gasthof Zur Post (€€€); Gästehaus Jutta (€€), Karl-Brückner-Str. 4, www.hausjutta.de, Tel. +49 9242 7409892; Gasthof Schönblick (€€€), August-Sieghardt-Str. 8, www.schoenblick-goessweinstein.de, Tel. +49 9242 377.
**Einkauf:** Supermarkt und Bäckerei in Pottenstein, Bäckerei in Tüchersfeld, Supermarkt und Bäckerei in Gößweinstein.
**Information:** **Pottenstein:** Tourismusbüro, Forchheimer Str. 1, www.pottenstein.de, Tel. +49 9243 70841 oder 70841. **Gößweinstein:** Tourist-Info, Burgstr. 6, www.ferienzentrum-goessweinstein.de, Tel. +49 9242 456.
**Tipp:** In Tüchersfeld lohnt der Besuch des Fränkische-Schweiz-Museums (Am Museum 5, 10–17 Uhr, www.fsmt.de, Tel. +49 9242 7417090). Es ist in einem reizvollen Gebäudeensemble aus dem 18. Jh. untergebracht und präsentiert in über 40 Räumen die Geologie, die Archäologie, die Geschichte sowie das frühere Leben der Bauern, Handwerker und Künstler in der Fränkischen Schweiz.
**Verlängerung:** In Gößweinstein schließt die Wochenendtour 18 an.
**Karte:** 171 Südliche Fränkische Schweiz (Kompass, 1:50.000, 2021) oder UK50-11 Naturpark Fränkische Schweiz, Veldensteiner Forst – südlicher Teil (Landesamt für Digitalisierung, Breitband und Vermessung Bayern, 1:50.000, 2018).

*Überstehende Felswand auf dem Jägersteig.*

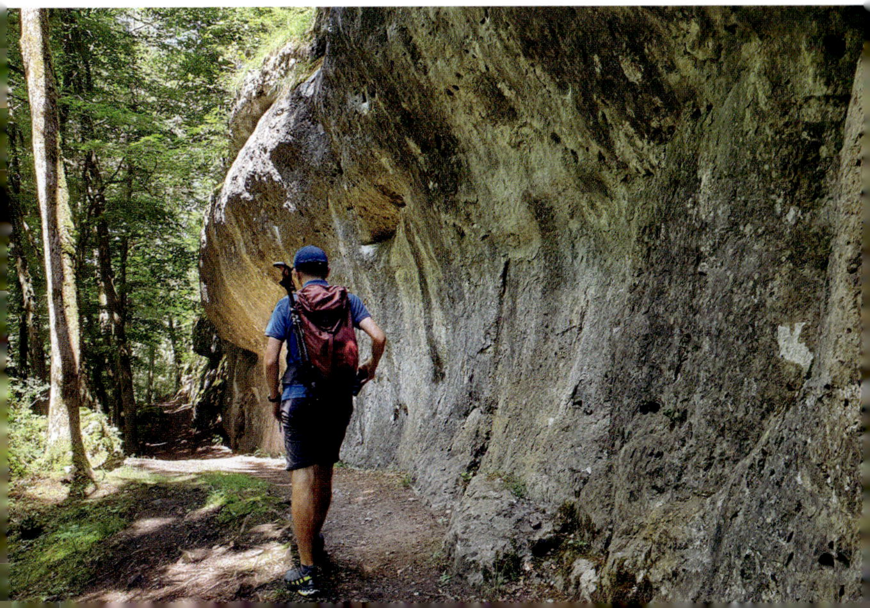

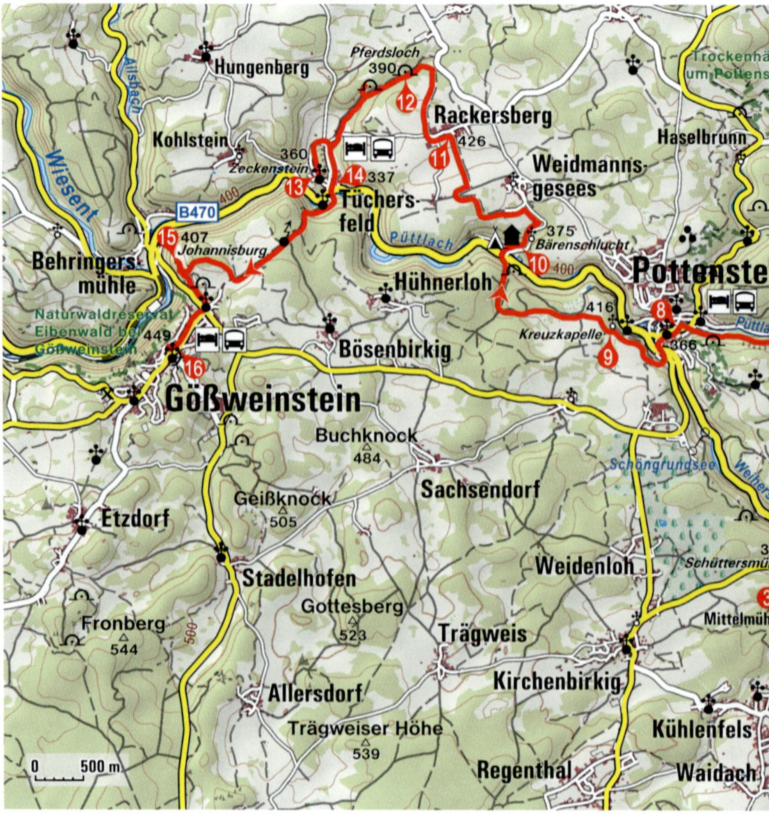


**1. Tag (Wannberg – Pottenstein):** Von der Bushaltestelle in **Wannberg** ❶ gehen wir nach Osten, also in Richtung Pegnitz. Gegenüber einer Straßenabzweigung und der Produktionshallen des Maschinenbauunternehmens Beka biegen wir rechts auf ein Sträßchen ab. Es geht nach knapp 100 m in einen Weg über, der uns geradeaus in den Wald führt. An einer Gabelung behalten wir die Richtung bei. 200 m danach dürfen wir nicht geradeaus ins nahe Klumpertal absteigen, sondern folgen dem kreuzenden **Jägersteig** ❷ nach leicht rechts.

Auf den nächsten 2,5 km halten wir in etwa die Höhe und bleiben auf dem trailartigen Waldpfad. Nur einmal kommen wir auf eine Forststra-

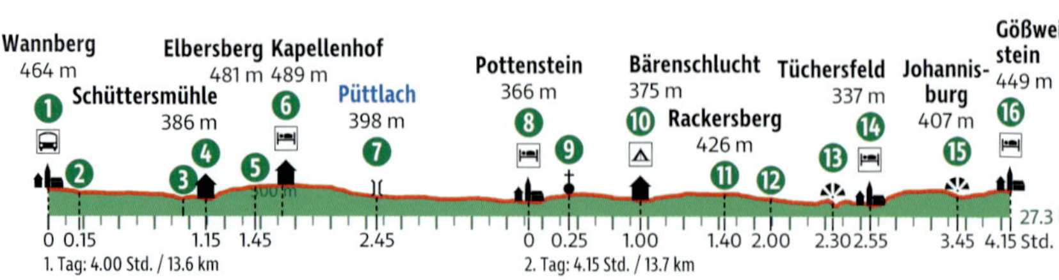

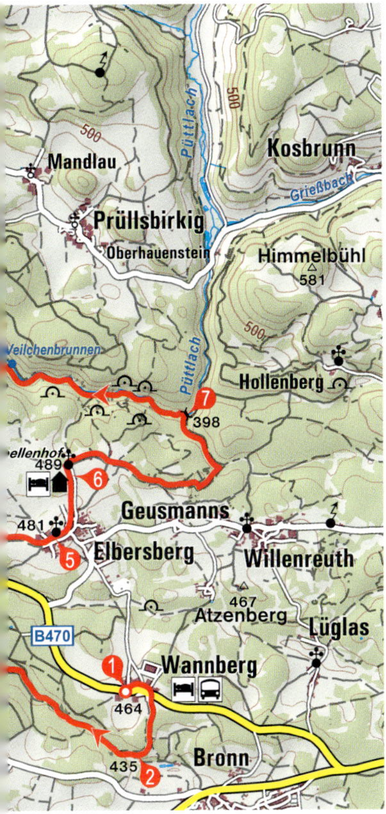


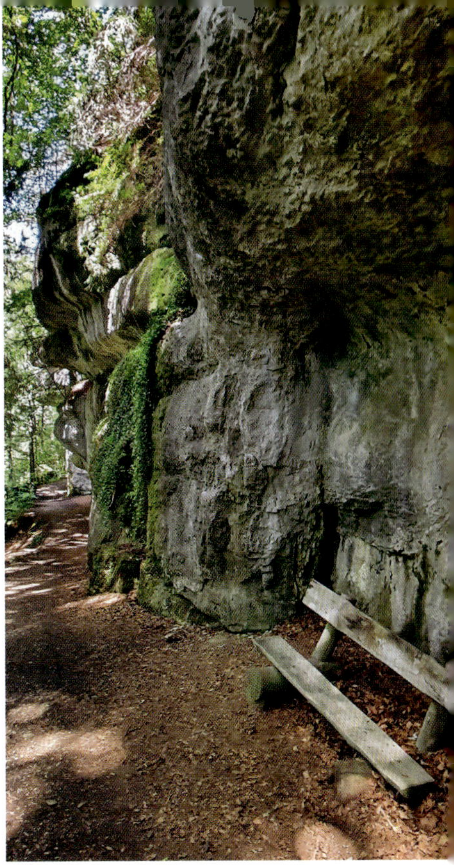

*Traumpfad im Klumpertal.*

ße, die wir aber nach 50 m wieder links verlassen. Der Jägersteig könnte kaum schöner sein. Wurzelige Böden, Blütenpflanzen im Halbschatten, bemooste Steine, blau schimmernde Teiche unten im Tal, steile Felswände und Gesteinsblöcke, die wie Wollsäcke übereinandergestapelt zu sein scheinen (siehe auch Wochenendtour 1, Kasten Seite 27), sorgen für Abwechslung und Begeisterung.
Nach den Felswänden blicken wir auf die Gebäude der Mittelmühle. Wir steigen kurz links zum breiten Weg im autofreien **Klumpertal** ab. Links könnte man einen Abstecher zu den Teichen und der 600 m entfernten Klumperquelle unternehmen. Wir halten uns rechts und erreichen die **Mittelmühle ❸**.
Dort geht es rechts mit verschiedenen Markierungen weiter. Sie führen uns zwischen dem Weihersbach (auch Klumperbach genannt) und weiteren Felswänden zur **Schüttersmühle ❹**.
Wir folgen nach links knapp 150 m der B470, überqueren sie vorsichtig und biegen scharf rechts in einen im Einstieg oft zugewachsenen Weg ab. Mit dem »Roten Punkt« geht es zunächst im Wald steil bergauf, dann auf offenem Gelände aussichtsreich nach **Elbersberg ❺**.
Die Markierung bringt uns auf dem Kapellenweg aus dem Pfarrdorf hin-

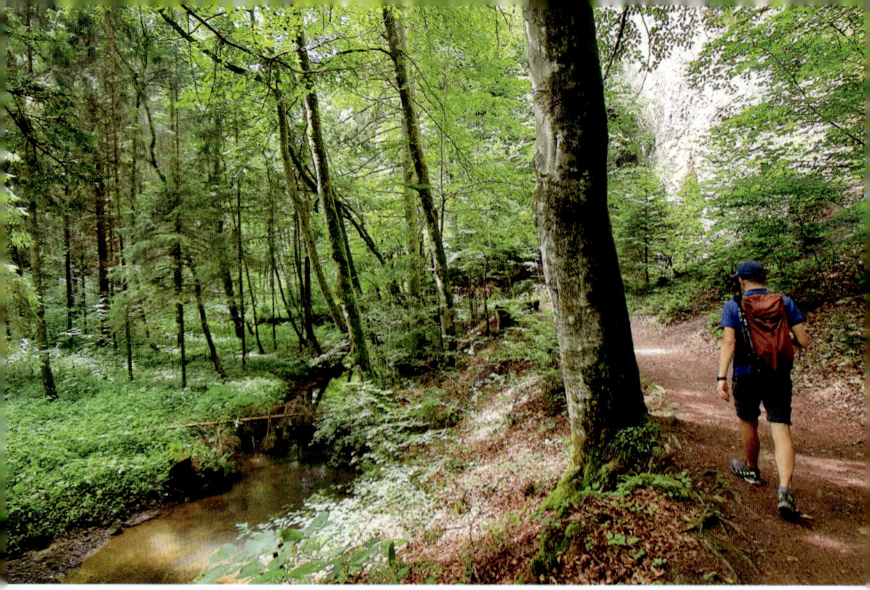

*Die Püttlach rauscht sanft, die Jurafelsen leuchten fast weiß.*

aus und hinüber zum bereits sichtbaren **Kapellenhof 6**.

Ein paar Schritte weiter, an der **Elbersberger Kapelle**, halten wir uns rechts und bleiben weitere knapp 2 km dem »Roten Punkt« treu. Nach einem Abstieg im verwunschenen Wald wird ein etwas breiterer Wanderweg erreicht. Die Markierung verschwindet hier nach rechts. Wir gehen links. Nach ein paar Minuten wird eine Wegkreuzung überquert. Hier befinden wir uns bereits im Püttlachtal. Es ist tief in die Juralandschaft eingeschnitten und besitzt zahlreiche Felsformationen und Höhlen.

Ein Brückchen führt uns über die **Püttlach 7**. Wir halten uns links und orientieren uns nun bis Pottenstein an der Markierung »Rotes Kreuz« des Leo-Jobst-Wegs. Nach knapp 2 km wechseln wir auf die andere Seite des Flusses und wandern weitere 1,7 km auf einem Waldpfad durch das idyllische Tal. Ab den ersten Häusern folgen wir dem Löhrgäßchen bis an die Hauptstraße. An dieser geradeaus käme man direkt in die Ortsmitte von Pottenstein. Wir aber bleiben noch kurz an der Püttlach und gehen dann nach links auf der ansehnlichen Fischergasse zum Etappenziel in **Pottenstein 8**

**2. Tag (Pottenstein – Gößweinstein):**

Wir folgen der Hauptstraße in **Pottenstein 8** in westliche Richtung und biegen links in die Nürnberger Straße ab, die uns geradeaus an die B470 bringt. An dieser gehen wir wenige Meter nach links, dann rechts auf dem Sträßchen Am Siegenberg bergauf. Wir können uns die nächsten 2 km an die Markierung des Wallfahrerwegs halten. Bei den letzten Häusern geht nach einer Rechtskurve der Asphalt in einen Weg über. Hier oben öffnet sich ein schöner Blick auf das felsige Tal, Pottenstein und die Burg. Wir halten am Hang in etwa die Höhe und gelangen zur **Kreuzkapelle 9**.

Die Markierung führt uns nach links, dann rechts durch ein Waldstück und nach diesem zwischen Feldern

## Viel los im staatlich anerkannten Luftkurort

Das Felsenstädtchen **Pottenstein** ist die Tourismushochburg der Fränkischen Schweiz. Auf 5200 Einwohner kamen (vor Corona) jährlich rund 250.000 Übernachtungen und 700.000 Tagesgäste. Das Ortsbild ist malerisch. In der Hauptstraße, am Marktplatz und in der Fischergasse stehen zahlreiche, zumeist in **Fachwerk** über einem gemauerte Erdgeschoss errichtete Bürgerhäuser des 18. und 19. Jh. Die Stadtmauer ist im Kern im 14. Jh. entstanden und noch teilweise erhalten. Über der Stadt thront auf einem Felsplateau die über **1000 Jahre alte Burg**. Sie kann einschließlich des Burgmuseums besichtigt werden (Mi–So 10–17 Uhr, ca. Anfang Juli–ca. Anfang Sept. auch Di, www.burgpottenstein.de, Tel. +49 9243 7221).

Einen Kilometer südlich von Pottenstein (am besten dem Frankenweg folgen) befindet sich an der B470 das reizvoll gelegene **Felsenbad** (Pegnitzer Straße 35, im Sommer bei gutem Wetter 11–19 Uhr, felsenbad-pottenstein.info, Tel. +49 160 90543103 oder +49 9243 700592). Gegenüber wirbt der **Erlebnisfelsen** als »kinderfreundliches Ausflugsziel« mit Rodelbahnen, Mini-Karts, einem Skywalk und mehr (Am Langen Berg 50, www.erlebnisfelsen-pottenstein.de, Tel. +49 9243 7016800). Wer lieber die **Teufelshöhle** besuchen möchte, bleibt ab dem Felsenbad einen weiteren Kilometer auf dem Frankenweg (9–17 Uhr, www.teufelshoehle.de, Tel. +49 9243 208). Sie ist eine der größten, bekanntesten und schönsten Schauhöhlen Deutschlands. Auf der 45-minütigen Führung sind 400 Stufen und 800 Meter zu bewältigen (die Gesamtlänge der Höhle beträgt 3 Kilometer). Zu sehen gibt es beeindruckende Stalagmiten und Stalaktiten, riesige Säle, stollenartige Gänge und das Skelett eines Höhlenbären, einer ausgestorbenen Bärenart der letzten Kaltzeit. Jacke nicht vergessen – die Temperatur beträgt dort unten ganzjährig nur 9 Grad Celsius.

*Der Marktplatz in Pottenstein mit der Bartholomäuskirche und der Burg.*

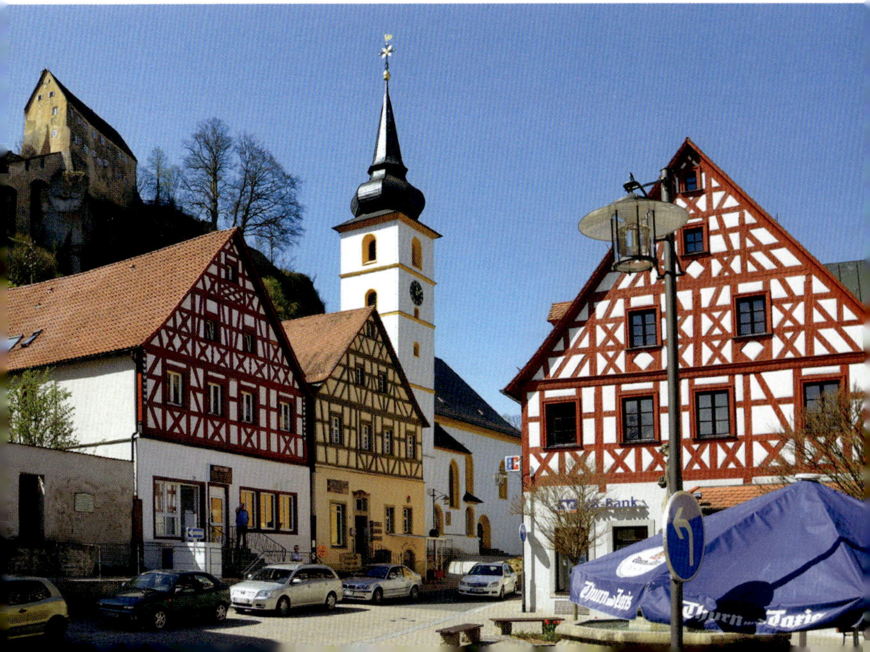

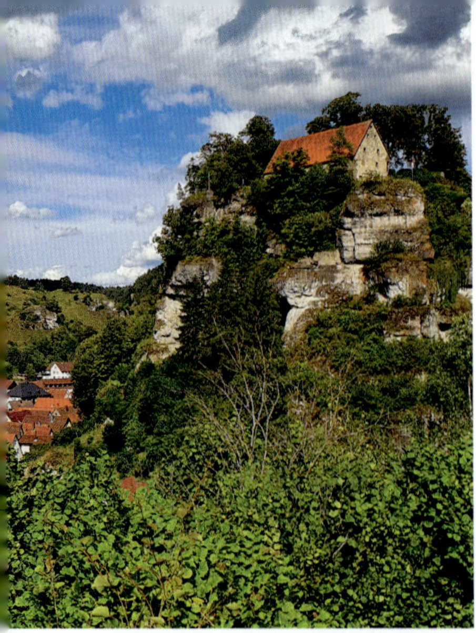

*Blick zurück auf Burg Pottenstein.*

auf einen Fahrweg. Zurück im Wald verlassen wir den Fahrweg nach links auf einen Pfad. Wir überqueren eine Forststraße, folgen ihr wenig später 60 m. Die Markierung verlässt uns geradeaus. Wir biegen rechts auf einen unmarkierten Pfad ab, dann rechts auf eine weitere Forststraße. Bei nächster Gelegenheit gehen wir rechts auf einem schmäleren Weg weiter. Er bringt uns an Kletterfelsen vorbei ins **Püttlachtal**. Wir überqueren etwas nach links versetzt die B470 und den Fluss. Auf der Straße in Richtung Weidmannsgesees kommen wir an einem Campingplatz vorbei und schreiten durch die **Bärenschlucht ⑩**.

Kurz vor dem Ortsbeginn von Weidmannsgesees biegen wir links auf einen Fahrweg ab. Nach einer Zeltplatzwiese geht es in ein Wäldchen und dort bei erster Gelegenheit scharf rechts. Zurück in der Flur wird bei einer Bank ein etwas breiterer Feldweg erreicht. Wir halten uns an dieser Stelle rechts, 150 m später links. Zwischen Feldern wandern wir geradewegs nach **Rackersberg ⑪** hinein.

An der Ortsstraße gehen wir links, bei den letzten Häusern rechts auf einen Feldweg. Kurz vor der Kreisstraße BT26 biegen wir links auf einen Wiesenweg ab, im Wald an einem breiteren Weg abermals links. Wir verlassen diesen nach gut 100 m, um durch die Durchgangs-

*Den kleinen Abstecher zum Kühloch sollten wir uns nicht entgehen lassen.*

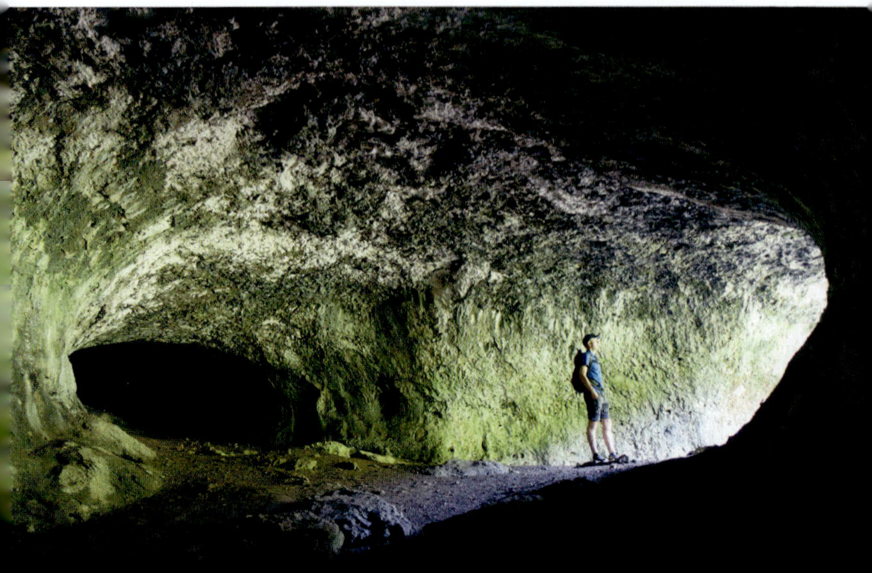

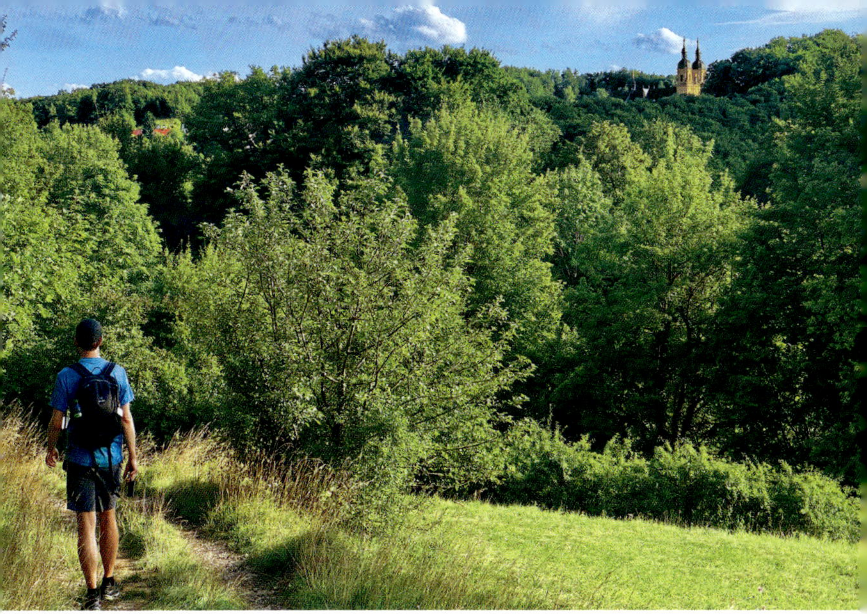

*Nicht mehr weit bis Gößweinstein, die Turmspitzen der Basilika sind bereits zu sehen.*

höhle **Pferdsloch** ⓬ zu gelangen. Zurück auf dem Weg lohnt wenige Minuten später der kleine Abstecher zum **Kühloch**. In der Halle der Höhle steht eine Bank, von der man nach außen ins Grüne blickt.

Nach dem Talgrund tauchen die ersten Häuser und Felsen von Tüchersfeld auf. Gleich am Ortsrand befindet sich zwischen der Feuerwehr und einem Wanderparkplatz der Einstieg in den »alpinen« Steig zum **Zeckenstein** ⓭. Der Pfad ist mittlerweile mit Treppen und Geländern so gut gesichert, dass fast niemandem die Aussicht auf das Felsendorf, das Püttlachtal und die bewaldeten Hänge verwehrt bleibt.

Wir kehren auf derselben Route zurück zum Wanderparkplatz, gehen hier rechts ortseinwärts und nach knapp 300 m rechts in die Straße Am Museum. Das **Fränkische-Schweiz-Museum** (siehe Tipp) wird passiert. Nach dem kleinen Zentrum von **Tüchersfeld** ⓮ überqueren wir die B470 und die Püttlach.

Wenig später geht es bei einer Kapelle rechts weiter. Bis nach Gößweinstein folgen wir dem Frankenweg. Die Markierung führt uns im Wald bergan, nach dem höchsten Punkt im offenen Gelände rechts weiter, unterhalb des Sieghardfelsens entlang und hinab zur Aussichtskanzel **Johannisburg** ⓯. Wir blicken auf das Wiesenttal, die Burg Gößweinstein und unfassbar viel Wald. Zu unseren Füßen, aber nicht sichtbar, mündet die Püttlach in die Wiesent, den Hauptfluss der Fränkischen Schweiz. Wir kommen an zwei weiteren Aussichtsfelsen vorbei, überqueren am Ortsbeginn von Gößweinstein die Straße nach Behringersmühle und gehen durch einen kleinen Park mit einer Kneipp-Anlage. Auf der Badangerstraße, der Straße An der Wagnershöhe und der Burgstraße gelangen wir bis vor die beeindruckende **Wallfahrtsbasilika**. Nach links ist es nur noch ein Katzensprung zur Bushaltestelle Gasthof zur Post in **Gößweinstein** ⓰.

# 18 Im Herzen der Fränkischen Schweiz

## Über Muggendorf und Ebermannstadt nach Wiesenthau

TOP

3 Tage | 52,1 km | ↗1790 m | ↘1960 m

***Vier von vielen: Riesenburg, Oswaldhöhle, Ruine Neideck, Walberla***

*Die Fränkische Schweiz macht alle froh – Kletterer, Radler, Motorradfahrer, Geologen, Speläologen, Botaniker, Mittelalterfans, Dampflokliebhaber, Kunsthistoriker, Bierkenner, Kanuten, Wallfahrer und uns Wandersleute ebenso. An den drei Tagen bekommen wir die typischen Landschaftselemente dieses Mittelgebirges zu Gesicht: idyllische Täler, bizarre Jurafelsen, Wälder mit mäandernden Bächen sowie Dörfer, in deren Umland kleinteilige Landwirtschaft betrieben wird. Darüber hinaus vergeht kaum ein Kilometer ohne landschaftliches, kulturhistorisches oder kulinarisches Highlight. Die Wallfahrtsbasilika in Gößweinstein (siehe Einleitung zu Wochenendtour 17), die Weiße Marter, die Versturzhöhle Riesenburg, die Raststation unter Obstbäumen in Engelhardsberg, der Weg durch die Oswaldhöhle, die Ruine Streiberg und die auf der anderen Seite des Wiesenttals thronende Ruine Neideck, der Schwanenbräu-Biergarten und der Wiesent-Garten in Ebermannstadt, der Schlüsselstein, der Pretzfelder Keller, die Sinterstufen bei Wannbach, die Moritzkapelle, das berühmte Walberla und andere mehr werden uns in Erinnerung bleiben. Wer also diese Klein- und Großodien nicht mit all den eingangs Genannten teilen möchte, meidet besser die Sommerferien und sonnige Sonntage.*

**Ausgangspunkt:** Gößweinstein, 449 m, Bushaltestelle Gasthof zur Post.
**Endpunkt:** Wiesenthau, 275 m, Bhf.
**ÖPNV:** Ebermannstadt und Wiesenthau liegen an der Bahnstrecke Forchheim–Ebermannstadt. Gößweinstein, Muggendorf und Pottenstein haben Busverbindungen mit den Bahnhöfen in Ebermannstadt und Pegnitz. Siehe zudem auch Seite 166 Tipp 1 zur Museumsbahn.
**Etappendaten:**
**1. Tag:** 5.00 Std., 14,9 km, ↑520 m, ↓650 m.
**2. Tag:** 4.30 Std., 14,4 km, ↑510 m, ↓530 m.
**3. Tag:** 7.00 Std., 22,7 km, ↑760 m, ↓780 m.

**Anforderungen:** Naturbelassene Pfade und Steige, breite Wege und Forststraßen. Kurze Passagen erfordern Trittsicherheit. Zahlreiche An- und Abstiege, darunter auch längere und steilere. Insgesamt mehr Schatten als offenes Gelände.
**Einkehr: 1. Tag: Gößweinstein:** Gasthof Zur Post, Mo Ruhetag, Balthasar-Neumann-Str. 10, www.zur-post-goessweinstein.de, Tel. +49 9242 278, €€€; Holzwurm Wirtshaus & Bar (auch vegan), Mo/Di Ruhetag, Mi–So ab 17 Uhr, Burgstr. 15, Tel. +49 9242 229. **Behringersmühle:** Behringers (mit Biergar-

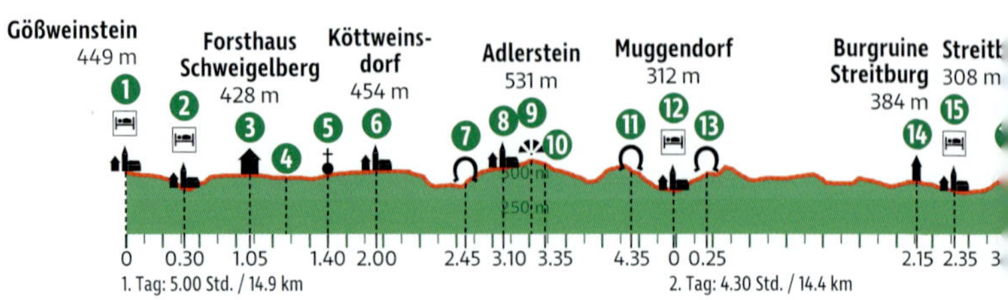

ten), tagungshotelbehringers.de, Tel. +49 9242 740030. **Forsthaus Schweigelberg** (Slow Food; mit Biergarten), meist nur Sa/So 12–17 Uhr, www.forsthaus-schweigelberg.de, Tel. +49 172 8120871. **Köttweinsdorf:** Mai Hof (mit Garten), Öffnungszeiten siehe www.mai-hof.de, Tel. +49 9202 353. **Engelhardsberg:** Raststation des Biohofs Beyer (Garten), Öffnungszeiten siehe www.biohof-beyer.de, Tel. +49 170 8062855. **Muggendorf:** Hotel Goldner Stern, Marktplatz 6, www.goldner-stern.de, Tel. +49 9196 92980; Brückla (mit Biergarten), Mo Ruhetag, Wiesentweg 18, Tel. +49 9196 998100.

**2. Tag: Streitberg:** Badcafe (mit Biergarten), Am Freibad 7, www.badcafe-streitberg.de, Tel. +49 160 3441000. **Ebermannstadt:** Hotel Sonne 29 (thailändische Küche, auch vegan), Di/Mi Ruhetag, Do–Mo ab 17 Uhr, Hauptstr. 29, sonne29.webnode.com, Tel. +49 9194 1655; Hotel Schwanenbräu (Brauereigaststätte), Mo–Fr ab 17 Uhr, Sa 9–21 Uhr, So 9–15 Uhr, Am Marktplatz 2, www.schwanenbraeu.de, Tel. +49 9194 209; Wiesent-Garten (Biergarten), Mo Ruhetag, Di–Sa ab 15 Uhr, So ab 14 Uhr, Am Kirchenwehr 10, www.wiesent-garten.de, Tel. +49 170 3529133; Schwanenbräu-Biergarten, Mo–Fr ab 17 Uhr, Sa/So ab 15 Uhr, Mühlenstr. 1, www.schwanenbraeu.de, Tel. +49 9194 209.

**3. Tag: Pretzfelder Keller** (800 m Abstecher; auch vegan; Biergarten), Mo–Fr ab 16 Uhr, Sa/So ab 11 Uhr, www.pretzfelderkeller.de, Tel. +49 157 3580 6352. **Wannbach:** Gasthof-Pension-Brennerei Mühlhäuser (mit Terrasse), Mi/Do Ruhetag, gasthof-muehlhaeuser.de, Tel. +49 9194 9253. **Hetzelsdorf:** Brauereigasthof Penning-Zeissler (mit Biergarten), Mo/Di Ruhetag, Mi–Fr ab 16 Uhr, Sa/So ab 11 Uhr, Tel. +49 9194 252. **Leutenbach:** Brauerei-Gasthof Drummer (mit Terrasse), Mo Ruhetag, Do/So nur mittags, Dorfstr. 10, www.brauerei-gasthof-drummer.de, Tel. +49 9199 403. **Schlaifhausen:** Ehrenbürg Gastronomie (auch vegan; mit Terrasse), Di Ruhetag, www.ehrenbuerg.com, Tel. +49 9199 696930. **Lindenkeller** (1 km Abstecher; Biergarten), Mo–Fr ab 16 Uhr, Sa/So ab 12 Uhr, lindenkeller.gasthaus-sponsel.de, Tel. +49 9191 94448. **Wiesenthau:** Biergarten Schloss Wiesenthau, Sa Ruhetag, Mo–Fr ab 17 Uhr, So ab 15 Uhr, Schloßplatz 1, Tel. +49 151 21174132; Gasthaus Zur Eisenbahn (mit Biergarten), Mo Ruhetag, Bahnhof 1, Tel. +49 9191 94750.

**Übernachtung: 1. Tag: Gößweinstein:** Gasthof Zur Post (€€€); Gästehaus Jutta (€€), Karl-Brückner-Str. 4, www.hausjutta.de, Tel. +49 9242 7409892; Gasthof Schönblick (€€€), August-Sieghardt-Str. 8, www.schoenblick-goessweinstein.de, Tel. +49 9242 377. **Behringersmühle:** Behringers (€€€). **Muggendorf:** Hotel Feiler (€€€), Oberer Markt 4, www.hotel-feiler.de, Tel. +49 163 8636102; Hotel Goldner Stern (€€€).

**2. Tag: Streitberg:** Schwarzer Adler, Dorfplatz 7, Tel. +49 9196 929490 (€€). **Rothenbühl:** Campingplatz Bieger (€), www.campingplatz-bieger.de, Tel. +49 9194 9534. **Ebermannstadt:** Hotel Sonne 29 (€€€); Hotel Schwanenbräu (€€€).

**3. Tag: Wannbach:** Gasthof-Pension-Brennerei Mühlhäuser (€€). **Leutenbach:** Brauerei-Gasthof Drummer (€€).

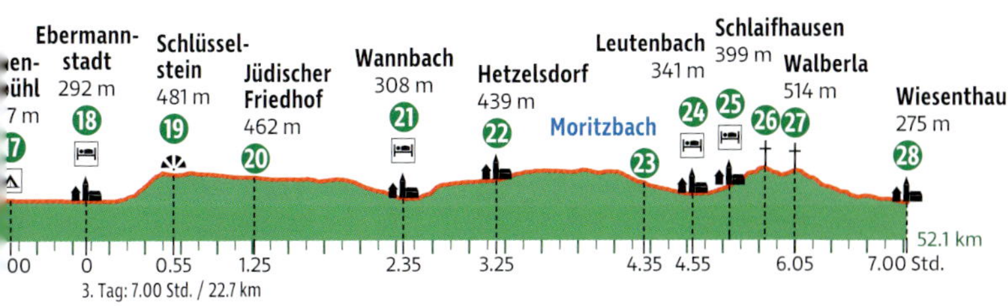

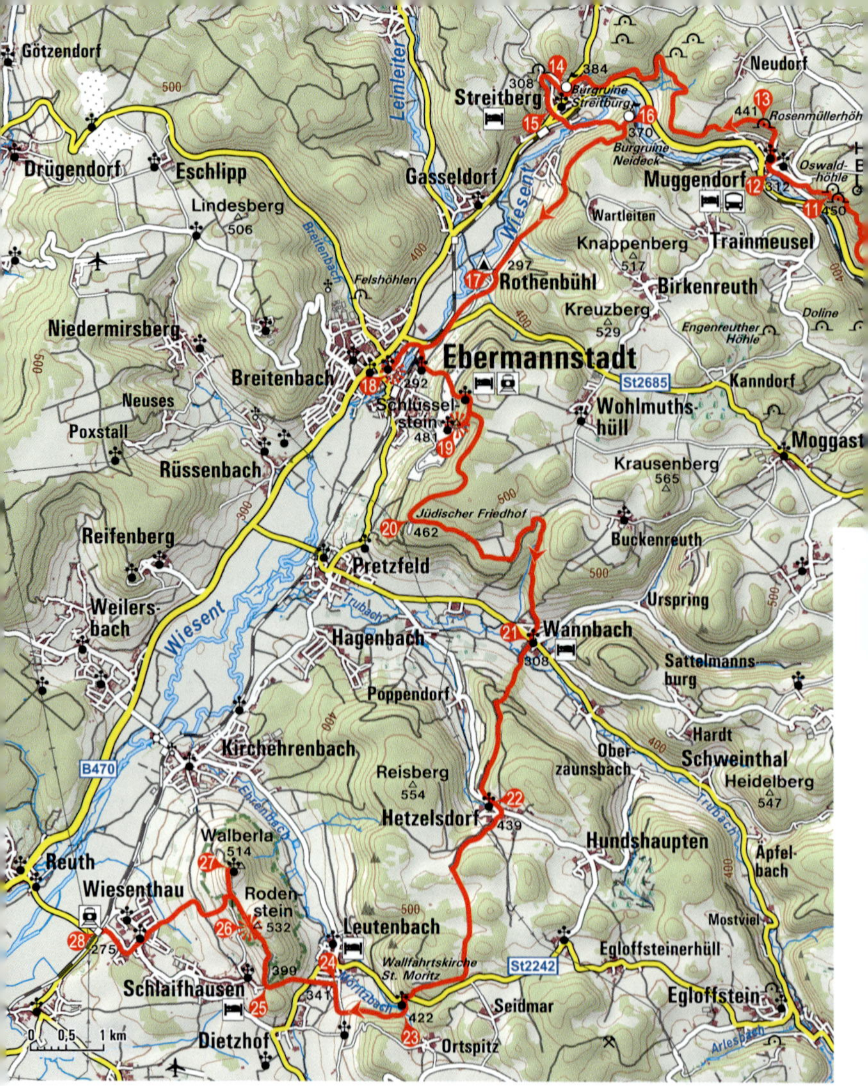


**Schlaifhausen:** Ehrenbürg Gastronomie (€€€).
**Einkauf:** Supermarkt und Bäckerei in Gößweinstein, Tante-Emma-Laden in Muggendorf und Streitberg, Supermarkt und Bäckerei in Ebermannstadt, Tante-Emma-Laden in Wiesenthau.
**Information:** **Gößweinstein:** Tourist-Info, Burgstr. 6, www.ferienzentrum-goessweinstein.de, Tel. +49 9242 456. **Muggendorf:** Touristinformation, Forchheimer Str. 8, www.wiesenttal.de, Tel. +49 9196 929931. **Ebermannstadt:** Touristinformation, Bahnhofstr. 5, tourismus.ebermannstadt.de, Tel. +49 9194 50640.
**Tipps:** 1. Besonders originell ist eine Anreise mit der Museumsbahn. Von Anfang Mai bis Ende Oktober fahren an Sonn- und Feiertagen historische, mit einer Dampf- oder Diesellok betriebene Züge von Ebermannstadt durchs Wiesenttal nach Behringersmühle (Infos und Fahrpläne auf www.dampfbahn.net). Sie können entwe-

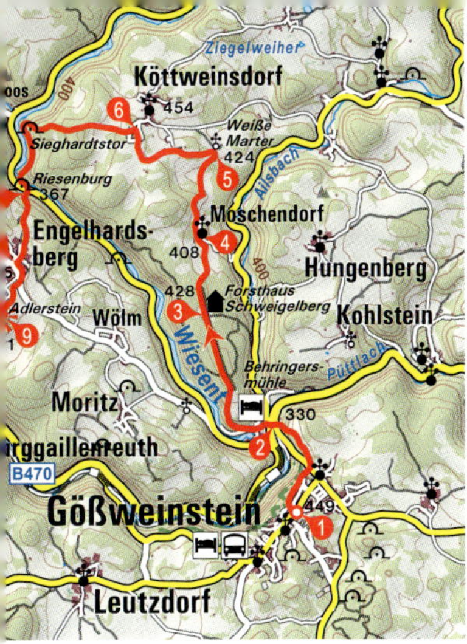




der bei Behringersmühle in die erste Etappe einsteigen oder in 40 Min. zum Start in Gößweinstein aufsteigen.

**1. Tag (Gößweinstein – Muggendorf):**

Nach dem obligatorischen Besuch der Wallfahrtsbasilika schreiten wir von der Bushaltestelle »Gasthof zur Post« in **Gößweinstein ❶** auf der Behringersmühler Straße ein paar Schritte abwärts und biegen dann links in die Badangerstraße ab. Vor dem Hotel Stempferhof gehen wir nach rechts auf einem Weg durch einen kleinen Park mit einer Kneipp-Anlage. Die Straße von Gößweinstein nach Behringsmühle wird überquert. An einem Parkplatz und beim Wertstoffhof betreten wir die Karl-Brückner-Anlage. Der Steig führt uns an zahlreichen Felsen vorbei. Von drei Aussichtsplattformen schaut man ins Wiesenttal, auf die bewaldeten Hänge und zur Burg Gößweinstein. Nach kurzem steilen Abstieg gelangen wir auf der zuvor überquerten Straße nach **Behringersmühle ❷**.

2. Abkühlung gefällig? Das Höhenschwimmbad in Gößweinstein (www.goessweinstein.de unter »Leben & Wohnen – Infothek«), das Familien- und Flussschwimmbad in Streitberg (www.familienschwimmbad.de) und das EbserMare in Ebermannstadt (www.ebsermare.de) geben in schöner Umgebung Gelegenheit dazu. 3. In Muggendorf, Streitberg und Wiesenthau gibt es noch Dorf- bzw. Tante-Emma-Läden. Sie sind wichtig fürs Dorfleben, ein Beitrag zum Umweltschutz und eine Art Infobüro.

**Verlängerung:** Machen Sie erst Wochenendtour 17 und danach diese hier.

**Karte:** 171 Südliche Fränkische Schweiz (Kompass, 1:50.000, 2021) oder UK50-11 Naturpark Fränkische Schweiz, Veldensteiner Forst – südlicher Teil (Landesamt für Digitalisierung, Breitband und Vermessung Bayern, 1:50.000, 2018).

Wir gehen auf einem Steg über die Püttlach (ein Stück weiter mündet sie in die Wiesent), dann vorsichtig über die B470 und geradeaus neben der Straße in Richtung Oberailsfeld weiter, die wir aber gleich wieder links verlassen. An der Hauptstraße gelangen wir geradeaus, d. h.,leicht nach rechts versetzt zu den Weg-

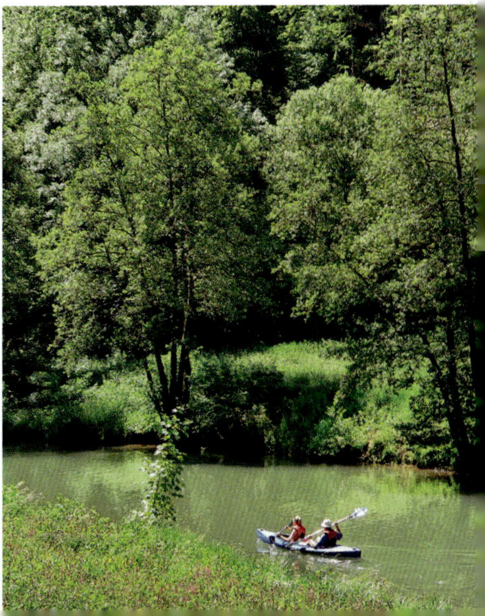

*Die Wiesent ist auch bei Kanutinnen und Kanuten beliebt.*

weisern. Mit der »Gelben Raute« verlassen wir den Ort und wandern im Wald am Hang empor. Auf der Höhe geht es über eine Wiese, danach wieder schattig zum lauschig gelegenen **Forsthaus Schweigelberg ❸**.
Wir wechseln nun zur Markierung »Gelbes Kreuz«. Sie führt uns in Wald und Flur über **Moschendorf ❹** zur **Weißen Marter ❺**. Die Bildsäule von 1767 zeigt über einem Rokoko-Unterbau die Krönung Mariens durch die Dreifaltigkeit.
Hier gehen wir links, nun wieder mit der »Gelben Raute« weiter. Nach knapp 1 km gelangen wir bei einem Flurkreuz an einen etwas breiteren Feldweg, dem wir nach rechts ohne Markierung folgen. Auf Asphalt wandern wir nach **Köttweinsdorf ❻** hinein. Wer im schönen Garten des Gasthauses Maihof rasten möchte, wählt geradeaus den Privatweg.
Unsere Route hingegen biegt links ab. Das Wegzeichen »Rotes und weißes Dreieck« leitet uns aus Köttweinsdorf hinaus, durch offenes Gelände und im Wald bald steil abwärts ins Wiesenttal. Wir halten uns links und bleiben 600 m auf dem schattigen Weg etwas oberhalb des Flusses. Die Markierung verabschiedet sich. Wir überqueren auf einem Steg die Wiesent, folgen ein Stück der Talstraße und steigen auf Stufen zur **Riesenburg ❼** empor. Der Wanderweg führt direkt durch die spektakuläre Versturzhöhle, die als eines der 100 schönsten Geotope Bayerns ausgezeichnet wurde. Wir orientieren uns bis zum Adlerstein an der Markierung »Gelber Ring«. Nach der Riesenburg geht es weiter empor, am einladenden Gastgarten des Biohofs Beyer vorbei und an die Ortsdurchgangsstraße in **Engelhardsberg ❽**.
Wir halten uns links, bei den letzten Häusern rechts und nach 200 m wieder links. Nach einem kleinen Wanderparkplatz geht es rechts zum nahen **Adlerstein ❾**. Er kann über eine Eisenleiter bestiegen werden und ist mit 531 m der zweithöchste Punkt dieser Dreitagestour (nur der Rodenstein ist 70 cm höher). Der Blick reicht bis ins Fichtelgebirge.
Es folgt ein langer Abschnitt im Wald. Bis zur Oswaldhöhle achten wir gut auf die Markierung »Roter senkrechter Balken« des Heinrich-Uhl-Wegs. Zunächst kommen wir am **Quackenschloss ❿** vorbei. Das geschützte Naturdenkmal ist sowohl ein Kletterfelsen als auch der Rest eines sehr alten Höhlensystems, das noch auf 18 Metern begangen werden kann.
Danach wandern wir auf schönen Waldwegen 120 Höhenmeter bergab und wieder 120 Höhenmeter steil bergan. Etwa am höchsten Punkt wäre es rechts ein Katzensprung zum Hohlen Berg (auch Hohes Kreuz

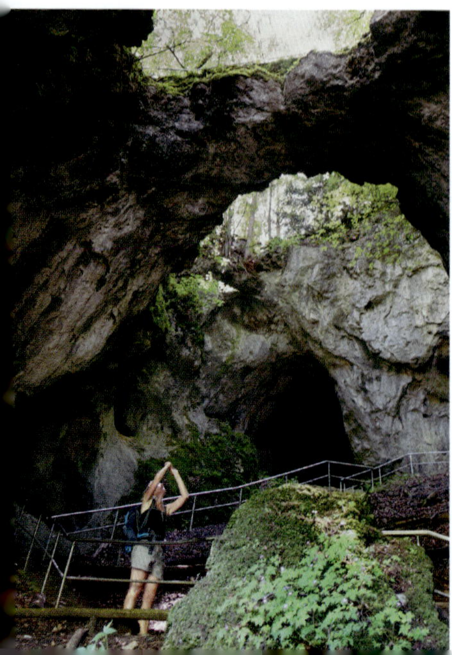

*Die Route führt uns direkt durch die Karsthöhlenruine Riesenburg.*

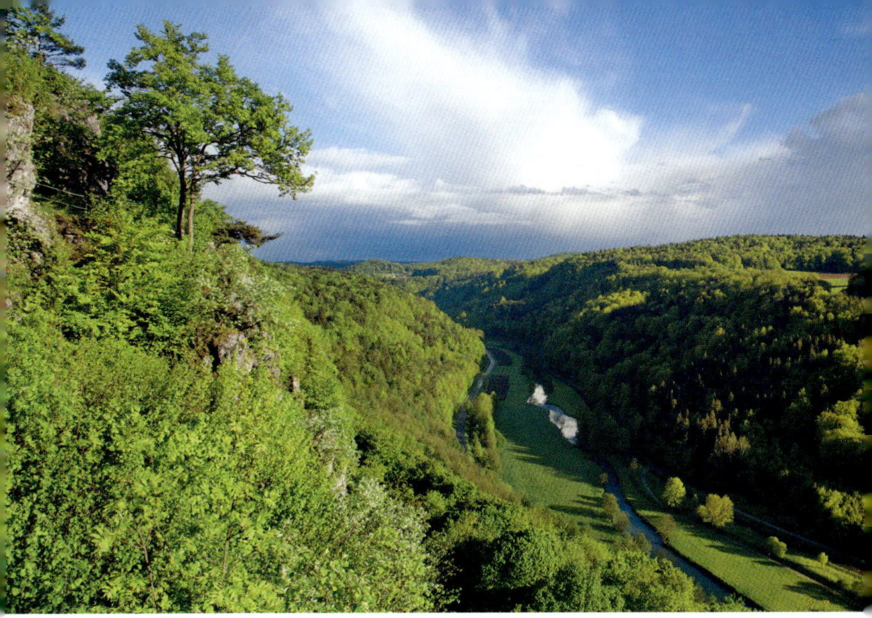

*Vor Muggendorf haben wir von den Felsen prächtige Ausblicke ins Wiesenttal.*

genannt), auf dem ein Aussichtsturm steht und wo die Doktorshöhle erkundet werden kann. 200 m später geht es links auf Stufen hinab und in die dunkle **Oswaldhöhle ⓫** hinein! Erst nach ein paar Schritten (Obacht, sie ist an der niedrigsten Stelle nur 1,5 Meter hoch) ist der Ausgang der 65 Meter langen Durchgangshöhle zu sehen.

Wieder unter freiem Himmel halten wir uns links. Von Aussichtsfelsen am Wegesrand hat man einen tollen Blick aufs Wiesenttal. Der »Rote senkrechte Balken« verschwindet nach rechts, wir steigen links talwärts. Bei den ersten Häusern kommen wir an eine Straße, die uns zum Marktplatz in **Muggendorf ⓬** bringt.

**2. Tag (Muggendorf – Ebermannstadt):**

Vom Marktplatz in **Muggendorf ⓬** gehen wir auf der Straße Oberer Markt vom Tal weg und biegen links in die Straße Schmiedsberg ab. Im steilen Anstieg geht es zunächst aus dem Ort hinaus, dann unasphaltiert bis an den querenden Frankenweg. Wir folgen dem Fernwanderweg nach links, verlassen ihn aber nach ein paar Schritten geradeaus, um der 200 m entfernten **Rosenmüllerhöhle ⓭** einen Besuch abzustatten. Ihr ansteigender Hauptraum ist 15 Meter hoch und 112 Meter lang. Viele der Tropfsteingebilde wurden gestohlen, seit die ehemalige Schauhöhle jederzeit zugänglich ist. An seltenen Tagen brennen in den Haltern Kerzen, was die Halle romantisch beleuchtet.

Auf demselben Weg zurück zum Frankenweg, dem wir nun links folgen. Die zuverlässig gesetzten Schildchen lotsen uns die nächsten 6 km mit einigen An- und Abstiegen durch den Wald. Immer wieder führen Pfade an die nahe Abbruchkante. Von den Felsen öffnen sich weite Ausblicke über das Wiesenttal und darüber hinaus, Bänke laden zum Rasten ein. Am Ortsrand von Streitberg gelangen wir auf der ehemaligen Kurpromenade mit schönem

## Wasser, ein genialer Baumeister

**Sinterstufen**, auch Sinterterrassen, Kalksinterterrassen und Kalktuffkaskaden genannt, sind ein seltenes Naturphänomen, bei dem das Wasser als Baumeister fungiert. Sie können nur dort entstehen, wo sehr kalkhaltiges Wasser fließt. Kohlendioxidreiches Regenwasser sickert zunächst durch das Kalkgestein und löst einen Teil des Kalks heraus. Danach tritt das kalkhaltige Wasser in Form von Quellen wieder zutage. An der Oberfläche entweicht nun das Kohlenstoffdioxid durch Verdunstung und durch die Fotosynthese der Moose und anderer Pflanzen im Bachbett. Dadurch fällt der Kalk aus und umschließt die Pflanzen sowie herabgefallene Blätter und Zweige. Im Laufe der Jahrhunderte entstehen so **stufenartige Kalkgebilde** und **kleine Wasserfälle**. Die Sinterstufen sind trittempfindlich, das dazugehörige Ökosystem mit seiner speziellen Fauna und Flora gilt als äußerst sensibel. Auf dieser Wochenendtour gehen wir dreimal neben Bächen mit Sinterstufen bergab: auf der zweiten Etappe am **Wedenbach** in Streitberg und auf der dritten Etappe zunächst am **Weißenbach** im Abstieg nach Wannbach und dann am **Moritzbach** kurz nach der Kapelle St. Moritz. Das schöne Naturschauspiel ist kaum zu übersehen und wird auf Tafeln erläutert. Die bekanntesten Sinterstufen in Franken sind die an der Lillach bei Gräfenberg. Weitaus berühmter freilich sind die vom Pamukkale in der Türkei und die der Plitvicer Seen in Kroatien. Ein ähnliches Phänomen sind steinerne Rinnen. Hierbei erhebt sich das Bett eines Rinnsals oder Bachs durch Kalkabscheidung auf bis zu fünf Meter.

Baumbestand an den imposanten Kletterfelsen **Glatte Wand**. Hier befinden sich auch die Höhle Schneiderloch, die Muschelquelle, eine Kneipp-Anlage, ein Picknickplatz und ein Spielplatz. Nach dem Felsen biegen wir halbrechts auf einen schmäleren Weg ab. Die St2186 wird etwas nach links versetzt überschritten. Oben geht es nach links auf dem Sträßchen Streitburg weiter. Der Abstecher nach links zur **Burgruine Streitburg ⑭** lohnt wegen des Ausblicks auf Streitberg, zur Ruine Neideck auf der gegenüberliegenden Talseite und bis zum Walberla.

Das Sträßchen mündet in die Straße Schauertal, an der wir uns rechts halten. Wir verlassen sie 60 m später nach links – es sei denn, Sie wollen sich die schönen Tropfsteingebilde der **Binghöhle** anschauen (Di–So 10–17 Uhr, www.binghoehle.de, Tel. +49 157 3840 0496 oder +49 9196 929931).

Wir gehen am **Wedenbach** mit seinen interessanten Sinterstufen talwärts. Dann verabschiedet sich der Frankenweg nach rechts in den Wald. Wir wenden uns nach links und an der Straße Schauertal nach rechts in das nahe, kleine Ortszentrum von **Streitberg ⑮**.

Wir behalten die Richtung bei und überqueren an einer Ampel die B470, dann an einem Übergang das Bahngleis und auf einer Brücke die Wiesent. Ein Sträßchen führt uns nach links an einen großen Parkplatz und zum **Familienschwimmbad Streitberg** mit dem Badcafe.

Hier geht es rechts in den Wald hinein und recht steil bergan, bis nach 400 m ein breiter, fast ebener Weg erreicht wird. Wir halten uns links, wenig später abermals links und kommen zur **Burgruine Neideck ⑯**. Sie steht auf einer vorspringenden Felsnase und ist ein Wahrzeichen der Fränkischen Schweiz. Der mächtige Wohnturm dient als Aussichtspunkt. Wir kehren an den breiten Weg zurück und folgen nun dem »Roten

Kreuz« des Leo-Jobst-Wegs in südöstliche Richtung. Die Markierung führt uns zunächst am bewaldeten Hang entlang, dann in zwei Abstiegen hinab an eine Landstraße im Tal. Auf ihr gehen wir nach **Rothenbühl ⑰** hinein.

Nach den letzten Häusern halten wir uns rechts auf das Freibad EbserMare zu und gleich wieder links. Das »Rote Kreuz« ist verschwunden, die Markierung »Roter Punkt« leitet uns bis ans Tagesziel. Wir wandern über Wiesengelände, dann zwischen dem Fluss und dem Bahngleis. Im **Biergarten** der **Brauerei Schwanenbräu** (siehe auch Wochenendtour 7, Kasten Seite 75) können die trockenen Kehlen befeuchtet werden.

Wir gehen an der St2685 über die Wiesent und links auf einem Weg am Fluss entlang. Nach einer Rechtskurve an der Straße Oberes Tor links. Sie führt uns am historischen Wasserschöpfrad über den nördlichen Flussarm und in die Altstadt von **Ebermannstadt ⑱**. Sehenswert sind die altfränkischen Fachwerkhäuser um den Marktplatz herum und in der Hauptstraße, die Marienkapelle aus dem 14. Jh. mit überraschender Barockausstattung sowie die beiden Scheunenviertel (das Obere Scheunenviertel liegt auf der nächsten Etappe, das Untere Scheunenviertel befindet sich östlich der Altstadt in den Straßen Am Kirchenwehr und In der Peunt).

**3. Tag (Ebermannstadt – Wiesenthau):**

Vom Marktplatz in **Ebermannstadt ⑱** geht es auf bekannter Route zurück zur Brauerei Schwanenbräu und geradeaus auf der Mühlenstraße ins Obere Scheunenviertel. Auf Höhe des mindestens bis 2023 gesperrten Sägmühlstegs biegen wir links ab. Die Markierung »Blauer Punkt« führt uns aus Ebermannstadt hinaus, durch den Stadtpark, an der Erlachkapelle vorbei, in den Wald und in einem steilen Anstieg mit Kreuzwegstationen zur Kreuzbergkapelle. Wenige Schritte später halten wir uns rechts. Nach 200 m wird eine Wegkreuzung erreicht. Der »Blaue Punkt« verlässt uns hier. Wir besuchen geradeaus den Aussichtsfelsen **Schlüsselstein ⑲**, kehren dann an die Kreuzung zurück und wählen den Weg nach rechts. Die Markierung »Senkrechter blauer Strich« des Franz-Josef-Kaiser-Wegs leitet uns die nächsten 2 km durch den Wald bis an eine Forststraße unweit des **Jüdischen Friedhofs ⑳**. Den Abstecher hinab zum Pretzfelder Keller (siehe Einkehr) kann ich empfehlen.

Wir aber passieren den Friedhof und wandern auf dem Pretzfelder Kirschenweg zum Aussichtspunkt Dietrichstein, dann am **Weißenbach** mit seinen Sinterstufen abwärts und

*Im Wedenbach in Streitberg haben sich Sinterstufen gebildet.*

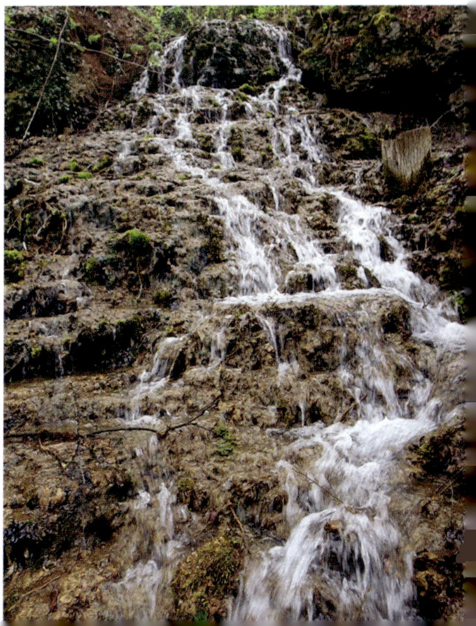

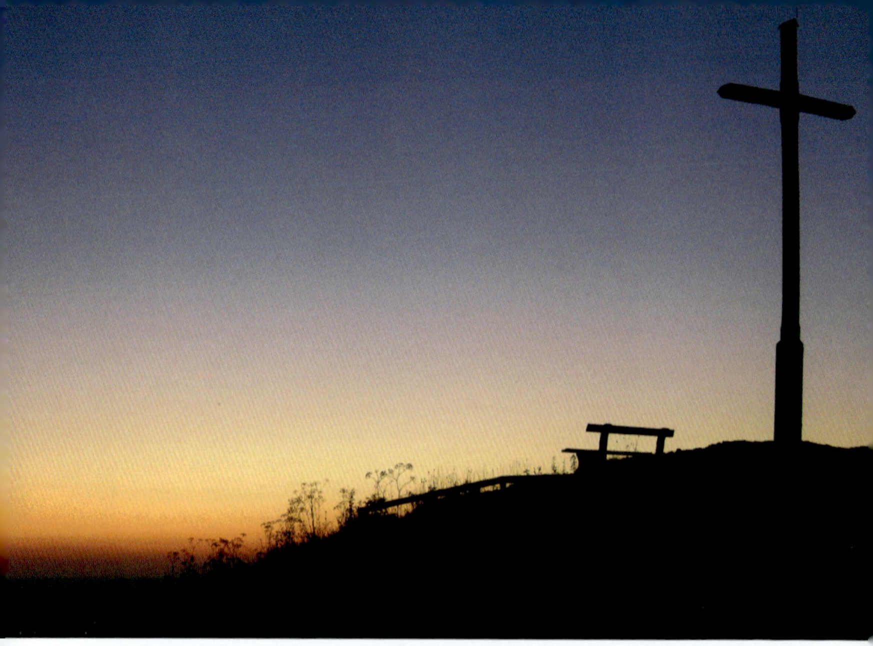

*Tipp: Den Sonnenuntergang vom Rodenstein oder auch vom Walberla erleben.*

schließlich zwischen Obstgärten nach **Wannbach** ㉑ im Trubachtal.

An der Durchgangsstraße links und vor der Kirche gleich wieder rechts in einen Fahrweg ohne Markierungen. Wir passieren einen Bolzplatz, überqueren mit der »Roten Raute« die Trubach und gehen geradeaus in den Wald. Die Markierung führt uns hinauf nach **Hetzelsdorf** ㉒.

Wir bleiben nach dem Brauereigasthof und der Kirche noch 150 m auf der Ortsstraße, biegen dann rechts ab und gelangen auf eine Hochfläche mit Feldern, Wiesen und Obstplantagen. Unser Fahrweg gabelt sich. Wir wählen die linke Option. Das Wegzeichen »Rote Raute« verlässt uns hier geradeaus. Bei nächster Gelegenheit links. Knapp 600 m danach wandern wir leicht rechts auf einem etwas schmäleren Weg in ein Waldstück hinein. Nach dem Wald geht es geradeaus weiter. Die Markierung »Grüner Schrägstrich« führt nun durch Feld und Wald bis über die St2242 und zur **Wallfahrtskirche St. Moritz**. Wir passieren das gotische Bauwerk – nun bis Schlaifhausen auf das »Gelbe Kreuz« achtend – und gelangen an den oberen Rand der Sinterstufen des **Moritzbachs** ㉓.

Am Bach entlang, dann mit prächtiger Aussicht auf die Ehrenbürg und das Ehrenbachtal gelangen wir an eine Straße, die uns rechts nach **Leutenbach** ㉔ führt. Wer durstig oder unterhopft ist, behält die Richtung bei. Ansonsten folgen wir der Markierung nach links in die Straße Rosenau, gehen nach links versetzt über die St2242 und bergauf zu einem Wanderparkplatz am Ortsrand von **Schlaifhausen** ㉕.

Wir steigen weiter an, bis wir am Gipfelkreuz des **Rodensteins** ㉖, 532 m, den höchsten Punkt und ein weiteres Highlight dieser dreitägigen Wanderung erreichen. Danach geht es hinab in die Senke der Ehrenbürg und wieder himmelwärts bis aufs **Walberla** ㉗, 514 m.

## Früher bei den Kelten, heute allseits beliebt

Die **Ehrenbürg** ist ein markanter Zeugenberg im Vorland der Fränkischen Schweiz und besteht aus dem 532 m hohen **Rodenstein** und dem 514 m hohen **Walberla**. Im Volksmund wird der Begriff »Walberla« für die gesamte Ehrenbürg verwendet. Von den zahlreichen Aussichtspunkten blickt man ins Regnitz-, Wiesent- und Ehrenbachtal. Neben den umliegenden Gemeinden sind Forchheim, der Bamberger Dom und die Hochhäuser von Erlangen zu erkennen.

Die Ehrenbürg steht unter **Naturschutz**; die hier oben anzutreffende Fauna und Flora – zum Beispiel die 83 Schmetterlings- und 15 Orchideenarten – auf den Halbtrocken- und Trockenrasen, in den Gebüschen und an den Felstürmen gelten als gefährdet.

Seit der **Jungsteinzeit** vor rund 6000 Jahren ist eine Besiedlung der Ehrenbürg durch Funde belegt. Um 520 v. Chr. siedelten sich die Kelten an. Damals sollen rund 5000 Menschen auf dem Bergplateau gelebt haben. Ein Teil des keltischen Ringwalls ist heute in der Mulde zwischen den beiden Gipfeln als Rekonstruktion zu sehen.

Im 17. Jh. wurde auf dem Walberla die katholische **Walburgis-Kapelle** errichtet, die für den Berg namensgebend ist. Am ersten Wochenende im Mai findet hier für gewöhnlich das **Walberlafest** statt. Es lockt Zigtausende an und ist aus ökologischer Sicht umstritten.

Zurück in der Senke halten wir uns rechts und wandern mit der Markierung »Blauer Schrägstrich« zwischen Streuobstwiesen bergab und auf der Ehrenbürgstraße bis an die Hauptstraße in Wiesenthau. Wenn Sie noch zum Lindenkeller wollen, gehen Sie hier rechts, nach 250 m rechts in einen Feldweg und dann gut 750 m geradeaus. Der »Blaue Schrägstrich« führt uns an der Hauptstraße nach links, vor der Kirche rechts in die Weiherstraße und auf dieser zum Bahnhof **Wiesenthau** ㉘.

*Den Rodenstein im Rücken, das Walberla vor Augen.*

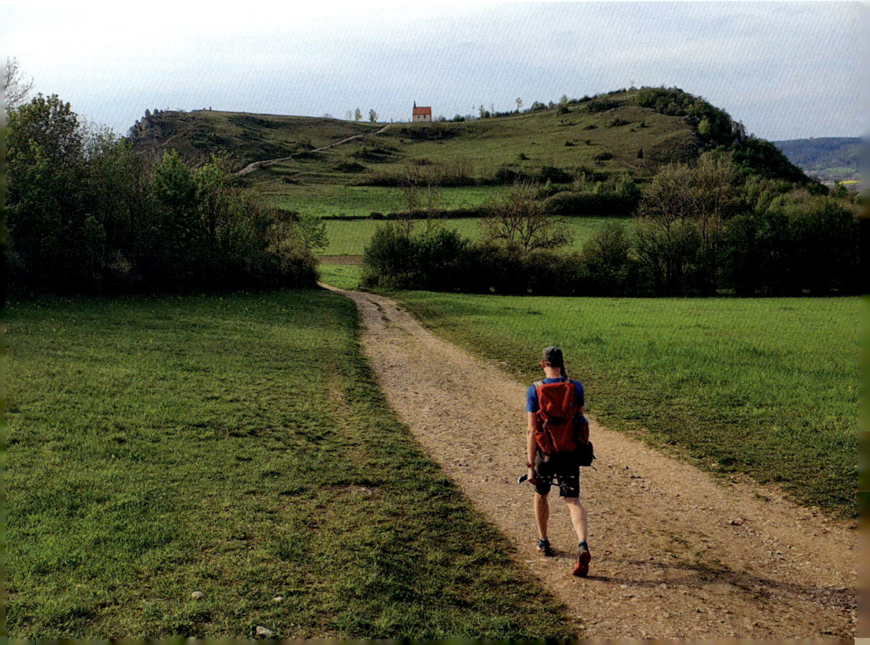

# 19 Auf dem Frankenalb-Panoramaweg

## Von Happurg über den Hohlen Fels zur Ruine Lichtenegg

TOP | 3 Tage | 58,1 km | ↗1670 m | ↘1650 m

***Naturbelassene Pfade, schöne Ausblicke, alte Kulturrelikte***

*Der Happurger Stausee liegt malerisch eingebettet zwischen den bewaldeten Bergen der südlichen Hersbrucker Schweiz. Wir bekommen ihn an allen drei Tagen zu Gesicht. Langeweile kommt trotzdem nicht auf. Unsere Route verläuft auf schönen Waldpfaden und Wiesenwegen und ist sehr abwechslungsreich. Ständig gibt es etwas zu sehen und entdecken: das beschauliche Kainsbachtal, die Kapellenruine St. Ottmar und St. Ottilien aus dem 15. Jh., eine steinerne Rinne, den sogenannten Jungfernsprung, die Houbirg mit ihrer spektakulären Felswand und dem keltischen Ringwall, die Felsenlandschaft Johannesburg, die Burgruine Lichtenegg, dazu Fauna und Flora en masse. Kein Wunder, dass der Frankenalb-Panoramaweg, an dessen Markierungen (»Senkrechter roten Balken auf gelbem Grund«) wir uns die meiste Zeit halten, als »Qualitätsweg Wanderbares Deutschland« ausgezeichnet ist.*

**Ausgangspunkt:** Happurg, 351 m, Bhf.
**Endpunkt:** Hartmannshof, 376 m, Bhf.
**ÖPNV:** Happurg und Hartmannshof liegen an der S-Bahn-Linie S1 Nürnberg–Hartmannshof. In Hartmannshof halten außerdem die Züge der Bahnstrecke Nürnberg–Schwandorf. Kucha, Egensbach und Engelthal haben eingeschränkte Busverbindungen (teilweise als Rufbusse, für die man sich anmelden muss) mit dem Bahnhof Henfenfeld und Hersbruck.
**Etappendaten:**
**1. Tag:** 5.45 Std., 20 km, ↑540 m, ↓480 m.
**2. Tag:** 6.00 Std., 20,3 km, ↑560 m, ↓620 m.
**3. Tag:** 5.30 Std., 17,8 km, ↑570 m, ↓550 m.
**Anforderungen:** Naturbelassene Pfade, Feldwege und befestigte Waldstraßen. Offene und schattige Passagen wechseln sich ab. Auf der dritten Etappe ist auf der Felsengruppe Hohler Fels Vorsicht geboten, es geht tief hinab. Zahlreiche An- und Abstiege, darunter auch etwas längere.
**Einkehr: 1. Tag: Happurg:** Glücksmühle (auch vegan; mit Biergarten), Mo–Fr 16–22 Uhr, Sa/So 10–22 Uhr, Obere Mühlstr. 3, www.gluecksmuehle.com, Tel. +49 151 17455408; Café & Restaurant Seeterrassen (mit Außenbereich), Öffnungszeiten siehe www.seeterrassen.com, Seepromenade 1, Tel. +49 9151 817441. **Kainsbach:** Hotel Kainsbacher Mühle (auch vegan; mit Terrasse), Öffnungszeiten siehe www.kainsbacher-muehle.de, Mühlgasse 1, Tel. +49 9151 7280. **Kucha:** Grüner Baum, Mo/Di Ruhetag, Do nur mittags, www.gruener-baum-kucha.de, Tel. +49 9158 230. **Egensbach:** Landgasthaus Zum stillen Bächlein (auch vegan; mit Biergarten), Öffnungszeiten siehe www.stilles-baechlein.de, Tel. +49 9158 278.
**2. Tag: Engelthal:** Landgasthof Weißes Lamm (auch vegan), Mo/Di/Fr nur abends, Do nur mittags, Mi/Sa/So ganztags, Hauptstr. 24, www.hotel-weisseslamm.de, Tel. +49 9158 929990. **Deckersberg:** Edelweißhütte (1,3 km westlich des Orts, mit Biergarten), meist nur Fr–So, gaststaette-edelweisshuette.de, Tel. +49 9151 8398804 oder +49 170 2738753. **Happurg:** siehe 1. Tag.
**3. Tag: Haunritz:** Zum alten Fritz (mit Biergarten), Di Ruhetag, Mo 8–15 Uhr, Mi–So 8–22 Uhr, Hauptstr. 41, www.alter-fritz-haunritz.de, Tel. +49 9154 4700. **Hartmannshof:** Osteria Pizza e Pasta Lucia & Lory (auch vegan), Mo Ruhetag, Bahnhofstr. 7 a, Tel. +49 9154 9153757.

**Übernachtung: 1. Tag: Happurg:** Gästehaus Café Ruff (€€€), Höhenweg 29, www.hotel-ruff.de, Tel. +49 9151 4423. **Kainsbach:** Hotel Kainsbacher Mühle (€€€). **Egensbach:** Landgasthaus Zum stillen Bächlein (€€).
**2. Tag: Engelthal:** Landgasthof Weißes Lamm (€€€). **Happurg:** siehe 1. Tag.
**3. Tag: Haunritz:** Zum alten Fritz (€€€).
**Einkauf:** Bäckerei in Happurg, Tante-Emma-Laden und Bäckerei in Engelthal, Supermarkt und Bäckerei in Hartmannshof.
**Information: Hersbruck:** Touristinformation, Unterer Markt 2, hersbruck.de, Tel. +49 9151 735401.
**Tipps:** 1. Am ersten Tag passieren wir in Kucha die Kaffeewerkstatt Kucha. Inhaber Markus Gaibl röstet und verkauft mit viel Herzblut und Können biologisch angebaute, fair gehandelte Kaffeebohnen (Fr 16–18 Uhr und nach Vereinbarung, www.kaffeewerkstattkucha.de, Tel. +49 1590 3768159).
2. Am zweiten Tag lohnt der Abstecher (4,8 km, 1.15 Std., je 110 Hm im Auf- und Abstieg) von Deckersberg zum Arzbergturm, vom dem man einen schönen Panoramablick auf die Hersbrucker Schweiz und darüber hinaus hat. Den Schlüssel gibt es auf dem Weg dorthin in der Edelweißhütte (siehe Einkehr).

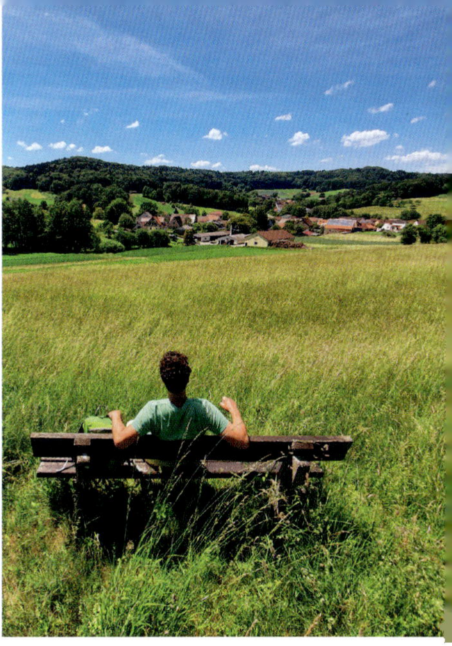

*Blick auf Kucha und die umliegenden Hügel.*

**Verlängerung:** Der Start von Wochenendtour 20 ist in 3 Minuten mit der S-Bahn-Linie S1 zu erreichen.
**Karte:** 163 Nürnberg und Umgebung (Kompass, 1:50.000, 2021) oder UK50-18 Nürnberger Land, Frankenalb (Landesamt für Digitalisierung, Breitband und Vermessung Bayern, 1:50.000, 2018).

**1. Tag (Happurg – Egensbach):**
Am Bahnhof **Happurg ❶** gehen wir auf der Hohenstädter Straße nach Süden, also in Richtung Ort. Wir orientieren uns auf den ersten 4 km an der Markierung »Rotes Kreuz«. Im Ort nicht dem Straßenverlauf nach rechts folgen, sondern die Richtung beibehalten. Wir passieren die Glücksmühle mit ihrem schönen Biergarten und erreichen den **Happurger Stausee ❷**.
Wir wandern am See entlang bis an dessen südliches Ende. Hier gilt es aufzupassen. Das »Rote Kreuz« führt uns links auf einen Wiesenpfad vom Ufer weg, über die St2236 und auf einem breiten Weg in den Wald hinein. Nach dem **KZ-Mahnmal Förrenbach** geht es bergauf. Wir stoßen auf die Markierung »Senkrechter roter Balken auf gelben Grund« des Frankenalb-Panoramawegs, der wir jetzt nach rechts und auch bis Lichtenegg auf der dritten Etappe folgen. Nach dem höchsten Punkt geht es in **Reicheneck ❸** auf einem Fahrweg bergab.
In der ersten Kurve kann man rechts einen Blick auf das ehemalige äußere Torhaus und Mauerreste der Burg Reicheneck werfen. Bald darauf steigen wir auf einem schmäleren Weg weiter talwärts.

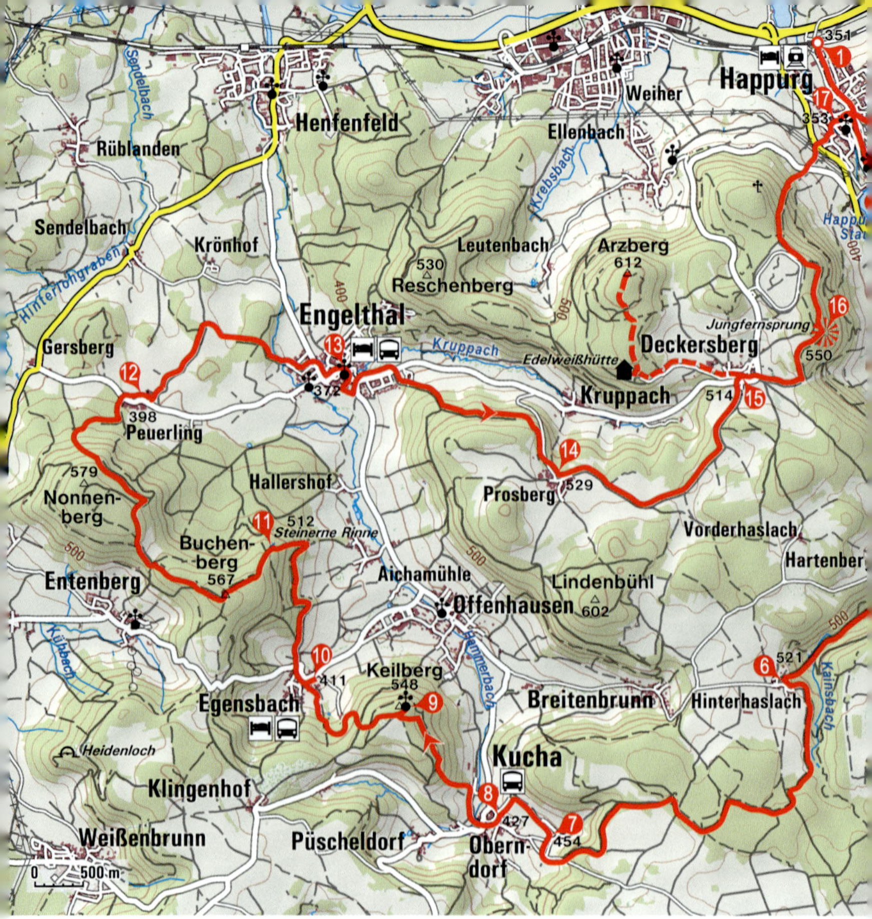


In **Kainsbach** ❹ halten wir uns an der Ortsdurchgangsstraße links und bei nächster Gelegenheit wieder rechts. Am Dorfende biegen wir links in einen Feldweg ein und wandern durch das idyllische **Kainsbachtal** nach **Mosenhof** ❺.

Im Weiler halten wir uns rechts und wandern weiter durch das schmäler werdende Tal. Nach einem kurzen steilen Anstieg im Wald wird **Hinterhaslach** ❻ erreicht. Im Dorf gehen wir links, danach an einer Gabelung rechts und folgen einem Wiesenweg mit schönen Ausblicken auf die Hochfläche der Hinterhaslacher Heide am Waldrand entlang. Dann wird wieder der Wald betreten. Auf den

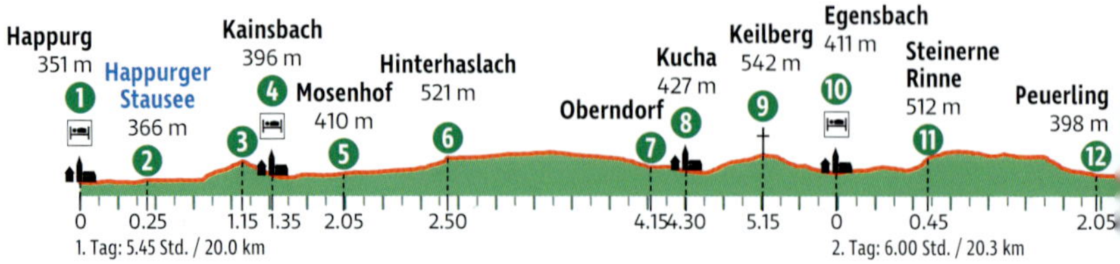

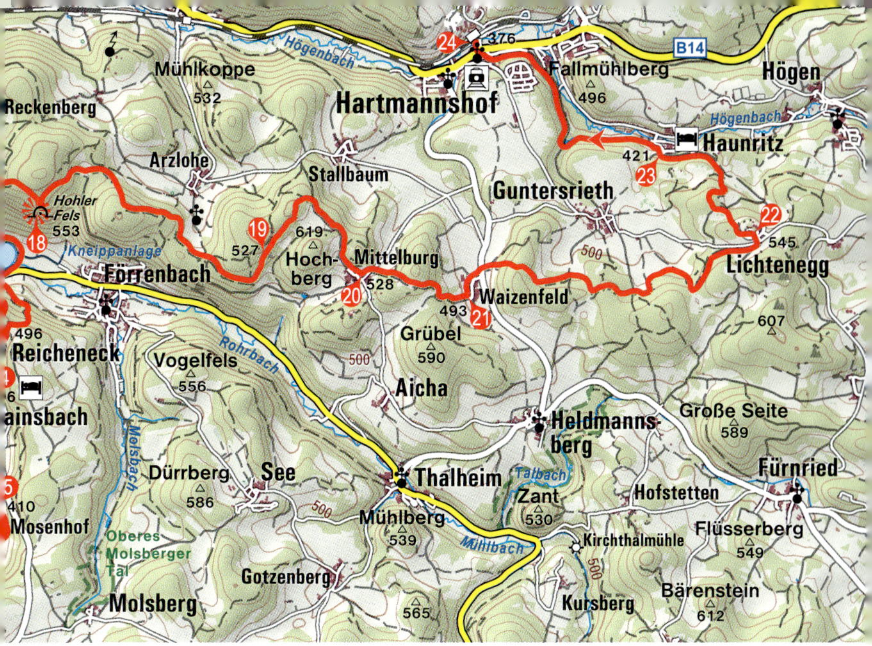


folgenden gut 3 km müssen wir gut auf die Markierungen des Frankenalb-Panoramawegs achten, da wir mehrmals die Forststraße wechseln. Wir gelangen an einen asphaltierten Fahrweg, dem wir rechts abwärts folgen. An einer Straße rechts und bei der nächsten Gelegenheit abermals rechts gelangen wir nach **Oberndorf** ❼ hinab. Wir gehen an einer Gabelung links und nach den letzten Häusern zwischen Feldern und Streuobstwiesen mit prächtigen Ausblicken auf den Talkessel und die Hügellandschaft weiter. Ein asphaltierter Weg führt uns nach links nach **Kucha** ❽ hinein. Im Dorf halten wir uns links. Das Gasthaus Grüner Baum und die Kaffeewerkstatt Kucha (siehe Tipps) werden passiert. Wir überqueren eine stärker befahrene Kreisstraße und kurz danach den Hammerbach. Wer mag, kann an der Kneippanlage die müden Gliedmaßen erfrischen.

Es geht rechts in Bachnähe weiter. Nach 350 m biegen wir vor einem Stall links ab. Im Wald steigen wir zunächst auf einem Weg, dann auf einer Forststraße und schließlich auf einem Pfad auf den **Keilberg** ❾, 542 m, mit der **Kapellenruine St. Ottmar und St. Ottilien**. Wir wandern im Wald in östliche Richtung weiter. Im Abstieg werden zwei Forststraßen überquert und der Hof Birkensee passiert. Auf einem breiten Feldweg gehen wir dem be-

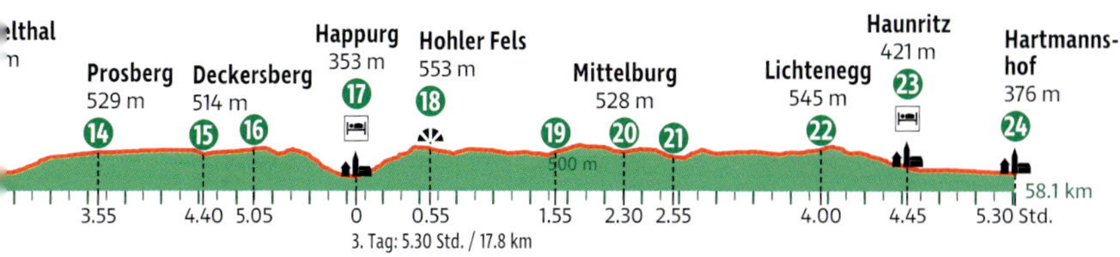

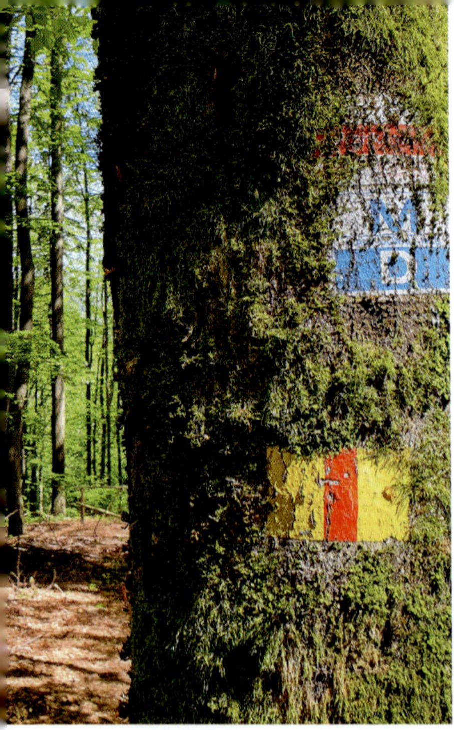

*Der Frankenalb-Panoramaweg ist zuverlässig markiert.*

reits sichtbaren Tagesziel entgegen. Wir halten uns im Ort bei der Bushaltestelle rechts und erreichen das Landgasthaus Zum stillen Bächlein in **Egensbach ⑩**.

**2. Tag (Egensbach – Happurg):**
Wir treten aus dem Gasthaus in **Egensbach ⑩** hinaus und folgen der Straße durch den Ort. In einer Linkskurve biegen wir rechts auf einen befestigten Weg ab. Nach 600 m geht es links in den Wald hinein und nach einem kurzen Anstieg rechts. Bevor wir wieder den Waldrand erreichen, halten wir uns scharf links. Wir steigen auf Schotter und bei nächster Gelegenheit halblinks auf einem Waldpfad steil zur **Steinernen Rinne ⑪** auf. Sie wurde leider mehrfach mutwillig zerstört, wächst aber durch Abscheidung von Kalk aus dem gemächlich fließenden Rinnsal wieder langsam an. Ein ähnliches Phänomen wie steinerne Rinnen sind Sinterstufen (siehe Wo-

## Ein Kraftort aus See, Feld und Wald

Der **Happurger Stausee** (366 m) liegt malerisch eingebettet zwischen der **Houbirg** (618 m), dem **Deckersberg** (586 m) und der **Ruine Reicheneck** (500 m). Angelegt wurde der 1200 m lange und 450 m breite Stausee für die Elektrizitätsgewinnung. Das 1958 in Betrieb gegangene Pumpspeicherkraftwerk nutzte den See als Unterbecken. Das dazugehörige Oberbecken liegt auf dem Deckersberg. Wegen Wassereinbrüchen im Oberbecken ist die Kraftwerksfunktion seit Anfang 2011 außer Betrieb. So werden der See und seine Umgebung nur noch zu Freizeitzwecken genutzt: zum Surfen, Segeln, Stehpaddeln, Angeln, Kaffeetrinken, Wandern, Spazierengehen und Baden (am östlichen Ufer befindet sich sogar ein FKK-Strand). Den schönsten Blick auf den See hat man vom **Hohlen Fels**, einer **beeindruckenden Felswand** am südlichen Absturz der Houbirg. Zum eigentlichen Hohlen Fels steigt man vom Aussichtspunkt ein paar Stufen in östliche Richtung ab und gelangt durch ein natürliches Felstor zur Höhle. Bei archäologischen Ausgrabungen wurden Reste von Eiszeittieren wie Höhlenbär, Höhlenhyäne, Wildpferd und Wollnashorn gefunden. Demnach gehen Wissenschaftler davon aus, dass die Höhle dem Menschen seit einem mittleren Abschnitt der Altsteinzeit vor 60.000 Jahren Schutz geboten hat.
Das zweite bedeutende Bodendenkmal der Houbirg ist ein noch gut sichtbarer, bis zu 10 m hoher **Ringwall einer keltischen Höhensiedlung**. Die Reste der ehemaligen Mauern umschließen auf einer Länge von 4,5 km ein Gelände von fast 1 km².

chenendtour 18, Kasten Seite 170), die im Bachbett oberhalb der Rinne zu erkennen sind.

Wir wandern am Bach entlang und an der versteckten Quelle vorbei weiter hinauf. Oben halten wir uns an einer Forststraße rechts. Die Markierungen leiten uns an mehreren Gabelungen und Abzweigungen sicher durch den Wald. Nach rechts kann man zwei kurze Abstecher zur Schlucht Teufelskeller und zum fast vollkommen abgegangenen Burgstall Ödes Schloss unternehmen. Wir erreichen eine Straße, die uns nach rechts durch den Weiler **Peuerling** ⓬ führt.

Nach den letzten Häusern geht es links weiter. Wir wandern gut 1 km zwischen Wiesen und Feldern dahin, biegen dann scharf rechts in einen Grasweg ein und steigen kurz bergab. Über den Hammerbach gelangen wir zur Hauptstraße und an dieser nach rechts zur Pfarrkirche St. Johannes der Täufer im schmucken Ort **Engelthal** ⓭. Unmittelbar nach der Kirche gehen wir rechts in die Straße Am Schloß, dann zwischen Gärten und links an der Mauer des ehemaligen Dominikanerinnenklosters entlang. Zurück an der Hauptstraße folgen wir dieser nach links, verlassen sie aber gleich wieder rechts in die Kruppacher Straße. Am Ortsende geht es rechts und bald im Wald bergan. Wir erreichen eine Straße, an der wir uns rechts halten. In **Prosberg** ⓮ biegen wir links ab.

Nach dem Dorf verläuft der Frankenalb-Panoramaweg sehr angenehm zwischen Feldern und Wiesen über eine kleine Hochfläche. Wir gelangen an die Ortsdurchgangsstraße von **Deckersberg** ⓯. Wer Kraft für den lohnenden Abstecher zur Edelweißhütte (siehe Einkehr) und zum **Arzbergturm** (siehe Tipps) hat, nimmt das Sträßchen geradeaus. Die Hauptroute folgt der Ortsstraße nach rechts und verlässt sie nach 150 m wieder rechts. Kurz darauf wählen wir den Feldweg ganz links. An einem Waldeck verschwinden wir links in den Wald.

*Den Blick vom Hohlen Fels vergisst man nimmer.*

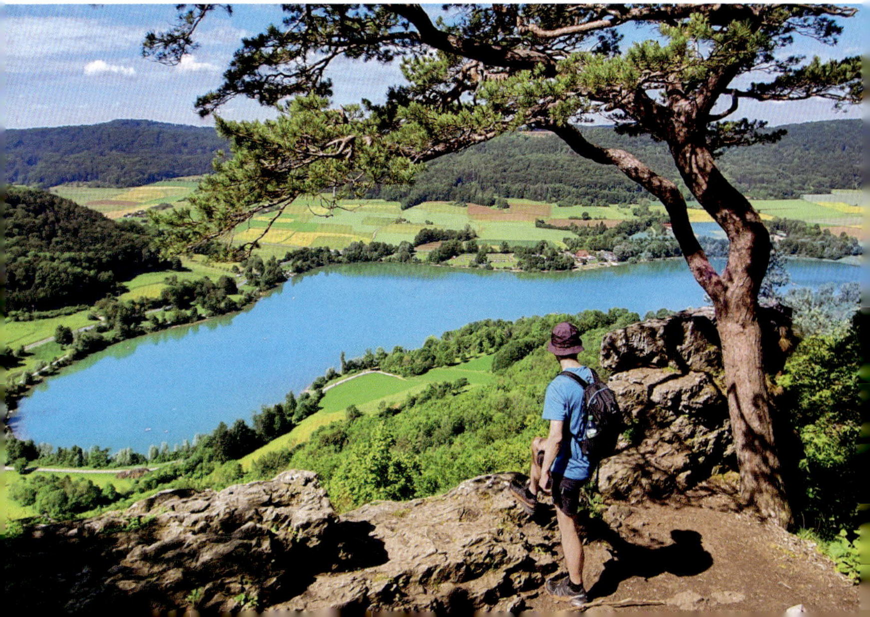

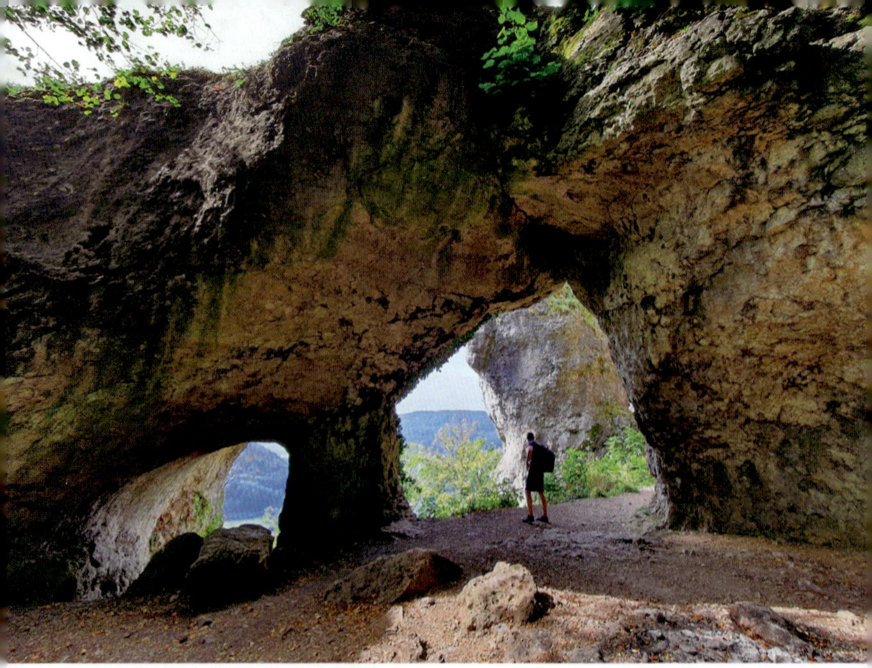

*Natürliches Tor am Hohlen Fels.*

Wir passieren den Felsen **Jungfernsprung** ⑯, von dem man den Happurger Stausee und einen Teil unserer Wochenendtour überblicken kann. 150 m nach der Aussicht rechts auf einen schmaleren abfallenden Weg. Nach einem kurzen Gegenanstieg geht es rechts und an einem breiten Hohlweg steil bergab. Wir verlassen den Wald und wandern durch Obstgärten Happurg entgegen. Eine erste Straße wird über-, eine zweite unterquert. Bei den ersten Häusern halten wir uns links und folgen dem Straßenverlauf bis zum Marktplatz in **Happurg** ⑰.

**3. Tag (Happurg – Hartmannshof):** Am Marktplatz in **Happurg** ⑰ wählen wir die Schöffenstraße in nordöstliche Richtung. Wir steigen auf der Straße Friedhofweg und auf einem Wiesenweg bergan. Oberhalb des Friedhofs wird eine Straße überquert. Es geht auf einem breiten Fahrweg in den Wald hinein und nach 100 m links auf einem Wanderweg weiter bergan. Nach dem Anstieg und einer ebenen Passage stehen wir auf dem **Hohlen Fels** ⑱ (siehe Kasten Seite 178).

Der Frankenalb-Panoramaweg führt halblinks weiter, am Ende einer Lichtung links und gleich wieder rechts in den Wald hinein. Nach knapp 300 m biegen wir rechts auf einen schmäleren ansteigenden Weg ein. Auf den folgenden 2 km müssen wir gut auf die Markierungen achten, damit wir die richtigen Abzweigungen erwischen. In Sichtweite einer großen Lichtung biegen wir noch im Wald links auf einen Pfad ab. Die mehrere Hundert Meter breite Felsenlandschaft **Johannesburg** ⑲ wird passiert.

An einer großen Lichtung gelangen wir an einen breiten Fahrweg, der uns rechts nach **Mittelburg** ⑳ führt. Wir folgen der Straße zum Ortsende;

dort geht es rechts weiter. Nach einem kurzen Waldstück sind wir bereits in **Waizenfeld** ㉑.

Nach den letzten Häusern folgen wir der Kreisstraße LAU27 ein paar Schritte nach links und verlassen sie wieder nach rechts. Auf den folgenden 2 km im Wald gilt es, gut auf die Wegführung zu achten. Wieder auf offenem Gelände geht es nicht geradeaus, sondern rechts am Waldrand weiter. An einer Ruhebank biegen wir links ab. Wir überqueren unbemerkt die Grenze zwischen Mittelfranken und der Oberpfalz und kommen unmittelbar danach an ein Sträßchen. Es führt uns an den Ortseingang von **Lichtenegg** ㉒. Hier enden die Markierungen des Frankenalb-Panoramawegs.

Wir schreiten durch das Dorf, biegen links in den Biergarten der Gaststätte Alter Schloss-Wirt ab (in den letzten drei Jahren gab es lediglich Getränke in einem Kühlschrank zur Selbstbedienung) und steigen zur **Burgruine Lichtenegg** auf.

Wir kehren vor die Burgmauer zurück, gehen aber nicht links zur Gaststätte, sondern geradeaus auf einem Pfad kurz steil bergab. An einem breiteren Weg links und gleich wieder rechts bis an einen Fahrweg. Diesem folgen wir nach rechts. Hier taucht die Markierung des Erzwegs (»Rotes Kreuz«) auf, die uns den Rest des Tages leitet. Wir wandern fast stetig bergab bis an den Ortsrand von **Haunritz** ㉓ im Högenbachtal.

Bald nach den letzten Häusern wird wieder unbemerkt die Grenze überquert. Auf fränkischem Boden gelangen wir bei einer Quelle an einen breiten Fahrweg, dem wir rechts folgen. Wir bleiben links des Högenbachs. Die Amberger Straße (B14) in Hartmannshof wird erreicht und an einer Ampel überquert. Die Bahnhofsstraße führt uns zum nahen Bahnhof in **Hartmannshof** ㉕.

*Auf dem Weg nach Lichtenegg.*

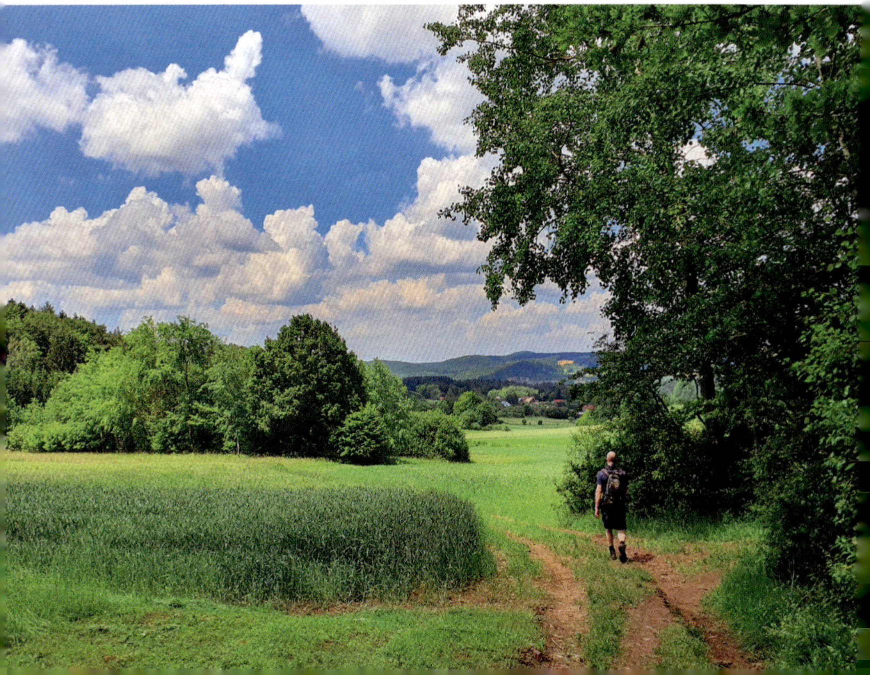

# 20 In der Hersbrucker Schweiz
## Über den Schwarzen Brand in die Oberpfalz

2 Tage | 24,2 km | ↗ 810 m | ↘ 710 m

***Ruhige Wälder und beliebte Klettergebiete***
*Die Zahl Zwei scheint diese Wochenendtour zu prägen: zwei Tage, zwei Regierungsbezirke, zwei tief eingeschnittene Täler, zwei Himmelsrichtungen, zwei Klettersteige, zwei bestimmende Landschaftselemente, zwei Namen für die Region. Wir starten in Pommelsbrunn im mittelfränkischen Högenbachtal, wandern meist in Richtung Norden, passieren den Norissteig und den Höhenglücksteig und verbringen die Nacht in Hirschbach im Hirschbachtal. Die zweite Etappe führt uns auf Oberpfälzer Boden in überwiegend ostsüdöstliche Richtung bis nach Neukirchen bei Sulzbach-Rosenberg. Herrliche Laubmischwälder und unzählige markante Felsen bestimmen diese Tour durch die Hersbrucker Alb, die auch als Hersbrucker Schweiz bezeichnet wird. So ganz stimmt das mit der Zahl Zwei dann aber doch nicht: Diese Mittelgebirgsregion ist einmalig!*

**Ausgangspunkt:** Pommelsbrunn, 359 m, Bahnhof.
**Endpunkt:** Neukirchen bei Sulzbach-Rosenberg (Oberpfalz), 449 m, Bhf.
**ÖPNV:** Pommelsbrunn liegt an der S-Bahn-Linie S1 Nürnberg–Hartmannshof, Neukirchen bei Sulzbach-Rosenberg an der Bahnstrecke Nürnberg–Amberg. Rückfahrt von Neukirchen nach Pommelsbrunn mit Umsteigen in Hartmannshof. Hirschbach hat Busverbindungen mit den Bahnhöfen in Pommelsbrunn, Hersbruck und Etzelwang (am Wochenende eingeschränkt).
**Etappendaten:**
**1. Tag:** 3.45 Std., 11,7 km, ↑350 m, ↓320 m.
**2. Tag:** 4.00 Std., 12,5 km, ↑460 m, ↓390 m.
**Anforderungen:** Meist Waldwege und naturbelassene Pfade. In der Felsenlandschaft sind Trittsicherheit und etwas Schwindelfreiheit nötig. Jeweils ein längerer Anstieg am Anfang der beiden Etappen, ansonsten leicht welliges Terrain. Viel Schatten. Auch an heißen Tagen machbar.
**Einkehr: 1. Tag: Pommelsbrunn:** Pommelsbrunner Hof, Mi Ruhetag, Sa–Mo ab 10 Uhr, Di/Do/Fr ab 16.30 Uhr, Schulgasse 9, Tel. +49 9154 1417. **Hirschbach:** Goldener Hirsch (mit Biergarten), Mo/Di Ruhetag, Hirschbacher Dorfplatz 1, www.goldenerhirsch.de, Tel. +49 9152 986300.
**2. Tag: Gerhardsberg** (800 m abseits der Route; mit Biergarten): Gasthaus zur Linde, Fr ab 16 Uhr, Sa ab 11.30 Uhr, So ab 10 Uhr, Tel. +49 9663 390. **Neukirchen bei Sulzbach-Rosenberg:**

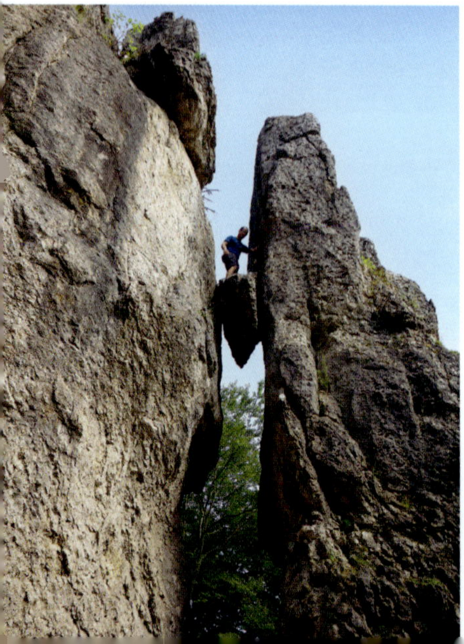

*Nachahmung nicht zu empfehlen: Free-Solo-Kletterer am Zankelstein.*

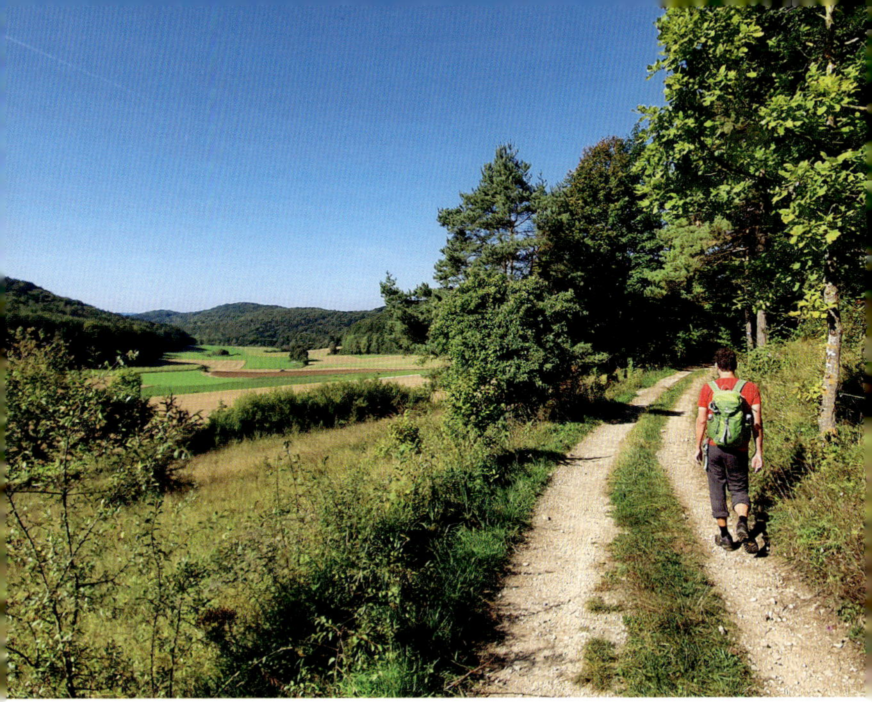

*Auf angenehmen Wegen Heuchling entgegen.*

Neukirchener Hof (mit Terrasse), Mo/Di Ruhetag, Öffnungszeiten siehe www.neukirchner-hof.de, Hauptstr. 4, Tel. +49 9663 91410.

**Übernachtung:** **1. Tag: Hirschbach:** Goldener Hirsch (€€); Pension Frauenschuh (€€), Alte Dorfstr. 8, www.pension-frauenschuh.de, Tel. +49 9152 8388; Zeltplatz im Freibad (siehe Tipps), www.freibad-hirschbach.de, Buchung: zeltplatz.freibad@gemeinde-hirschbach.de.

**2. Tag: Neukirchen bei Sulzbach-Rosenberg:** Neukirchener Hof (€€).

**Einkauf:** Bäckerei in Pommelsbrunn und Hirschbach, Supermarkt und Bäckerei in Neukirchen.

**Information: Hersbruck:** Touristinformation, Unterer Markt 2, hersbruck.de, Tel. +49 9151 735401. **Amberg-Sulzbacher Land:** Tourist-Info Amberg-Sulzbacher Land, Hallplatz 2, amberg-sulzbacher-land.de, Tel. +49 9621 101239.

**Tipps:** 1. Das mittelalterliche Badhaus in Pommelsbrunn ist das einzige erhaltene Badhaus auf dem Land im deutschsprachigen Raum (Dorschstr. 2, 9–18 Uhr, Tel. +49 9154 1207).
2. Zur Erkundung der Höhlen an unserer Route ist eine Stirn- oder Taschenlampe hilfreich. Notfalls tut es auch die Taschenlampenfunktion des Smartphones. Aus Sicherheitsgründen sollten Sie nicht allein in schmale Höhlen kriechen. Der mit einer »Weißen 3 auf grünem Grund« nur im Uhrzeigersinn markierte Hirschbacher Höhlenrundweg führt auf 15 km an 30 Höhlen vorbei.
3. Am südwestlichen Anfang von Hirschbach befindet sich ein kleines Freibad mit Kiosk und Zeltplatz (10–19 Uhr, An der Hasenleite 1, www.freibad-hirschbach.de, Tel. +49 9152 8008).

**Verlängerung:** Machen Sie zunächst die Wochenendtour 19 und fahren dann mit der S-Bahn-Linie S1 in 3 Minuten zum Start dieser Wochenendtour.

**Karte:** 163 Nürnberg und Umgebung (Kompass, 1:50.000, 2021) oder UK50-19 Naturpark Hirschwald (Landesamt für Digitalisierung, Breitband und Vermessung Bayern, 1:50.000, 2019).

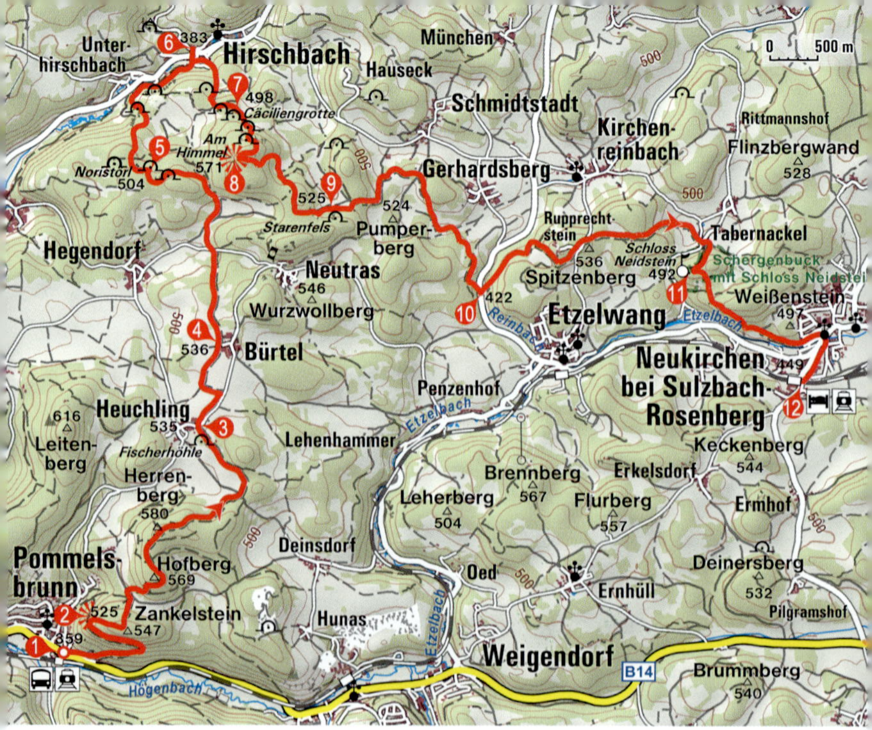


1. Tag (Pommelsbrunn – Hirschbach):
Wir starten am Bahnhof in **Pommelsbrunn ❶** und begeben uns entweder über die Arzloher Straße oder durch den Fußgängertunnel unter den Gleisen zur Ortsdurchgangsstraße, der Sulzbacher Straße. An dieser halten wir uns rechts. Gegenüber der Feuerwehr geht es leicht links auf der Straße Juraweg weiter. Die Markierung »Blaues Z« des Zankelstein-Rundwegs II (nicht mit dem »Roten Z« verwechseln) führt uns in den Wald und in einem Links- und einem Rechtsknick hinauf zur Felsengruppe **Zankelstein ❷**. Der erste Aussichtsfelsen ist für jeden erreichbar, der zweite über eine einfache Kletterstelle, die Zwillingstürme bleiben erfahrenen Kletterern und Kletterinnen vorbehalten.

Die Markierung leitet uns noch 600 m durch den Wald. Im offenen Gelände folgen wir einem breiten Fahrweg zwischen Feldern nach links. Keine 100 m später biegen wir rechts ab, nun mit der Markierung »Rote 1« des Hunas-Rundwegs. Sie verlässt uns nach 1,2 km etwa am

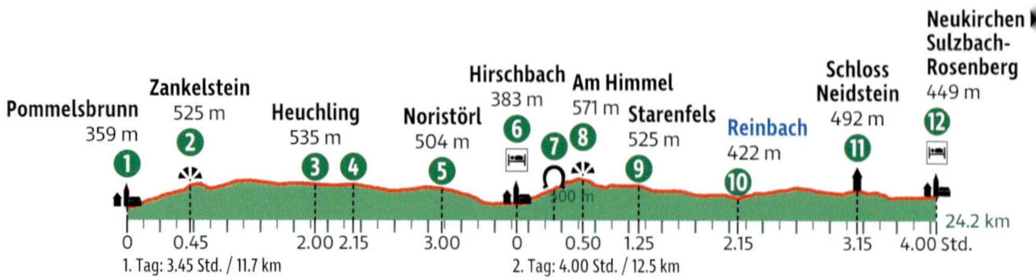

## Ein Eldorado für Wander- und Kletterfans

Das südlich von Hirschbach in der Hersbrucker Alb gelegene Gebiet **Schwarzer Brand** erfreut uns Wandersleute mit seiner beeindruckenden Felslandschaft. Kein Wunder, dass sich hier auch zahlreiche Kletterer und Kletterinnen tummeln, um die Mittelbergwand, das Teufelsrissmassiv oder die Hirschbacher Wand zu erklimmen.

Bekannt und beliebt sind außerdem die beiden **Klettersteige**, die von der DAV-Sektion Noris gewartet werden (weitere Infos auf www.dav-noris.de und www.via-ferrata.de).

Der **Norissteig** ist eine mit dem roten Punkt ausgeschilderte Wanderung mit Klettersteig-Elementen. Ungesichert sollte er aber nur von Erfahrenen begangen werden, da der Fels glatt geklettert ist und dadurch erhöhte Abrutschgefahr besteht. Die Kletterstellen lassen sich umgehen.

Weitaus anspruchsvoller ist der benachbarte **Höhenglücksteig**. Er ist in drei Abschnitte unterteilt und sollte nur gesichert geklettert werden. Der Schwierigkeitsgrad reicht bis Stufe E, teilweise ist hoher Kraftaufwand erforderlich, wobei die kritischsten Stellen umgangen werden können. Am Höhenglücksteig gab es schon zahlreiche Unfälle. **Kurt Albert**, einer der Kletterpioniere Deutschlands, verunglückte hier 2010 im Alter von 56 Jahren tödlich.

höchsten Punkt einer Anhöhe im Wald nach rechts. Wir bleiben noch ein paar Minuten auf der Forststraße und wandern dann am Waldrand entlang bis an den Ortsrand von **Heuchling ❸**.

Hier geht es rechts auf einem Sträßchen weiter, das wir nach 450 m links auf einem Feldweg verlassen. Bei nächster Gelegenheit rechts, dann am Ortsrand von **Bürtel ❹** vorbei. Wir wandern mit der Markierung »Roter Punkt« längere Zeit sanft abwärts. Wenn es wieder bergauf geht, wechseln wir ab dem Waldrand auf das Wegzeichen »Weiße 2 auf grünem Grund«. Es führt uns bis ans Tagesziel durch den **Schwarzen Brand**. Wir sehen die ersten Felswände, passieren einen Einstieg in den Norissteig und das Felsentor **Noristörl ❺**.

Kurz danach überqueren wir unbemerkt die Grenze zwischen Mittelfranken und der Oberpfalz. Es geht weiter durch Wald und an Felsformationen vorbei, dann hinab ins **Hirschbachtal**. Wir gelangen am Waldrand auf das Sträßchen Am Schmiedberg, das uns geradewegs an die Talstraße und zum Gasthof Goldener Hirsch in **Hirschbach ❻** bringt.

**2. Tag (Hirschbach – Neukirchen):**
Von **Hirschbach ❻** kehren wir zum Waldrand zurück und gehen auf dem Sträßchen Am Schmiedberg in einer Linkskurve zu den letzten Häusern. Die Markierung »Weiße 3 auf

*Die Felswand mit dem Norissteig versteckt sich hinter den Bäumen.*

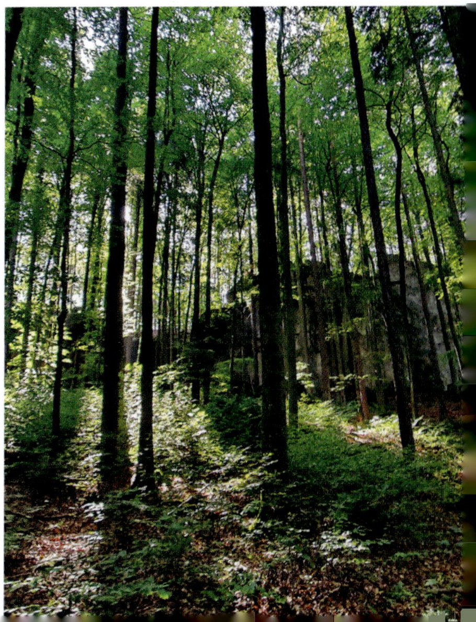

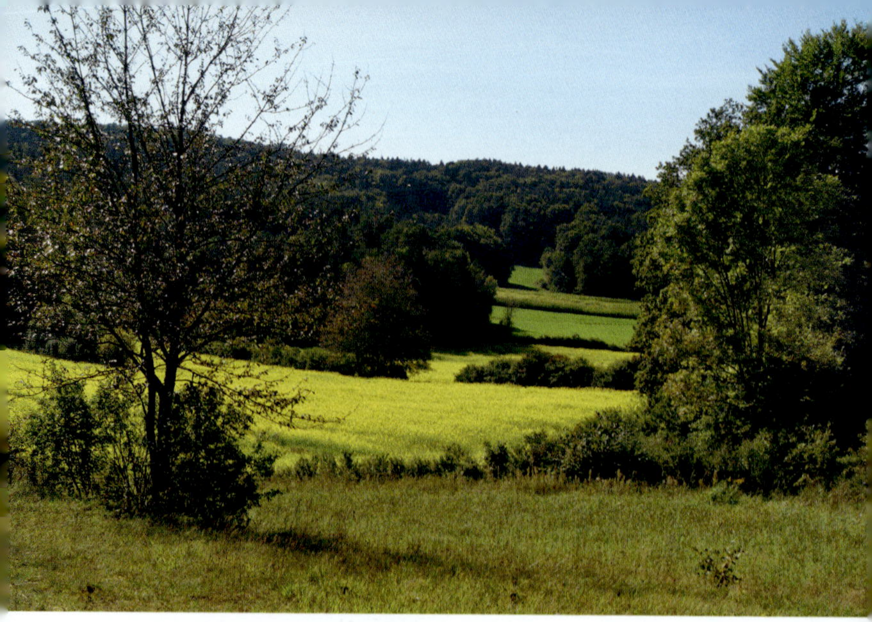

*Senf oder Raps, das ist hier die Frage.*

grünem Grund« (siehe Tipp 2) führt uns nach rechts auf einem Waldpfad zurück in das Felsengebiet Schwarzer Brand. Wir kommen im steilen Anstieg an der **Schmiedberghöhle** und der **Cäciliengrotte** ❼ vorbei.

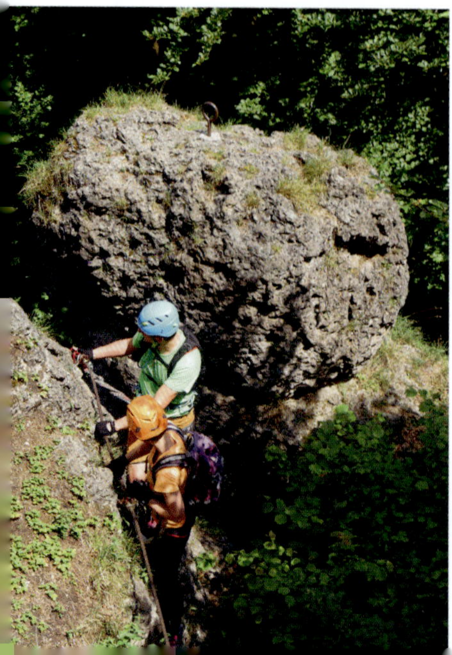

Unweit des Prellsteins und der Bergwachthütte kreuzen sich mehrere Wege. Wir halten uns rechts und wechseln auf die Markierung »Weiße 2 auf grünem Grund«. Sie führt uns links in einem Abstecher auf einen Felsen am Rande des Höhenglücksteigs, danach zum Aussichtspunkt **Am Himmel** ❽. So schön ist es dort also!

Wir achten die nächsten 1,7 km weiter gut auf die Wegzeichen, ehe rechts von uns mit dem **Starenfels** ❾ eine letzte Wand zu sehen ist. Bald danach halten wir uns links, folgen dem Waldrand und biegen gleich wieder rechts auf den Burgen-und-Schlösser-Weg ab. An diesem orientieren wir uns bis kurz vor Tabernackel. Nach gut 1 km könnte man links einen Abstecher nach Gerhardsberg machen (siehe Einkehr). Unser Weg führt weiter durch Flur und Wald hinab an eine Landstraße und an den **Reinbach** ❿.

*Am Höhenglücksteig.*

## Liebliches Nürnberg

**Noris** ist ein Beiname von **Nürnberg**. Der Dichter Helius Eobanus Hessus (1488–1540) bezeichnete in der ersten Hälfte des 16. Jh. Nürnberg als »noris amoena« (liebliche Noris). Hessus lehnte sich dabei an die lateinische Schreibung des Stadtnamens als Noricum, Noribergae oder Norimberg an. Diese Namen wiederum leiten sich von dem keltischen Wort »nor« für »steiniger Fels« ab und bezeichnete den von Weitem sichtbaren Felsen, auf dem heute die Nürnberger Burg steht. Der Arzt Johann Helwig personifizierte die Stadt schließlich 1650 in einer Dichtung als »Nymphe Noris«, die seitdem als Allegorie der Stadt verwendet wird. Der Bildhauer Philipp Kittler gab der Nymphe 1903 als Bronzefigur ein Aussehen. Sie steht an der Hausfassade in der Königstr. 13.

Beide werden überquert. Wir wandern wieder längere Zeit bergan und gelangen an eine Straße, die wir nach 100 m wieder rechts verlassen. Nach einem kurzen Waldstück taucht der nächste Ort auf. Der Burgen-und-Schlösser-Weg verlässt uns geradeaus. Wir gehen rechts auf einem Wiesenweg bis an die Ortsstraße in **Tabernackel**.

Direkt nach dem Ortsendeschild bringt uns scharf links ein Fahrweg hinauf bis vor das **Schloss Neidstein ⑪**. Oscar-Preisträger Nicolas Cage besaß von Juli 2006 bis März 2009 das Anwesen, kam aber nur ein oder zwei Mal mit dem Hubschrauber vorbei.

Das »Blaue Kreuz« führt uns hinab ins Etzelbachtal. Wer direkt zum Bahnhof möchte, folgt der Markierung rechts über den Fluss. Ansonsten gehen wir geradeaus weiter und auf Asphalt zur katholischen Pfarrkirche St. Peter und Paul in Neukirchen in der Ortsmitte. Wir biegen rechts ab und gelangen auf der Hauptstraße und der Bahnhofsstraße zum Bahnhof von **Neukirchen bei Sulzbach-Rosenberg ⑭**.

*Der Aussichtspunkt Am Himmel.*

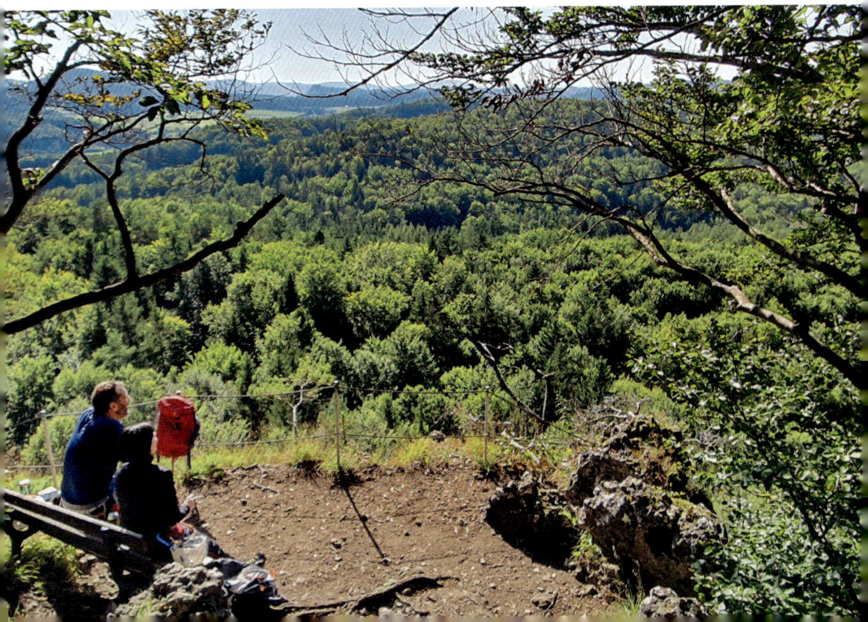

# 21 Vor den Toren Nürnbergs

## Am Alten Kanal, an der Schwarzach und an der Pegnitz

3 Tage | 75 km | ↗ 890 m | ↘ 1000 m

***Zahlreiche Fließgewässer, sandige Böden, sehenswerte Städte***

*In Nürnberg leben über 500.000 Menschen. Da überrascht es schon, dass man im unmittelbaren Umland nicht nur viel besichtigen, sondern auch naturnah wandern kann. In der Frankenmetropole lässt es sich eben gut leben. 2018 landete Nürnberg in einer Studie in puncto Lebensqualität unter 231 Großstädten auf Platz 23 – vor San Francisco, Paris und Rom (Spitzenreiter war Wien). Diese Wochenendtour startet 20 S-Bahn-Minuten von Nürnberg entfernt. Wir wandern am längst aufgegebenen Ludwig-Donau-Main-Kanal, durch die wildromantische Schwarzachschlucht, im grünen Schwarzachtal und schließlich durch die Schlucht der Teufelskirche bis nach Altdorf bei Nürnberg. Schon auf dieser ersten Etappe kommt in den Klammen und Tälern sowie an zahlreichen Hausfassaden zutage, dass die Böden der Region aus Sandstein bestehen. Mit dem Naturschutz-Großprojekt »SandAchse Franken« von Bamberg über Nürnberg bis Weißenburg soll der noch verbliebene Lebensraum für sandliebende Pflanzen und Tiere erhalten bleiben. Am Beginn des zweiten Tages erfahren wir diesen Lebensraum in Form beeindruckender Dünenlandschaften. Danach steigen wir auf die Frankenalb hinauf, können auf dem Moritzberg, dem Nürnberger Hausberg, einkehren und gehen hinab nach Lauf an der Pegnitz. Der Fluss führt uns auf der abschließenden Etappe bis in die sehenswerte Altstadt von Nürnberg hinein – und das abwechslungsreich, meist im Grünen und fast ohne Straßenverkehr.*

*Dass die Schwarzachklamm sehenswert ist, hat sich herumgesprochen.*

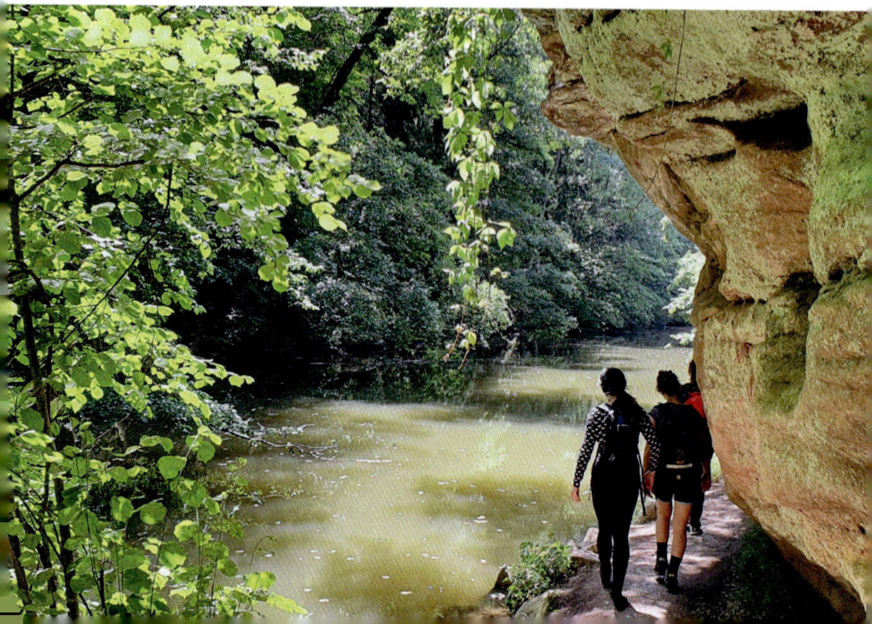

**Ausgangspunkt:** Burgthann, 413 m, Bahnhof.
**Endpunkt:** Nürnberg, 311 m, Hauptbahnhof.
**ÖPNV:** Der Nürnberger Hauptbahnhof ist sehr gut an den Fernverkehr angeschlossen. Burgthann und Ochenbruck liegen an der S-Bahn-Linie S3 Nürnberg–Neumarkt (Oberpfalz). Altdorf an der S2 Roth–Nürnberg–Altdorf. Lauf an der Pegnitz sowohl an der S1 Bamberg–Nürnberg–Hartmannshof als auch an der Bahnstrecke Nürnberg–Cheb. Rückersdorf, Behringersdorf und Erlenstegen haben ebenfalls Bahnhöfe an der Strecke Nürnberg–Cheb. Weißenbrunn ist mit dem Bus an die Bahnhöfe in Lauf an der Pegnitz und Röthenbach angebunden.
**Etappendaten:**
**1. Tag:** 6.00 Std., 24,1 km, ↑240 m, ↓210 m.
**2. Tag:** 7.45 Std., 27,8 km, ↑500 m, ↓620 m.
**3. Tag:** 5.45 Std., 23,1 km, ↑150 m, ↓170 m.
**Anforderungen:** Überwiegend bequem zu gehende Wege an Fließgewässern, durch Wald und in landwirtschaftlich genutztem Terrain. Im Bereich der Ortschaften leider einige asphaltierte Abschnitte. Die Pfade in den Klammen können bei Nässe oder Vereisung rutschig sein. Auf der zweiten Etappe zwei längere steile Anstiege, aber auch viel Schatten. Am dritten Tag hingegen fast nur offenes Gelände.
**Einkehr: 1. Tag: Burgthann** (südlicher Ortsteil): Schleuse 35 (Außenplätze am Kanal), Am Kanal 35, Tel. +49 9183 901466. **Brückkanal:** Waldschänke Brückkanal (mit Biergarten), Mo Ruhetag, brueckkanal.com, Tel. +49 9128 4326. **Schwarzenbruck:** Restaurant Maya, Mo Ruhetag, Moorweg 10, www.restaurantmaya.de, Tel. +49 9128 4004449. **Burgthann** (nördlicher Ortsteil): Landgasthof Blaue Traube (auch vegan; mit Biergarten), Öffnungszeiten siehe www.landgasthof-blauetraube.de, Schwarzachstr. 7, Tel. +49 9183 7555. **Altdorf bei Nürnberg:** Nürnberger Hof (auch vegan; mit Innenhof), Mo–Sa ab 17 Uhr, So auch 11.30–14.30 Uhr, Unterer Markt 6, www.nuernberger-hof-altdorf.de, Tel. +49 9187 1687; Rotes Ross (auch vegan; mit Außenplätzen am Markt), Mo/Di Ruhetag, Oberer Markt 5, rotes-ross-altdorf.de, Tel. +49 9187 5272; Kavala (griechische Küche), tägl. ab 17 Uhr, So auch 11.30–14.30 Uhr, Unterer Markt 18, Tel. +49 9187 1779.
**2. Tag: Weißenbrunn:** Pizzeria Olimpia, Badstr. 8, Di Ruhetag, Tel. +49 9187 5913. **Egensbach** (1,3 km Abstecher): Landgasthaus Zum stillen Bächlein (auch vegan; mit Biergarten), Öffnungszeiten siehe www.stilles-baechlein.de, Tel. +49 9158 278. **Moritzberg:** Berggasthof Moritzberg (mit Biergarten), Mo Ruhetag, Di–Sa 10–20 Uhr, So 10–18 Uhr, www.berggasthof-moritzberg.de, Tel. +49 9120 8393. **Lauf an der Pegnitz:** Gasthof Weißes Lamm (mit Außenplätzen), Do Ruhetag, Fr nur abends, Sa–Mi mittags und abends, Marktplatz 19, gasthof-weisses-lamm.de, Tel. +49 9123 2707; Padelle d'italia (mit Außenplätzen), Mo Ruhetag, Marktplatz 18, padelleditalialauf.de, Tel. +49 9123 9994272; Anusch Lini (armenische Küche), Mo Ruhetag, Kirchenplatz 3, anuschlini.de, Tel. +49 174 800 1000; Lucy's (Tex-Mex-Küche, auch vegan), Sa/So Ruhetag, Johannisstr. 6, Tel. +49 9123 8088993.
**3. Tag: Behringersdorf:** Hotel Restaurant Weißes Ross, Mo Ruhetag, Schwaiger Str. 2, weissesross.de, Tel. +49 911 5069880; Cosiana (asiatische Küche, auch vegan), Mo Ruhetag, Sa nur abends, So–Fr mittags und abends, Am Kohlschlag 8, cosiana.de, Tel. +49 911 54042985. **Erlenstegen:** Chay Vegan Kitchen (rein vegane asiatische Küche), Mo Ruhetag, Erlenstegenstr. 95, www.chayvegankitchen.de, Tel. +49 911 58084495. **Satzinger Mühle:** Mylos (griechische Küche; mit Terrasse), www.mylos-nuernberg.de, Tel. +49 911 69940423. **Nürnberg:** Engelhardts (thailändische Bio-Küche, auch vegan), So Ruhetag, Mo–Sa ab 17 Uhr, Irrerstr. 9, www.engelhardts-nuernberg.de, Tel. +49 911 203302; Würzhaus (gehobene Küche, auch vegan), So/Mo Ruhetag, Di–Fr mittags und abends, Sa nur abends, Kirchenweg 3 a, www.wuerzhaus.info, Tel. +49 911 9373455; Red Curry House (auch

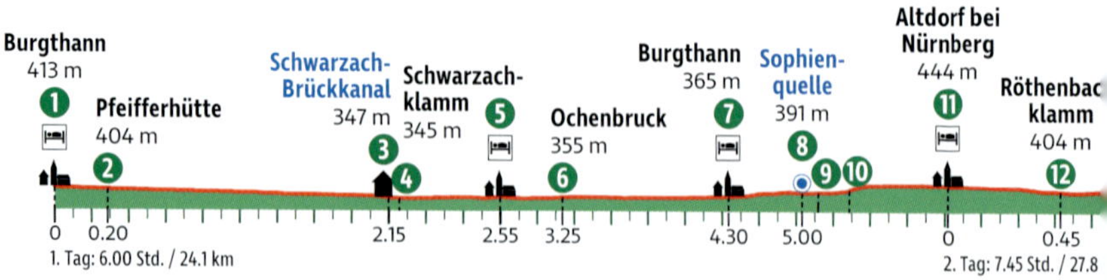


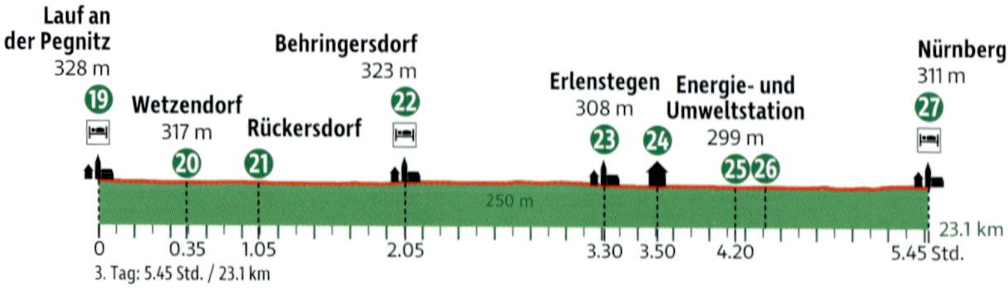


vegan), So Ruhetag, Mo–Sa 11–19 Uhr, Lorenzer Str. 29, www.red-curry-house.de, Tel. +49 911 6217417; Café Bar Wanderer (mit Außenplätzen), Beim Tiergärtnertor 2–6, www.cafe-wanderer.de, Tel. +49 162 3958220; Palais Schaumburg (auch vegan; mit Biergarten), So–Fr ab 11.30 Uhr, Sa ab 14 Uhr, Kernstr. 46, palaisschaumburg.de, Tel. +49 911 260043; Schankwirtschaft Schanzenbräu (Brauereigaststätte, mit Biergarten), Mo Ruhetag, Di–Fr ab 15 Uhr, Sa/So ab 11 Uhr, Adam-Klein-Str. 27, www.schanzenbraeu.de, Tel. +49 911 93776790.

**Übernachtung:** **1. Tag: Schwarzenbruck:** Gästehaus Moorblick (€€€), Hammerwerkstr. 15, gaestehaus-moorblick.com, Tel. +49 9128 92970. **Burgthann** (nördlicher Ortsteil): Landgasthof Blaue Traube (€€€). **Altdorf bei Nürnberg:** Nürnberger Hof (€€€); Alte Nagelschmiede (€€€), Oberer Markt 13, www.alte-nagelschmiede.com, Tel. +49 9187 95270.

**2. Tag: Egensbach** (1,3 km Abstecher): Landgasthaus Zum stillen Bächlein (€€). **Lauf an der Pegnitz:** Gasthof Weißes Lamm (€€); Hotel Gasthof Zur Post (€€€), Friedensplatz 8, www.hotelzurpost-lauf.de, Tel. +49 9123 9590.

**3. Tag: Behringersdorf:** Hotel Restaurant Weißes Ross (€€€). **Nürnberg:** Burghotel (€€€), Lammsgasse 3, burghotel-nuernberg.de, Tel. +49 911 238890; Hotel Elch (€€€), Irrerstr. 11, www.hotel-elch.eu, Tel. +49 911 2492 980; Five Reasons Hostel & Hotel (€€), Frauentormauer 42, www.five-reasons.de, Tel. +49 911 99286625; Jugendherberge (€€), Burg 2, nuernberg.jugendherberge.de, Tel. +49 911 2309 360.

**Einkauf:** Supermarkt und Bäckerei in Burgthann, Bäckerei in Pfeifferhütte, in Ochenbruck und Altdorf bei Nürnberg; Tante-Emma-Laden in Weißenbrunn und Schönberg; Supermarkt und Bäckerei in Lauf, Rückersdorf, Behringersdorf und Nürnberg.

**Information:** **Altdorf bei Nürnberg:** Amt für Kultur und Tourismus, Oberer Markt 2, www.altdorf.de, Tel. +49 9187 8071241. **Lauf an der Pegnitz:** Tourist-Info, Schlossinsel 1 und Hellergasse 2, www.lauf.de, Tel. +49 9123 1844000 oder 1844002. **Nürnberg:** Tourist Information, Hauptmarkt 18, tourismus.nuernberg.de, Tel. +49 911 23360.

**Tipps:** 1. Am zweiten Tag kommen wir in Weißenbrunn an einem idyllisch gelegenen Naturbad vorbei (ca. Juni–Sept. 13–19 Uhr, www.schwimmbad-weissenbrunn.de, Tel. +49 9187 80568). 2. In Lauf an der Pegnitz lohnt der Besuch des Industriemuseums. Es zeigt das Leben und Arbeiten städtischer

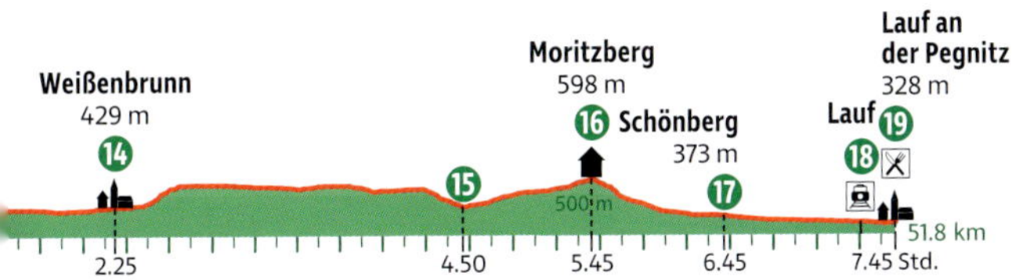


Handwerker von etwa 1890 bis 1970. Ein Schwerpunkt liegt bei den wasserradgetriebenen Gewerben, Eisenhämmern, Mahl- und Drahtmühlen (Sichartstr. 5–25, Mi–So 11–17 Uhr, www.industriemuseum-lauf.de, Tel. +49 9123 1844060).

**Karte:** 163 Nürnberg und Umgebung (Kompass, 1:50.000, 2021) oder UK50-18 Nürnberger Land, Frankenalb (Landesamt für Digitalisierung, Breitband und Vermessung Bayern, 1:50.000, 2018).

**1. Tag (Burgthann – Altdorf bei Nürnberg):**

Wir gehen vom Bahnhof in **Burgthann** ❶ in Richtung Südosten, also mit der S-Bahn aus Nürnberg kommend in Fahrtrichtung Neumarkt in der Oberpfalz. Nach einigen Schritten stehen wir vor dem **Ludwig-Donau-Main-Kanal**.

Nach links könnte man einen Abstecher zur 100 m entfernten Schleuse 35 (siehe Einkehr) machen. Wir überqueren den Alten Kanal und folgen ihm nach rechts. An Schleuse 37 wird die Seite gewechselt. Im Dorf **Pfeifferhütte** ❷ geht es über eine größere Straße, kurz nach Schleuse 39 wieder über den Kanal. Wir wechseln an Schleuse 41 und an Schleuse 43 noch mal die Seiten. Die folgenden knapp 6 km wandern wir auf schönen halbschattigen Pfaden links neben der historischen Wasserstraße bis zum **Schwarzach-Brückkanal** ❸. Er trägt den Ludwig-Donau-Main-Kanal mit einer Höhe von 17,50 m über die Schwarzach und gilt als technische Meisterleistung des Bauprojekts.

Direkt nach der Kanalbrücke gehen wir rechts über den Kanal, durch den Biergarten der **Waldschänke Brückkanal** und dann rechts hinab in die **Schwarzachschlucht** ❹. Das Flüsschen Schwarzach hat sich hier auf knapp 2,5 km tief durch den Burgsandstein geschnitten. Die Schlucht steht unter Naturschutz und wurde

## Der Kanal der 100 Schleusen

Der **Ludwig-Donau-Main-Kanal** (oft auch **Alter Kanal** oder **Ludwigskanal** genannt) wurde von 1836 bis 1846 zwischen der Donau bei Kelheim und dem Main bei Bamberg erbaut. Initiiert wurde das damals äußerst kühne Projekt von **König Ludwig I. von Bayern**. Der Kanal war eine 172 km lange, schiffbare Wasserstraße, die eine **Verbindung zwischen dem Schwarzen Meer und der Nordsee** schuf. Durch die Überquerung der **Europäischen Hauptwasserscheide** nahm das Bauwerk eine besondere Stellung ein. **100 Schleusen** bewältigten einen Höhenunterschied von 264 m (80 m im Aufstieg ab der Donau und 184 m im Abstieg zum Main). Zwischen Beilngries und Nürnberg ist der seit 1950 aufgelassene Kanal weitgehend erhalten. Sein moderner Nachfolger ist der von 1960 bis 1992 errichtete **Main-Donau-Kanal**.

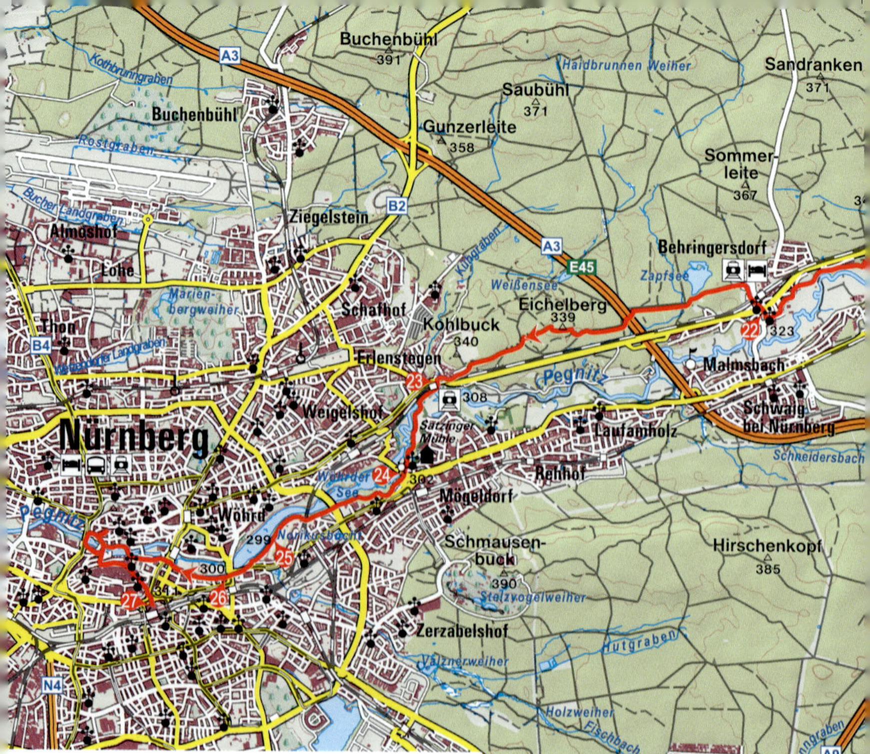


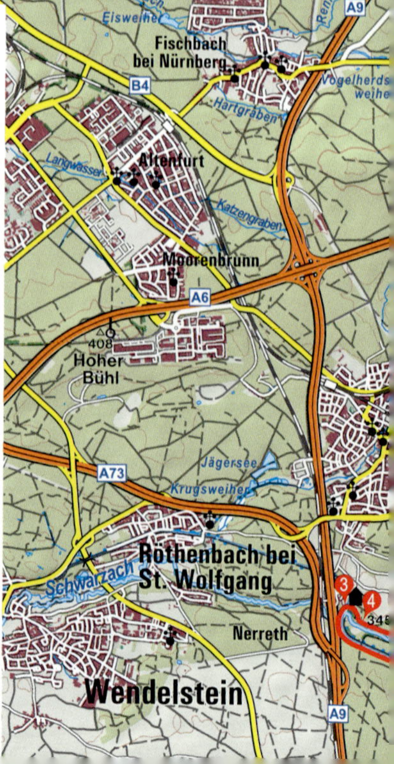


mit dem Gütesiegel »Bayerns schönste Geotope« ausgezeichnet. Bis Grünsberg folgen wir der Markierung »Blaues Kreuz« des Schwarzachtalwegs. Der erste Abschnitt führt uns durch die Schwarzachklamm (siehe Foto nächste Seite) – fast nur am Wasser, an bizarren Felsformationen, bunten Gesteinsschichten und kleinen Höhlen vorbei, durch Felstore, über Stufen und Stege.

In **Schwarzenbruck 5** halten wir uns an der Dürrenhembacher Straße rechts. Nach 40 m kann man links einen Abstecher zum nahen Petzsches Schloss machen. Wir aber biegen wenige Schritte weiter links ab und wandern immer auf das »Blaue Kreuz« achtend durch das nun breitere Flusstal nach **Ochenbruck 6**. Wir überqueren vorsichtig die B8, die hier Regensburger Straße heißt, und auf einer Brücke die Schwarzach.

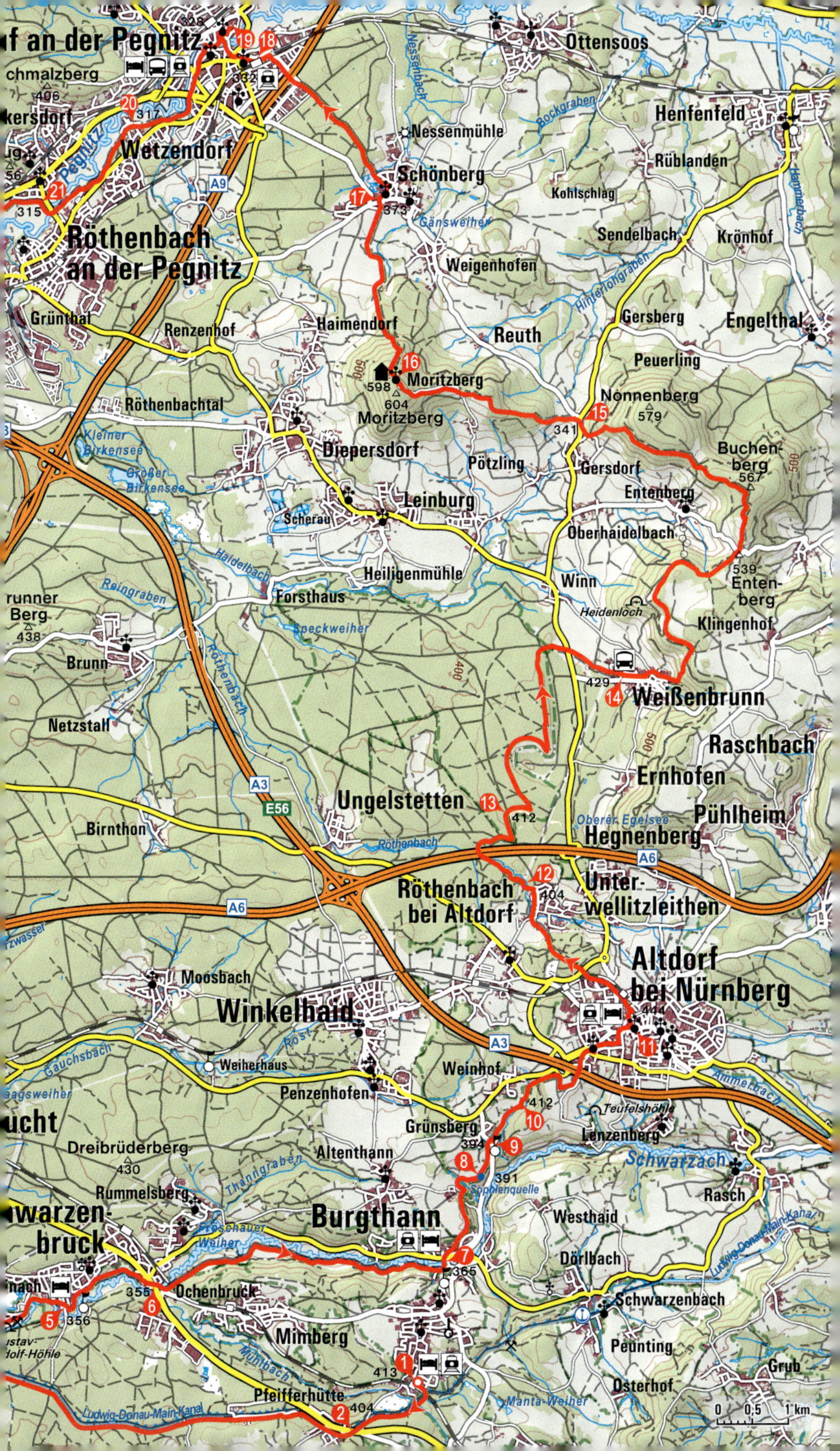

f an der Pegnitz
Schmalzberg
Wetzendorf
Röthenbach an der Pegnitz
Grünthal
Renzenhof
Röthenbachtal
Kleiner Birkensee
Großer Birkensee
Ottensoos
Nessenmühle
Schönberg
Gänsweiher
Weigenhofen
Henfenfeld
Rüblanden
Kohlschlag
Sendelbach
Krönhof
Gersberg
Engelthal
Hinterlohgraben
Haimendorf
Reuth
Moritzberg
Peuerling
Nonnenberg
Diepersdorf
Pötzling
Gersdorf
Buchenberg
Entenberg
Leinburg
Scherau
Oberhaidelbach
Heiligenmühle
Winn
Heidenloch
Klingenhof
Forsthaus
Haidelbach
Reingraben
Speckweiher
Brunn
Netzstall
Weißenbrunn
Raschbach
Ernhofen
Ungelstetten
Pühlheim
Oberer Egelsee
Hegnenberg
Birnthon
Röthenbach
Röthenbach bei Altdorf
Unterwellitzleithen
Altdorf bei Nürnberg
Moosbach
Winkelhaid
Weiherhaus
Gauchsbach
Penzenhofen
Weinhof
Teufelshöhle
Grünsberg
Lenzenberg
Schwarzach
Rasch
Dreibrüderberg
Altenthann
Thanngraben
Sophienquelle
Rummelsberg
Burgthann
Westhaid
Dörlbach
Ochenbruck
Schwarzenbach
Mimberg
Peunting
Mühlbach
Pfeifferhütte
Osterhof
Grub
Manta-Weiher
Ludwig-Donau-Main-Kanal
Schwarzenbruck
A9
A3
E56
A6
0 0,5 1 km

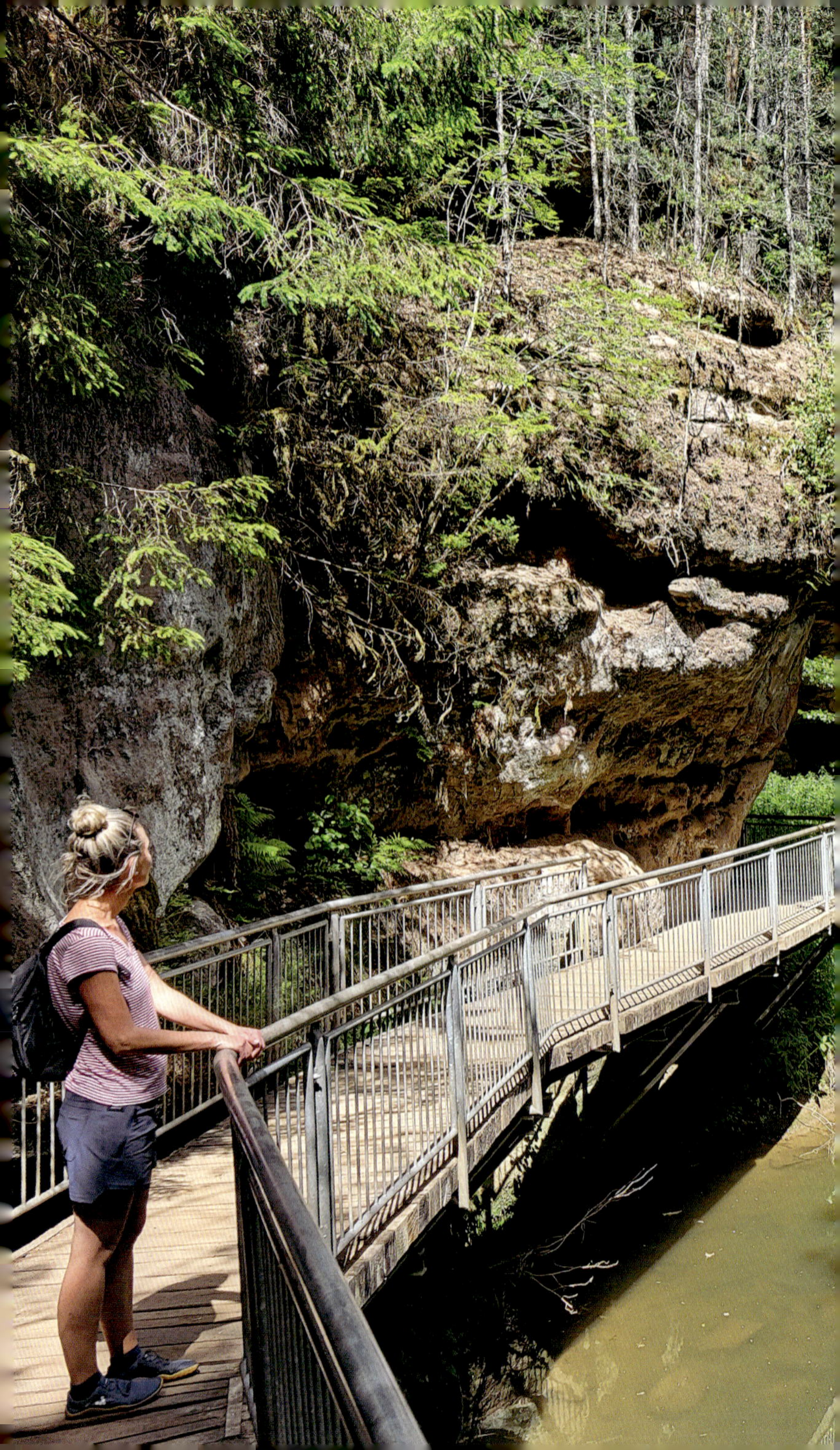

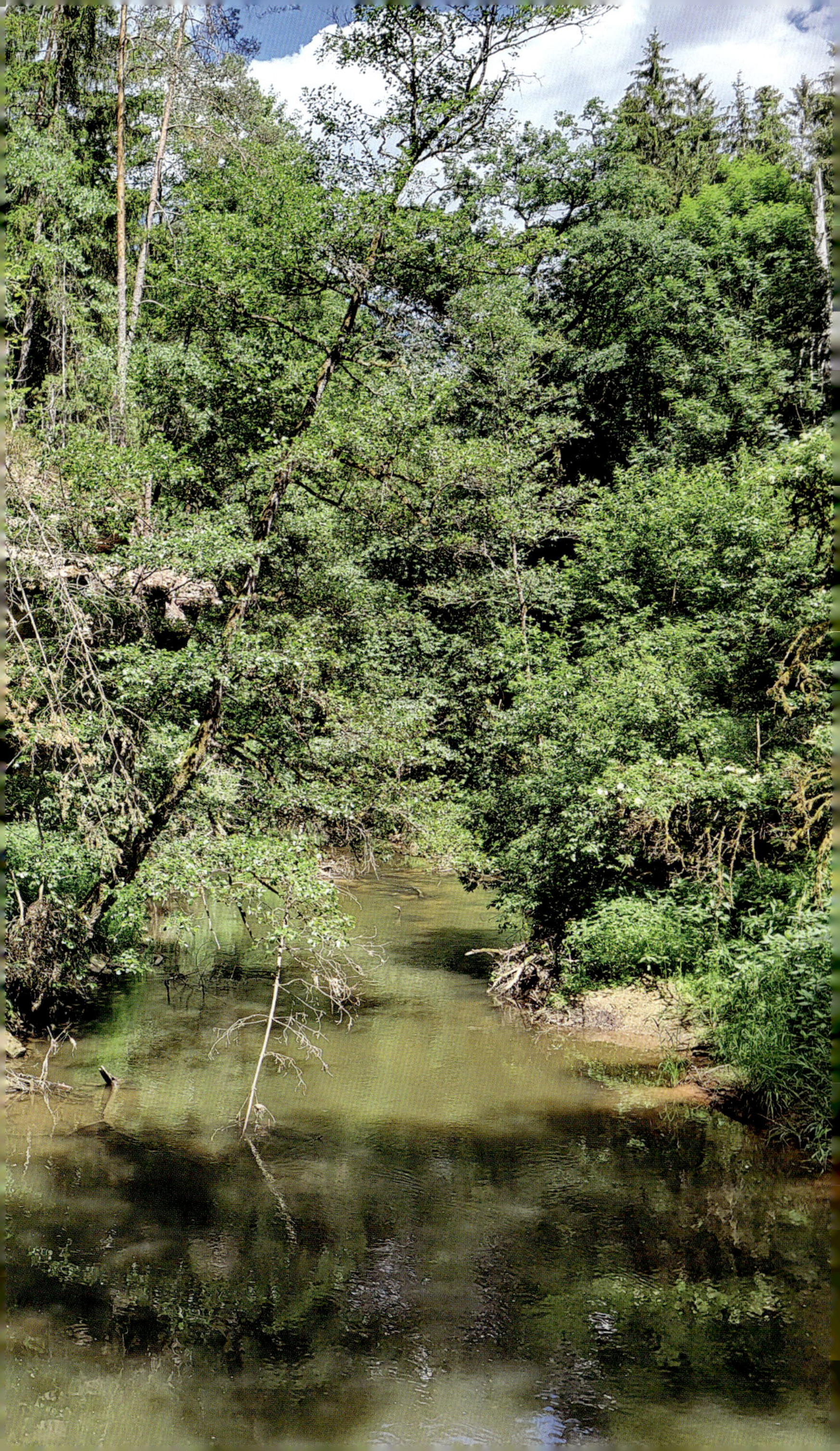

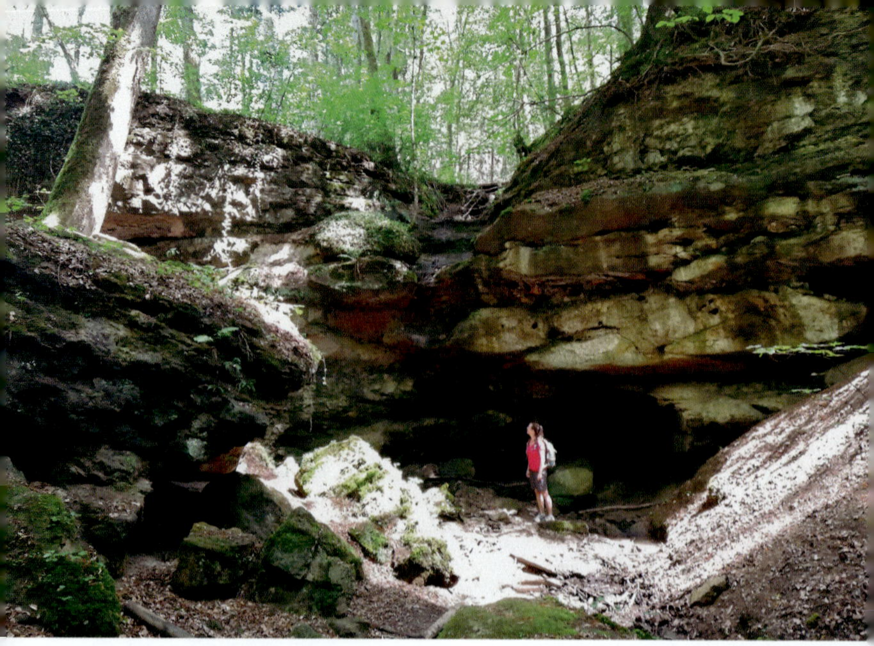

*Die Teufelskirche bei Grünsberg.*

Gleich danach links. Wir wandern nun fast 4,5 km zwischen Feldern und Wiesen unweit des Flüsschens eben dahin, bis wir an die Untere Eichenstraße in **Burgthann** ❼ gelangen.
Hier geht es ortseinwärts, an der Schwarzachstraße links, über die Schwarzach und an einer Ampel über die Ochenbrucker Straße. Auf den Straßen Am Hammerberg und Reinholdshöheweg schreiten wir durch ein Wohngebiet, dann links auf der Straße Reinholdshöheweg aus dem Ort hinaus. Die Markierung führt uns in einen Bachgrund (links lohnt der Abstecher in die Wolfsschlucht) und an die **Sophienquelle** ❽, eine der größten barocken Quellfassungen nördlich der Alpen.
Wir gelangen an die Grünsberger Straße und auf dieser nach **Grünsberg** ❾. Das »Blaue Kreuz« verlässt uns vor dem Schloss. Wir biegen bei nächster Gelegenheit rechts in die Straße Am Doktorsbrunnen ab. Nach den letzten Häusern steigen wir im Wald über Stock und Stein durch die wildromantische Rhätsandstein-

## Ehemalige Universitätsstadt mit fränkischem Kleinstadtflair

**Altdorf bei Nürnberg** (15.000 Einwohner) war von 1622 bis 1809 Universitätsstadt und ist durch die Wallenstein-Festspiele bekannt (der Feldherr Wallenstein studierte einst in Altdorf). Es macht Spaß – auch nach Einbruch der Dunkelheit – durch die ruhigen Gassen und über die Plätze zu schleichen. Im Amt für Kultur und Tourismus sowie auf der Webseite der Stadt (Suchbegriff: Stadtrundgang) gibt es einen kostenlosen Flyer mit einer Karte und den wichtigsten Sehenswürdigkeiten. Verpassen Sie zumindest nicht das alte **Rathaus**, die zahlreichen **Sandstein- und Fachwerkhäuser** am Oberen Markt, am Unteren Markt und am Plätzlein, die **St.-Laurentius-Kirche**, die ehemalige **Universität** sowie die **Stadtbefestigung** mit den drei noch erhaltenen Türmen.

schlucht **Teufelskirche ⑩**. An deren oberem Ende leiten uns ein paar Stufen hinauf an einen breiteren Weg, dem wir geradeaus folgen. Bis kurz vor dem Tagesziel gibt der Rundwanderweg »Weiße 4 auf grünem Grund« die Richtung vor. Die Schildchen führen uns aus dem Wald, an eine Straße, unter der A7 hindurch in ein Gewerbegebiet hinein und durch ein Wohnviertel bis an die Nürnberger Straße. Hier biegen wir ohne die Markierung rechts ab und gelangen durch das Obere Tor ins historische Zentrum von **Altdorf bei Nürnberg ⑪**.

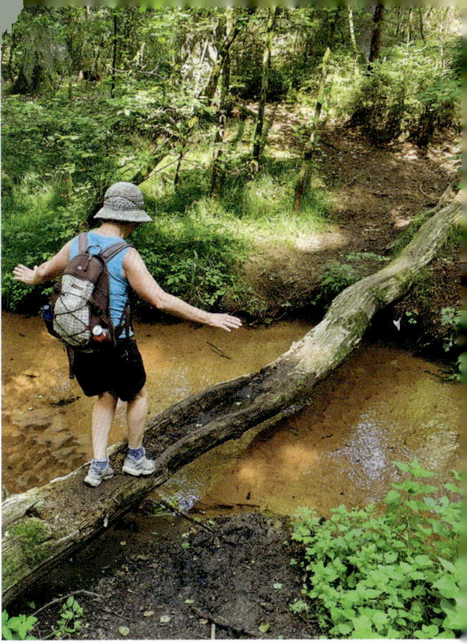

*Kleines Abenteuer in der Röthenbachklamm.*

**2. Tag (Altdorf bei Nürnberg – Lauf an der Pegnitz):**

Wir starten in **Altdorf bei Nürnberg ⑪** zwischen der St.-Laurentius-Kirche und dem alten Rathaus und gehen durch die Hermangasse und auf der Königsbühlstraße in Richtung Norden. Über den Heumarkt wird die Bahnhofstraße erreicht. Wir verlassen sie 50 m später nach rechts auf einem asphaltierten Weg. Bei nächster Gelegenheit links bis vor den bereits sichtbaren **Bahnhof Altdorf**.

*Den ersten Wandertag lassen wir in Altdorf ausklingen.*

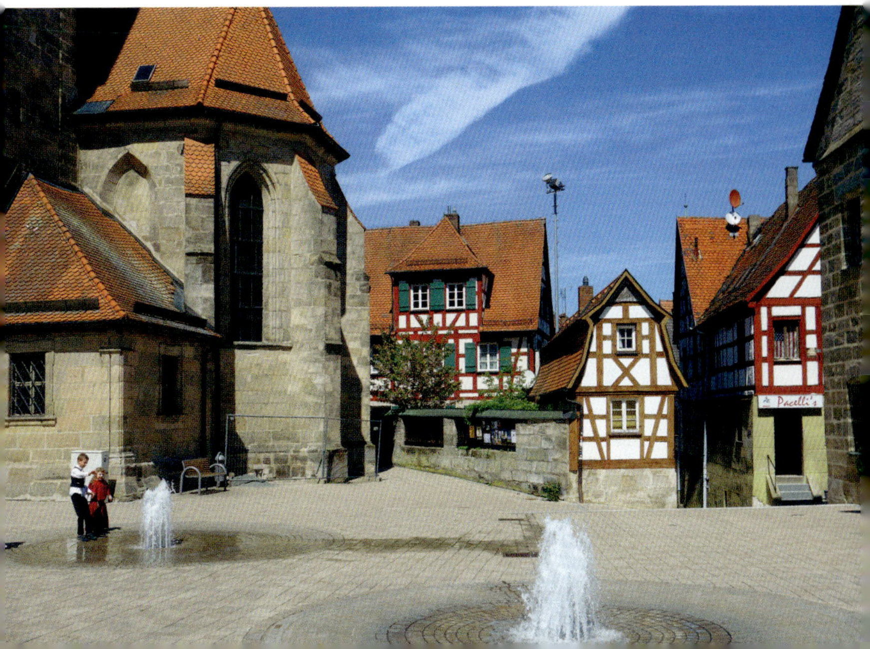

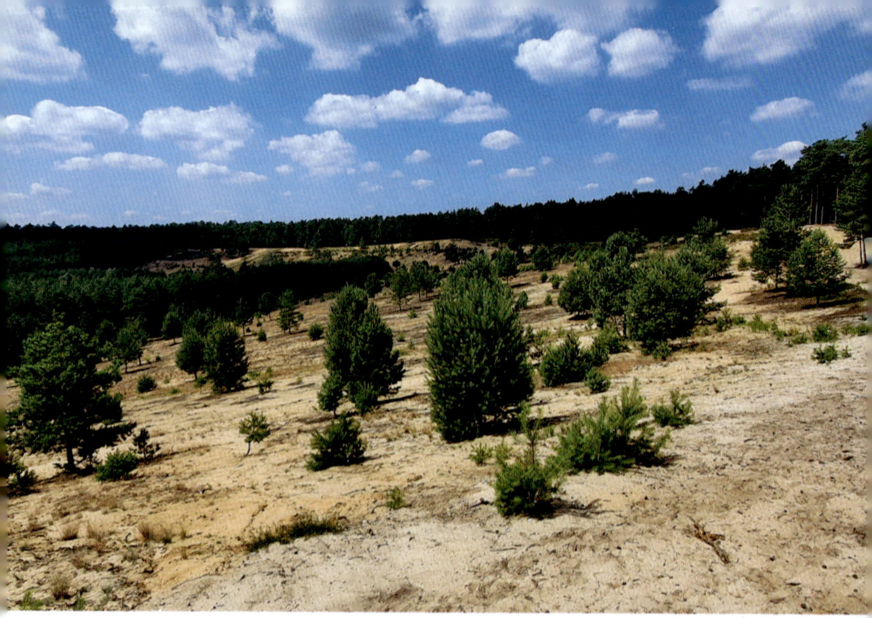

*Die am zweiten Tag besuchte Dünenlandschaft steht unter Naturschutz.*

Auf einem unmarkierten Schotterweg geht es rechts der Gleise weiter. Nach einem Trafohäuschen halten wir uns links. Die Hersbrucker Straße wird überquert. Mit der Markierung des Fränkischen Dünenwegs wandern wir durch ein Waldstück, dann nach **Röthenbach bei Altdorf** hinein.

Wir folgen 100 m der Röthenbacher Straße ortseinwärts, dann geradeaus auf der Straße Zur Röthenbachklamm bis zu den letzten Häusern. Dort halten wir uns links. Ein paar Schritte danach verlässt uns der Fränkische Dünenweg nach rechts. Wir gehen geradeaus in den Wald hinein und erreichen bei einem Wasserfällchen den Beginn der **Röthenbachklamm ⓬**, die auch Rumpelbachschlucht genannt wird. In der naturbelassenen Schlucht fließt der Röthenbach auf einer Länge von rund 350 m zwischen stark verwitterten, bis zu fünf Meter hohen Felsformationen aus Sandstein.

Wir folgen dem unmarkierten Pfad durch die Klamm. Einmal wird die Bachseite gewechselt. Nach den Felsformationen führt der Pfad weiter am Röthenbach entlang, dann erneut über diesen hinweg und an einen breiten Weg vor der A6. Wir halten uns links und unterqueren die Autobahn. Auf der anderen Seite gehen wir geradeaus in den Kiefernwald hinein und wählen gleich darauf von drei Wegen den rechten. Nach kurzem Anstieg geht es an einer Forststraße rechts, wenige Minuten später links in die nächste Forststraße. Wir verlassen sie nach 400 m bei einer Infotafel rechts in eine gewaltige **Sanddüne ⓭**. Früher wurde hier der Rohstoff abgebaut, heute ist sie ein Lebensraum für sandliebende Pflanzen und Tiere und gehört zum Naturschutzgebiet »Flechten-Kiefernwälder südlich Leinburg«. Typisch für diese Landschaft ist neben den Flugsanden eine Vegetation mit Kiefern, Blaubeersträuchern, Heiden sowie Bodenflechten.

Nach 400 m auf Pfaden am oberen Rand der Sanddüne biegen wir links in einen breiteren Waldweg ab. Dieser bringt uns zur nächsten Düne, die noch besser zu überblicken ist. Auch ihr folgen wir am oberen Rand, zunächst in einer weiten Rechtskurve, dann in einer engen Linkskurve. Am Ende des Sandes führt der Weg geradeaus in den Wald hinein. Wir ignorieren zwei Abzweigungen nach halblinks, kreuzen eine Forststraße und gelangen an den Waldrand. Es geht auf einem Fahrweg geradeaus weiter, über die St2240 und nach **Weißenbrunn ⑭** hinein.

Wir folgen der Weißenbrunner Hauptstraße nach links, biegen nach 400 m links in die Winner Straße ab und bei nächster Gelegenheit rechts in die Badstraße. Am **Naturbad** (siehe Tipps) gehen wir geradeaus und mit dem »Roten Punkt« bergan aus dem Ort hinaus. Nach einem steilen Anstieg wird eine Hochebene der Frankenalb erreicht. Die Markierung verschwindet hier. Wir halten uns links und wandern auf dem Frankenweg an der Abbruchkante entlang bis an eine Straße. Diese würde uns rechts in 1,3 km hinab nach Egensbach (siehe Einkehr und Unterkunft) bringen. Die Hauptroute verlässt die Straße aber nach ein paar Schritten wieder nach links. Wir orientieren uns noch 1 km am Frankenweg, der dann im Wald nach einer Linkskurve rechts abbiegt. Unser neues Wegzeichen ist der »Blaue Balken« des Anton-Leidinger-Wegs. Wir achten auf den nächsten 6 km gut auf die Markierung und wandern meist im Wald zunächst hinab an die **St2404 ⑮**, dann hinauf zum **Moritzberg ⑯**. Auf dem Nürnberger Hausberg gibt es Reste vorgeschichtlicher Höhensiedlungen, die St.-Mauritius-Kapelle, den Moritzbergturm sowie einen Gasthof mit einladendem Biergarten. Vom Moritzberg kehren wir knapp 100 m auf unserem Aufstiegspfad zurück und halten uns links. Bis zum Bahnhof Lauf (links Pegnitz) gibt das »Rote Kreuz« des Eppeleinswegs die Richtung vor. Wir wandern im Wald steil talwärts, dann eben zwischen Pferdekoppeln und Feldern und schließlich durch den Ortsbereich bis zum Marktplatz von **Schönberg ⑰**.

Hier gehen wir rechts, nach knapp 100 m links in die Neuhäuserstraße und bei erster Gelegenheit links in die Straße Alter Weg. Das »Rote Kreuz« führt uns aus Schönberg hinaus, durch einen »Steckerleswald«, auf der Waldstraße unter der A9 hindurch und auf der Weigmannstraße zum Bahnhof **Lauf (links Pegnitz) ⑱**.

Wir folgen der Weigmannstraße bis zur Einmündung in die größere Karlstraße, an der wir uns links halten (der Eppeleinsweg biegt hier rechts ab) und nach ein paar Schritten rechts in die Altdorfer Straße. Wir gehen geradeaus über den Schlossplatz mit dem fotogenen Wenzel-

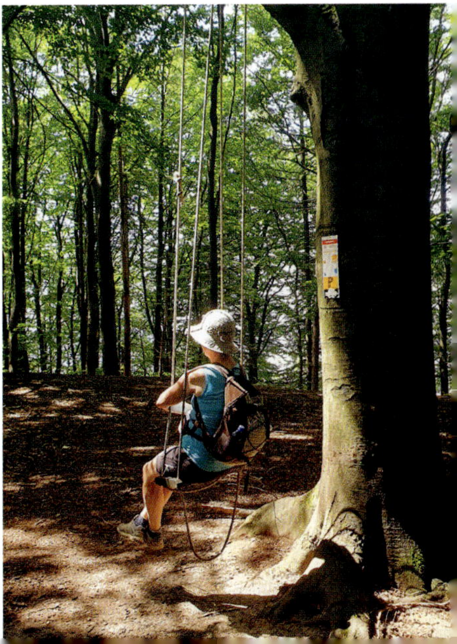

*So viel Zeit muss sein.*

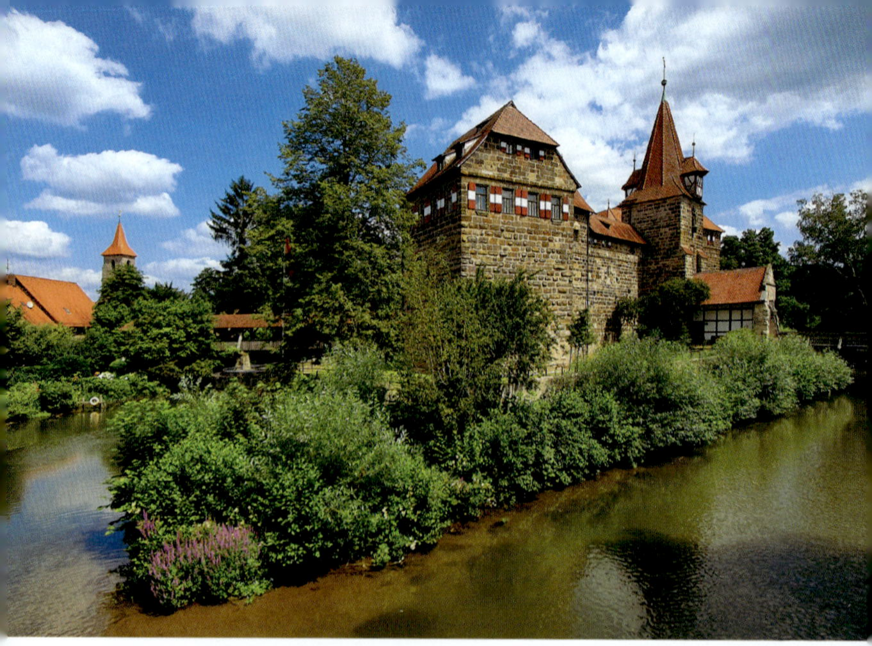

*Das Wenzelschloss in Lauf an der Pegnitz.*

schloss und auf der Johannisstraße über die Pegnitz und bis zum lang gestreckten Marktplatz in **Lauf an der Pegnitz ⑲**. Hier befinden sich zwei Stadttore, die evangelische Pfarrkirche St. Johannis, das frei stehende alte Rathaus sowie zahlreiche Wohn- und Geschäftshäuser aus dem 17. und 18. Jh., deren reizvolle Hinterhöfe teilweise besucht werden können.

**3. Tag (Lauf an der Pegnitz – Nürnberg):**

Wir verlassen den Marktplatz in **Lauf an der Pegnitz ⑲** in Richtung Westen durch das Nürnberger Tor. Am Friedensplatz links, gleich darauf links in die Glockengießerstraße. Sie geht in einer Rechtskurve in die Sichartstraße über. Das **Industriemuseum** (siehe Tipps) wird passiert.

Im Anschluss überqueren wir die Pegnitz auf einer Brücke für Fußgänger und Radler. Auf der anderen Seite geradeaus auf der Straße Am Steg, über den Hämmernplatz und auf der Kupfergartenstraße weiter. An deren Mündung kreuzen wir die größere Luitpoldstraße, behalten noch ein paar Schritte die Richtung bei und biegen dann rechts in ein Sträßchen ab. Bis nach Erlenstegen können wir uns an den Markierungen des Fränkischen Marienwegs und der Goldenen Straße (»Böhmischer Löwe«) orientieren. Sie leiten uns zunächst unweit der Pegnitz nach **Wetzendorf ⑳** hinein.

Wir wandern weiter durch die Auen und Wäldchen bis an die St2405, die uns rechts über den Fluss und zum Ortsbeginn von **Rückersdorf ㉑** bringt.

Dort geht es gleich links in die erste Straße, den Mühlweg. Die Markierungen führen uns bald wieder durch das breite, auch landwirtschaftlich genutzte Tal. Im nächsten Ort gelangen wir auf der Straße Am Stangenbrunn bis vor die Pfarrkirche St. Maria Magdalena. Dort halten wir uns an der Schwaiger Straße rechts und überqueren im Zentrum von **Behringersdorf** ㉒ an einer Ampel die B14.

Auf der Günthersbühler Straße gehen wir am Bahnhof vorbei und unter den Gleisen hindurch. Nach einem Kreisverkehr biegen wir in die zweite Straße, den Mörikeweg, links ab, knapp 200 m später in die Prager Straße. Die folgenden 4,5 km verlaufen der Fränkische Marienweg und die Goldene Straße überwiegend auf breiten Wegen durch Wald. Dabei kommen wir am Zapfweiher vorbei und überqueren die A3. Über den Kohlbuckweg und die Zapfengasse gelangen wir an die Erlenstegenstraße (B14) in **Erlenstegen** ㉓. Hier endet die Markierung »Böhmischer Löwe« und es fahren Regional- und S-Bahnen sowie Trams und Busse nach Nürnberg und zu anderen Zielen.

Wir kreuzen die große Straße an einer Ampel, gelangen durch einen Tunnel für Fußgänger und Radfahrer auf die andere Seite der Gleise und halten uns dort rechts. Nach knapp 400 m führt uns der Fränkische Marienweg über die Pegnitz und sogleich rechts in die Flussauen. Wir gehen auf einem Brückchen über einen Seitenarm der Pegnitz und folgen ihm nach links. Die Markierung verschwindet hier geradeaus. An dem Sträßchen Kirchenberg kommen wir nach links erneut über den Pegnitzarm zur **Satzinger Mühle** ㉔. Hier sind ein griechisches und ein chinesisches Restaurant untergebracht. Der Abstecher geradeaus zum alten Ortskern von **Mögeldorf** mit der gotischen Kirche St. Nikolaus und St. Ulrich, dem Friedhof und mehreren gut erhaltenen Herrensitzen dauert nur ein paar Minuten und lohnt sich. Wie bleiben am Fluss und wandern auf dem halbschattigen Wöhrder Wiesenweg, anfangs neben dem Seitenarm, dann am **Wöhrder See** bis zur **Energie- und Umweltstation** ㉕. Der 2600 m lange und bis zu 450 m breite Stausee und die Pegnitzauen sind die grüne Lunge von Nürnberg, Naherholungsgebiet der Bewohner(-innen) sowie Habitat für zahlreiche

*Die Wanderschäferei hat im Pegnitztal eine lange Tradition.*

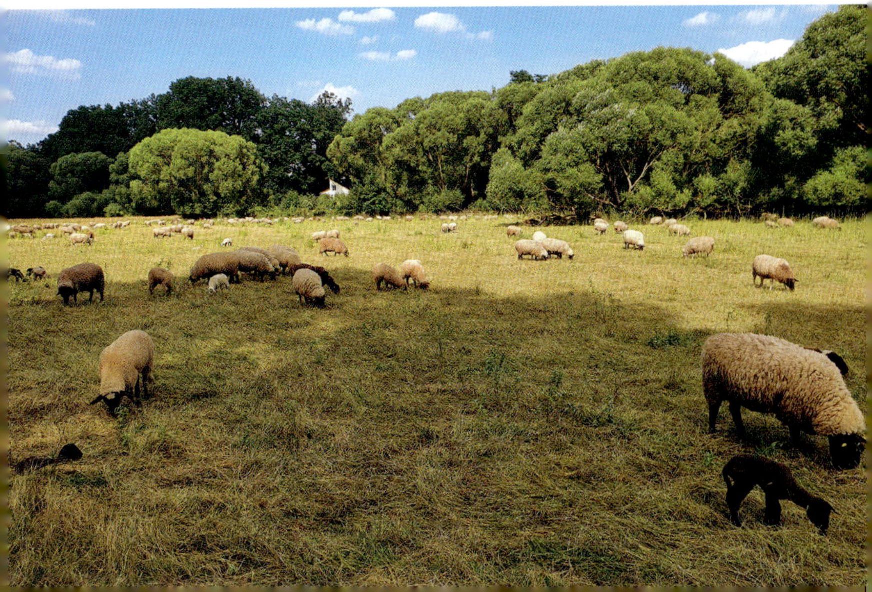

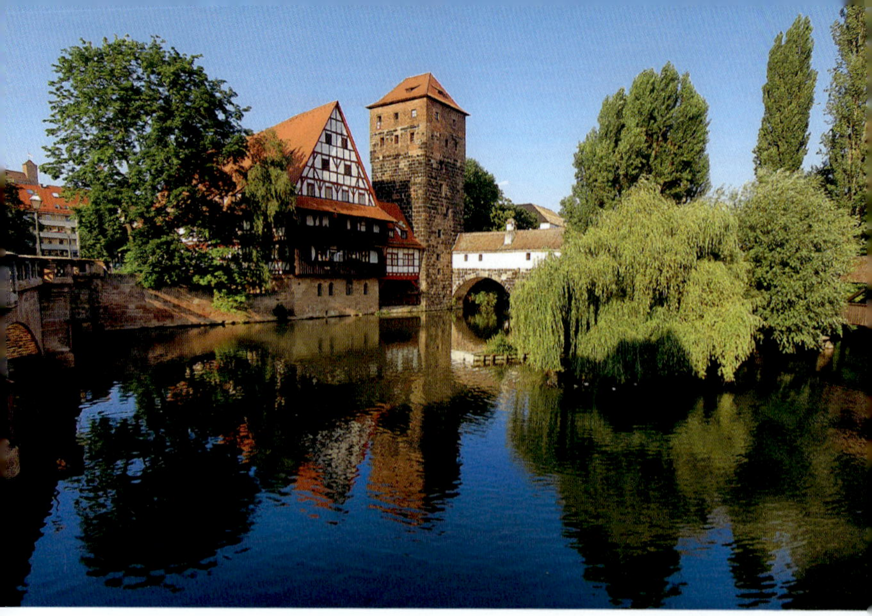

*Maxbrücke, Weinstadel, Wasserturm und Henkersteg in der Nürnberger Altstadt.*

Pflanzen, Wasservögel und andere Tiere.
Wir gehen am See weiter bis zu seinem westlichen Ende und dort durch einen Tunnel für Fußgänger und Radfahrer zur **Wöhrder Wiese** 26.
Auf der anderen Seite der Wiese bleiben wir links der Pegnitz. Zwei größere Straßen werden unterquert.

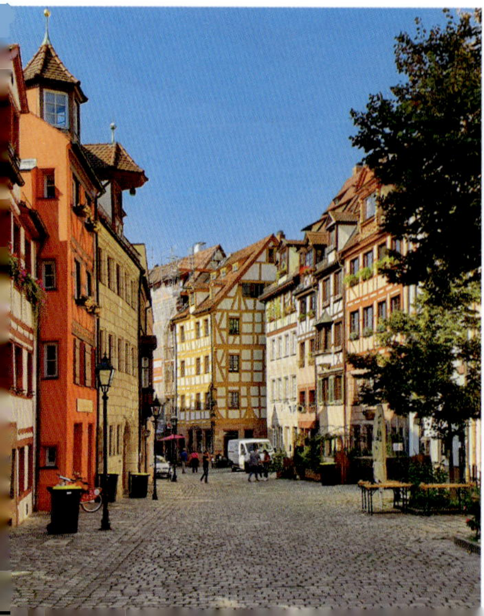

Ein breiter Durchgang in der mächtigen Stadtmauer führt uns in die **Nürnberger Altstadt**. Wir passieren das **Cinecittà** (eines der größten Kinozentren Europas) und die Stadtbibliothek, gehen dann durch das Sträßchen Wespennest und auf einem Fußweg neben dem Fluss an die Museumsbrücke. Hier empfiehlt sich der kurze Abstecher zum Parkhaus Adlerstraße (links in die Königstraße, dann die zweite Straße rechts), von dessen Dach man über die Altstadt und zur Burg schauen kann.
Wir überqueren die Museumsbrücke, gehen links durch Arkaden am Fluss weiter (geradeaus wären es knapp 100 m zum Hauptmarkt mit der Frauenkirche, dem Schönen Brunnen und der Tourist-Information). Vorbei an der Fleischbrücke gelangen wir über den Schleifsteg auf das Inselchen Trödelmarkt, das wir am anderen Ende auf dem **Henkersteg**

*Bei Einheimischen und Urlaubsreisenden beliebt: die Weißgerbergasse.*

wieder verlassen. Danach halbrechts bis vor die alte Stadtbefestigung. Hier gehen wir nach rechts über den Kettensteg zum Maxplatz. Auf der anderen Straßenseite biegt die **Weißgerbergasse** ab, in der über zwanzig mittelalterliche Fachwerkhäuser die schweren Luftangriffe auf Nürnberg überstanden haben; auch meine Lieblingseisdiele befindet sich dort. Zur Burg ginge es geradeaus und dann immer bergan.

Wir kehren zum Kettensteg zurück und gehen jetzt aber links, durch eine kleine Parkanlage und auf der Maxbrücke über den Fluss. Dort nach links bis vor den Henkersteg und nach rechts vom Wasser weg. Geradeaus durch die Hutergasse hoch auf den Josephplatz. Wir halten uns halbrechts und am Knöpflesbrunnen scharf links. Die Fußgängerzone führt direkt vor die **Lorenzkirche**.

An dieser folgen wir nach rechts der Königstraße bis zum Frauentorturm am Ende der Altstadt. Rechts kann man einen Blick auf den Klarissenplatz mit dem Neuen Museum und einem Teil der Stadtmauer werfen. Den Hauptbahnhof von **Nürnberg** ㉗ erreichen wir am schönsten durch den Handwerkerhof, dessen Eingang neben dem Frauentorturm kaum zu übersehen ist.

## Die Frankenmetropole

**Nürnberg** ist mit rund 515.000 Einwohnern die mit Abstand **größte Stadt Frankens** und nach München die zweitgrößte in Bayern. Vom Christkindlesmarkt, dem Germanischen Nationalmuseum, den Bratwürsten, dem Reichsparteitagsgelände, den Nürnberger Prozessen, der Spielwarenmesse, dem Bardentreffen und dem 1. FC Nürnberg (»Der Glubb«) dürfte fast jeder schon etwas gehört haben. Erstmals urkundlich erwähnt wurde die Stadt im Jahr 1050, ihre erste Blüte erlebte sie als Reichsstadt des Heiligen Römischen Reichs ab 1219. Trotz der starken Zerstörungen im Zweiten Weltkrieg und einigen Bausünden in der Nachkriegszeit ist »Nämberch« heute sehr sehens- und lebenswert. Wenn Sie die Stadt noch nicht kennen und etwas genauer anschauen möchten, dann kaufen Sie sich einen Stadtführer – etwa bei Korn & Berg am Hauptmarkt, der **ältesten Buchhandlung Deutschlands**. Ein paar Meter weiter in der Touristinformation bekommen Sie kostenfrei einen Stadtplan und einen City Guide.

Da ich in Mittelfranken aufgewachsen bin und seit sieben Jahren in Nürnberg lebe, verrate ich Ihnen sieben meiner Favoriten abseits von Kaiserburg, Reichsparteitagsgelände & Co.: 1. Der **Wöhrder See**, der **Kreuzigungshof** im Heilig-Geist-Spital und die **Hesperidengärten** sind herrliche Rückzugsorte inmitten der Metropole. 2. Sehr zu empfehlen sind die Themenführungen des **Vereins Geschichte für Alle** (www.geschichte-fuer-alle.de). 3. Einige Hauptsehenswürdigkeiten Nürnbergs bekommen Sie vom **Stadtbus der Linie 36** zu Gesicht, der alle 10 bis 20 Minuten vom Plärrer durch die Altstadt zum Doku-Zentrum fährt. 4. Das Eis der **Kleinen Eismanufaktur** in der Weißgerbergasse muss man probiert haben. 5. Mein Lieblingskaffeeröster ist **Machhörndl**, der drei Cafés in Nürnberg betreibt. 6. Im **Café Wanderer** bekommt man ebenfalls guten Kaffee, aber vor allem eine wechselnde Auswahl **fränkischer Biere**, die man vor dem Lokal auf einem der schönsten Plätze der Stadt trinkt. Wer in Stimmung gekommen ist, begibt sich ins **Szeneviertel Gostenhof**, wo es zahlreiche Kneipen, Restaurants, kleine Geschäfte und versteckte Galerien gibt. 7. Die **Basketballer der Nürnberg Falcons** tragen ihre Heimspiele in der Kia Metropol Arena (eine der modernsten Veranstaltungshallen Deutschlands) aus und wollen in die 1. Bundesliga.

# 22 Am Trauf der Frankenhöhe

## Von Dietersheim über Obernzenn nach Schweinsdorf

3 Tage | 49,1 km | ↗ 840 m | ↘ 740 m

***Viel Abwechslung zwischen Burg Hoheneck und Wildbad***

*Der Naturpark Frankenhöhe ist als Wandergebiet weniger bekannt und beliebt als der nördlich gelegene, etwas niedrigere Steigerwald oder die daran anschließenden Haßberge. Uns ist das nur recht auf unserem Gang am Nordtrauf der Frankenhöhe, also an der nördlichen Abbruchkante zur Windsheimer Bucht hin. So haben wir die dünn besiedelte, vielgestaltige Landschaft oft für uns allein. Zu sehen und entdecken gibt es genügend: die mittelalterliche Burg Hoheneck, die in einem der wenigen Weinbaugebiete Mittelfrankens eingebettet ist; die Fingalshöhle, wo bis zu 250 Jahre alte Inschriften an einstige Besucher und geschichtliche Ereignisse erinnern; die Streuobstwiesen auf dem Weg zum Petersberg und die tolle Aussicht vom Gipfel; die Europäische Wasserscheide, für die hier sogar ein Fernwanderweg erschaffen wurde; der Waldgasthof Wildbad, wo wir übernachten und vom Heilwasser trinken können; riesige Mischwälder mit alten Eichen und Buchen …*

**Ausgangspunkt:** Dietersheim, 302 m, Bahnhof.

**Endpunkt:** Schweinsdorf, 397 m, Bahnhof.

**ÖPNV:** Dietersheim und Burgbernheim (Variante) liegen an der Bahnstrecke Neustadt an der Aisch–Steinach bei Rothenburg ob der Tauber, Burgbernheim-Wildbad (Variante) an der Bahnstrecke Treuchtlingen–Würzburg, Schweinsdorf an der Bahnstrecke Steinach–Rothenburg ob der Tauber. Obernzenn hat Busverbindungen mit Ansbach und Bad Windsheim, Marktbergel mit Ansbach.

**Etappendaten:**
**1. Tag:** 5.00 Std., 19,2 km, ↑280 m, ↓210 m.
**2. Tag:** 5.15 Std., 17,7 km, ↑400 m, ↓330 m.
**3. Tag:** 3.15 Std., 12,2 km, ↑160 m, ↓200 m.

**Anforderungen:** Meist bequem zu gehende Wege und Forststraßen. Mehr schattige als offene Abschnitte und nur zwei etwas steilere Anstiege am zweiten Tag, sodass die Tour auch im Hochsommer in Frage kommt.

**Einkehr: 1. Tag: Ipsheimer Weinberg nahe dem Weinpavillon:** Bewirtungshaus Weinbauverein Ipsheim, meist Sa ab 13 Uhr und So ab 11 Uhr, www.weinbauverein-ipsheim.de. **Obernzenn:** Am Zenngrund (italienische Küche), Mo–Mi Ruhetag, Do–Sa ab 16.30 Uhr, So ab 11 Uhr, Ringstr. 2, www.land-restaurant.de, Tel. +49 9844 377; Die kleine Seehexe, Mo/Di Ruhetag, Mi–Sa ab 14 Uhr, So ab 11.30 Uhr, Urphertshofer Str. 15, www.diekleineseehexe.de, Tel. +49 9844 9789920; Gaststätte Rosenleite (deutsche und thailändische Küche), Di Ruhetag, Mo und Mi–Fr ab 16 Uhr, Sa/So ab 11.30 Uhr, Weiherstr. 16, gaststaette-rosenleite.de, Tel. +49 9844 647.
**2. Tag: Marktbergel:** Rotes Ross, So/Mo Ruhetag, Di–Sa ab 17.30 Uhr, Würzburger Str. 1, www.rotes-ross-marktbergel.de, Tel. +49 9843 936600; Pizzeria Il Gabbiano, Mo/Di Ruhetag, Mi–So ab 18 Uhr, Kirchstr. 15, www.pizzeria-gabbiano.de, Tel. +49 9843 548886. **Waldgasthof Wildbad:** Di Ruhetag, www.waldgasthof-wildbad.de, Tel. +49 9843 1321. **Burgbernheim** (Variante): Zum goldenen Hirschen, Öffnungszeiten siehe pension-badwindsheim.de, Windsheimer Str. 2, Tel. +49 9843 936880.
**3. Tag: Windelsbach:** Landhaus Lebert (Slow Food, auch vegan), Mo Ruhetag, Di–Sa ab 17.30 Uhr, So auch 11.30–

14 Uhr, Schloßstr. 8, hotel-restaurant-rothenburg.de, Tel. +49 9867 9570.

**Übernachtung: 1. Tag: Obernzenn:** Pension Heidi (€€), Uffenheimer Str. 18, www.pension-heidi.de, Tel. +49 9841 7078; Pension Zur Wolfsschlucht (€), Uffenheimer Str. 6, pension-zur-wolfs schlucht.de, Tel. +49 9844 1202; Seecamping (auch Hüttenvermietung), Urphertshofer Str. 17, www.seecamping-obernzenn.de, Tel. +49 9844 1438.
**2. Tag: Marktbergel:** Rotes Ross (€€€). **Waldgasthof Wildbad** (€€€). **Burgbernheim** (Variante): Zum goldenen Hirschen (€€€); Grüner Baum (€€), Windsheimer Str. 8, www.gruenerbaum-burgbernheim.de, Tel. +49 9843 1268.
**3. Tag: Windelsbach:** Landhaus Lebert (€€€).

**Einkauf:** Supermarkt und Bäckerei in Dietersheim und Obernzenn, Tante-Emma-Laden in Marktbergel, Supermarkt und Bäckerei in Burgbernheim (Variante).

**Information: Burgbernheim** (Variante): Tourist-Information, Rathausplatz 1, www.burgbernheim.de, Tel. +49 9843 30934.

**Variante:** Können oder wollen Sie die zweite Nacht nicht in Wildbad verbringen, erreichen Sie auf dem Markgrafenweg in knapp 1 Std. Burgbernhein, wo es weitere Übernachtungs- und Einkehrmöglichkeiten gibt.

**Verlängerung:** In Schweinsdorf schließt die Wochenendtour 23 an, es gibt dort aber keine Übernachtungsmöglichkeit. Wenn Sie nicht noch bis Detwang weitergehen möchten, bringt Sie die Bahn in 5 Minuten nach Rothenburg ob der Tauber und am nächsten Morgen wieder zurück.

**Karte:** UK50-17 Naturpark Frankenhöhe (Landesamt für Digitalisierung, Breitband und Vermessung Bayern, 1:50.000, 2018).

**1. Tag (Dietersheim – Obernzenn):** Vom Bahnhof **Dietersheim** ❶ folgen wir der Straße in Richtung Beerbach ortsauswärts. Nach 850 m kommt die Markierung »Roter Flieger« dazu (sie wird uns bis vor die Burg Hoheneck begleiten). Wenig später verlassen wir die Straße nach rechts auf einen breiten Forstweg. Kurz vor dem Waldrand gehen wir links und

*Wir wandern durch eines der wenigen Weinbaugebiete Mittelfrankens.*

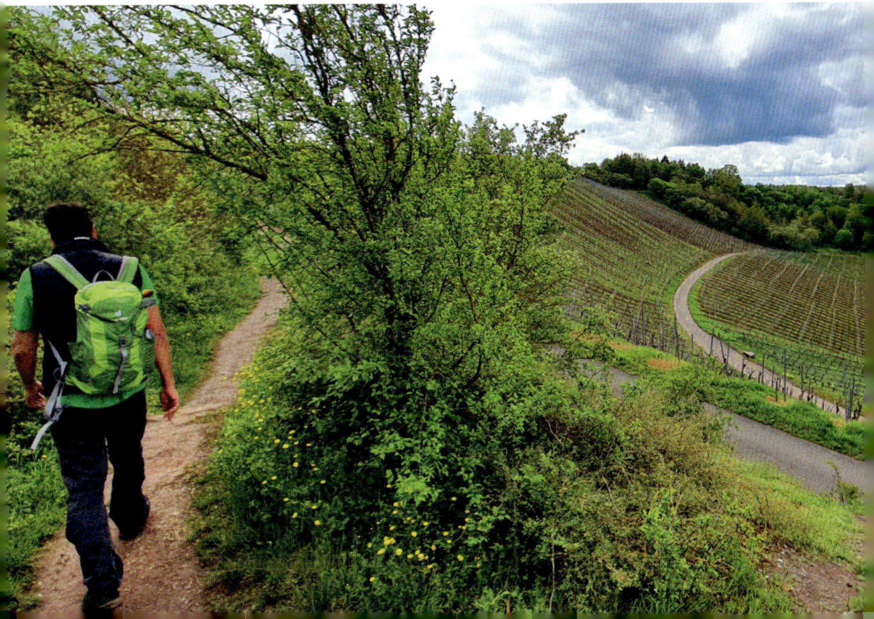

beim Schweinebach rechts zwischen Wiesen und Feldern weiter. Nach 250 m biegen wir links ab. Im Wald wird eine Kreisstraße überquert. Wir folgen ihr kurz in Sichtweite und halten uns dann auf Asphalt links.

Nach dem **Weinberg bei Dottenheim ❷** wandern wir durch Wald, anschließend am Waldrand mit ersten prächtigen Ausblicken ins Aischtal und zum Steigerwald. Eine Straße führt uns zum Weiler **Bühlberg**. Gleich beim ersten Hof folgen wir nach rechts einem Sträßchen zur **Burg Hoheneck ❸**. Die Markierung »Roter Flieger« hat uns kurz vorher verlassen. Die 1132 erstmals erwähnte Höhenburg ist seit 1984 eine Bildungsstätte des Kreisjugendrings Nürnberg und kann nur von außen besichtigt werden.

Wir gehen auf dem Sträßchen knapp 200 m zurück in Richtung Bühlberg. Noch vor einem Feld biegen wir rechts in einen Pfad ab und gelangen zwischen Hecken in die **Ipsheimer Weinberge**. Die Aussicht ist fantastisch, besonders zurück zur Burg Hoheneck. Ein breiter asphaltierter Weg führt zum **Weinpavillon ❹**. Kurz davor könnte man zum Bewirtungshaus des Weinbauvereins Ipsheim absteigen.

Wir bleiben auf dem asphaltierten Weg und halten uns an einer Gabelung links. Vor den letzten Reben bringt uns ein Pfad links zurück auf die Route »Roter Flieger«. Wir folgen den Markierungen nach rechts. Die **St2252 ❺** wird gekreuzt.

Auf den folgenden knapp 5 km wandern wir auf Forststraßen durch schönen Eichenmischwald. Wieder am Waldrand müssen wir aufpassen und links auf einen anfangs kaum erkennbaren Pfad abbiegen. Er führt immer am Waldrand entlang bis an einen aufgelassenen Sandsteinbruch. Dann gehen wir zwischen Feldern nach **Breitenau ❻**.

Der »Rote Flieger« verlässt uns an der Ortsstraße nach rechts. Wir hingegen halten uns links und verlassen die Straße am Ortsende wieder nach rechts. Die Markierung »Gelber Balken« führt uns an den Ortsrand von Obernzenn. Wir folgen der großen Straße rund 350 m in die Gemeinde hinein. Bei einem Supermarkt gehen wir rechts über den Fluss Zenn und

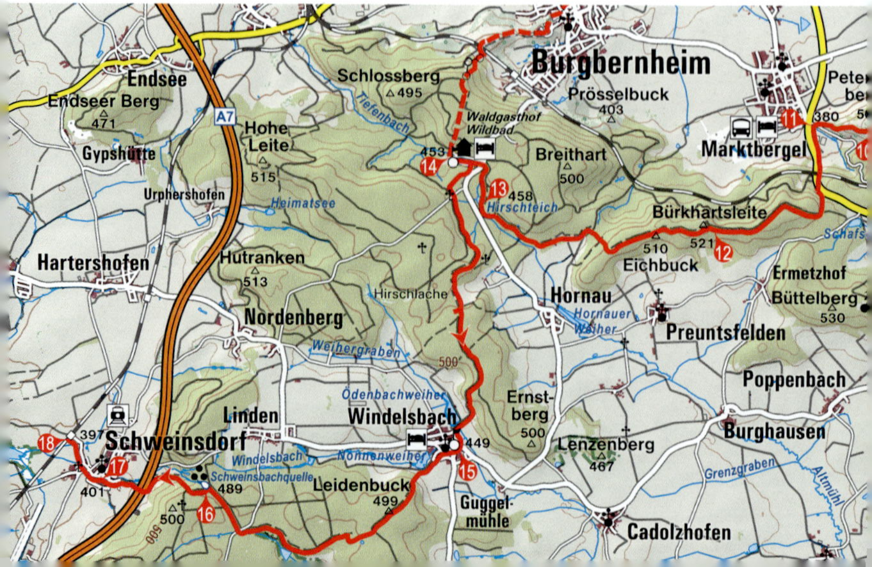

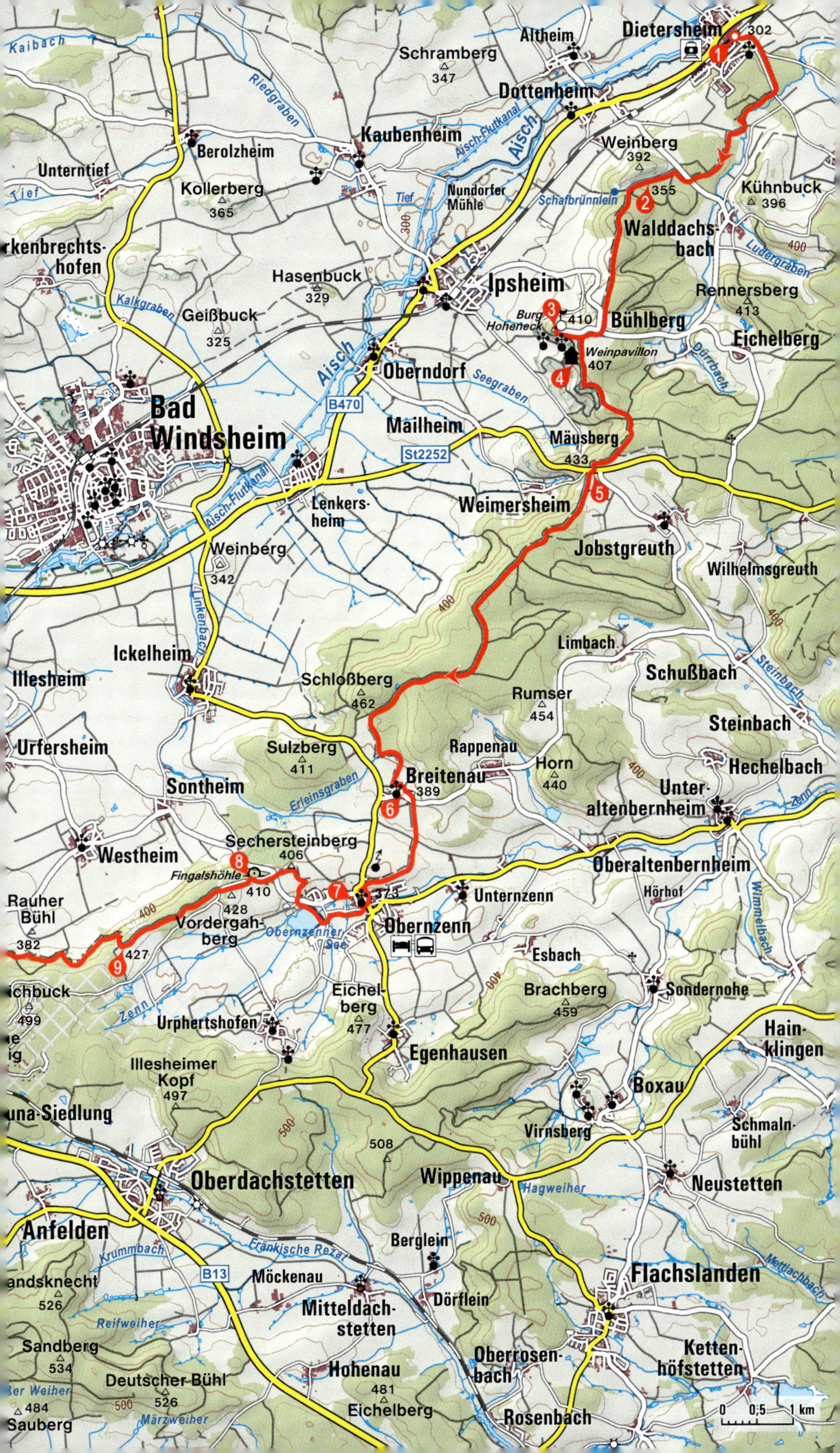

Dietersheim
302
Altheim
Schramberg
347
Dottenheim
Kaibach
Riedgraben
Berolzheim
Kaubenheim
Aisch-Flutkanal
Aisch
Weinberg
392
Unterntief
Kollerberg
365
Nundorfer Mühle
Tief
Schafbrünnlein
355
Kühnbuck
396
Walddachsbach
Ludergraben
Hasenbuck
329
Ipsheim
Rennersberg
413
Kalkgraben
Geißbuck
325
Burg Hoheneck
410
Bühlberg
Eichelberg
Weinpavillon
407
Oberndorf
Seegraben
Dürrbach
Bad Windsheim
B470
Mailheim
Mäusberg
433
St2252
Aisch-Flutkanal
Lenkersheim
Weimersheim
Jobstgreuth
Wilhelmsgreuth
Weinberg
342
Linkenbach
Limbach
Ickelheim
Schußbach
Illesheim
Schloßberg
462
Rumser
454
Steinbach
Steinbach
Urfersheim
Sulzberg
411
Rappenau
Horn
440
Hechelbach
Breitenau
389
Sontheim
Erleinsgraben
Unteraltenbernheim
Zenn
Westheim
Sechersteinberg
406
Oberaltenbernheim
Fingalshöhle
410
373
Unterzenn
Hörhof
Rauher Bühl
382
428
Vordergahberg
Obernzenner See
Obernzenn
Esbach
Wimmelbach
427
Sondernohe
Eichelberg
477
Brachberg
459
499
Urphertshofen
Zenn
Egenhausen
Hainklingen
Illesheimer Kopf
497
Boxau
Schmalnbühl
508
Virnsberg
Oberdachstetten
Wippenau
Hagweiher
Neustetten
Anfelden
Krummbach
Berglein
Fränkische Rezat
Flachslanden
Mettlachbach
B13
Möckenau
Dörflein
Reifweiher
Mitteldachstetten
Sandberg
534
Oberrosenbach
Kettenhöfstetten
Deutscher Bühl
526
Hohenau
481
Eichelberg
484
Sauberg
Märzweiher
Rosenbach
0
0,5
1 km

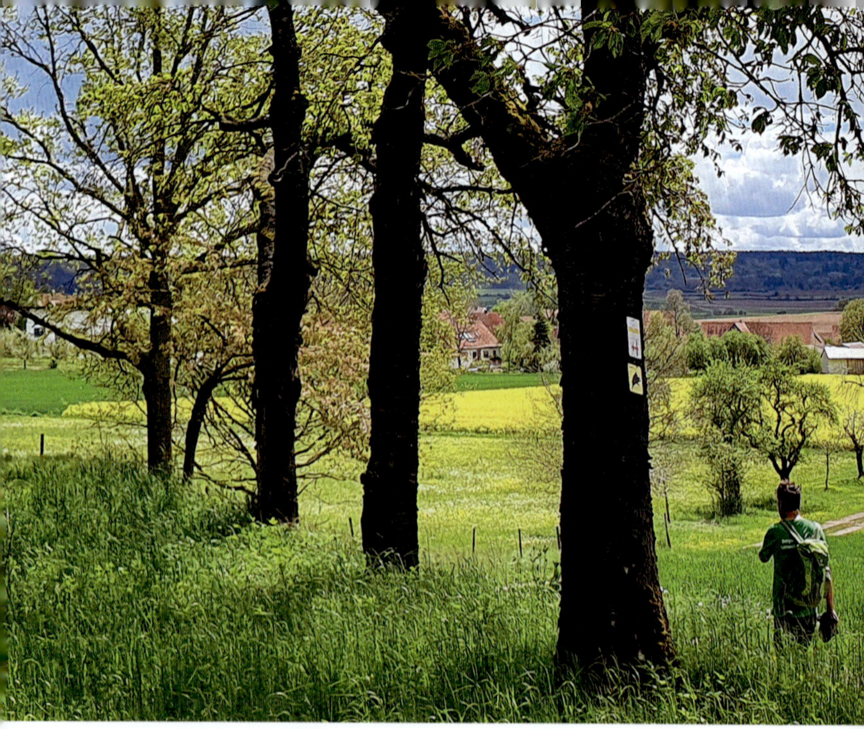

*Zwischen Feldern Breitenau entgegen.*

in die Straße Am Plärrer. Wir befinden uns nun im alten Zentrum. Bei einem Brunnen gelangen wir nach rechts durch das Tor der ehemaligen Kirchhofbefestigung und folgen der Kirchgasse an der evangelisch-lutherischen Pfarrkirche St. Gertraud vorbei. Kurz danach sind wir am **Blauen** und **Roten Schloss** in **Obernzenn 7**, dem ansehnlichsten Duo weit und breit.

**2. Tag (Obernzenn – Waldgasthof Wildbad):**
Auf die beiden barocken Schlösser von **Obernzenn 7** blickend gehen wir auf der Seckendorfstraße nach links. Nach wenigen Schritten biegen wir von der Konrad-Geisselbrecht-Straße rechts in einen Fuß- und Radweg ein, 60 m später gehen wir abermals rechts. Der Weg führt an der Schlossmauer entlang, durch den Zenngrund, etwas nach links versetzt über eine Straße und hinauf zum **Obernzenner See**.
Wir folgen dem Uferweg rechts bis an die Kreisstraße. Links befindet sich der nicht zugängliche jüdische Friedhof (über dessen Mauern man aber spitzen kann). Wir kreu-

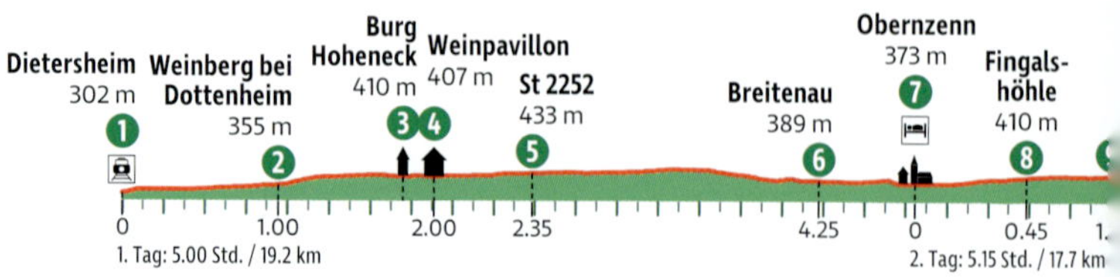

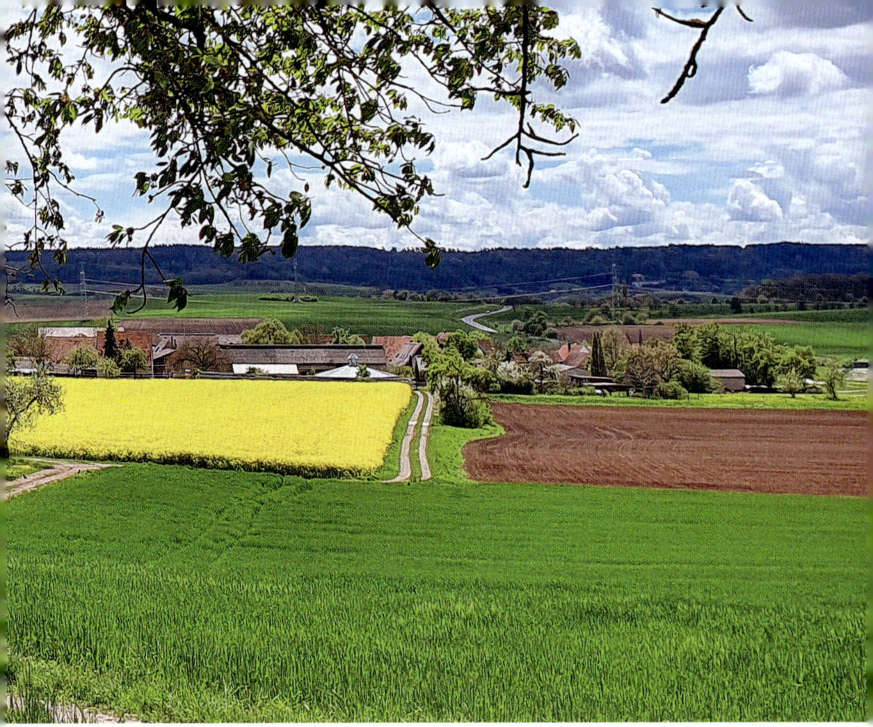

zen die Straße und steigen etwas nach rechts versetzt in einem alten Obstgarten am Ortsrand kurz empor. Oben angelangt links weiter. An einem Waldeck kommt die Markierung »Roter Flieger« dazu (der wir bis Marktbergel folgen). Hier halten wir uns links. Die Kreisstraße wird erneut überquert. Dann wandern wir auf der sogenannten Panzerstraße weiter, auf der tatsächlich noch US-amerikanische Militärfahrzeuge zum Truppenübungsplatz fahren.

Nach knapp 250 m gelangen wir rechts auf einem Pfad zur **Fingalshöhle 8**, einem aufgelassenen Sandsteinbruch. Zahlreiche in die hohen Steinwände geritzte Inschriften erinnern an einstige Besucher und Ereignisse, man erkennt z. B. die Gedenkinschrift für Hauptmann von Erckert, der 1777 fiel, oder die Worte eines französischen Kanoniers aus dem Jahr 1806.

Die Markierung führt uns zurück auf die Panzerstraße. 300 m später verlassen wir den Asphalt nach rechts. Wir wandern durch Wald und direkt am Truppenübungsplatz der U.S. Army entlang. Nach dem **Flurdenkmal Die Spinnerin 9** kommen wir nach rechts auf einen breiten Fahrweg.

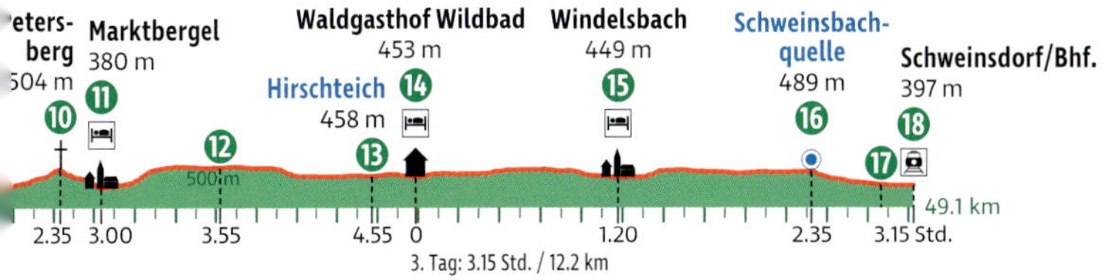

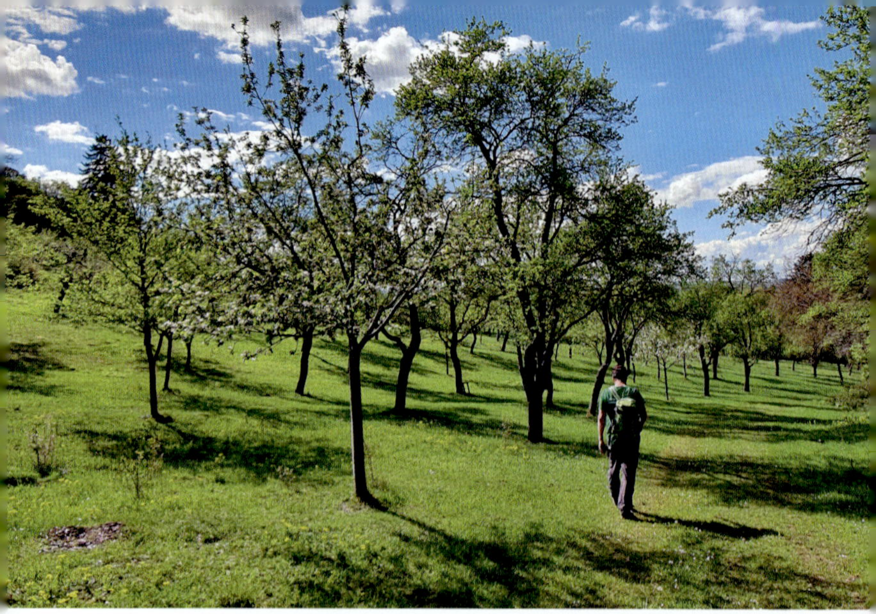

*Streuobstwiesen sind Schatzkammern unserer Kulturlandschaft.*

Nach kurzem Abstieg geht es links am Hang weiter. Wir folgen die nächsten 2,5 km unserer Markierung »Roter Flieger« durch das beschauliche Streuobstwiesengelände, halten dabei in etwa die Höhe, steigen also weder hinauf zur Frankenhöhe noch hinab ins Aischtal. Bei einem großen Stall halten wir uns links in Richtung des bereits sichtbaren Gipfelkreuzes. Nach einem Anstieg von 110 Höhenmetern stehen wir auf dem 504 m

*Der Petersberg ist ein ausgezeichneter Aussichtsberg.*

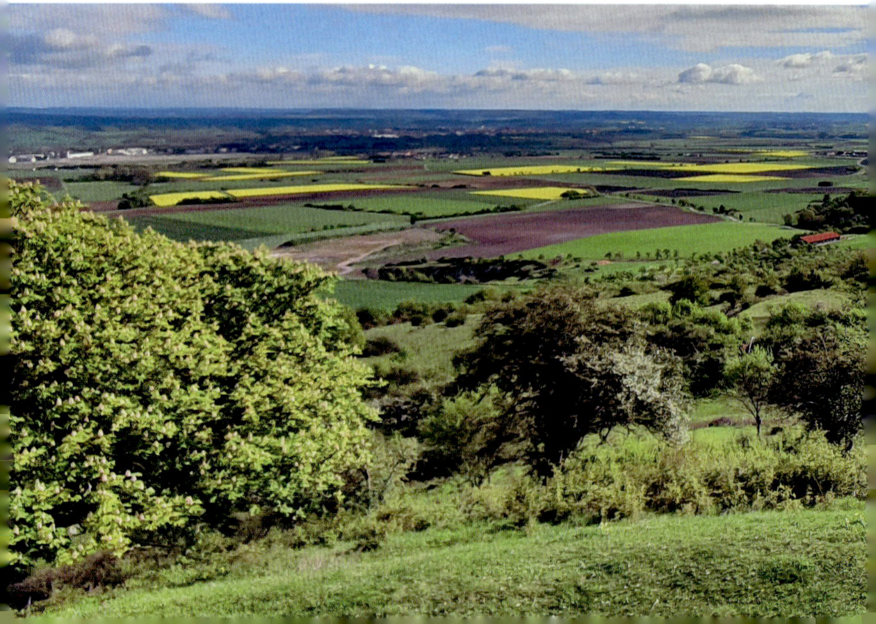

## Schwarzes Meer oder Nordsee – das ist hier die Frage

Als Wasserscheide bezeichnet man die Grenzlinie zwischen zwei Flusssystemen. An der **Europäischen Hauptwasserscheide** wird das Wasser zweier Fließgewässer, die nicht weit voneinander entfernt liegen, oder auch zwei Regentropfen, die nur Zentimeter auseinander auf den Boden fallen, in Tausende Kilometer voneinander entfernte Meere fließen. Die **Altmühl** entwässert über die Donau ins Schwarze Meer. Der **Schweinsbach** hingegen strebt über den Saubach, den Steinbach, die Tauber, den Main und den Rhein zur Nordsee. Am zweiten und dritten Tag dieser Wochenendtour bewegen wir uns auch ein Stück auf dem **Europäischen Wasserscheideweg**, der entlang der Europäischen Wasserscheide in fünf Etappen von Ansbach nach Schnelldorf führt (siehe www.wasserscheideweg.de).

hohen **Petersberg** ⑩. Die Aussicht reicht von der Trauf über das Aischtal und die Windsheimer Bucht bis hinüber zum Steigerwald. Im Bereich des Petersbergs leben bedrohte Tiere wie die Kreuzkröte und der Wendehals und es sind über 700 Pflanzenarten anzutreffen, darunter seltene Orchideen und Enziane.

Auf der anderen Seite steigen wir wieder ab bis an die B13 am Ortsrand von **Marktbergel** ⑪. Wir folgen der Bundesstraße nach links auf einem Geh- und Radweg, unterqueren sie wenig später und begleiten sie weiter in Richtung Frankenhöhe. Es geht auf einer Birnenallee und nach der Bahnunterführung geradeaus auf einem Waldweg empor. Wir gelangen auf eine asphaltierte Forststraße. 50 m später biegen wir rechts in einen Steig ab. Die Markierung »Roter Flieger« verlässt uns an dieser Stelle, auch wenn sie heute und morgen hin und wieder auftaucht. Zurück auf der Frankenhöhe wird eine Forststraße erreicht, an der wir uns rechts halten müssen. Wir wandern nun ein Stück direkt auf der **Europäischen Wasserscheide**.

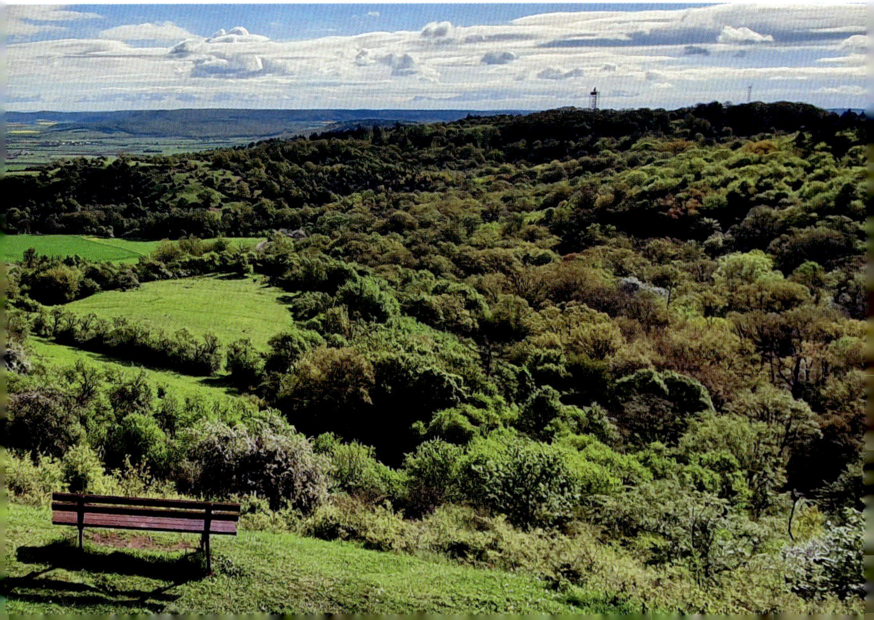

## Früher Kurbad, heute Waldgasthof

Das **Wildbad** blickt auf über 1200 Jahre Geschichte zurück. Die **Heilquellen** im Brunnental waren bereits zur Zeit Karls des Großen bekannt. Im 18. Jh. zählte es zu den bedeutendsten Kurbädern Europas und diente den Markgrafen von Ansbach als **Erholungsort**. Aus dieser Epoche ist auch das **Kurhaus** mit den beiden Gängen zur Gaststube und zum dreiflügeligen **Markgrafenschloss** erhalten. Nach dem Zweiten Weltkrieg wurden in den Gebäuden jüdische Holocaust-Überlebende untergebracht, um sich auf die Auswanderung nach Israel vorzubereiten. Von 1951 bis 1968 wurde Wildbad als Kneippbad betrieben, ehe der Kurbetrieb eingestellt wurde. Seit 1980 kann man in dem idyllisch und ruhig gelegene **Waldgasthof** einkehren und übernachten. Die Heilquellen sind immer noch frei zugänglich. Auf einer Tafel wird erklärt, welches Brunnenwasser bei welchem Leiden helfen soll.

Bis zum Tagesziel folgen wir der Markierung »Europäischer Wasserscheideweg«. Kurz vor dem höchsten Punkt wird die Forststraße nach links auf einen **angenehmen Waldweg** ⑫ verlassen. An einer Gabelung rechts, bei nächster Gelegenheit rechts bergab. Die Markierungen führen uns an den Waldrand, dem wir rund 600 m folgen. Wir biegen wieder in den Wald ab und werden zum **Hirschteich** ⑬ geleitet. Im Weiterweg befindet sich linker Hand das **Quellgebiet** der **Altmühl**.

Eine Kreisstraße und ein Wanderparkplatz werden erreicht. Wir überqueren die Straße und gehen auf Asphalt geradeaus bis zum **Waldgasthof Wildbad** ⑭. Hier beginnt die Variante nach Burgbernheim.

*Der Waldgasthof Wildbad ist Ziel der zweiten Etappe.*

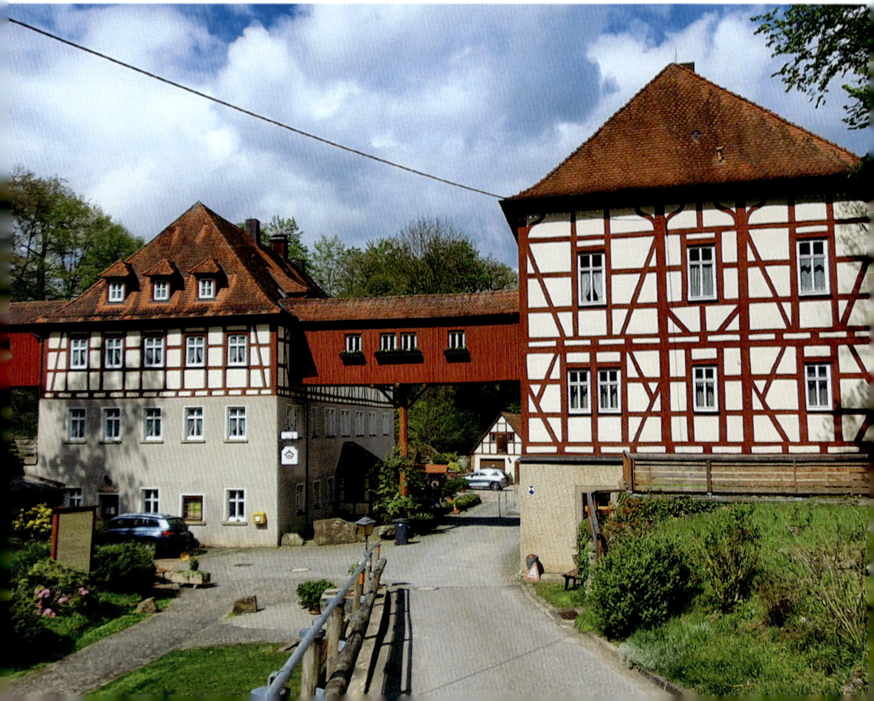

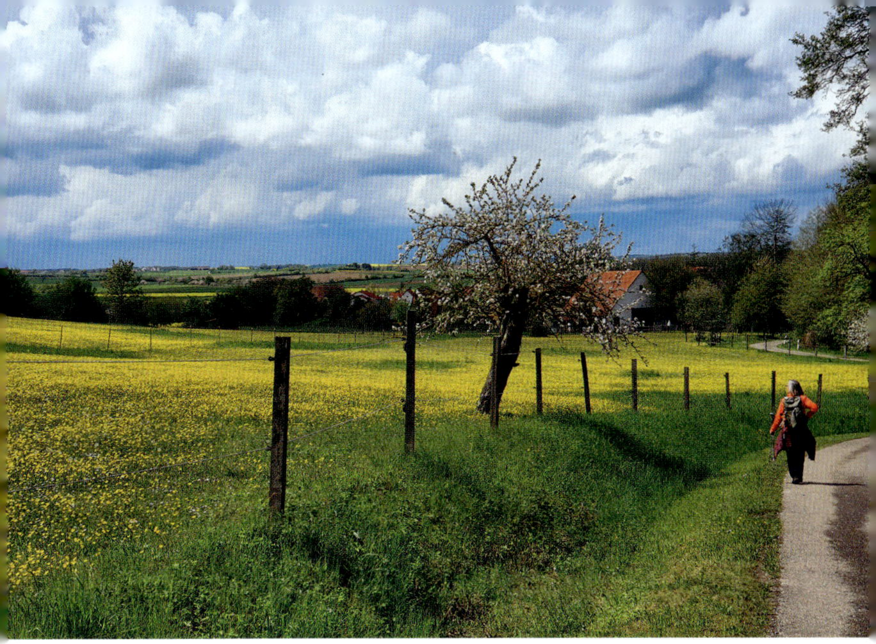

*Schweinsdorf in Sicht.*

**3. Tag (Waldgasthof Wildbad – Schweinsdorf):**
Vom **Waldgasthof Wildbad ⑭** folgen wir dem Sträßchen knapp 200 m auf der gestrigen Route. Wir verlassen es nach rechts auf einen Waldweg, überqueren den Tiefenbach und danach einen Fahrweg (rechts könnte man einen kurzen Abstecher zum Markgrafenschloss machen). Wenig später kommt die Markierung »Rotes Kreuz« dazu (der wir bis hinter Windelsbach folgen). An einer Kreuzung mit fünf Einmündungen geht es halblinks weiter. Eine Straße wird überquert. Knapp 700 m später biegen wir links auf einen Pfad ab. Die Markierungen und Wegweiser führen zunächst durch Wald, dann durch die Flur bis nach **Windelsbach ⑮** hinein.

Am Schloss halten wir uns an der Ortsdurchgangsstraße rechts und verlassen sie vor der Kirche nach links. Bei einem Weiher gehen wir nach der Bebauung links in den Wald hinein. Der Weg führt kurz steil empor, an einer Gabelung links, über eine Forststraße und an der nächsten Forststraßenkreuzung rechts. Die Markierung »Rotes Kreuz« verschwindet an dieser Stelle. Wo die Forststraße eine Kurve nach rechts macht, gehen wir geradeaus auf einem Waldweg mit u. a. der Markierung »Roter Milan« weiter. An einem Sträßchen halten wir uns links, knapp 100 m später verlassen wir es wieder nach rechts. Nach 750 m biegen wir links ab und passieren die **Schweinsbachquelle ⑯**.

Gut 100 m später rechts. Wir wandern durch die Schweinsbachklamm und über eine Lichtung – in der Ferne ist Rothenburg ob der Tauber auszumachen – hinab bis vor die A7. Nach deren Unterquerung gelangen wir am Bach entlang nach **Schweinsdorf ⑰**. Wir folgen der Ortsstraße nach links, kreuzen eine größere Straße und gehen auf der Bahnhofstraße bis zum **Bahnhof Schweinsdorf ⑱**.

# 23 Durchs idyllische Taubertal

## Nach Detwang, Rothenburg o. d. T. und Creglingen

2 Tage | 36,3 km | ↗770 m | ↘900 m

***Ein Inbegriff der Romantik, drei Riemenschneider-Altäre, 25 Mühlen***

*Zum Auftakt dieser Wochenendtour spazieren wir am Großen und Kleinen Lindleinsee entlang. Das Naturschutzgebiet ist Brut- und Rastplatz für Blesshühner, Reiher, Schwäne und andere Wasservögel. Am rauschenden Saubach geht es hinab ins Steinbachtal, einem Ort der Ruhe und des Idylls. Überwucherte Steinterrassen deuten auf früheren Weinbau ab dem 10. Jh. hin. Ab Steinbach befinden wir uns im Taubertal, das nicht mehr ganz so ruhig, aber auch reizvoll ist. Wir verbringen die Nacht in Rothenburg ob der Tauber. Die Stadt wird oft als Inbegriff der Romantik bezeichnet, was nicht nur damit zusammenhängt, dass sie an der Romantischen Straße von Würzburg nach Füssen liegt, der ältesten Ferienstraße in Deutschland. Unsere zweite Etappe steht im Zeichen der Tauber. Wir wandern meist oberhalb des Flusses durch Weinberge, Feldgehölz, Wiesen und Wäldchen. Von dem Panoramaweg sind auch die vielen Mühlen auszumachen (siehe taubermuehlenweg.de). 25 sind es von Rothenburg bis Creglingen. Vielleicht wollen Sie ja mitzählen.*

**Ausgangspunkt:** Schweinsdorf, 397 m, Bahnhof (Bedarfshaltestelle, Haltewunschtaste drücken).
**Endpunkt:** Creglingen (Baden-Württemberg), 273 m, Hauptstraße.
**ÖPNV:** Schweinsdorf und Rothenburg ob der Tauber liegen an der Bahnstrecke Steinach–Rothenburg. Detwang, Steinbach, Tauberscheckenbach, Tauberzell und Creglingen haben Busverbindungen (teilweise als Rufbusse, für die man sich anmelden muss) mit Rothenburg und Weikersheim.
**Etappendaten:**
**1. Tag:** 3.30 Std., 13,2 km, ↑210 m, ↓190 m.
**2. Tag:** 6.45 Std., 23,1 km, ↑560 m, ↓710 m.
**Anforderungen:** Bequem zu gehende Wander-, Feld- und Weinbergwege. Im Bereich der Ortschaften und Weinberge auch einige asphaltierte Abschnitte. Am zweiten Tag wenig Schatten und zahlreiche, meist moderate An- und Abstiege.
**Einkehr:** **1. Tag:** **Detwang:** Gasthof Schwarzes Lamm, Öffnungszeiten siehe www.hotelschwarzeslamm.de, Detwang 21, Tel. +49 9861 6727. **Bronnenmühle:** Unter den Linden (mit Biergarten), Mo/Di Ruhetag, Mi–Fr ab 14 Uhr, Sa/So ab 10 Uhr, www.unter-den-linden-rothenburg.de, Tel. +49 9861 5909. **Rothenburg ob der Tauber:** Der Reichsküchenmeister (auch vegan; mit Biergarten), www.hotel-reichskuechenmeister-rothenburg.de,

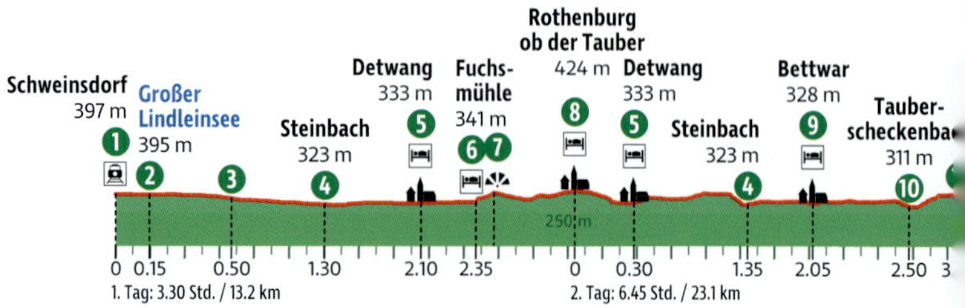

Kirchplatz 8, Tel. +49 9861 9700; Café Lebenslust (auch vegan; mit Innenhof), Öffnungszeiten siehe www.lebenslust-rothenburg.de, Kirchgasse 5, Tel. +49 9861 9179478; Am Platzl (auch vegan; mit Terrasse), Mo Ruhetag, Di–Sa 12–14 Uhr und 17.30–21 Uhr, So 12–16 Uhr, Judengasse 37, am-platzl-rothenburg.de, Tel. +49 9861 8964; Landwehr-Bräu am Turm (auch vegan; mit Terrasse), Mo Ruhetag, Di–Fr ab 18 Uhr, Sa/So ab 14 Uhr, Spitalgasse 1, www.landwehr-am-turm.de, Tel. +49 9861 8755353.
**2. Tag: Bronnenmühle** und **Detwang:** siehe 1. Tag. **Bettwar:** Gasthof Alte Schreinerei, Mi/Do Ruhetag, www.alte-schreinerei.de, Tel. +49 9861 1541. **Tauberzell:** Landhaus Zum Falken, Mo/Di Ruhetag, Tauberzell 41, www.landhaus-zum-falken.de, Tel. +49 9865 941940. **Creglingen:** Gasthaus zum Hirschen, Mo Ruhetag, So nur mittags, Hauptstr. 27, www.gasthauszumhirschen.de, Tel. +49 7933 203240.
**Übernachtung: 1. Tag: Detwang:** Gasthof Schwarzes Lamm (€€€); Campingplatz Tauberromantik (auch Mietwohnwagen und Schlafraum), Detwang 39, www.camping-tauberromantik.de, Tel. +49 9861 6191. **Fuchsmühle:** Pension Fuchsmühle (€€€), www.fuchsmuehle.de, Tel. +49 9861 92633. **Rothenburg ob der Tauber:** Glocke Weingut und Hotel (€€€), Plönlein 1, www.glocke-rothenburg.de, Tel. +49 9861 95899; Gasthof Butz (€€€), Kapellenplatz 4, gasthof-butz.de, Tel. +49 9861 2201; Jugendherberge (€€), Mühlacker 1, rothenburg.jugendherberge.de, Tel. +49 9861 94160; Villa Mittermeier (€€€), Vorm Würzburger Tor 7, www.villamittermeier.de, Tel. +49 9861 94540.

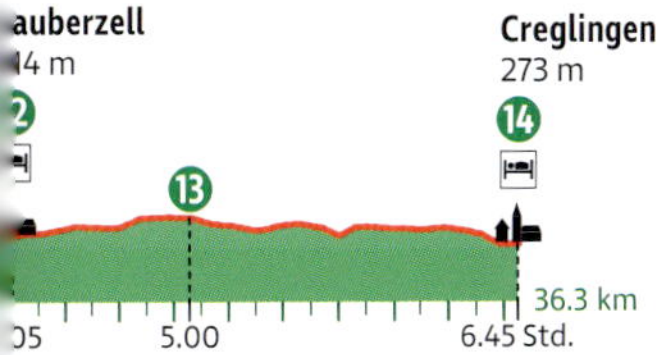


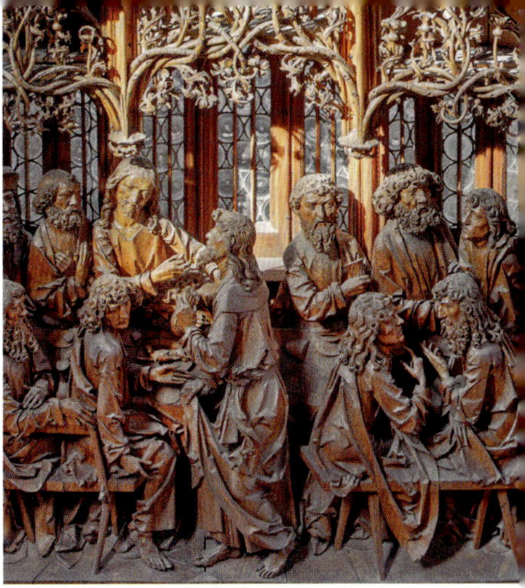

*Riemenschneider-Altar in der Rothenburger Jakobskirche.*

**2. Tag: Detwang:** siehe 1. Tag. **Bettwar:** Gasthof Alte Schreinerei (€€). **Tauberzell:** Landhaus Zum Falken (€€€). **Creglingen:** Gästehaus Herrgottstal (€€), Herrgottstal 13, www.gaestehaus-herrgottstal.de, Tel. +49 7933 518; Jugendherberge (€€), Erdbacher Str. 30, www.jugendherberge-creglingen.de, Tel. +49 7933 336.
**Einkauf:** Supermarkt und Bäckerei in Rothenburg und Creglingen.
**Information: Rothenburg ob der Tauber**: Tourismus Service, Marktplatz 2, www.rothenburg-tourismus.de, Tel. +49 9861 404800.
**Tipps:** 1. In den Ferien und an den Wochenenden im Sommerhalbjahr sind das Taubertal und Rothenburg stark besucht. Der Andrang auf den Wanderwegen ist aber meist erträglich. 2. Von Creglingen kommend befindet sich 150 m vor der Herrgottskirche in der Kohlesmühle mit dem Fingerhutmuseum ein originelles Spezialmuseum (vorherige Anmeldung nötig, www.fingerhutmuseum.de, Tel. +49 7933 370).
**Verlängerung:** Machen Sie zunächst Wochenendtour 22 und danach diese.
**Karte:** 772 Taubertal, Hohenloher Ebene (Kompass, 1:50.000, 2019) oder ATK25-G05 Rothenburg ob der Tauber (Landesamt für Digitalisierung, Breitband und Vermessung Bayern, 1:25.000, 2016).

**1. Tag (Schweinsdorf – Rothenburg ob der Tauber):**
Vom Bahnhof **Schweinsdorf ❶** gehen wir auf einem Sträßchen nach Westen, also vom Ort weg. Nach 150 m biegen wir links in einen Feldweg ab, der uns an den **Großen Lindleinsee ❷** führt. Die Chancen stehen gut, dass wir ganz unterschiedliche Wasservögel beobachten können. An Einmündungen bzw. Gabelungen halten wir uns dreimal links, bleiben also in Ufernähe. Der Damm zwischen dem Großen und **Kleinen Lindleinsee** wird erreicht. Direkt danach biegen wir bei einem Schuppen rechts ab. Die St2419 wird überquert, 50 m später geht es leicht rechts in den Wald hinein. Wir wandern auf einem schönen schattigen Weg neben dem Saubach abwärts bis vor eine alte Steinbrücke im **Steinbachtal ❸**. Hier halten wir uns links, bleiben also vorerst auf der linken Bachseite. Wir folgen dem Weg durch das idyllische Tal und überqueren dabei mehrmals den Steinbach. Die vereinzelten Ter-

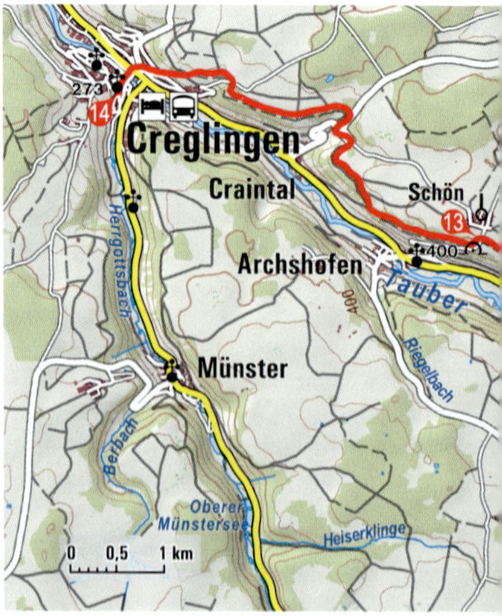


rassen an den steilen Hängen zeugen vom einstigen Weinbau. Auf Asphalt wird die Ortschaft Steinbach durchquert. Am Ortsrand von **Steinbach ❹** gelangen wir ins Taubertal und an die Talstraße.
Wir folgen dieser nach links und verlassen sie nach knapp 100 m wieder rechts. Eine Holzbrücke führt über die Tauber. Auf der anderen Seite geht es links auf dem Radweg weiter. Nach der Kläranlage nicht geradeaus über den Fluss, sondern rechts auf einem breiten Weg weiter. Bei einem Bolzplatz überqueren wir die Tauber und halten uns vor dem Campingplatz rechts und gelangen zur romanischen **Kirche St. Peter und Paul** in **Detwang ❺**. Ihr bedeutendstes Kunstwerk ist der Kreuzigungsaltar von Tilman Riemenschneider.
Ein paar Schritte später folgen wir nicht dem Straßenverlauf links zum Hotel und Gasthof Schwarzes Lamm, sondern wählen geradeaus die Straße Kurze Steige. Nach 50 m rechts auf einen Weg neben dem Fluss. Wir gelangen an eine größere Straße.

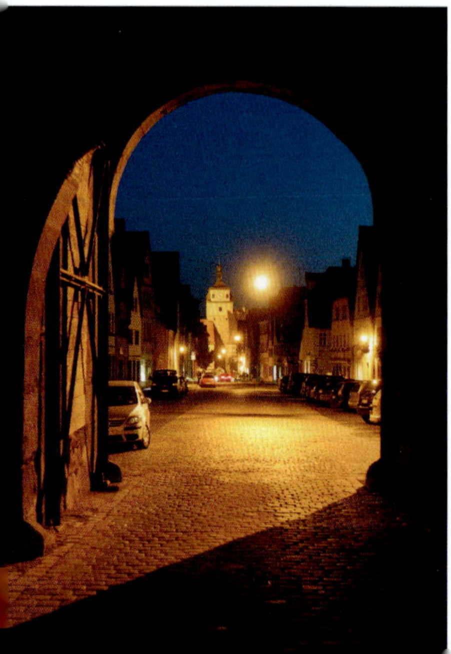

*Rothenburg by night.*

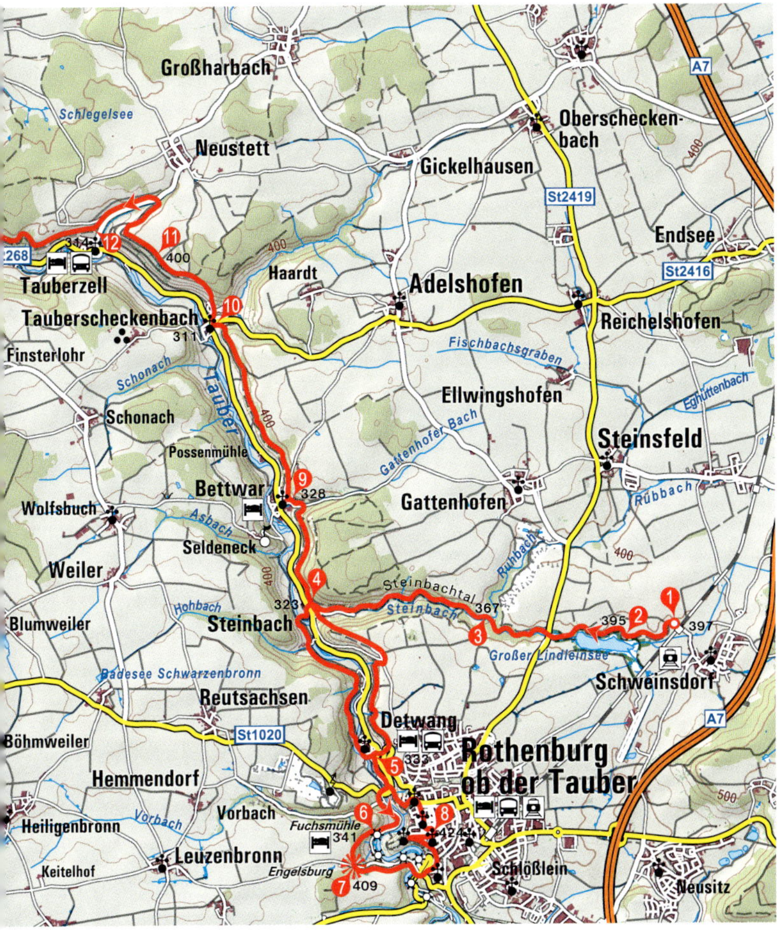


Geradeaus vor uns liegt die **Bronnenmühle** mit dem lauschigen Biergarten Unter den Linden. Die Straße bringt uns nach rechts über die Tauber. Auf der anderen Seite halten wir uns links und wandern auf einem Sträßchen bis in die Einöde **Fuchsmühle ❻**. Rechter Hand liegt die gleichnamige Mühle, die heute zur Stromerzeugung dient und in der sich eine Pension befindet. Linker Hand steht das **Topplerschlösschen**, ein markanter spätmittelalterlicher Wohnturm.

Direkt nach der Mühle verlassen wir den Asphalt geradeaus auf einem ansteigenden Pfad. Nach wenigen Minuten erreichen wir eine Anhöhe, die sogenannte **Engelsburg ❼**, auf der früher die Rothenburger Skisprungschanze stand, deren Form noch zu erkennen ist. Von hier oben bietet sich ein grandioser Blick auf die Stadt mit ihren zahlreichen Türmen auf der anderen Talseite.
Wir queren die Leuzenbronner Straße und steigen wieder ins Tal ab. Dort geht es auf der Doppelbrücke über

## Der Bildschnitzer von Würzburg

**Tilman Riemenschneider** (* um 1460, † 1531), von Zeitgenossen gerne der »Bildschnitzer von Würzburg« oder »Meister Til« genannt, hat wie kein anderer die fränkische Kunst im ausgehenden Mittelalter geprägt. Er besaß das genialische Talent, seinen Holzfiguren mit Hilfe von Licht und Schatten Leben einzuhauchen. Wer das Smartphone aus- und das Herz einschaltet, liebt und leidet beim Betrachten noch heute mit den Figuren.

Auf unserer zweitägigen Wanderung durch das Taubertal haben wir die Gelegenheit, drei herausragende spätgotische Altäre aus der Werkstatt Tilman Riemenschneiders zu bestaunen: Das **Kreuzigungsretabel** (um 1505–08) in der Kirche St. Peter und Paul in **Detwang** (Mo–Sa 14–16 Uhr, So 10–12 Uhr, Tel. +49 9861 700625), den **Heiligblut-Altar** (um 1501–05) in der Stadtkirche St. Jakob in **Rothenburg ob der Tauber** (Mo–Sa 10–18 Uhr, Tel. +49 9861-700620) sowie das Marienretabel (um 1505–08) in der **Herrgottskirche** in **Creglingen** (Di–So 9.15–18 Uhr, Tel. +49 7933 338). Kunsthistoriker sind sich nicht einig, ob der Franziskusaltar (um 1490) in der Franziskanerkirche in Rothenburg ein frühes Werk Riemenschneiders ist.

die Tauber und wieder bergan. Vor dem Kobolzeller Tor halten wir uns links. Wir wandern also unterhalb der Stadtmauer und oberhalb der Rothenburger Eich. Das Erzeugnis dieses einzigen Weinbergs der Stadt kann im Weingut und Hotel Glocke probiert werden. Bald nach den Rebstöcken gehen wir scharf rechts und durch eine Pforte in den Burggarten. Wir schreiten durch das Burgtor und gelangen auf die Herrngasse. Diese führt uns an der Franziskanerkirche vorbei bis zum beeindruckenden Marktplatz in **Rothenburg ob der Tauber 8**.

**2. Tag (Rothenburg – Creglingen):** Vom Marktplatz in **Rothenburg ob der Tauber 8** gehen wir auf der vom Vortag bekannten Herrngasse

*Der Große Lindleinsee steht unter Naturschutz.*

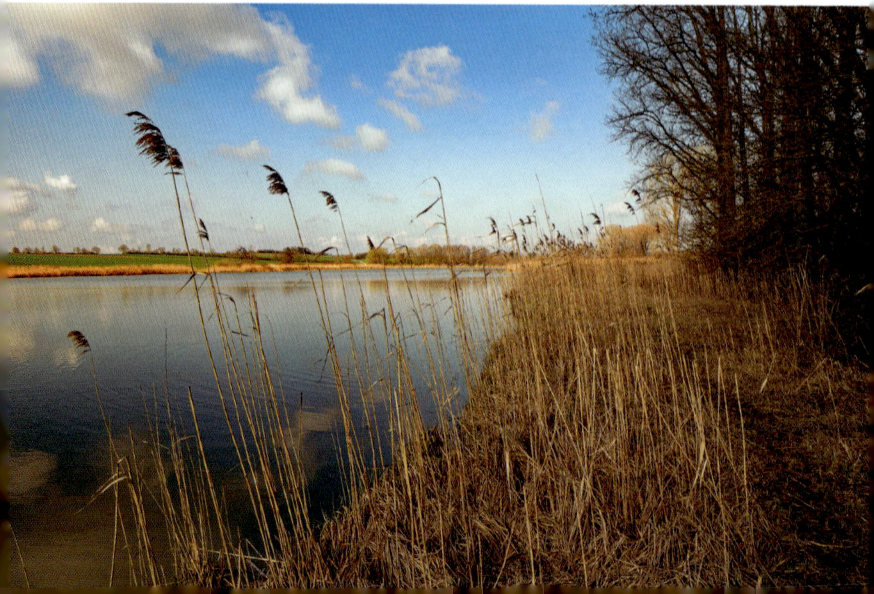

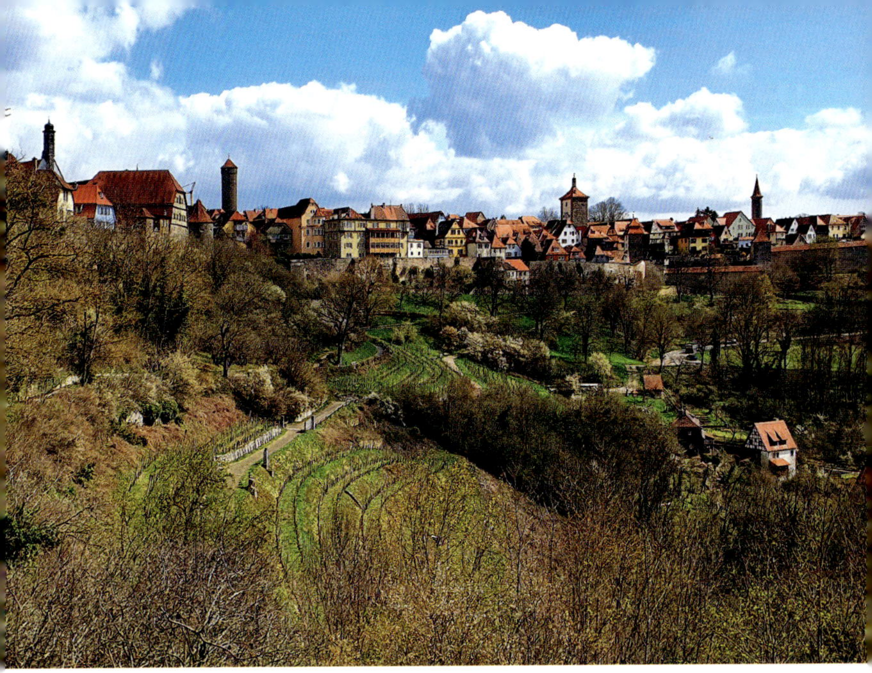

*Rothenburg ob dem Weinberg und der Tauber.*

## Inbegriff der Romantik oder fränkisches Disneyland?

**Rothenburg ob der Tauber** (mit den umliegenden Gemeindeteilen gut 11.000 Einwohner), liegt malerisch über dem unverbauten Flusstal und gilt dank des **mittelalterlichen Stadtbilds** als Inbegriff der Romantik in Deutschland. Zwar wurde bei Bombenangriffen im Zweiten Weltkrieg gut ein Drittel der Altstadt zerstört. Die Gebäude wurden aber entweder originalgetreu rekonstruiert oder so ersetzt, dass sie höchstens auf den zweiten Blick von den alten Bauwerken zu unterscheiden sind. Auch wegen der vielen Touristen aus aller Welt bezeichnen böse Zungen Rothenburg als eine Art fränkisches Disneyland. Bilden Sie sich Ihre eigene Meinung. Lassen Sie sich treiben, streifen Sie durch die Gassen, rasten Sie auf einem der Plätze. Rothenburg lässt kaum jemanden kalt. Die Fülle an Sehenswürdigkeiten beeindruckt. Zu den wichtigsten zählen: Der weitläufige **Marktplatz** mit der Ratstrinkstube und dem **Rathaus**, das aus dem Historiengewölbe, einem gotischen Teil mit dem **besteigbaren Turm** und einem Teil aus der Renaissance besteht; die Herrengasse mit zahlreichen ehemaligen **Patrizierhäusern**; das berühmte Fotomotiv **Plönlein**; die beiden evangelischen Kirchen **St. Jakob** (siehe Kasten links) und **St. Wolfgang**; das **RothenburgMuseum** im ehemaligen Dominikanerinnenkloster sowie das **Kriminalmuseum**, das als das bedeutendste Rechtskundemuseum Deutschlands gilt. Auch ein Spaziergang entlang und auf der **3 km langen Stadtmauer** mit ihren **43 Türmen** vermittelt einen Eindruck von der Schönheit und Größe der einstigen Reichsstadt. Nicht verpassen sollten Sie einen spätabendlichen Rundgang. Wenn die Tagesgäste abgereist sind und die Übernachtungsgäste langsam ins Bett gehen, entfaltet die plötzlich ruhige, dezent beleuchtete Altstadt ein ganz besonderes Flair.

in westliche Richtung, biegen aber nach 100 m rechts in die Kirchgasse ab. Wir passieren die **Kirche St. Jakob** mit dem berühmten Heiligblut-Altar und schreiten weiter durch die Klingengasse und das Klingentor. Ab hier können wir den Markierungen des Panoramawegs Taubertal folgen (lediglich im Tauberzeller Weinberg empfehle ich eine andere Wegführung). Am Klingentor geht es links weiter und nach 150 m rechts auf einem Steig hinab ins Taubertal. Bei der Bronnenmühle treffen wir wieder auf die größere Straße. Wir überqueren sie und wandern auf dem vom Vortag bekannten Weg am Fluss nach **Dettwang ❺**. Schräg links sehen wir die Kirche St. Peter und Paul.

Wir halten uns aber rechts, queren die Talstraße und folgen dem Weg bergan, der uns bald nach links führt. Mit tollen Ausblicken bleiben wir knapp 1,5 km auf dieser Höhe. An einem Sträßchen rechts und nach 200 m links. Es geht auf einem Feldweg eben dahin, dann durch ein Waldstück hinab. Wir folgen kurz der Talstraße bei **Steinbach ❹** und verlassen sie wieder nach rechts auf einem breiten Weg. Ein Sträßchen bringt uns an den Ortsrand von **Bettwar ❾**.

Dort folgen wir der Straße nach rechts und nach dem Ortsschild links einem breiten Weg. Wir wandern wieder längere Zeit am Hang entlang. Oberhalb des nächsten Orts müssen wir aufpassen und scharf links absteigen. An der Talstraße in **Tauberscheckenbach ❿** halten wir uns rechts. Nach knapp 200 m biegen wir rechts auf ein Sträßchen ab. Nach den letzten Häusern geht es wieder zu aussichtsreichen Höhen empor.

Wir erreichen den ersten Weinberg. Der Panoramaweg Taubertal verläuft hier etwas nach rechts versetzt hinter einer Hecke weiter. Wir gehen aber besser geradeaus durch den Weinberg, passieren einen **Pavillon ⓫** und hübsche Weinberghäuschen. Nach den letzten Reben kommen wieder die Markierungen

*Blick vom Panoramaweg Taubertal auf Dettwang.*

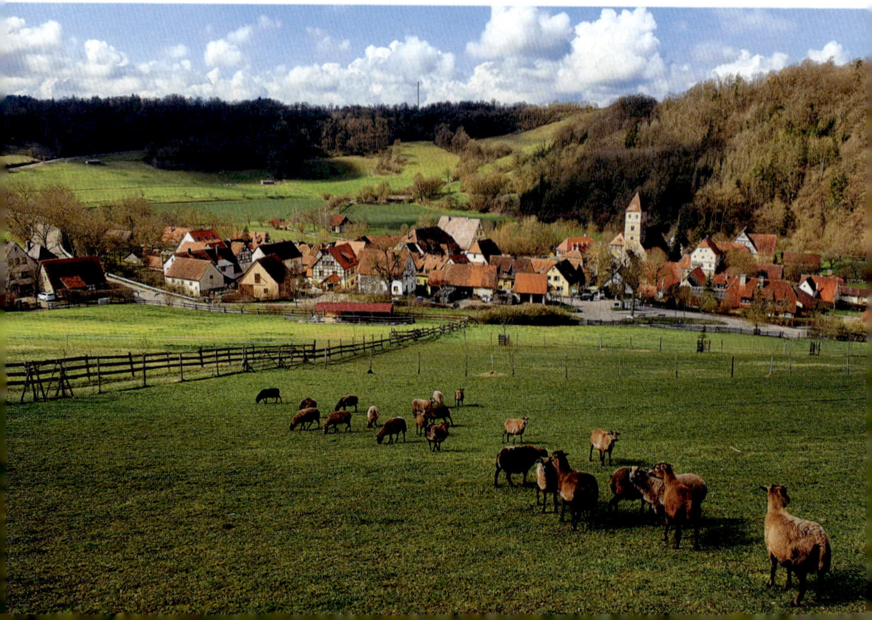

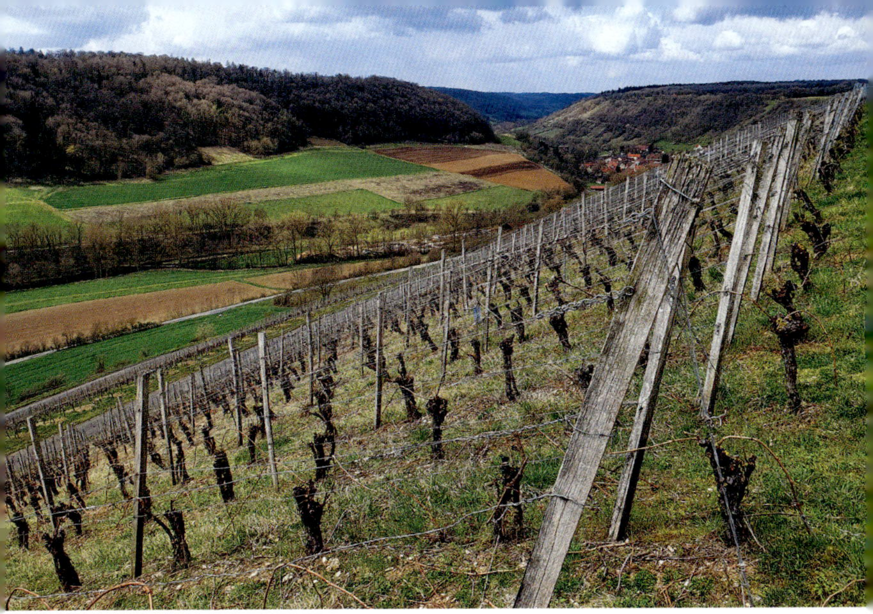

*Früh im Jahr tragen die Rebstöcke noch kein Grün.*

dazu. Sie weisen uns den Weg hinab an eine Kreisstraße am Rand von **Tauberzell ⓬**. Wir gehen nicht links in Richtung Frankens südlichstem Weinort, sondern wechseln die Straßenseite und verlassen die Bebauung auf einem ansteigenden Weg.

Nach 2 km überqueren wir die Grenze zwischen Bayern und Baden-Württemberg, 1,3 km später gelangen wir in Sichtweite des Ortes **Schön** an eine **Straße ⓭**. Wir folgen ihr kurz nach links und verlassen sie wieder nach rechts. An einem Sträßchen geht es rechts weiter. Wir erreichen eine weitere Kreisstraße, überqueren sie aber erst 700 m später. Die zahlreich gesetzten Markierungen führen uns oberhalb des Orts Craintal und der Tauber bis zu den ersten Häusern von Creglingen. Auf der Straße Johann-Dreher-Weg gehen wir bergab bis an die große Talstraße. Wir folgen ihr kurz rechts und biegen dann links in die Hauptstraße ein. Die Tauber wird überquert. Rechts vor der Realschule befindet sich der Busbahnhof. Geradeaus gelangen wir ins Zentrum von **Creglingen ⓮**. Von dort sind es noch gut 20 Minuten auf ausgeschilderter Route bis zur **Herrgottskirche** mit dem Marienaltar von Tilman Riemenschneider.

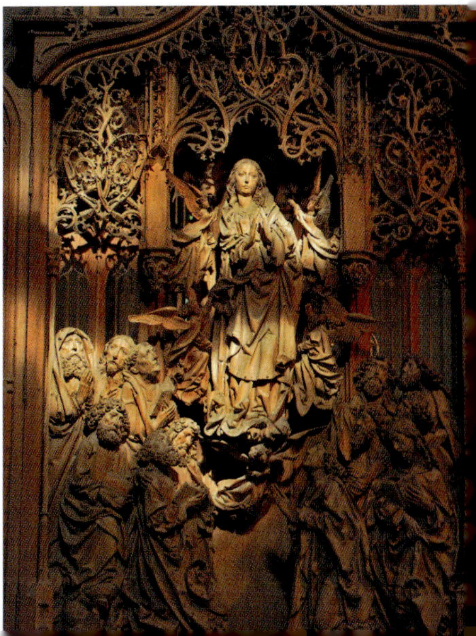

*Der Marienaltar in der Herrgottskirche.*

# 24 Immer dem Seenländer nach

## Von Pleinfeld zu den Brombachseen und zum Altmühlsee

2 Tage | 41,7 km | ↗ 320 m | ↘ 290 m

***Streuobstwiesen und Kiefernwälder, Sandstrände und Vogelbiotope***

*Das Fränkische Seenland ist ein rund 700 km² großes Gebiet mit künstlichen Seen in Mittelfranken. Der Große Brombachsee (8,7 km²), der Altmühlsee (4,5 km²), der Kleine Brombachsee (2,5 km²), der Rothsee (2,2 km²), der Igelsbachsee (0,9 km²), der Hahnenkammsee (0,2 km²) und der Dennenloher See (0,2 km²) wurden in den 1970er- bis 1990er-Jahren geplant, angelegt und geflutet. Durch das aufwendige Projekt sollten zum einen dem umstrittenen Main-Donau-Kanal zwischen Nürnberg und Kelheim genügend Wasser eingespeist werden und zum anderen die Gegensätze zwischen dem wasserreichen Südbayern und dem wasserarmen Franken ausgeglichen werden. Hierzu wird Altmühl- und Donauwasser in die Stauseen geleitet. Das Seenland ist quasi ein Nebenprodukt, das im Laufe der Jahre Akzeptanz gewonnen und den Tourismus angekurbelt hat. Wir machen es uns auf dieser Zweitagestour einfach und orientieren uns an den zuverlässig gesetzten Markierungen des 150 km langen Fernwanderwegs »Der Seenländer«. Packen Sie Badesachen und ein Fernglas oder eine Kamera mit starkem Teleobjektiv in den Rucksack. An den drei Seen auf unserer Route gibt es Badestrände und auf der Vogelinsel können im Jahresverlauf über 200 Vogelarten beobachtet werden.*

**Ausgangspunkt:** Pleinfeld, 394 m, Bahnhof.
**Endpunkt:** Muhr am See, 421 m, Bahnhof.
**ÖPNV:** Pleinfeld liegt an der Bahnstrecke Treuchtlingen–Nürnberg, Gunzenhausen und Muhr am See haben Bahnhöfe an der Bahnstrecke Treuchtlingen–Würzburg. Außerdem verkehrt zwischen Pleinfeld, Langlau, Ramsberg und Gunzenhausen die Seenland-Bahn.
**Etappendaten:**
**1. Tag:** 4.30 Std., 16,9 km, ↑220 m, ↓200 m.
**2. Tag:** 6.15 Std., 24,7 km, ↑100 m, ↓90 m.
**Anforderungen:** Einfach zu gehende Wege. Leider auch einige asphaltierte Abschnitte. Kaum Steigungen. Am zweiten Tag nur wenig Schatten.
**Einkehr:** **1. Tag:** **Pleinfeld:** Pizzeria Teggiano (auch vegan), Marktplatz 2, Mo–Sa ab 17 Uhr, So auch mittags, pizzeria-teggiano.de, Tel. +49 9144 7592260; Kastanienhof, Di Ruhetag, Mo und Mi–Sa ab 17 Uhr, So auch mittags, Bahnhofstr. 1, www.kastanienhof-pleinfeld.de, Tel. +49 9144 929890. **Ramsberg:** Die Bucht am Brombachsee (auch vegan; mit Terrasse), Leitenbuckstr. 10, diebuchtambrombachsee.eatbu.com, Tel. +49 9144 9249111. **Langlau:** Strandhotel Seehof (auch vegan), www.strandhotel-seehof.de, Tel. +49 9834 9880; Landgasthof Krokodil, Di Ruhetag, Mi–Mo 17–22 Uhr, Sa/So auch 11.30–14 Uhr, Seestr. 14, www.krokodil-am-brombachsee.de, Tel. +49 9834 96999.
**2. Tag:** **Gunzenhausen:** Hotel Adlerbräu (mit Terrasse), Marktplatz 10, www.hotel-adlerbraeu.de, Tel. +49 9831 88670; Hotel Gasthof Krone (mit Terrasse), Mo–Mi Ruhetag, Do/Fr ab 17 Uhr, Sa/So auch mittags, Nürnberger Str. 7, www.krone-gunzenhausen.de, Tel. +49 9831 883395. **Seezentrum Wald:** Haus am See, das-hafner.de/hausamsee, Tel. +49 172 8304513. **Streudorf:** Frankenhof, Di Ruhetag, Mi ab 17 Uhr, Do–Mo auch mittags, www.frankenhof-altmuehlsee.de, Tel. +49 9831 67710.

**Muhr am See:** Gasthaus & Pension Zum Hirschen (auch vegan; mit Biergarten), Mo/Mi Ruhetag, Di und Do–So ab 17 Uhr, Sa/So auch 11–14.30 Uhr, Ansbacher Str. 4, restaurant-altmuehlsee.de, Tel. +49 9831 3940; Pizzeria, La Vela, Mo/Di Ruhetag, Bahnhofstr. 24, Tel. +49 9831 88752.

**Übernachtung: 1. Tag: Pleinfeld:** Hotel Garni Blauer Bock (€€€), Brückenstr. 5, gasthof-blauer-bock.de, Tel. +49 9144 1851. **Langlau:** Strandhotel Seehof (€€€); Landgasthof Krokodil (€€€); Seecamping Langlau (auch Mietwohnwagen und Schlaffässer), www.zv-brombachsee.de, Tel. +49 9834 96969.

**2. Tag: Gunzenhausen:** Hotel Gasthof Krone (€€€); Hotel Adlerbräu (€€€); Jugendherberge (€€), Spitalstr. 3, www.jugendherberge-gunzenhausen.de, Tel. +49 9831 67020. **Seezentrum Wald:** Campingplatz Zum Fischer-Michl, www.campingplatz-fischer-michl.de, Tel. +49 9831 2784. **Streudorf:** Frankenhof (€€€). **Muhr am See:** Gasthaus & Pension Zum Hirschen (€€); Pension Zum Schwan (€€€), Kirchenstr. 4, www.pension-zum-schwan.de, Tel. +49 9831 2587.

**Einkauf:** Supermarkt und Bäckerei in Pleinfeld, Gunzenhausen und Muhr a. S.

**Information: Pleinfeld:** Kultur- und Touristinformation, Marktplatz 11, www.pleinfeld.de, Tel. +49 9144 920070. **Gunzenhausen:** Tourist Information, Rathausstr. 12, www.gunzenhausen.info, Tel. +49 9831 508300. **Muhr am See:** Touristinfo, Schloßstr. 4, www.muhr-am-see.de, Tel. +49 9831 890370.

**Tipp:** Schiff ahoi! Im Sommerhalbjahr fahren der Trimaran MS Brombachsee und die MS Altmühlsee mehrmals täglich über die beiden großen Seen. Sie können eine Rundfahrt buchen oder nur ein Teilstück mitfahren, um die Wanderstrecke zu verkürzen. An ausgewählten Tagen gibt es auch beliebte Abendfahrten zum Sonnenuntergang (Infos und Fahrpläne auf www.ms-brombachsee.com bzw. www.altmuehlsee.de).

**Verlängerung:** Machen Sie zunächst die Wochenendtour 25 und fahren dann in gut 30 Minuten mit der Bahn zum Start dieser Zweitageswanderung.

**Karte:** 163 Nürnberg und Umgebung (Kompass, 1:50.000, 2021) oder UK50-23 Naturpark Altmühltal – westlicher Teil (Landesamt für Digitalisierung, Breitband und Vermessung Bayern, 1:50.000, 2018).

*Strandfeeling in Langlau am Kleinen Brombachsee.*

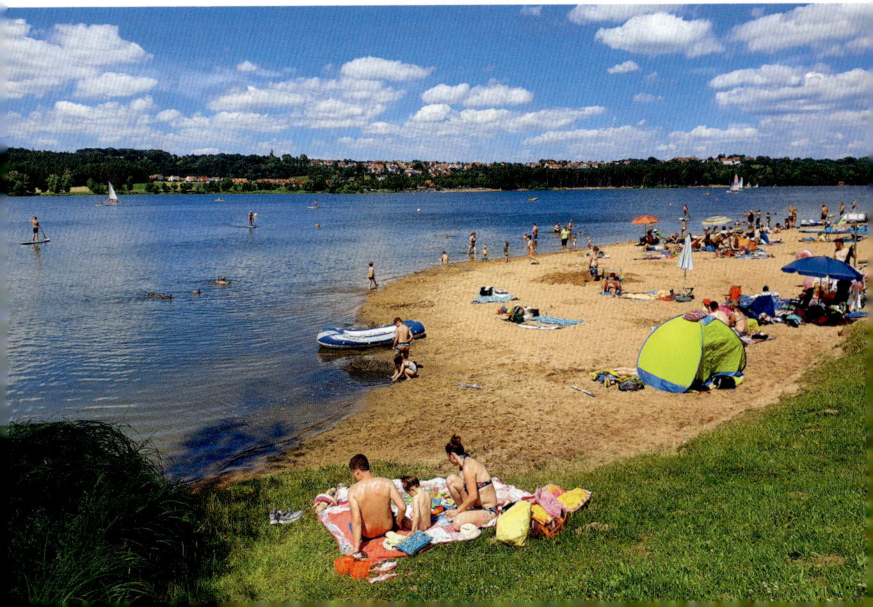

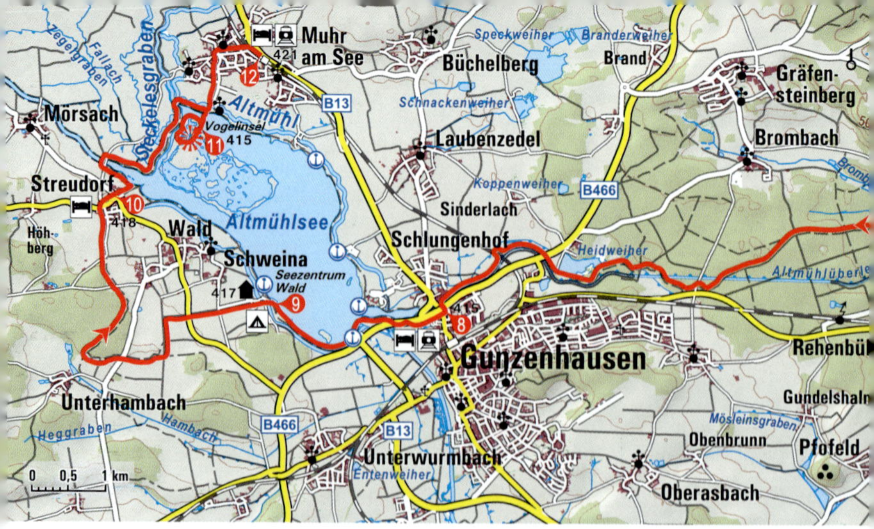


**1. Tag (Pleinfeld – Langlau):**

Wir verlassen den Bahnhof **Pleinfeld ❶** in Richtung Ortsmitte und folgen der Pacellistraße bis an deren Ende. Dort geht es ein paar Schritte links und gleich wieder rechts in die Straße An der Mauer. An der alten Stadtmauer entlang, dann rechts durch eine Pforte kommen wir zum lang gestreckten Marktplatz von Pleinfeld mit dem Rathaus und der Touristeninformation (in der Sie eine Broschüre über den Seenländer bekommen).

Wir schreiten geradeaus über den Marktplatz und biegen links in die Kirchenstraße ab. Nach der Kirche St. Nikolaus rechts hinab zur Mühlstraße. Auf der anderen Seite folgen wir einem Fuß- und Radweg in den breiten Wiesengrund und über die Schwäbische Rezat. Vor dem Flurgraben halten wir uns links. Hier taucht die Markierung des Fernwanderwegs »Der Seenländer« auf, an der wir uns bis zum Etappenziel orientieren. Eine Straße wird erreicht, die uns links über den Fluss bringt. Nach einem mächtigen Eisenbahnviadukt aus der Mitte des 19. Jh. links weiter. Am Ortsrand von Pleinfeld halten wir uns rechts, gehen vorsichtig über die Straße von vorhin und auf einem Feldweg weiter. Nach einem Kiefernwäldchen stehen wir vor dem **Heiligenwaldsee**. Hier wird gut sichtbar Sand abgebaut. Wir halten uns links, überqueren eine Straße und erreichen einen Parkplatz. Hier rechts auf einem Weg weiter. 100 m später folgt der Seenländer einem asphaltierten Fuß- und Radweg nach links. Wir lassen uns aber den Abstecher zur nahen **Mandlesmühle ❷** nicht

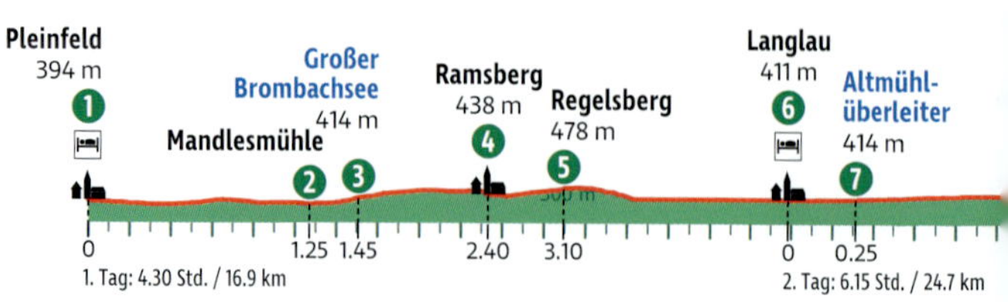

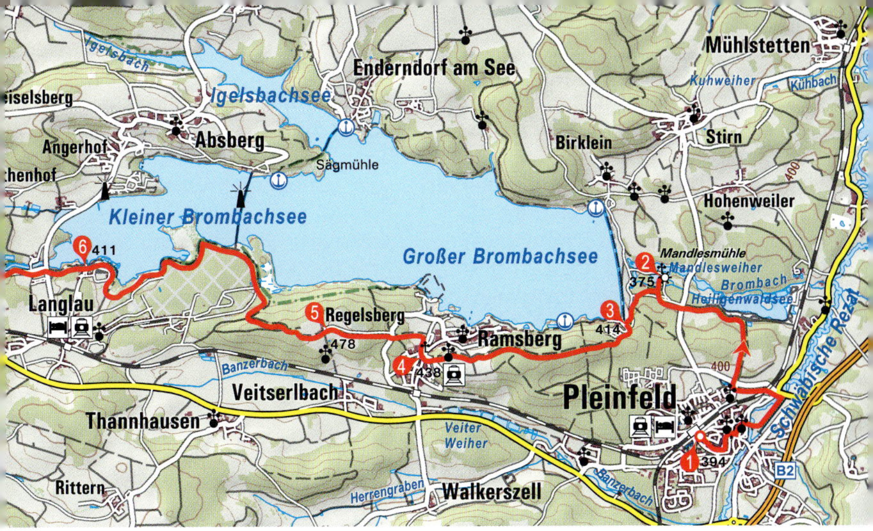


entgehen. Die Mühle wurde als einzige im Brombachtal nicht abgebrochen und wird heute als Infozentrum genutzt, das die Entstehung und die Bedeutung des Fränkischen Seenlands dokumentiert.

Wir kehren zurück zum Fuß- und Radweg und halten uns nun rechts. Die Markierung bringt uns über ein Sträßchen und auf einem Weg kurz bergan bis an das südöstliche Ende des **Großen Brombachsees 3**.

Wir verlassen den See gleich wieder auf einem Zufahrtssträßchen, halten uns nach 150 m rechts und vor den Parkplätzen links. Oberhalb der Parkplätze geht es rechts in einen breiten Waldweg in Richtung Ramsberg. Nach dem Wald eröffnen sich schöne Ausblicke auf Obstgärten und den See. Wir queren einen befestigten Fahrweg und kommen an der **Jakobuskapelle** und der Sternwarte vorbei. Am Ortsrand von **Ramsberg 4** gehen wir auf der Weinbergstraße nach rechts und an einer Mehrfachkreuzung weiter auf derselben Straße in Richtung Badestrand. Nach 250 m biegen wir links ab. Im Wald an einer Vorfahrtsstraße rechts und gleich wieder links auf ein Sträßchen. Die Einöde **Regelsberg 5** mit ihren gar nicht öden Fachwerk- und Bauernhäusern wird durchquert.

Nach dem Örtchen geht es auf unasphaltiertem Weg in den Wald hinein. Wir halten uns bei erster Gelegenheit rechts, knapp 600 m später scharf rechts. Am See folgen wir dem Geh- und Radweg nach links. Auf den nächsten 4 km bleiben wir in Ufernähe, passieren noch am Großen Brombachsee das Naturschutzgebiet »Grafenmühle«, am **Kleinen**

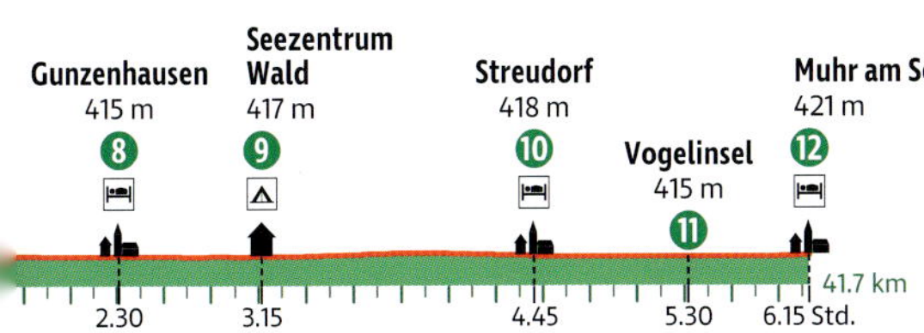

**Brombachsee** das Naturschutzgebiet »Halbinsel im Kleinen Brombachsee« und den Campingplatz Langlau. Gleich danach erreichen wir unser Etappenziel, den Sandstrand, den Hafen und das Strandhotel Seehof in **Langlau ❻**. Ins Ortszentrum oder zum Bahnhof folgt man der Seestraße.

**2. Tag (Langlau – Muhr am See):**
Bis kurz vor Streudorf geben wieder die Schildchen des Seenländers die Richtung vor. Vom Hafen in **Langlau ❻** gehen wir auf dem Fuß- und Radweg bis zum westlichen Ende des Kleinen Brombachsees und unterqueren die Kreisstraße WUG1. Wir folgen nun dem Altmühlüberleiter, einem Kanal, der das Wasser vom regenreicheren Altmühltal herleitet. Nach 1 km geht es rechts auf einer Brücke über den **Altmühlüberleiter ❼** und in einen Kiefernwald hinein.

Auf den nächsten 6 km im Wald sollten wir gut auf unsere Markierung achten, damit wir nicht falsch abbiegen. Danach gelangen wir an den zugewachsenen Heidweiher. An dessen westlichem Ende (ein paar Schritte rechts führt ein Pfad ans Ufer) geht es links weiter. Wir sind zurück am Altmühlüberleiter, dem wir nach rechts folgen. An der Ansbacher Straße gehen wir links über den Kanal und unter der B466 hindurch zum Stadtrand von **Gunzenhausen ❽**. Geradeaus wären es 500 m zum Bahnhof und 1 km in die Altstadt.

Wir halten uns nach der Unterführung der Bundesstraße rechts. Ein Fuß- und Radweg führt uns wieder auf die andere Seite der großen Straße und zum östlichsten Zipfel des Altmühlsees.

Wir wandern links am See weiter. Nach 1,5 km kann man einen Abstecher auf die Hirteninsel machen. Sie ist als Lebensraum für Gänse konzipiert, um diese von den Stränden und Freizeitanlagen fernzuhalten.

Wenig später kommen wir durch das **Seezentrum Wald ❾**. Hier gibt es einen Sandstrand, ein Café, eine Schiffsanlegestelle und mehr. Beim Segelhafen verlassen wir den See nach halblinks und gehen auf einer

*Die Vogelinsel ist ein ideales Revier für Vogelbeobachtungen.*

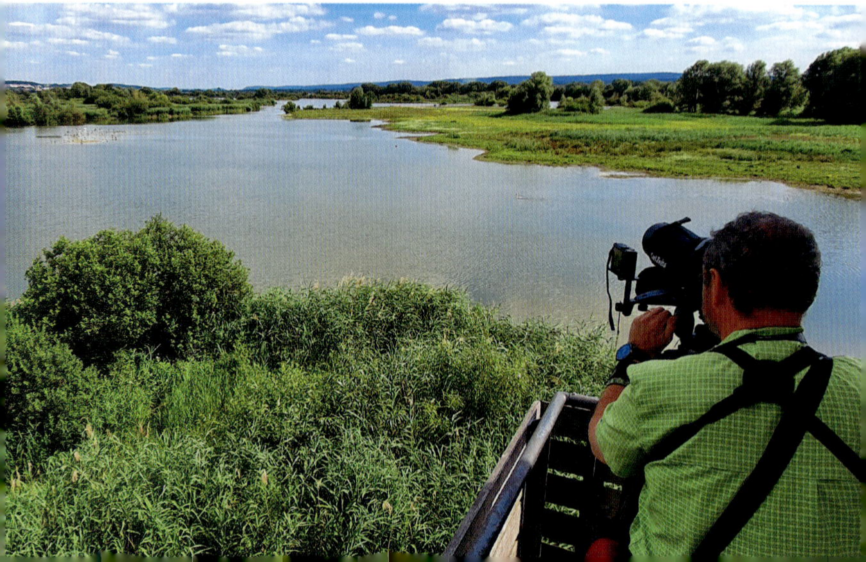

Brücke über die Walder Altmühl. Nach dem Campingplatz überqueren wir zwei Vorfahrtsstraßen. An einem befestigten Fahrweg links. Nach 500 m biegen wir rechts ab. Die Kreisstraße WUG 24 wird gekreuzt. Wir wandern 550 m am Waldrand entlang, dann scharf rechts in den Wald hinein. Nach diesem geht es über eine Straße und auf offenem Gelände bis zur nächsten Straße. Der Seenländer biegt hier links ab. Wir folgen aber der Straße geradeaus in Richtung der bereits sichtbaren Ortschaft. An der Dorfstraße gehen wir nach rechts zur Ortsmitte von **Streudorf ⑩**, wo links ein origineller Glockenturm mit einem alten Feuerwehrhaus steht.

Wenige Schritte danach verlassen wir die Dorfstraße geradeaus. Ein Sträßchen führt uns zurück zum Altmühlsee, dem wir links auf dem Geh- und Radweg folgen. Am westlichen Zipfel des Sees wird die Mündung des Altmühlzuleiters überquert. Wir folgen weiter dem Ufer. Rechts taucht bereits die Vogelinsel auf, links liegt die **Wiesmet**. Sie ist mit 11 km² eines der größten und wichtigsten Feuchtgebiete Süddeutschlands. Der geschützte Landstrich wird regelmäßig von der Altmühl überschwemmt

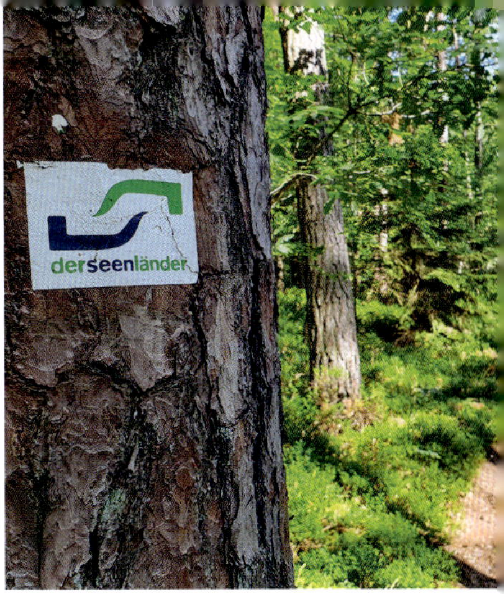

*Immer dem Seenländer nach.*

und ist Lebensraum aller in Bayern heimischen Wiesenbrüter, darunter Kiebitze, der Große Brachvogel und die Uferschnepfe.

Knapp 400 m nach der Brücke über den Nesselbachzuleiter biegen wir rechts ab, um die **Vogelinsel ⑪** auf dem Rundweg zu erkunden.

Zurück auf dem Festland bleiben wir noch 150 m am Ufer. Dann geht es vom See weg, an dem LBV-Infohaus vorbei und auf der Fichtenstraße zur Ortsmitte von Muhr am See. Die Bahnhofstraße führt uns rechts bis zum Bahnhof von **Muhr am See ⑫**.

## Heimat für über 200 Vogelarten

Die **Vogelinsel** (die offizielle Bezeichnung lautet **Vogelfreistätte Flachwasser- und Inselzone im Altmühlsee**) ist ein 2 km² großes Naturschutzgebiet und Biotop für Vögel, Amphibien, Insekten und Pflanzen. Jährlich nutzen über **200 Vogelarten** die freie Seefläche, die Flachwasserbereiche, die Schilfzonen, die Feuchtwiesen und die Gebüsche als Nahrungs-, Rast-, Brut- und Mauserhabitat. Der Lehrpfad und der Aussichtsturm sind ganzjährig kostenfrei zugänglich. Ein Vogelwart des Landesbunds für Vogelschutz (LBV) betreut das Gebiet. Vom 15. März bis zum 15. Okt. werden Mi und So um 16 Uhr **natur- und vogelkundliche Führungen** angeboten (Anmeldung erforderlich, altmuehlsee.lbv.de, Tel. +49 9831 4820). Ferngläser können ausgeliehen werden. Treffpunkt ist das LBV-Infohaus unweit des Sees am Ende der Fichtenstraße. Interessant ist auch die Dauerausstellung »Lebensraum Altmühlsee – Faszination Vogelzug« in der LBV-Umweltstation (Mai–Mitte Okt. tägl. außer Sa, Muhr am See, Schloßstraße 4).

# 25 Auf dem Altmühltal-Panoramaweg

## Von Treuchtlingen über Solnhofen nach Dollnstein

2 Tage | 36,2 km | ↗ 930 m | ↘ 950 m

***Drei Burgruinen, die Zwölf Apostel und einige Wacholderheiden***

*Der Altmühltal-Panoramaweg führt auf rund 200 Kilometern von Gunzenhausen bis zur Mündung der Altmühl in die Donau. Er ist als »Qualitätsweg Wanderbares Deutschland« zertifiziert und zählt zu den beliebtesten Fernwanderwegen Deutschlands. Auf dieser Zweitagestour folgen wir den zuverlässig gesetzten, gelb-roten Schildchen ab Treuchtlingen in Mittelfranken bis Dollnstein in Oberbayern. Es geht mal direkt an der Altmühl entlang, mal am Talhang über Wacholderheiden und Trockenrasen, mal oberhalb markanter Felsformationen. Die bekannteste ist die unter Naturschutz stehende Felsgruppe Zwölf Apostel. Durch Erosion sind hier zwölf helle Gesteinstürme entstanden. Für Abwechslung sorgen die Städtchen an unserer Route. Im Luftkurort Pappenheim ist die Altstadt sehenswert und es lohnt der kurze Abstecher zur Burgruine, die auf einem Bergsporn über dem Ort und Fluss thront. Unser Übernachtungsort Solnhofen ist wegen der ruinösen Sola-Basilika, in der Grundmauern und Reste von fünf übereinander liegenden Kirchbauten vom 7. bis 18. Jh. zu sehen sind, sowie dem Bürgermeister-Müller-Museum mit seiner beeindruckenden Fossiliensammlung weit über die Naturparkgrenzen bekannt. Und der am Zulauf des Urdonautals zum Altmühltal gelegene Marktflecken Dollnstein überrascht mit einer Stadtmauer aus dem 14. Jh.*

**Ausgangspunkt:** Treuchtlingen, 421 m, Bahnhof.
**Endpunkt:** Dollnstein (Oberbayern), 404 m, Bahnhof.
**ÖPNV:** Treuchtlingen, Pappenheim, Solnhofen und Dollnstein liegen an der Bahnstrecke München–Treuchtlingen.
**Etappendaten:**
**1. Tag:** 5.00 Std., 16,8 km, ↑360 m, ↓380 m.
**2. Tag:** 5.45 Std., 19,4 km, ↑570 m, ↓570 m.
**Anforderungen:** Feldwege, Naturpfade, Forststraßen und Asphaltpassagen wechseln sich ab. Am Zimmener Berg, bei den Zwölf Aposteln und im Abstieg nach Mörnsheim ist auf den schmalen Steigen etwas Vorsicht geboten. Zahlreiche An- und Abstiege, die teilweise steil, aber nie lang ausfallen. Etwas mehr offenes Gelände als Schatten.
**Einkehr: 1. Tag: Treuchtlingen:** Grüner Baum (mit Terrasse), Öffnungszeiten siehe www.speiselokal-gruenerbaum.de, Friedrichstr. 2, Tel. +49 9142 200754; Zum Janni (griechische Küche; mit Biergarten an der Altmühl), Jahnstr. 14, Mo Ruhetag, www.stadthalle-treuchtlingen.de, Tel. +49 9142 1700; Talstation Heumöderntal (auch vegan), Öffnungszeiten siehe talstation-heumoederntal.de, Uhlbergstr. 54, Tel. +49 9142 38. **Pappenheim:** Gasthof Zur Sonne (auch vegan), Öffnungszeiten siehe www.sonne-pappenheim.de, Deisingerstr. 20, Tel. +49 9143 837837; Gasthaus Zum Lindenwirt (auch vegan; mit Biergarten), Mo Ruhetag, Schützenstr. 11, www.lindenwirtpappenheim.de, Tel. +49 9143 8373262. **Zimmern:** Gasthof Zum Hollerstein (mit Garten an der Altmühl), Di/Mi Ruhetag, www.hollerstein.de, Tel. +49 9143 753. **Solnhofen:** Pizzeria La Rustica, Mo Ruhetag, Di–Sa ab 17 Uhr, So ab 11.30 Uhr, Bieswanger Weg 13 (bei der Sola-Halle), Tel. +49 9145 8368720; Klosterbrot Museumscafé (mit Biergarten), Di–Fr 6–18 Uhr, Sa–Mo 6–12.30 Uhr, Benediktstr. 15, www.solnhofenerklosterbrot.de, Tel. +49 9145 566.

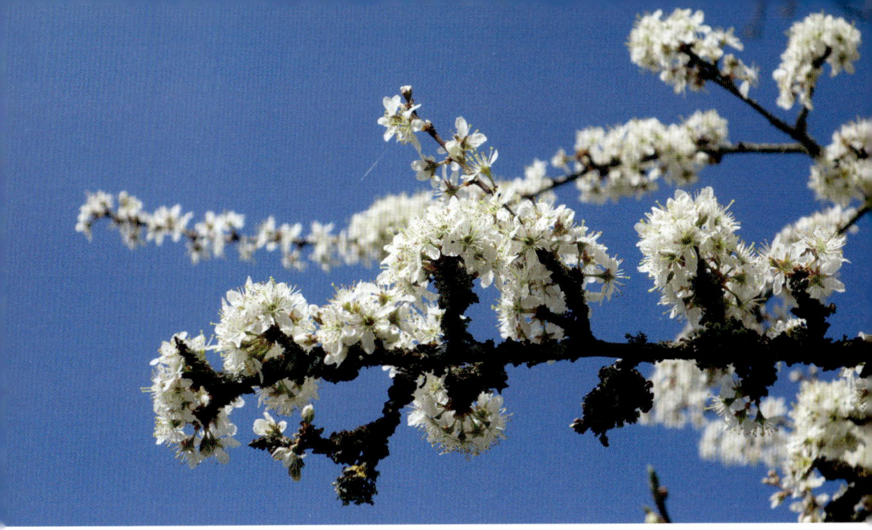

*Frühling im Altmühltal.*

**2. Tag: Eßlingen:** 13. Apostel, Mo/Di Ruhetag, Mi–Fr 10.30–18 Uhr, Sa/So 10–18 Uhr, www.dreizehnter-apostel.de, Tel. +49 9145 836760. **Maxberg:** Gaststätte Schnorgackl, Tel. +49 160 9957 9438. **Mörnsheim:** Gasthof Zum Brunnen, Öffnungszeiten siehe www.gasthof-zum-brunnen.de, Brunnenplatz 1, Tel. +49 9145 7127. **Zeltplatz Hammermühle:** kurz nach Altendorf, Kiosk am Zeltplatz (mit Biergarten), 8–19 Uhr, www.zeltplatz-hammermuehle.de, Tel. +49 9145 8364515. **Dollnstein:** Gasthof Zum Kirchenschmied (auch vegan), Mo–Mi Ruhetag, Do/Sa/So mittags und abends, Fr nur abends, Papst-Viktor-Str. 21, zum-kirchenschmied.de, Tel. +49 8422 1512; Gasthof Zur Post, Mo/Do Ruhetag, Marktplatz 3, www.gasthofzurpost-dollnstein.de, Tel. +49 8422 1515.

**Übernachtung: 1. Tag: Treuchtlingen:** Altmühlhotel (€€€), Bahnhofstr. 40, www.altmuehl-hotel.de, Tel. +49 9142 2044 809; Talstation Heumöderntal (€€). **Pappenheim:** Gasthof zur Sonne (€€€). Landgasthof Zum grünen Baum (€€), Dr.-Dr.-Bertha-Kipfmüller-Str. 4, www.gruenerbaum-pappenheim.de, Tel. +49 9143 258. **Zimmern:** Gasthof Zum Hollerstein (€€). **Solnhofen:** Gästehaus Hertrich, Sonnenstr. 7, www.gaestehaus-hertrich.de, Tel. +49 9145 1285; Senefelder Hof (€€), Senefelderstr. 15, Tel. +49 8421 2110. **2. Tag: Mörnsheim:** Gasthof Zum Brunnen (€€). **Zeltplatz Hammermühle** (auch Schäferwagen). **Dollnstein:** Gasthof Zum Kirchenschmied (€€); Gasthof Zur Post (€€€); Campingplatz (auch Schlaffässer), Brückenstr. 11 a, www.campingplatz-dollnstein.de, Tel. +49 8422 846.

**Einkauf:** Supermarkt und Bäckerei in Treuchtlingen und Pappenheim, Bäckerei in Solnhofen, Supermarkt und Bäckerei in Dollnstein.

**Information: Treuchtlingen:** Kur- und Touristinformation, Heinrich-Aurnhammer-Str. 3, www.tourismus-treuchtlingen.de, Tel. +49 9142 960060. **Pappenheim:** Tourist-Information, Deisingerstr. 1, pappenheim.de, Tel. +49 9143 60666. **Solnhofen:** Touristikinformation, Bahnhofstr. 8, www.solnhofen.de, Tel. +49 9145 832020. **Dollnstein:** Tourismusinformation, Unterer Burghof 5, www.dollnstein.de, Tel. +49 8422 1502.

**Verlängerung:** Der Start der Wochenendtour 24 ist in 30 Minuten mit der Bahn erreichbar.

**Karte:** UK50-23 Naturpark Altmühltal – westlicher Teil (Landesamt für Digitalisierung, Breitband und Vermessung Bayern, 1:50.000, 2018) oder Altmühltal-Panoramaweg (Freytag-Berndt und Artaria, 1:50.000, 2018).

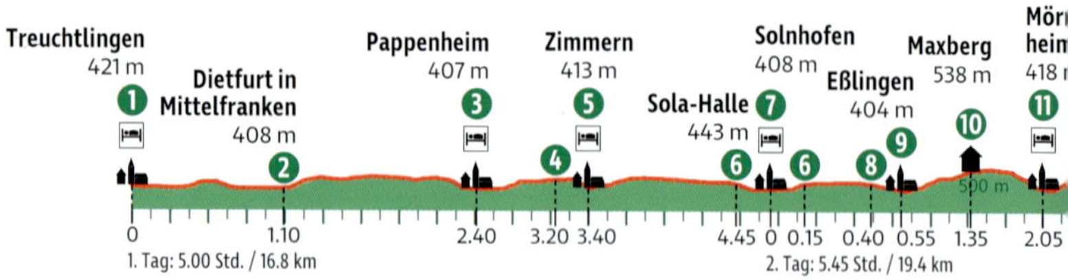


**1. Tag (Treuchtlingen – Solnhofen):** Aus dem Bahnhof **Treuchtlingen 1** kommend folgen wir der Bahnhofstraße nach rechts. An ihrem Ende biegen wir links in die Hauptstraße ab (rechts würde man auf dem Schlaufenweg 6 des Altmühltal-Panoramawegs zur knapp 1 km entfernten Burgruine gelangen). Von hier bis Solnhofen begleiten uns die Mar-

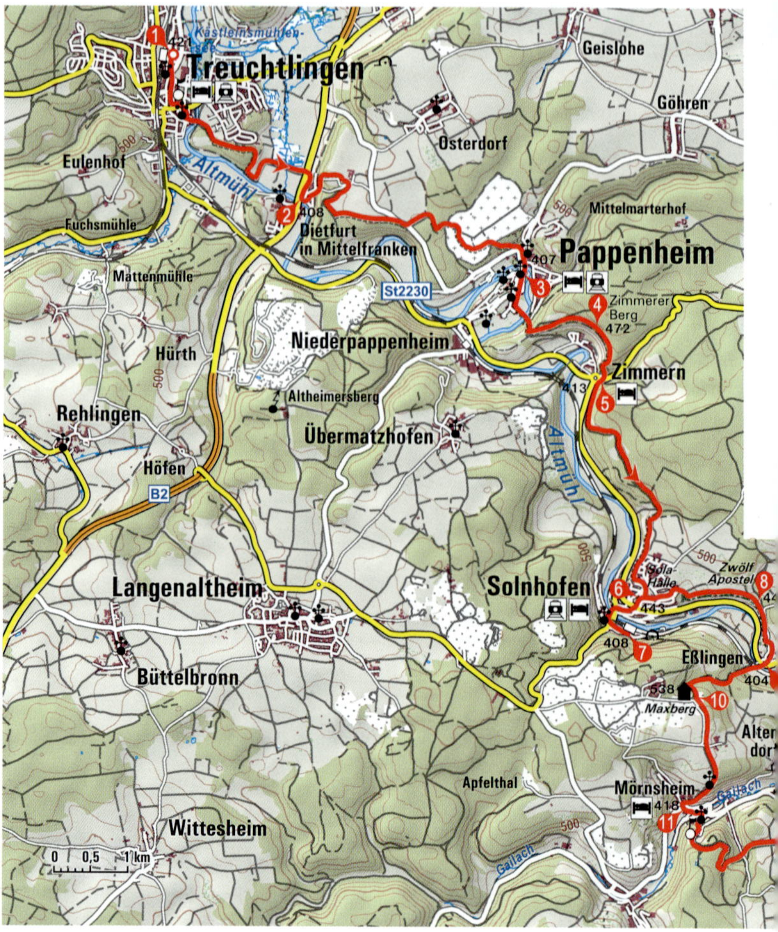

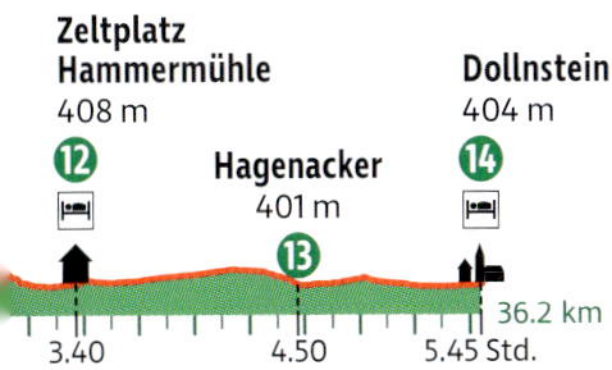


kierungen des Altmühltal-Panoramawegs. Am Treuchtlinger Rathaus halten wir uns halbrechts. Durch die Kirchenstraße und die Straße Am Schulhof wird die Jahnstraße erreicht. Diese bringt uns links über die Altmühl. Auf der anderen Seite passieren wir zwei Teiche, gehen an einer Gabelung rechts, an der Burgstall-Quelle vorbei (die Wasser aus 800 m Tiefe in die Altmühltherme speist) und über einen bewaldeten Hügel. Zurück am Fluss halten wir uns links. An der B2 führt uns nach rechts ein Geh- und Radweg nach **Dietfurt in Mittelfranken** ❷.
Unmittelbar vor der Altmühl geht es links durch eine Unterführung. Wir folgen den Markierungen durch ein Wohngebiet und ein Waldstück hinauf zum Sommerhaus des TSV Dietfurt, von dessen Terrasse man einen schönen Ausblick hat. Nach dem Sportgelände an einem Sträßchen

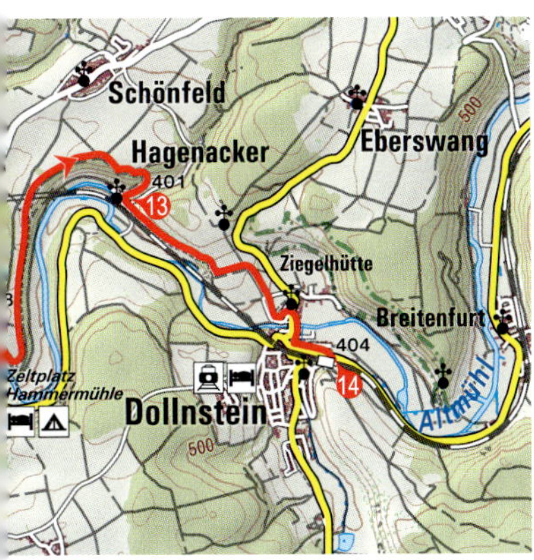


rechts und gleich wieder links auf einen Feldweg. Wir wandern knapp 1,5 km am Waldrand entlang, dann durch ein Wäldchen, über eine Straße, wieder 250 m am Waldrand und rechts in den Wald hinein. Oberhalb von Pappenheim blicken wir auf die gleichnamige Burg und in das schöne Flusstal. Der Abstieg ist kurz und steil. Bei den ersten Häusern halten wir uns an einer Straße links, gleich danach rechts in Richtung der historischen Altstadt. Wir überqueren die Altmühl und erreichen den Marktplatz mit dem Rathaus und dem Neuen Schloss in **Pappenheim** ❸.
Die Altstadt wird auf der Deisingerstraße durchschritten. An deren Ende kann man rechts einen lohnenden Abstecher zur **Burg Pappenheim** machen. Wir aber folgen der Schützenstraße 150 m, biegen dann links ab, passieren das Sportgelände und überqueren die Altmühl. Dort geht es nach rechts kurz steil den bewaldeten Hang hinauf.
Oben an einer Kreuzung mit mehreren Wegen wählen wir die ebene Option an Obstbäumen vorbei in Richtung Zimmern. Bald führt uns ein Pfad am steilen Hang über Magerrasen und Wacholderheiden zum **Zimmerer Berg** ❹. Nach dem Abstieg gelangen wir an den Ortsrand von **Zimmern** ❺.
Wir gehen nicht rechts in den Ort hinein, sondern nach links auf einem breiten Weg zunächst parallel zur Talstraße, dann in einem Linksbogen bergan. Oben im Wald halten wir gut 1 km die Höhe. Wieder unter freiem Himmel macht der Altmühltal-Panoramaweg seinem Namen noch mal alle Ehre und verläuft am Magerrasenhang und an Felsen entlang zum Ortsrand von Solnhofen. An einem Rast- und Spielplatz vorbei und auf einem Fußweg gelangen wir zur

## Gestein mit Geschichte: vom Urvogel bis zur Druckerkunst

Die umliegenden Steinbrüche der **Solnhofener Plattenkalke** gelten als eine der bedeutendsten Fossillagerstätten der Welt. Die bekanntesten Funde sind zwölf 150 Millionen Jahre alte Exemplare des **Archaeopteryx**, eines **vogelähnlichen Dinosauriers**. Das am besten erhaltene Fossil dieses Urvogels hängt im Museum für Naturkunde in Berlin. Aber auch im **Bürgermeister-Müller-Museum** in **Solnhofen** sind mehrere Originale zu bewundern, darunter das größte existierende Exemplar (Bahnhofstraße 8, 9–17 Uhr, www.museum-solnhofen.de, Tel. +49 9145 832030).
In den **Steinbrüchen** wird wie anno dazumal mit **Pickel, Hammer und Meißel** gearbeitet. Das geschichtete, feinkörnige Gestein kann nämlich nicht maschinell abgebaut werden. Die meisten Platten finden als Böden, Treppenbeläge oder Wandverkleidungen Verwendung (weitere Infos auf ssg-solnhofen.de). Auch die typischen **Jurahäuser** an unserer Route schmücken noch echte Kalkplattendächer.
Große Bekanntheit erlangte Solnhofen mit der Erfindung der **Lithografie** durch Alois Senefelder im Jahr 1798. Der Steindruck war im 19. Jh. das einzige Verfahren, das größere Auflagen farbiger Drucksachen ermöglichte. Als Druckform diente in Deutschland der Solnhofener Plattenkalk. Noch heute gilt er als der weltweit beste Lithografiestein.

Karl-Högner-Straße. An deren Ende halten wir uns rechts, nach wenigen Schritten an einer Gabelung links. An der **Sola-Halle** ❻ verlassen uns die Markierungen nach links.
Wir behalten die Richtung bei, überqueren eine größere Straße und steigen auf der Straße Am Gsteig weiter ab. Im Tal überqueren wir den Fluss und die Gleise. Rechter Hand befindet sich die **Sola-Basilika**.
Wir biegen links in die Bahnhofstraße ab und kommen am Bürgermeister-Müller-Museum und am Rathaus mit der Touristinformation vorbei zum Bahnhof **Solnhofen** ❼.

*Der Altmühltal-Panoramaweg ist zuverlässig markiert.*

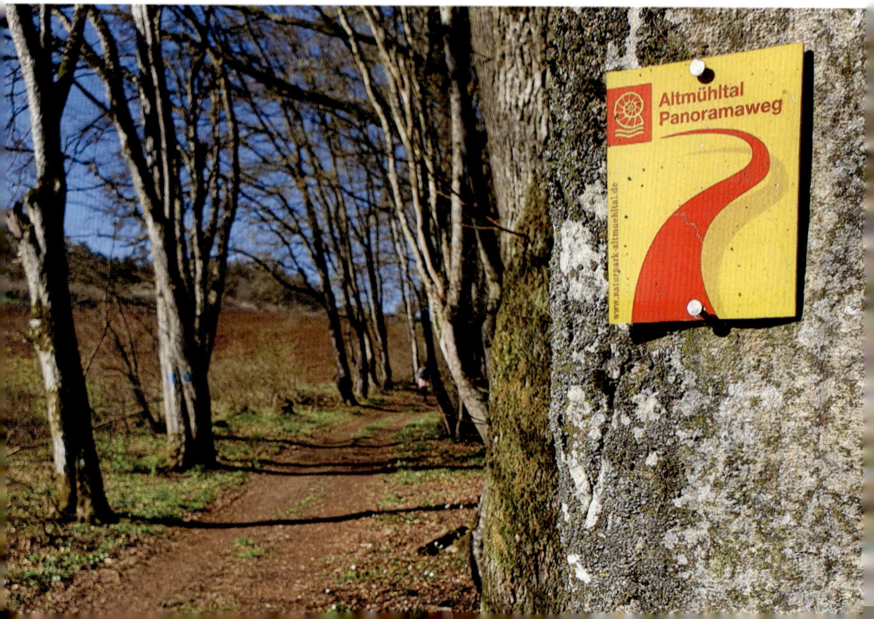

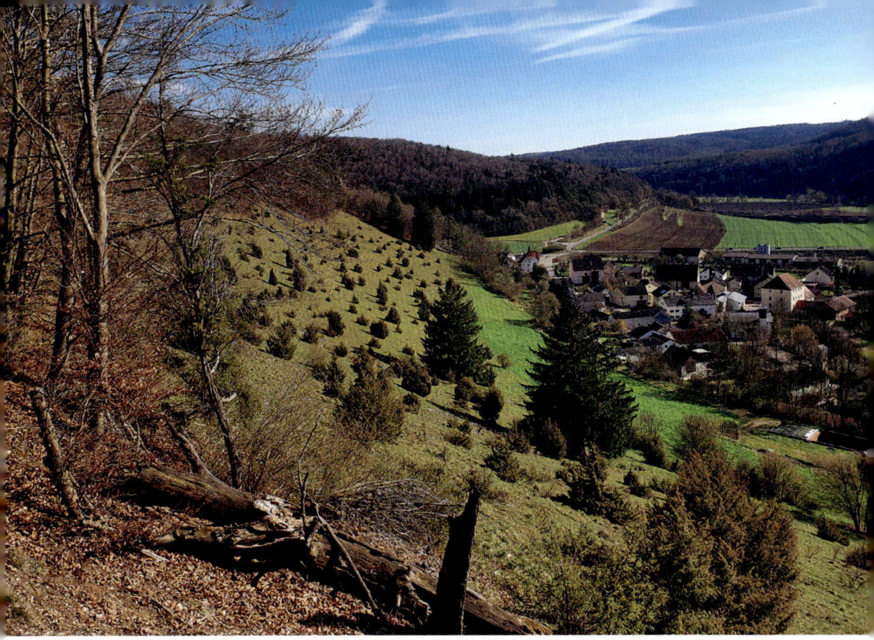

*Am Zimmerer Berg.*

**2. Tag (Solnhofen – Dollnstein):** Wir kehren vom Bahnhof **Solnhofen ❼** auf der Route vom Vortrag zur **Sola-Halle ❻** zurück.
Hier biegen wir rechts in die Römertalstraße ab und treffen wieder auf die Schilder des Altmühltal-Panoramawegs. Wir durchqueren das Wohngebiet. Hinter dem Wanderparkplatz Römertal beginnt das **Naturschutzgebiet Juratrockenhang mit der Felsgruppe Zwölf Apostel**. Auf einem schönen Pfad gehen wir am Hang entlang, die Felsen bereits in Sicht. Nach einem Wäldchen mit knorrigen Kiefern lohnt ein kurzer

## Die Überbleibsel des Jurameers

Östlich von Solnhofen säumen die Felsentürme der **Zwölf Apostel** den steilen Hang des Altmühltals. Sie sind die erodierten Überbleibsel eines Riffgürtels des Jurameers, das sich hier vor 150 Millionen Jahren befand. Vor dem Mittelalter war der Hang mit Rotbuchen- und Eichenmischwald bedeckt. Dann verarbeitete der Mensch die alten Bäume zu Bau- und Brennholz und ließ Schafe und Ziegen weiden, die die Jungbäume verbissen. So entstanden zwischen den Felstürmen weitläufige **Halbtrockenrasen** und im oberen Bereich der Felsen kleinflächige **Trockenrasen**. Wärme und Trockenheit liebende Pflanzen und Tiere breiteten sich aus. Die meisten Arten wanderten aus dem Mittelmeerraum und aus Südosteuropa ein. Anzutreffen sind zum Beispiel Sonnenröschen, Sandthymian, Karthäusernelke, Zikade, Schönschrecke und Bläuling. Auch der Wacholder kam durch die Beweidung auf, denn die stachelige Pflanze wurde von den Tieren verschmäht. Wie bedeutsam der Lebensraum ist, zeigt, dass er als **Naturschutzgebiet Juratrockenhang mit der Felsgruppe Zwölf Apostel** ausgewiesen ist und zudem das offizielle Gütesiegel **Bayerns schönste Geotope** trägt.

Abstecher zu einem tieferliegenden Aussichtspunkt. Dann wandern wir auf Magerrasen oberhalb der **Zwölf Apostel** ❽ entlang.
Nach dem Naturschutzgebiet wird ein Sträßchen erreicht, das uns rechts nach **Eßlingen** ❾ führt. In dem Dorf gibt es mehrere Jurahäuser mit den typischen Kalkplattendächern sowie den **13. Apostel**, ein Gasthaus mit uriger Stube und Biergarten.
Die Talstraße und die Altmühl werden über-, die Bahnlinie unterquert. Am Waldrand kann man einen Abstecher nach rechts machen, um noch einen schönen Blick auf die Zwölf Apostel zu erhaschen.
Wir steigen auf einer Forststraße bergan, überschreiten unbemerkt die Grenze von Mittelfranken zu Oberbayern und stehen plötzlich auf dem Betriebsgelände der SSG Solnhofen Stone Group auf dem **Maxberg** ❿, wo die berühmten Solnhofener Plattenkalke und andere Natursteine abgebaut werden.
Auf Asphalt passieren wir Werkshallen, Paletten mit Kalksteinplatten und die Betriebskantine Schnorgackl, in der auch Wandersleute bedient werden. 400 m nach dem Betriebsgelände verlassen wir das Sträßchen geradeaus. Zwischen Wiesen und mit schönen Ausblicken auf das Gailachtal und die aufgelassenen Steinbrüche geht es weiter. Nach einem großen Holzkreuz mit einer Ruhebank führt uns ein Pfad in Serpentinen hinab nach **Mörnsheim** ⓫.
Wir überqueren die Talstraße und die Gailach und schreiten durch das Tor des historischen Kastenhofs, in dem

*Die Zwölf Apostel stehen unter Naturschutz, der 13. nicht.*

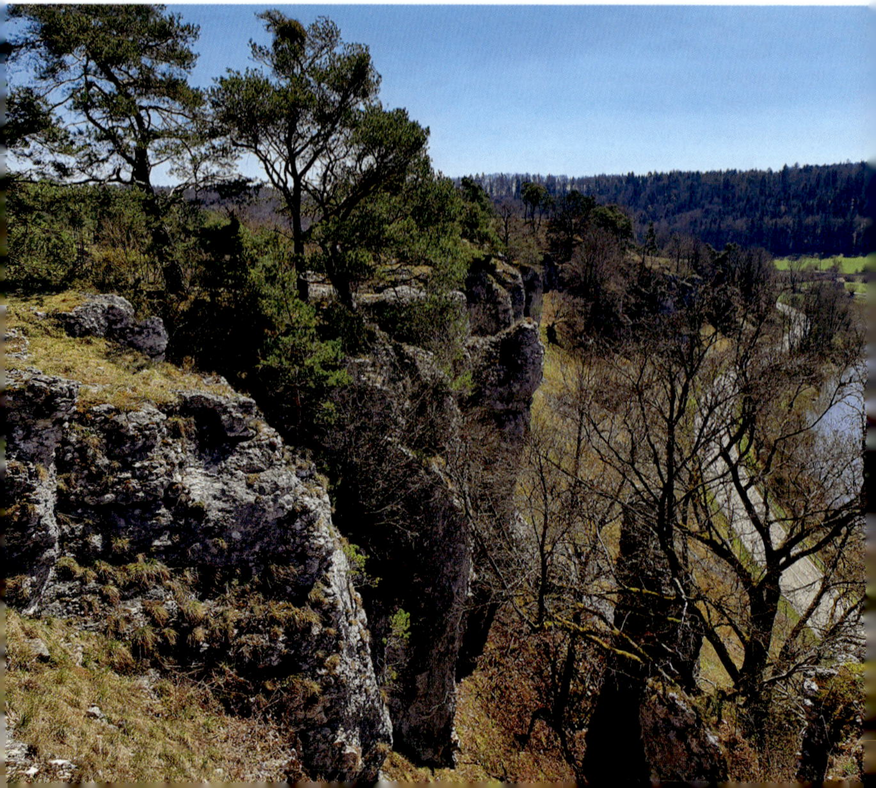

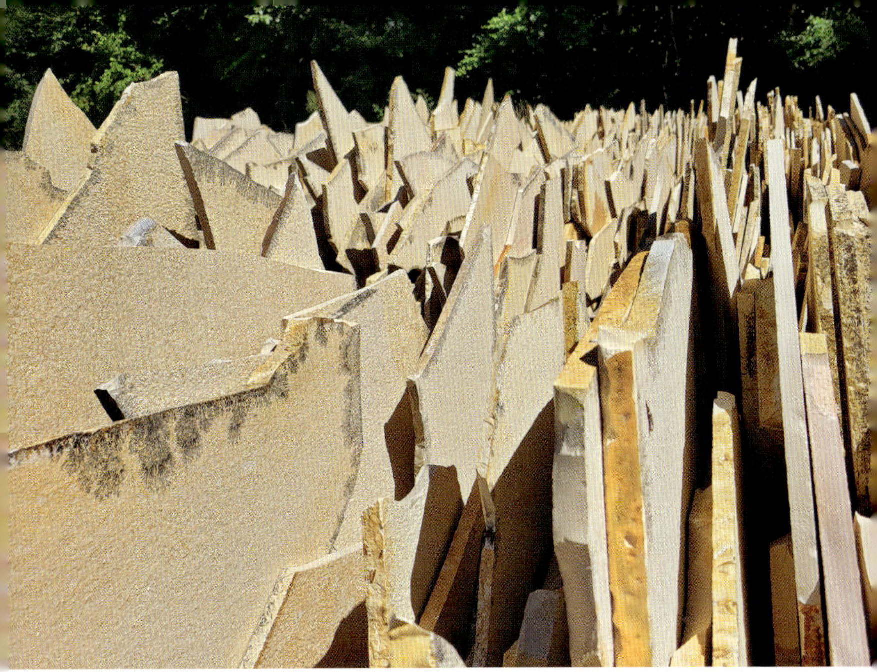

*Auf dem Maxberg bekommen wir die Solnhofer Plattenkalke zu Gesicht.*

sich heute das Rathaus befindet. Die Markierungen führen uns links durch die Straße Rosenau, über den Brunnenplatz und in die Straße Kirchenweg. Nach der katholischen Pfarrkirche St. Anna halten wir uns links und steigen zunächst über Treppen, dann auf einem Sträßchen bergan. In einer scharfen Rechtskurve gehen wir geradeaus Richtung Wald. Im Wald wandern wir auf einem Pfad, dann auf einer Forststraße und schließlich scharf links auf einem Weg weiter. An einer Straße am Ortsrand von Mörnsheim halten wir uns rechts und verlassen sie gleich wieder nach links. Es geht hinauf zum aussichtsreichen Kohlberg und dann hinab an den Ortsrand von **Altendorf**.

Die Altmühl wird ein weiteres Mal überquert. Wir halten uns rechts und gleich wieder links. Der Panoramaweg führt uns oberhalb des **Zeltplatzes Hammermühle ⓬** weiter. Danach wandern wir gut 3 km an der Hangkante über dem Tal entlang. Auf der Höhe von Hagenacker lädt eine Pärchenliege zum Ruhen und Staunen ein. Wenig später steigen wir nach **Hagenacker ⓭** ab und folgen dort der Straße nach links aus dem Ort hinaus.

Vor einem Bahnübergang wählen wir links den geschotterten Weg. Ein Pfad führt am Hang bergan. Oben angelangt öffnet sich der Blick auf Dollnstein und das Urdonautal. An einem Sträßchen halten wir uns rechts. Nach 300 m verlassen wir es wieder und stehen alsbald vor der gut erhaltenen Stadtmauer und einem Mauerturm. Der Altmühltal-Panoramaweg biegt hier links ab. Wir hingegen gehen gut 100 m geradeaus an der Altmühl entlang und dann leicht links zum Marktplatz in Dollnstein. Die Papst-Viktor-Straße bringt uns rechts über den Fluss, die Reichenaustraße in einer Linkskurve zum Bahnhof **Dollnstein ⓮**.

# Stichwortverzeichnis

T

# Impressum

**Umschlagbild:** Blick vom Rudolfstein im Fichtelgebirge (Tour 2).

**Bild im Innentitel:** Blick auf Muggendorf und das Wiesenttal in der Fränkischen Schweiz (Tour 18).

**Bild Seite 24/25:** Durch Wald und Flur im Madonnenländchen (Tour 11).

**Bild Seite 194/195:** In der wildromantischen Schwarzachschlucht (Tour 21).

Insgesamt 180 Fotos, davon 174 Fotos vom Autor, die Fotos Seite 19 von Helmut Herrmann, Seite 56 und Seite 163 von Viktor Garder, Seite 155 von Janine Simarek, Seite 215 von Willi Pfitzinger und Seite 221 (unten) von Klaus Hein.

**Kartografie:** 30 Wanderkärtchen im Maßstab 1:75.000 und 1:100.000; Geodaten © OpenStreetMap und Mitwirkende, kartografisches Design: Freytag & Berndt Prag, www.freytagberndt.cz,
2 Übersichtskärtchen im Maßstab 1:1.000.000 und 1:2.250000 © Freytag & Berndt, Wien



1. Auflage 2023

ISBN 978-3-7633-3294-6

FSC www.fsc.org MIX Papier aus verantwortungsvollen Quellen FSC® C021956

Wir freuen uns über jeden Korrekturhinweis zu diesem Wanderbuch!
Bitte per E-Mail an: **leserzuschrift@rother.de**

**ROTHER BERGVERLAG** · Keltenring 17 · D-82041 Oberhaching
Tel. +49 89 608669-0 · www.rother.de